KB270936

백형술 HSK

기출문제 어휘로

HSK 8급을 잡아라

백형술 · 최남규 · 윤영미 編 / 김성민 譯

어법편

송산출판사

序文 1

HSK（中国汉语水平考试）는 모국어가 중국어가 아닌 사람들·외국인·화교·중국소수민족 등을 대상으로 한 중국어 수준을 평가하기 위한 국가급 시험이다. 이 시험은 '듣기'·'문법'·'읽기'와 '쓰기' 등을 테스트 항목으로 나누어, 중국어 수준을 평가할 수 있는 비교적 객관적인 시험 중의 하나라고 볼 수 있다. 1993년 우리나라에서 처음으로 실시된 이래, 중국에 대한 관심이 해마다 높아져 많은 사람들이 이 시험에 참가하고 있다. 이에 따라 실용적인 HSK 준비 학습서의 필요성이 진지하게 요구되고 있다. HSK 준비학습서는 시험자로 하여금 단시일 내에 높은 효과를 거둘 수 있게 하고, 중국어에 대한 이해의 폭을 더욱 확대 상승시켜야 할 것이다. 하지만 대부분 HSK를 준비하는 학습서가 서로 유사한 문제를 표절,반복하여 일시적인 요구에 맞추려는 무책임한 내용으로 일관하고 있는 점은 깊이 생각해보아야 할 일이다.

국내외 HSK 준비학습서는 거의 모두가 대개 《中国汉语水平考试大纲(初中等·高等)》·《汉语水平考试词汇和汉子等级大纲》·《汉语水平等级标准与语法等级大纲》 등을 주요 참고 대상으로 삼는데, 그 중에서도 어휘와 어법의 준거가 되는 《汉语水平考试词汇和汉子等级大纲》과 《汉语水平等级标准与语法等级大纲》은 매우 긴요한 텍스트이다. 어휘 능력은 '듣기' '쓰기' '읽기' '문법' 등을 학습하는 가장 기본적인 샘이요, 원천으로 학습자의 중국어 수준을 높일 수 있는 가장 중요한 부분이다. 이와 동시에 또한 어법은 학습자들이 자주 혼동을 겪는 부분으로 정확한 언어를 구사할 수 있는 능력을 갖추게 하는 중요한 항목이다. 상당한 어휘 학습능력을 지닌 학습자도 자칫 어패현상과 같은 오류를 범하고도 발견하지 못하기 때문에 틀리기 쉬운 부분이다.

여러 현실적인 상황을 고려하여 본 편집서는 어휘와 어법에 많은 중심을 두면서 완벽하고 섬세함을 구비하고자 하였다. 《大纲》에서 제시한 어휘와 어법은 물론 현대 중국어의 口语体와 习惯语·成语 등 대량으로 섭렵하여 완벽함을 추구하였으며, 이와 관련된 语汇 例文도 최근 시사 중국어를 제시하여 단순하고 판에 박힌 교과서적인

학습에서 탈피하고자 하였다. 예를 들면, 구어체인 「爆冷门(예상치 못한 상황이 발생하다)」의 예문으로 「世界杯第一场球, 爆冷门, 塞内加尔赢了法国.(월드컵 개막전에서 세네갈이 프랑스를 이기는 예상치 못하는 결과가 나왔다)」는, 2002년 세계 월드컵에 관한 최근의 기사 내용이다.

어휘 배열은 모든 어휘를 첫 자의 한어병음에 따라 A, B, C…… 순으로 분류 안배하여 HSK를 준비하는 사전식의 역할을 감당하게 했다. 이와 더불어 모든 어휘는 그 용법에 따라 품사를 표기하여 학습자의 어법의 효과를 높이는 도움이 되도록 하였고, 사용빈도에 따라 《大纲》이 제시한 출현비율을 근거로 각각의 부호를 주어 구분하여 학습자의 주의를 확인시켰다.

'어법' 부분에서는 가능한 어법 단어와 관련된 많은 예문을 제시하여, 적절한 어법적 어언환경을 학습자로 하여금 감각적으로 느끼게 하였다. 이외에도 해당단어의 전반적인 용법과 어법구조를 상세하게 설명하였다. 예를 들어, 「把」의 전치사의 용법 이외에 양사의 역할도 상세히 명시하여 종합적인 학습서의 역할을 하게 하였다.

　이 편집서 《기출문제 어휘로 HSK 8급을 잡아라》는 HSK의 종합 학습서이면서 동시에 사전의 기능을 겸한, HSK를 준비하는 과정에서 발생할 수 있는 의문점을 해결해 줄 수 있는 절대적인 지침서이기도 하다. 좀더 완벽한 학습서를 위하여 밤낮으로 노력한 편집자들의 노고를 치하하며, 중국어 교육에 중요한 꺼리가 되었으면 한다. 아울러 앞으로 더욱 좋은 학습서로 거듭날 수 있도록 전문가와 독자들의 아낌없는 질책을 바란다.

2003년 2월 22일

최 남 규

序文2

"HSK 想成真!"
(HSK 꿈★은 이루어집니다)

HSK(汉语 水平考试)

는 중국어를 모국어로 사용하지 않는 사람들(외국인, 화교, 중국소수
민족)을 대상으로 중국어 능력을 측정하기 위해 설립한 국가공인 표
준화 시험이다. HSK는 처음 1990년부터 실시되어 오늘에 이르고 있
으며, 백 여 개국에서 수 십만 명이 응시할 정도의 시험 규모로 발전
했다. HSK의 성적은 중국소재 각 대학에서 전공수업에 요구되는 실
제적인 중국어수준을 등급화한 인증서이며, 중국대학 본과 및 석겐
박사 입학과 졸업의 자격에 필수적인 요건이기도 하다. 국내에서도
이 시험의 중요성이 부각되어 기업, 기관의 직원 채용겐승진, 중국정
부장학생 선발, 국내 대학(원) 입학시험 및 교양 중국어 학력평가 등
에서 중요한 평가수단으로 받아들여지고 있다고 한다. 그야말로 중
국어와 관련된 분야를 날수 있는 알리바바의 요술 양탄자이며 '마패'

인 셈이다.

저자가 처음 HSK를 본 것이 94년으로 기억된다. 그 때 아는 분에게 문제집 한 권을 빌려서 풀어보고 시험에 응시했었는데 결과가 6급이었다. 당시 저자는 자신의 중국어 실력이 예상에 미치지 못했던 것에 대해 무척 섭섭해했던 것을 기억한다. 거의 10년이 되는 오늘, HSK 시험 때마다 본인이 원했던 점수가 나오지 않아서 허탈감에 빠져있을 많은 수험생들을 생각하며 그들에게 작은 위안을 안기려는 마음에서 《기출문제 어휘로 HSK 8급을 잡아라》란 타이틀로 여러분과 만나게 되었다.

사실, HSK는 중국어를 체계적으로 향상시켜주는 수단은 아니지만, 중국어를 배우려는 사람들이 본인의 능력이 어느 정도인지를 가늠하는 중요한 평가 잣대이며, 중국어를 바르게 알고, 중국어를 정확하게 사용할 수 있는 길잡이임엔 틀림 없다. 알려진 바로는 HSK에 참가한 수험생의 수가 최근에는 수만 명에 이를 정도로 가히 폭발적이라고 하며, HSK를 준비하는 문제집도 이미 30종 넘게 출판되었다고 한다. 또한 HSK와 관련한 준비학습서도 꾸준히 제작되어 고득점을 기대하는 수험생들에게 중요한 보조교재로 활용되고 있다. 그러나, 최근 출판된 기존 HSK 준비학습서가 시험과 관련한 정확한 정보를 제공하고 있는지는 한번 생각해 보아야 한다. 이것은 기출시험문제에 대한 종합적인 검토와 정확한 어휘의 테이터 작업이 없는 주먹구구식이라고 밖에 볼 수 없으며, 때로는 내용이 너무 광범위하여

무엇을 어떻게 해야 시험에 잘 대처할 수 있는지 아직까지 명확한 대안이 없는 실정이다.

금번 《기출문제 어휘로 HSK 8급을 잡아라》는 이러한 현실적인 제 문제를 인식하고 시험에 출제되었던 그리고 앞으로 출제될 핵심 어휘를 네 영역 중 특히 '听力理解', '语法结构', '读解理解·第一部分', '综合填空·第二部分' 등 네 개의 영역으로 세분화하여 정리하였다. 지금까지 HSK의 시험 준비가 단순히 많은 문제를 풀면서 막연히 감을 익히는 시간과의 싸움이었다면, 이제는 정확한 정보와 테이터에 근거한 기출문제 어휘를 분석해 내고 이러한 어휘들이 각 영역에서 어떤 형태로 문제화되는지를 실제적인 예문을 통해 알 수 있도록 해야 할 것이다.

알려진 바에 의하면, 지금까지 HSK에 참가한 우리 나라 학생들은 '听力理解', '语法结构', '阅读理解', '综合填空' 네 영역 중 특히 '读解理解·第二部分', '综合填空·第一部分' 두 곳의 점수가 제일 높은 것으로 드러났다. 그러나, 사람에 따라 다소 차이를 보이긴 하지만 이 두 영역을 빼고 '听力理解'와 '语法结构' 그리고 '综合填空·第二部分'은 상당히 취약한 부분으로 드러났다. 그래서, 금번 《기출문제 어휘로 HSK 8급을 잡아라》는 수험생이 HSK를 준비하는 데 있어 가장 약한 부분을 보완해주고자 기출문제 어휘와 출제 가능한 어휘만을 모아 HSK 준비학습서를 만들게 된 것이다. 본 교재의

편찬에 인용한 참고도서를 보면 알 수 있듯이 HSK 관련도서와 HSK 문제집 등 30권 정도에 나오는 가장 핵심적인 기출문제 어휘들을 총동원하여 문제형식과 더불어 정리했기 때문에 여기 나오는 어휘를 잘 익힌다면 수험생들이 실제시험에 당황하지 않고 각 문제에 대한 해결능력이 생겨 두려움대신에 자신감과 확신을 갖게 될 것이다.

긴 시간 동안 HSK와 관련한 국내외 모든 자료를 검토하여 저자들의 심혈과 각고의 노력이 네 권의 책으로 엮어져 여러분과 만나게 된 것을 무척 기쁘게 생각한다. 참된 중국어교육과 지름길을 인도하는 마음으로 작업에 임했지만 편집 후 늘 아쉬움이 남는다. 다행히, 많지는 않지만 온라인상에 떠도는 〈유사 HSK기출문제〉를 정리했는데, 수험생들이 실전시험에 앞서 적절한 도움이 되었으면 한다.

끝으로 지난 1년 여 동안 이 작업에 공저로 참여해 주시고 아낌없는 지도와 격려를 해주신 전북대 최남규 교수님, 윤영미 선생님 그리고 전체 번역을 해주신 김성민 선생님과 차화정 선생님, HSK에 관한 여러 정보와 도움말을 주신 한민이 선생님, 이 책이 나오기까지 꼼꼼히 교열을 다 봐주시고 확인학습 구성 등 편집체재를 다양하게 잡아주신 金映潮 편집장님께 다시한번 깊은 감사를 드립니다. 또한 현대 중국어의 보급에 지대한 관심을 갖고 이 교재의 출판을 허락해 주신 윤우상 사장님과 金映潮 편집장님, 유후랑 과장님께도 심심한 감사를 드립니다.

2003년 2월 22일

백 형 술

CONTENTS

得　　的　　的时候…　地　　等　　等到　　等着　　滴　　的确　　底
第一次　　第二个　　地区　顶　　动　都　　独一无二的　　度　　段
断断续续(地)　对　　对于　　多　　多半　　多长时间　　多次　　多么
多少　　多少次　　朵

E　　而　　而且　　而是　　而已

F　　发挥　　发掘　　发青　　发生　　发现　　番　翻翻　　翻译不了　　凡
凡是　　凡是……都……　　反倒　　反而　　反复　　反映　　反正　　方
便　　方面　　仿佛　　非　　分辨　　分别　　分明　　份　封　丰富
丰富　　风格　　否则　　复杂　　副　　富裕

G　　该　　改不了　　改良　　改善　　改变　　改天　　干干净净　　干净
赶不上　　赶紧　　赶快　　敢　感到　　感动　　感谢　　刚　刚才
刚刚　　告诉　　个　　各……各……　　给　根本　　根据　　跟　跟
不上　　更　　更加　　沟通　　够　　固定　　故意　　怪不得　　关键
关系　　关于　　光　　广大　　归　　规矩　　果然　　过　　过来　　过去
过于

H　　还　　还是　　害起病来　　好　　好不了　　好多　　好好(儿)　　好几场
好几次　　好几年　　好几趟　　好几天　　好久　　好像　　好一点儿
好一会儿　　好一子　　好在　　合不上嘴　　合得来　　合适　　合算
何必　　何尝　　何况　　和　　黑乎乎　　很　　很长时间　　很大　　很
多　　很快　　很少　　很值得　　恨不得　　忽……忽……　　互相　　花
哗啦　　哗哗　　话里话外　　怀疑　　怀着　　回　　回回　　回答　　回
头　　汇　　会　　活动活动　　伙　　或……或……　　或是……或
是……　　或者

N

拿手　哪儿　哪儿……哪儿……　哪里　哪怕　哪怕……也……　哪些天　那　那么　那儿　那些　那样　难道　难得　难怪　难免　难听　呢　能　能够　拟　年轻　宁可　宁可……也……　宁肯……也……　宁愿……也不……　暖和暖和　暖洋洋(的)

O

偶尔

P

怕　派　旁　胖乎乎　批　偏　偏偏　篇　片　漂亮　漂漂亮亮(的)　瓶　平静　平时　凭　凭着　普及

Q

七……八……　齐全　其实　其中　起　起……来　起来　气氛　千万　前后　前些　强壮　墙上　悄悄(地)　亲手　亲眼　亲自　轻轻(地)　轻易　清　清楚　清清楚楚的　情景　去　全　全部　全体　却　确确实实

R

然而　然后　让　热闹　人家　忍不住　认识　认为　仍　仍然　日常　日益　日子　荣耀　容易一些　融洽　如果　如果……就……　如果……那么……　软绵绵

S

扫　扇　擅长　上　上成　上去　上上　上下　稍稍　稍微　少来点　少说　舍不得　谁　谁知　深刻　深浅　深入　深深地　什么　什么……什么……　什么的…　甚至　省得　十分　时不时(地)　时期　实实在在　实现　实在　使　使得　始终　事实上　是　是不是　手　首　受到　熟熟的　数

双　顺便　说　说不定　说不上　说着说着　死活　似　似
的　似乎　松　酸　算了　算是　虽……但……　虽然　虽
然……但（是）……　虽然……可是……　虽然……却……　虽
说……不过……　虽说……但……　随便　随时　随着　岁
所　所谓　所以　所有

T

她　他们　太　谈不上　倘若……就……　趟　讨论　特别
特地　提高　提醒　提议　替　条　听不懂　听不清楚　听
起来　听说　挺　通过　通红通红　同意　童话　通　痛痛
快快地　头　透　突然　推迟

W

哇哇　完　完成　完全　惋惜地　万分　万万　万一　往
往往　忘不了　唯一　唯一的　维持　围绕　位　为　为了
为什么　未必　未尝　闻名　我　我们　屋里　无非　无论
无论……都……　无论……就……　无论……也……　无须

X

吸引　希望　习　习惯　喜欢　细致　下　下来　下起雨来
下去　下午　下雨了　先　先……然后……　先后　先天地
显然　显示　显著　限制　相似　想　向　向来　项　像
小　小时　小时候　写不好　新的　新鲜　新颖　心情　兴
趣　形象　幸福　幸亏　幸亏……才……　性格　休　休息休
息　修建　虚

Y

呀　严峻　颜色　眼　眼光　要　要不是　要紧　要命　要
是　要是……就……　要想……就……　也　也好……也好……
也许　一　一……就……　一边……一边……　一旦　一点儿
一定　一定的　一个劲儿(地)　一个人　一共　一会儿　一家人

一口气　一来……二来……　一连　一律　一年　一齐　一起
一切　一天　一天不如一天　一天天　　一晚上　一下(儿)
一下子　一些　一眼　一样　一般　一夜　一（子）　一整天
一直　一致　依然　已　已经　以　以便　以后　以前　以
上　以为　以致　义务　议论　意味着　意义　因此　因而
因为　因为……而……　　因为……就……　　因为……所以……
印象　应不应该　应该　应有　营造　赢　应用　硬　拥护
永远　优秀的　尤其　由　由于　由于……才……　由于……
所以……　由于……因此……　游览　友谊　有　有的……有
的……　有点(儿)　有几个人　有时间　有事　有些　有着
又　又……又……　又一次　于　于是　与　与其　与其……
不如……　预计　原本　渊博　愿望　约　约定　越
越……越……　越发　越来越　越是……越是……

Z

再　再……也……　再三　再说　再也　在　在乎　在一起
在于　遭到　早　早点儿　造就　则　则已　怎么　怎
么……怎么……　怎么样　怎样　摘　盏　占　占据　站台
掌握　着急　找　照　照片　照样　这儿　这么　这是　这
样　这种　着　着…了　真不容易　真不知道　整天　整整
正　正常　正当　正在　之间…　之内　之中　之所以……是
因为……　支持　直不起腰来　直到　值得　只　只好　只见
只能　只是　只要　只要……就……　只要……也……　只有
只有……才……　至少　至于　制订　致使　中　中断　中间
终于　种　重　重要的　周到　主要　主张　住　住着　桩
装得下　装修　准　桌　自　总　自己　总是　总算　总之
走来走去　走起路来　足　足足　组成　最大　最好　最近
最少　左右　作为　坐　坐下来　坐在　做　做得完

일러두기

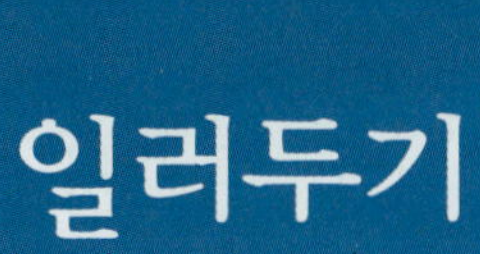

본 교재의 특성 및 교재를 이용함에 있어 아래의 내용을 참고하길 바란다.

听力理解(듣기이해) – 제1권

- 반드시 시험에 나오는 듣기 핵심표현 및 내용 화제를 일목요연하게 정리함.
  - 듣기의 대화문에 반드시 나오는 주요 의문사를 다양한 예문과 함께 정리하였다.
  - 듣기에서 자주 출제되는 내용을 화제 별로 분류하고 그 화제와 관련된 약 1200개 정도의 필수어휘를 정리하여 쉽게 듣기문제에 대처하도록 했다.
- 듣기 기출문제 필수 어휘 및 구어체 어휘 총망라함.
  - 중국인의 말을 빨리 쉽게 알아들으려면 중국인의 입에서 자주 사용되는 말, 즉 구어체의 어휘를 많이 알아야 한다. 그래서,본 교재의 듣기어휘는 이러한 언어에 초점을 맞춰 듣기문제에서 가장 많이 나오는 실용어휘와 HSK시험에서 다뤄졌던 기출어휘를 포함해 1,530개를 모아 정리하였다. 이 모든 어휘들은 최신 유행어를 비롯하여 약 30 권 정도의 HSK 듣기문제집에 나온 어휘들을 모아 정리하고 그 어휘마다 예문을 달아 이해하기 쉽노록 했나.
- 듣기 시험의 답을 고르는 형식의 하나로 기출어휘의 동의어를 최대한 수록함.

语法结构(어법구조) – 제2권

- 중국어의 어법구조를 구조식으로 이해하도록 정리함.
  - 본 교재는 전통적인 어법을 이해하는 방식을 지양하고 먼저 어휘의 의미를 알고 그 어휘가 어떤 형태로 어떻게 운용되는가를 도식적으로 이해하도록 하였다. 특히 어휘설명의 아래 부분에 《固定式》이라는 난을 설정하여 표제어휘가 어떤 구조에서 어떻게 적용되는지를 다양한 구조식으로 체계화하여 알기 쉽도록 정리했다.
  - HSK와 관련된 문제집 약 30 권에 수록된 어법구조편의 모든 어휘들을 어법시험에 효과적으로 대처할 수 있게 모든 문제유형을 총동원하여 실전문제에 맞춰 표제어휘 993개와 다양한 예문을 문제형식으로 정리해 놓았다.
- 문제형식의 예문이 많은 어휘는 그만큼 출제빈도가 높다.
- 어법의 어휘는 '종합 빈칸 채우기' 와 밀접한 연관이 있다.
  - 어법 어휘와 관련한 유사 어휘로 대략 700여 개 정도를 추가했는데, 이를 상호 연관시켜 익힌다 보면 '종합 빈칸 채우기' 에서 선택의 혼란을 효과적으로 대비할 수 있다.

阅读理解1 (독해이해) – 제3권

- '阅读理解 · 第一部分'에 나오는 모든 기출문제의 어휘를 수록함.
  - 본 영역에서는 내용이해에 해당하는 '阅读理解 · 第二部分'은 다루지 않았다. '阅读理解 · 第一部分'에 나오는 한 문장에서 밑줄 친 부분이 나타내고자 하는 말의 같은 의미를 고르는 모든 문제의 어휘를 취급하였다.
  - 약 30 권 정도의 HSK 문제집의 '阅读理解 · 第一部分'에 나오는 모든 어휘를 분석하고, 표제어휘 1462 개를 문제형식에 맞춰 정리하였다. 그 밖에 표제어휘와 관련한 보충어 600여 개 정도를 추가하여 '综合填空'을 겸해서 대비할 수 있도록 했다.
- 사전에 없는 구어체 어휘를 다량으로 수록함.
  - 이곳에 정리된 어휘들 중 많은 구어체와 사전에 아직 올려지지 않은 많은 어휘들을 상세히 정리했으며, '阅读理解 · 第一部分'을 비롯하여 중국어의 듣기, 말하기도 완벽하게 대비하도록 했다.

综合填空 (종합 빈칸 채우기) – 제4권

- 최단시간 내에 빈칸을 채울 수 있도록 최소의 예문으로 구성함.
  - 본 영역에서는 빈칸에 들어갈 적당한 말을 고르는 '综合填空 · 第一部分'은 다루지 않고, 빈칸에 한 글자를 씨넣는 '综合填空 · 第二部分'만을 취급하였다.
  - 약 30 권 정도의 HSK 문제집에 나오는 '综合填空 · 第二部分'의 모든 어휘를 분석하고 표제어휘 1546 개를 선정하여 최소의 예문으로 짜임새 있게 풀어보기 쉽도록 정리해 놓았다. 이렇듯 기출문제 어휘를 중심으로 예문을 다루다 보면 어렵지 않게 빈칸을 채울 수 있게 될 것이다.

포인트

- '听力理解'와 '阅读理解 · 第一部分' 두 곳에서 취급되는 어휘는 일반적으로 구어체 대화표현 위주로 실제 언어에 적용되는 말들과 상호 연관시켜 학습하다 보면 말하기와 듣기에 절대적인 도움이 된다.
- '语法结构'과 '综合填空' 두 곳의 어휘가 상호 연관성을 유지하고 있어 어법 영역의 어휘를 잘 익히다 보면 자연 '综合填空' 부분도 어렵지 않게 해결될 수 있다.

HSK 원서교부 · 접수

▶ **원서교부처**
① HSK 한국사무국
② 각 대학 중문과 사무실
③ 중국어 전문학원
④ 홈페이지에서 다운로드

▶ **원서접수처**
- HSK원서접수처 : HSK한국사무국
- 단체접수를 받지 않음.
- 고등은 선착순 접수마감.(총 1000명까지)
- 원서접수 시간
  평일 – 오전 10:00~12:00
  　　　 오후 13:00~17:00
  토요일:10:00~12:00
  ※ 일요일, 공휴일은 접수를 받지 않음.
- 시험접수 후 반환 및 취소는 불가능함.
- 고시장은 학교사정과 정원에 따라 변경될 수 있음.

▶ **구비서류**
- 방문접수
  ① 사진 3매(3×4㎝, 최근 6개월 이내 촬영한 칼라사진)
  ② 응시료
- 우편접수
  ① 응시원서(사진1장 부착)
  ② 사진 2매
    – 3×4㎝ 반명함판 사진
    – 최근 6개월이내 촬영한 칼라사진
    – 사진 뒷면에 한문 이름 기입
    – 측면사진, 배경이 있는 사진 또는 컴퓨터로 출력한 사진 제출시 접수 불가

③ 응시료 입금 영수증
  – 무통장 입금증
  – ATM 기기 계좌이체 영수증 (입금인 이름 기재)
  – 인터넷 뱅킹 또는 텔레뱅킹 계좌이체 내역서
※ ① + ② + ③ 서류를 구비하여 등기우편으로 접수.

▶ **보낼 주소**
(135-601)서울시 강남구 강남우체국 사서함 115호 〈HSK한국사무국〉

▶ **은 행**
외　환 : 057-13-41819-8
국　민 : 760-25-0004-966
농　협 : 096-01-273356
예금주 : (사법)한중문화협력연구원

▶ **응시료**
(원서대,등록비 포함)
초중등HSK : 69,000원
고　등HSK : 99,000원
기　초HSK : 42,000원

시험에 꼭 나오는 HSK 단어 · 숙어 990

世上无难事，只怕有心人
마음만 먹으면 못할 일이 없다

A

0001 > > > > >

＊ **啊**
a

조 ① …하라! …까지. (몇 개의 사항을 열거하거나 잠깐 멈추는 어기를 나타냄)
② 평서문과 의문문의 문미에 쓰이며, 말하는 사람의 어감을 나타낼뿐 의미에는 별 영향없음) = 呀 = 哪 = 哇
③ …하구나! (문미에 쓰여 감탄을 나타냄)

관련예문 • 你好啊! (안녕하세요?)
• 你是谁啊? (누구십니까?)

看＿＿＿看, 好像总也看不完。
봐도 봐도 언제나 다 볼래야 볼 수가 없는 것 같다.

这是一个多么美丽的校园＿＿＿!
이것은 얼마나 아름다운 교정인지요!

0002 > > > > >

☆ **哎**
āi

감 ① 아이! 어! ② 참! 야! 이봐!

＿＿＿, 怎么会这样? 真让人伤心!
이 봐, 어떻게 이럴 수가 있지? 정말 사람 상심하게 하네요!

＿＿＿, 我倒有个主意, 你们看好不好。
참! 나한테 아이디어가 있는데, 당신들 보기엔 어때요.

0003 > > > > >

☆ **挨**
āi : ái

동 (āi) ① 붙어 있다. 인접해 있다. = 靠 ② 차례대로 하다.
(ái) …을 당하다.(어쩔 수 없는 상황이나 원치않는 경우에 쓰임)

관련예문 • 挨打 (두들겨 맞다) • 挨近 (접근하다)
• 挨骂 (야단맞다) • 挨门 (집집마다)

我家＿＿＿着公园。
우리 집은 공원에 인접해 있다.

0004 > > > > >

★

爱
ài

동 …하기를 좋아하다. 즐겨…한다. = 很喜欢 조동 곧잘…하다. ☞ 喜欢

관련예문 • 她爱哭。(그녀는 걸핏하면 운다.)

弟弟不像哥哥那样 _____ 学习。
동생은 형처럼 그렇게 공부하기를 좋아하지 않는다.

0005 > > > > >

★

安排
ānpái

동 안배하다. 배분하다. 배정하다. (일정 등을)짜다. ▶ 排列(배열하다. 정렬하다)

관련예문 • 安排工作 (작업을 안배하다)

他工作很紧张, 每天的日程表都 _____ 得满满当当的。
그는 업무가 워낙 바빠서 매일 스케줄까지도 가득 찰 정도로 짜여져 있다.

0006 > > > > >

☆

安危
ānwēi

명 안위. 안전과 위험. = 安全事故 ▶ 危险(위험하다)

他不顾个人 _____, 跳进洪水中抢救国家财产。
그는 개인의 안위를 돌보지 않고, 국가재산을 구하려고 홍수 속으로 뛰어 들었다.

0007 > > > > >

☆

按
àn

전 〈按 + 명사(다음절)〉: 〈按 + 명사(다음절) + 동사〉: 〈按 + [1음절 명사] + 동사〉 …에 따라서. …에 의거하여. …대로. = 按照 ; 照
동 (손이나 손가락으로)누르다.

관련예문 • 按 [按照 ✕ : 照 ✕]期完成 (기한내에 끝내다)

_____规矩, 你这样做不对。
규칙에 따라서, 당신은 이렇게 하면 안됩니다.

_____理说, 我不该过问这个部门的事情。
이치에 의거하여 말하면, 나는 이 부문의 일을 지나치게 관여못한다.

_____50人一个班计算，一共需要6个教室。
50명을 한 반으로 계산하면, 모두 6개의 교실이 필요하다.

_____旅游观光团的安排，明天我们去游览长城。
관광여행단의 계획에 따라, 내일 우리들은 만리장성을 구경한다.

_____现在的生产进度，这个月我们可以完成生产任务了。
현재의 생산 진도대로하면 이번 달에 우리들은 생산임무를 완성할 수 있다.

_____规定已经开封的食品不能换，再说谁知道是真是假。
규정에 의해서 이미 개봉한 식품은 교환할 수 없으며, 게다가 진짜인지 가짜인지 누가 알겠습니까.

她不断_____电视机遥控器上的频道按钮想找到好看的节目。
그녀는 계속해서 텔레비전 리모콘의 채널에 따라 버튼을 눌러서 재미있는 프로그램을 찾으려고 한다.

0008 > > > > >

☆
暗
àn

형 어둡다. 캄캄하다. ⇔ 明 ☞ 阴(날씨가 흐리다.) ⇔ 晴

这间教室里的灯光比较_____，对眼睛不大好。
이 교실의 불빛이 비교적 어두워서 눈에 별로 좋지 않다.

0009 > > > > >

**
暗暗(地)
ànàn(de)

부 암암리에. 남몰래.(대개 심리활동을 나타냄) ▶ 悄悄(조용히. 살며시.)

관련예문 • 偷偷地 (몰래.[행위활동을 나타냄])

他_____给我使了个眼色，我马上就走开了。
그가 몰래 나에게 눈짓을 하여서 나는 바로 떠났다.

我_____在心里为自己加油。
나는 슬쩍 마음속으로 내 자신을 위해 응원을 했다.

시험에 꼭 나오는 HSK 단어 · 숙어

B

0010 > > > > >

巴不得
bābude

동 〈口〉 간절히 …하고 싶다.(바램이 실현가능한 경우에 쓰임) = 非常想做, 现在做得起来 ▶ 〈恨不得 + 동사〉(긍정문에서만 사용되며, 바램이 실현 불가능한 경우에 쓰임)

快叫他来, 我＿＿＿ 马上就见到他!
빨리 그를 불러 와라, 나는 당장 그가 간절히 보고 싶다.

你在宿舍里睡觉也好, 他正＿＿＿你不去他家呢!
당신이 기숙사에서 자도 괜찮아, 그는 지금 당신이 그의 집에 가지 않기를 간절히 바라고 있어.

0011 > > > > >

★
把
bǎ

전 〈口〉〈주어 + 把 + 목적어 + 동사 + 기타성분(了 ; 着 ; 一下 ; 동사중첩형)〉 …을[를].(목적어를 취하는 동사 앞에 쓰여 처치하는 동작을 나타냄) = 将

양 ① (칼, 의자 등을 세는 단위) 자루. 개.
② (한주먹으로 쥘만한 분량)한 줌. 한 움큼. 번.
③ (손동작에 쓰임) = 下 // 拉一把(손으로 잡아 끌어 주다.)
④ (연세 · 힘 따위의 양사)
《固定式 − 부정식》〈주어＋没(有)＋把＋목적어＋동사＋기타성분〉 ☞ 能 ; 被

관련예문 • 这把年纪 (이 연세에)

让我替他＿＿＿这张票退了。
나에게 그를 대신하여 이 표를 반환하게 했다.

昨天我买了两＿＿＿小提琴。
어제 나는 바이올린 두 개를 샀다.

请你们明天＿＿＿作业交给我。
여러분들은 내일 숙제를 저에게 제출해주세요.

我_____他买的东西放到桌子上。
나는 그가 산 물건을 책상에 놓았다.

老李叫人_____行李搬到汽车上去。
老李는 사람을 시켜 짐을 차 위로 옮기게 했다.

你说话声太大, _____我吓了一跳。
당신 말소리가 너무 커서, 나를 깜짝 놀라게 했습니다.

昨天她上街买了很多_____筷子。
어제 그녀는 거리에 나가 많은 젓가락을 샀다.

赵教授还没有_____这篇小说翻译完。
赵교수는 아직 이 소설 번역을 끝내지 못했다.

请_____我那件蓝色的上衣顺便捎来。
저의 그 파란색 상의를 가시는 김에 가져오세요.

不要马虎大意, _____自己的东西丢了。
소홀히 하여 자기의 물건을 잃어버리지 마라.

好心肠的群众, _____老人背进医院去了。
마음씨 좋은 사람들이 노인을 엎고 병원에 들어갔다.

我_____啤酒喝进去以后, 很快就觉得凉快了。
나는 맥주를 마신 후에 곧 시원함을 느꼈다.

你_____盘子往里边放一放, 免得被我蹭掉了。
너는 쟁반을 안 쪽으로 놓아라, 내 발에 걸리지 않도록.

嘿! 这山太高了, 我爬不上去拉我一_____。
아이고! 이 산은 너무 높아서, 내가 못 올라가겠으니 좀 끌어 줘.

这个游戏太有意思了, 让我也玩儿一_____。
이 게임은 너무 재미있구나, 나도 한번 하게 해 줘.

我实在忍耐不住, 终于_____这句话说了出来。
난 정말 참을 수 없어서, 결국 그 말을 하고 말았다.

夏天到了, 这儿常常下雨, 昨天我买了一_____伞。
여름이 되면, 여긴 비가 자주 와서, 어제 난 우산을 하나 샀다.

上星期日我在百货公司买了两条裤子和一_____剪刀。
지난주 일요일에 나는 백화점에서 바지 두벌과 가위 하나를 샀다.

昨天高中学生_____教室的桌椅擦得干干净净(的)。
어제 고등학생들은 교실의 책걸상들을 깨끗하게 닦았다.

他的企业为了招聘到优秀人才而＿＿＿＿工作前景描绘得十分美好。
그의 기업은 우수한 인재를 초빙하기 위해서 사업계획을 매우 훌륭하게 묘사했다.

他们只在城市生活了个把月, 就＿＿＿＿反映城市生活的话剧编出来了。
그들은 도시에서 겨우 한달 생활하고서, 도시생활을 반영한 연극을 창작해 냈다.

0012 > > > > >

★
吧
ba

조 ① (문장 가운데에서 쓰여 가정을 나타냄)…하고.
② (문미에 쓰여 명령·권고·동의·승낙·추측 등의 어기를 나타냄)…라. …지요. …자. …죠.

这种彩色的自行车, 你大概很喜欢＿＿＿＿?
이런 색깔의 자전거라면, 당신이 아마도 마음에 들어 하겠죠?

今天的京剧不看就不看＿＿＿＿, 我们明天看电影。
오늘 경극은 안 볼거면 보지 말고, 우리 내일 영화 봅시다.

0013 > > > > >

★
白
bái

부 ① 〈白 + 동사〉헛되이. 쓸데없이. 공연히. = 白白地 = 徒然 = 没有效果
② 거저. 공짜로.
형 (글자가)틀린. // 白字(오자. 틀리게 쓴 글자.)

관련예문 · 白吃白喝 (공짜로 먹고 마시다)

去北京之前还是先打电话联系一下吧, 免得他不在家, ＿＿＿＿跑一趟。
北京 가기 전에 역시 먼저 전화 연락을 한번 합시다, 그가 집에 없어서 헛걸음하지 않게 말예요.

0014 > > > > >

★
半
bàn

수 ① 2분의 1. 절반. 반. ② 30 分 ▶ 一刻(15분) ▶ 三刻(45분)

관련예문 · 一半 (반. 절반.)

我已经找了他＿＿＿＿个多钟头了。
내가 벌써 그를 30여분 넘게 찾았다.

我的小女儿去叫他的时候, 他已经起床＿＿＿＿个钟头了。
내 막내 딸아이가 그를 부르러 갔을 때, 그는 이미 일어난지 30분이 되었다.

以后每隔三个＿＿＿＿月左右, 由公司组织一次情况报告会。
앞으로 매번 3개월 반정도 걸러서, 회사는 한 차례 상황보고회를 조직한다.

0015 > > > > >

半天
bàntiān

명 한참동안. = 很长时间 = 一段时间

他们议论了＿＿＿＿, 也没个结果。
그들은 한참 동안 의논하였는데도 아무런 결과도 없다.

0016 > > > > >

*

扮演
bànyǎn

동 …의 역을 맡다.

관련예문 • 表演 (표현하다. 연기하다)

你知道你自己在这个戏中＿＿＿＿什么样的角色吗?
당신은 자신이 이 극중에서 어떤 역할을 맡는지 압니까?

0017 > > > > >

☆

帮
bāng

동 〈帮 + 사람 + 동사〉…를 도와서…하다. = 替 = 给

我有紧急的事, 你＿＿＿＿我找一下小李, 好吗?
내가 급한 일이 있으니, 당신이 小李 찾는걸 좀 도와주시겠습니까?

0018 > > > > >

☆

帮忙
bāng máng

동 일을 돕다[거들다].

관련예문 • 帮我的忙 (거들어줘.)
• 帮忙我 (×) ⇒ 你来帮帮忙。 (와서 좀 거들어줘.)

小张是个热心人, 单位谁有困难, 他就给谁＿＿＿＿。
小张은 적극적인 사람이라, 직장에서 누군가 어려움이 있으면, 그는 그에게 도움
을 준다.

0019 > > > > >

★

帮助
bāngzhù

(동) 〈帮助 + 목적어〉돕다.
(명) 도움.(물질적인 도움을 의미함.)

관련예문
- 帮助我吧。(나를 도와다오.)
- 我需要你的帮助。(당신의 도움이 필요하다.)
- ⇒ 你帮助帮助他。(너는 그를 좀 도와줘라.)

我们应该经常＿＿＿父母干活儿。
우리들은 마땅히 자주 부모님의 일을 도와야 한다.

阿成得了肺炎, 没上课, 我＿＿＿她补习功课。
阿成은 폐렴에 걸려 수업을 하지 못해서, 내가 그녀의 공부를 돕는다.

0020 > > > > >

☆

保持
bǎochí

(동) 〈保持 + 명사(관계 · 수준 · 영예 · 애정 · 우정)〉보존하다. 유지하다.

관련예문
- 保持关系[水平/荣誉/友谊] (관계를 유지하다.)
- 〈维持 + 명사(질서 · 치안 · 목숨)〉 (유지하다.)

这里刚刚做过卫生, 请注意＿＿＿清洁。
여기는 방금 청소를 하였으니, 청결유지에 신경써 주세요.

多年来, 我与她一直＿＿＿着亲姐妹般关系。
여러 해 동안, 나와 그녀는 줄곧 친자매 같은 관계를 유지하고 있다.

有人曾说, 一句赞美的话可使人＿＿＿两个月的好心情。
어떤 사람이 이전에 한마디 칭찬의 말은 사람으로 하여금 몇 달간의 좋은 기분을 유지하게 한고 말했다.

0021 > > > > >

☆

报到
bào dào

(동) (기관 · 조직 · 학교에) 도착을 신고하다. 접수하다.

开学已经一个星期了, 你怎么才来＿＿＿呢?
개학한지 이미 일주일이 되었는데, 당신은 어째서 이제야 접수하러 왔습니까?

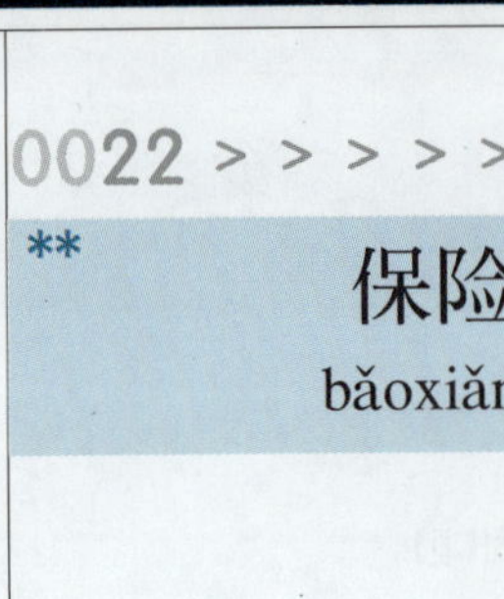

0022 > > > > >

******
保险
bǎoxiǎn

동 보증하다. 책임지다. = 担保

你照老师说的去做，_____不会出错。
너는 선생님의 말에 따라서 해라, 잘못되지 않을 거라고 보증한다.

爸爸买了好多年_____了，他老来无忧啦。
아버지는 오랫동안 보험에 들어 나이 들어서도 걱정이 없다.

0023 > > > > >

☆
保证
bǎozhèng

동 보증하다. 책임지다. = 担保

儿子向爸爸_____今后一定努力学习。
아들은 아버지에게 앞으로 반드시 열심히 공부할 것을 보증했다.

0024 > > > > >

☆
抱歉
bàoqiàn

동 죄송하게 생각하다.[서면어] = 对不起 = 不好意思

很_____，我来迟了。
죄송합니다, 제가 늦게 왔습니다.

0025 > > > > >

*
抱怨
bàoyuàn

동 원망하다. 불평하다. (불만을 나타냄)

관련예문 • 埋怨 (불평하다. 원망하다.[질책을 나타냄])

他已经给你陪半天不是，你就别再_____了。
그가 이미 너에게 한참동안 잘못을 빌었으니, 너는 더 이상 원망하지 마라.

0026 > > > > >

*
倍
bèi

양 〈수사 + 倍〉 배.

관련예문 • 半 (반. 30분.)

他的汉语水平比我高出好几_____。
그의 중국어 실력은 나 보다 몇 배는 뛰어나다.

相扑运动员的体重是正常人的三_____。
스모선수들의 체중은 정상인의 3배이다.

0027 > > > > >

★

被
bèi

전 〈주어 + 被 + 목적어 + 동사 + 기타성분〉…에게…당하다. …에 의해…되다.
= 叫 = 让 = 给 = 为

동 〈被 + 동사〉…이 되다.

他＿＿＿人骂了一顿。
그는 사람들에게 한차례 욕을 먹었다.

李东明重新＿＿＿选为主任了。
이동명은 재차 주임으로 선출되었다.

小红在课上＿＿＿同学气哭了。
小红은 수업시간 중 급우들 때문에 화가나서 울었다.

那些事已经＿＿＿她全部解决了。
그 일들은 이미 그녀에게 의해서 전부 해결되었다.

你说的结局, 已经＿＿＿他猜着了。
당신 이야기의 결말은 이미 그가 알아 맞혔다.

他＿＿＿一幅幅美丽的画面吸引住了。
그는 한 폭 한 폭의의 아름다운 화면에 매료당하였다.

秦始皇兵马俑＿＿＿人们称为奇迹。
진시황의 병마용은 사람들에 의해서 기적이라 일컬어진다.

卖冰棍的＿＿＿许多小孩围在中间。
아이스 바 장사꾼은 수많은 아이들에 의해서 중간에 둘러 싸였다.

他＿＿＿确诊为重感冒, 需要立即住院。
그는 심한 감기로 판명 나서 즉시 입원을 요한다.

受伤的运动员马上＿＿＿送进了医院。
다친 선수는 바로 병원으로 보내졌다.

绿茶有保健作用, 并＿＿＿列为营养饮品。
녹차는 보건작용이 있고, 또한 영양식품에 든다.

杨晨＿＿＿视为中国最优秀的足球运动员。
양신은 중국 최우수 축구선수로 간주된다.

这件艺术作品＿＿＿认为是本世纪的一个奇迹。
이 예술작품은 본 세기의 기적으로 여겨진다.

他因为迟到了, 所以＿＿＿领导批评了一顿。
그가 지각해서, 상사에게 야단을 맞았다.

孙小丽工作负责, 大公无私, _____同学们推举为班长。
손소려는 일을 책임짐에 공정하고 사심이 없어 급우들이 반장으로 추천했다.

司机向警察做了一番解释, 才_____允许把汽车开过去。
기사가 경찰에게 한번 변명을 하고서야 비로소 차를 운전해 가게 허락했다.

你可以看看我这伤痕, 这是_____你的侍从用鞭子打的。
나의 이 상처가 보이시죠, 이게 당신 시종한테 채찍으로 맞은 거예요.

这个过去经常_____谈论的话题, 如今已不再被人提起了。
과거에 늘상 토론 되었던 이 화제는, 지금은 더 이상 사람들에 의해서 언급되지
않는다.

他在现代文学上的造诣在同时代的学者中_____公认是最高的。
그는 현대문학에 있어서의 깊은 조예가 동시대 학자들 중에서 최고로 공인된다.

_____你解答出来的问题越多, 越深刻, 说明你的学问就渊博。
당신이 답변해내는 문제가 많고 깊을수록 당신의 학문이 해박함을 말해 줍니다.

0028 > > > > >

★

本
běn

ⓐ 〈수사 + 本 + 명사(책)〉권.(책을 세는 단위)
ⓑ 본래. 원래. = 本来 = 原来　☞ 部 bù
《固定式》〈지시사[这 / 那 / 哪] + (수사) + 양사 + 명사〉

관련예문　• 这本书 (이 책)　　　　• 那本书 (저 책)
　　　　　　　• 两本书 (두 권의 책)　　• 那两本书 (저 두 권의 책)

这一次他在书市上买的书有三、四十 _____。
이번에 그가 책 시장에서 산 책은 3, 40권이다.

昨天从图书馆借来的几_____新书你看见了吗?
어제 도서관에서 빌려 온 몇 권의 새 책을 넌 보았니?

_____想回教室去看书, 没想到一进教室就和同学聊起来了。
원래는 교실로 돌아가서 책 보려고 했는데, 교실에 들어가자마자 급우와 잡담을
하게 되리라고는 생각도 못했다.

0029 > > > > >

☆

本来
běnlái

[부] 원래. 본래. = 原来 = 原本 ☞ 从来；向来

我_____是好意帮助他，没想到他却不领情。
나는 원래 호의로 그를 도와주었는데, 그가 받아들이지 않을 줄은 몰랐다.

_____没什么大事，但传来传去，事情就闹大了。
원래 뭐 큰일은 아니었는데, 이리저리 전해지면서 일이 커졌다.

0030 > > > > >

★

比
bǐ

[전] ① 〈A ＋ 比 ＋ B ＋ 형용사〉A는 B보다 …하다.
② 〈수사 ＋ 比 ＋ 수사〉대.(경기의 득점 비)
《固定式−부정식》
① 〈A ＋ 不 ＋ 比 ＋ B ＋ 형용사〉 (A는 B보다 …하지 못하다.)
② 〈A ＋ 没有 ＋ B ＋ 형용사〉 (A는 B만큼 …못하다.)

관련예문　• 一天比一天 (나날이 … [좋아지다])
　　　　　　 • 一天不如一天 (갈수록 … [악화되다])

今年的课程_____去年多。
올해 교육과정은 작년 보다 많다.

李昌明写汉字_____我写得好。
이창명은 한자 쓰는 게 나 보다 잘 쓴다.

足球比赛的结果是四_____二。
축구시합의 결과는 4대 2이다.

楼外的自行车一辆_____一辆时髦。
건물 밖의 자전거는 날로 세련되어 간다.

别看他个子矮，可力气不_____我小。
그가 키가 작다고는 보지 마라, 힘이 나보다 작지 않다.

我_____你晚到一会儿，你千万别介意。
내가 당신보다 좀 늦게 왔다고, 당신 절대 개의치 마세요.

爸爸开始运动后，身体_____以前好多了。
아버지는 운동을 시작한 후, 몸이 전보다 많이 좋아졌다.

我母亲每天早上都＿＿＿＿父亲晚起1个小时。
나의 어머니는 매일 아침 늘 아버지보다 1시간 늦게 일어난다.

这种苹果＿＿＿＿那种新鲜，还是买这种吧!
이 사과가 저것 보다 신선하니, 이걸 삽시다!

我们这儿的冬天不＿＿＿＿你们那儿冷多少。
우리 여기의 겨울은 너희들 거기 보다 얼마 춥지 않다.

这个筐里的鸡蛋＿＿＿＿那个筐子里的鸡蛋还多。
이 광주리의 달걀은 저 광주리의 달걀보다 훨씬 많다.

老李每天的工作也很紧张，他不＿＿＿＿我轻松。
老李는 매일 업무도 바쁘고, 그는 나보다 한가하지 않다.

一天下来，左边这个小店就要＿＿＿＿右边那个多卖出几包饼干。
하루에 왼쪽의 작은 상점은 오른쪽의 상점보다 과자 몇 봉지가 더 팔린다.

0031 > > > > >

比得过
bǐ de guò

(동) 비교[상대]할 수 있다. ＝ 比你要好 ⇔ 比不过(비교할 수 없다.상대가 안된다.)

관련예문
- 喝不过 (술로는 상대가 안 된다)
- 打不过 (싸움으로는 [구기 운동은]상대가 안 된다)
  ＝ 不能赢 ＝ 赢不了

你是年级第一名，我怎么＿＿＿＿你呢?
당신은 학년 일등인데, 내가 어떻게 당신과 비교가 되겠어요?

0032 > > > > >

★

比较
bǐjiào

(부) 비교적. ＝ 较 (동) 비교하다.

这段路＿＿＿＿近，咱们就走着去吧。
이 길은 비교적 가까우니, 우리 걸어갑시다.

改革开放后，中国的旅游事业相对＿＿＿＿发达了。
개방개혁 후, 중국의 관광산업은 상대적으로 비교적 발달했다.

我和中国人接触多，所以＿＿＿＿了解他们的生活习惯。
나는 중국인과 접촉이 많아서, 비교적 그들의 생활습관을 이해한다.

黄山自然保护区是世界上自然生态系统保存得＿＿＿＿完整的地区。
황산자연보호구역은 세계에서 자연생태 시스템이 비교적 완전하게 보존된 지역이다.

0033 > > > > >

**
彼此
bǐcǐ

명 피차. 서로. = 互相 = 相互

관련예문 · 彼此彼此! (피차일반입니다)

我和王先生＿＿＿＿都很尊重对方。
나와 왕씨는 서로 상대방을 존중한다.

0034 > > > > >

☆
必然
bìrán

형 확실하다. 필연적이다. **부** 반드시. 꼭.

관련예문 · 必然的去向 (확실한 행방) = 必然的走向

· 必然结果 (불가피한 결과)

· 必然失败 (반드시 실패한다)

物质生活水平不断提高, 是社会发展的＿＿＿＿趋势。
물질생활 수준이 부단히 높아지는 건, 사회발전의 필연적인 추세다.

0035 > > > > >

★
必须
bìxū

부 〈必须 + 동사〉 반드시. 꼭. ⇔ 不必

今天晚上我＿＿＿＿给朋友回封信。
오늘 저녁 나는 꼭 친구에게 답장을 보낼 거다.

这件事很重要, ＿＿＿＿你亲自去办。
이 일은 중요하니, 반드시 당신이 직접 가서 하세요.

要想身体健康, 就＿＿＿＿坚持体育锻炼。
몸이 건강하고 싶으면, 꼭 계속해서 체력을 단련해야 한다.

病房需要安静, 所以您＿＿＿＿尽快离开这里。
병실은 조용해야하니, 당신은 빨리 여기를 떠나야 한다.

今天晚上我＿＿＿＿把这些课文背下来, 我可不想明天背诵不及格。
오늘 저녁 나는 꼭 이 본문들을 외워야 해요, 난 결코 내일 외우기에 불합격하고
싶지 않습니다.

0036 > > > > >

☆
必要
bìyào

명 필요.

单位招聘时没有_____问别人离开原工作单位的原因。
사원모집 시에는 다른 사람이 원래의 직장을 떠나려는 이유를 물을 필요가 없다.

0037 > > > > >

**
毕竟
bìjìng

부 필경. 결국. 마침내.(의문문에는 사용하지 못함) ☞ 究竟 = 到底

他_____还是年轻, 休息几天病就会好了。
그는 필경 젊으니깐, 며칠 쉬면 병세가 좋아질 것이다.

这桔子_____买回来两天了, 已显得不那么新鲜了。
이 귤은 필경 사 온지 며칠이 되어, 이미 그다지 신선하지 않게 된 게 뚜렷하게 보인다.

他_____刚学两年汉语, 怎么能翻译好这种文章呢?
그는 막 중국어를 배운지 2년이 되었을 뿐인데, 어떻게 이런 문장을 번역을 할 수 있겠는가?

他是很聪明, 但_____年纪小, 不能要求他什么都懂。
그는 총명하지만, 어려서 그가 뭐든 다 알기를 요구할 수는 없다.

虽然你已经十八岁, 但你_____还是学生, 所以还不能离开父母的帮助。
비록 당신이 이미 18세지만, 당신은 결국 아직은 학생이니, 아직 부모님의 도움을 벗어날 순 없다.

0038 > > > > >

★
边……边……
biān……biān……

접 …하면서 …하다. (동작이 동시에 진행됨을 나타냄)

관련예문 • 边说边吃 = 说着吃 (대화를 나누면서 식사하다.) ☞ 一边

大家要聚精会神, 他_____说你们_____记。
다들 정신 집중하시고, 그가 말하면 당신들은 기록하세요.

0039 > > > > >

☆ 便 biàn

부 곧. 즉시. 바로. = 就

《固定式》〈一……便……〉=〈一……就……〉(…[하지만] 하면 곧…하다. …하자마자 곧 …하다.)

只要一说谎，他_____觉得脸上发烧。
거짓말만 하면 그는 곧 얼굴이 달아오르는 것을 느낀다.

我一叫"亮亮"，小狗_____向我跑过来。
내가 "亮亮"이라 부르면, 강아지는 나한테 뛰어온다.

孩子们一见到我们_____向我们围过来。
아이들은 우리를 보기만 하면 곧 우리들을 에워싼다.

厂建起后生产不到半年，_____因流动资金问题停产，一直无法正常运转。
공장이 건립된 후 생산한지 반년도 안 돼, 유동자금 문제로 생산이 중단되었고, 줄곧 정상적인 운영을 할 수가 없었다.

0040 > > > > >

** 便于 biànyú

동 〈便于 + 동사〉(…하기에)편리하다. = 方便于

为了_____学习，我上个月买了一台录音机。
공부를 편하게 하기 위해서, 나는 저번 달에 녹음기 한 대를 구입했다.

棉布衣服透气性好，_____洗涤。
면으로 된 옷은 공기가 잘 통해서, 세탁하기 편리하다.

0041 > > > > >

★ 变成 biànchéng

동 〈变成 + 명사〉…로 변하다. 변하여…이 되다.

经过努力，他_____一个爱学习的好学生。
노력을 통하여, 그는 공부하는 것을 좋아하는 좋은 학생이 되었다.

10年前的一片平房，如今已_____了一座座高楼。
10년 전의 단층집이, 오늘날 이미 고층 건물로 변했다.

0042 > > > > >

变得
bián

〈变得 + 보어〉…하게 변하다.

经历了无数次挫折之后, 他＿＿＿越来越坚强了。
무수히 좌절을 겪은 후에 그는 갈수록 강해졌다.

0043 > > > > >

★

变化
biànhuà

🅜 변화. // 起变化 (변화가 일어나다.)

관련예문 • 有变化 (변화하다. 변화가 있다.)
• 变革 ([사회제도. 관리체제를]바꾸다. 변혁하다.)

刚过了一天, 事情就发生了＿＿＿。
막 하루가 지났는데, 사정에 변화가 생겼다.

几年没来, 你家的＿＿＿可真大啊!
몇 년간 안 왔더니, 너의 집은 정말 변화가 크구나!

0044 > > > > >

★

遍
bián

🅐 〈동사 + 수사 + 遍〉번. 회. 🅕 〈동사 + 遍〉온통. 두루. 널리.

他给大家讲了一＿＿＿计算的过程。
그는 모두에게 계산의 과정을 한 차례 설명했다.

他又给我们讲了一＿＿＿他的冒险经历。
그는 또 우리들에게 그가 모험담을 한차례 이야기했다.

这本《三国志》他已经看了两＿＿＿了。
이 〈삼국지〉를 그는 이미 2차례 보았다.

这个电影我以前看过两＿＿＿了, 不想再看了。
이 영화는 내가 예전에 두 번을 봐서 다시 보고 싶은 마음은 없다.

请你把今天会议的核心内容给我们传达一＿＿＿。
오늘 회의의 핵심내용을 우리에게 전달 한번 해 주세요.

这种书很难买, 找＿＿＿整个北京城, 也没买到。
이 책은 사기가 힘들어, 온 북경시를 다 찾았으나 사지를 못하였다.

这篇文章我读了几＿＿＿也没弄清楚中心思想是什么。
이 문장을 내가 몇 차례 읽었으나, 중심사상이 뭔지 정확하지 않다.

我把整个商场找＿＿＿＿了，也没找到那种牌子的手表。
나는 온 시장을 두루 찾았으나, 그런 상표의 손목시계를 찾지 못했다.

"书读百＿＿＿＿，其意自现"，多读才能体会到文章中的深意。
'책을 백번 읽으면, 그 의미가 절로 드러난다' 라고 하듯이 많이 읽어야만 문장 속의 깊은 의미를 느낄 수 있다.

0045 > > > > >

☆ 表达
biǎodá

동 (생각 · 감정을)표현하다. // 思想表达(사상 표현)

관련예문 · 表达感情 (감정을 표현하다)

我这个词的意思，用汉语怎么＿＿＿＿？
나의 이 단어의 의미를 중국어로 어떻게 표현하니?

0046 > > > > >

☆ 表明
biǎomíng

동 보여주다. 분명히 하다. 드러나다.

관련예문 · 表明态度 (태도를 분명히 하다)

调查结果＿＿＿＿，学生中百分之八十人有电脑。
조사결과가 보여주기를 학생 중 80%가 컴퓨터를 가지고 있다.

0047 > > > > >

★ 表示
biǎoshì

동 (생각 · 감정 · 태도 따위를)나타내다. 말하다.

관련예문 · 表示感谢 (감사를 표시하다)

在别人向你问好时，你应及时回答或点头示意，＿＿＿＿友好。
다른 사람이 너에게 인사할 때, 제때 답하거나 고개를 끄덕여서 우호표시를 해야 한다.

0048 > > > > >

★ 表现
biǎoxiàn

명 태도. 품행. 언동. 행동. 동 (일 · 태도 · 열정 등을)드러내다. 나타내다.

课上这个学生＿＿＿＿不好。
이 학생은 수업태도가 좋지 않다.

0049 > > > > >

冰凉冰凉
bīngliángbīngliáng

[동 - 중첩형] 얼음처럼 차다. 차디차다. 매우 차다. (원래는 형용사임) → 冰凉冰凉的 ☞ 通红通红

≪固定式≫ ① AB(형용사) → (중첩 동사화) ABAB的(…하다.)
② AB(형용사) → (중첩 부사화) ABAB(的)(…하게)

관련예문
- 清楚 → 清清楚楚 (분명하게. 똑똑하게. 확실하게)
- 说得清清楚楚的 (분명히 말했다.)

一摸他的手，_____的，他肯定有病了。
그의 손을 잡으니 얼음처럼 차가운 게 그는 분명히 병이 난 게야.

0050 > > > > >

☆

并
bìng

[부] 〈并不 + 형용사〉결코[조금도; 전혀]…않다. ☞ 并且

他信上的字迹_____不漂亮，但毫无疑问是他的笔迹。
그의 편지상의 필적은 전혀 예쁘지 않다, 그러나 그의 필적임은 조금도 의심의 여지가 없다.

镭射电影的票价_____不贵、花五, 六块钱可以连着看两部片子。
레이저영화의 표값은 결코 비싸지 않다, 5,6원으로 두 편을 연속으로 볼 수 있다.

年轻的容貌总会逝去的, 这_____不可怕, 可怕的是心中没有了光彩。
젊은 모습은 언젠가는 사라지는데, 이것은 결코 두렵지 않다, 두려운 것은 마음속에 빛이 사라지는 것이다.

对一个推销员来说, 推销什么产品_____不重要，重要的是如何去推销。
판매 사원에게 있어서는 어떤 상품을 판매하는가는 결코 중요하지가 않다, 중요한 것은 어떻게 판매하는가 하는 것이다.

虽然她长得_____不漂亮, 可是气质十分优雅, 就像一幅淡墨的山水画。
비록 그녀의 외모는 결코 예쁘지 않지만, 기질은 정말로 우아하고 고상한 것이 마치 수묵산수화 같다.

0051 > > > > >

并不……而是……
bìngbù……érshì……

결코…이 아니라 …이다. ▶ 〈绝不 = 동사〉(결단코[절대로] …않다.)

本科毕业, _____象征结束, _____宣告另一种生活的开始。
본과를 졸업하는 것은 결코 종결을 상징하는 것이 아니고 또 다른 생활의 시작을 알리자는 것이다.

0052 > > > > >

*****

并非
bìngfēi

부 결코 …하지 않다. 결코 …가 아니다. = 并不是

我＿＿＿不愿意陪你去，是因为有事去不了。
나는 결코 너와 같이 가지 않으려고 하는 것이 아니고 일이 생겨 갈 수가 없는 것이다.

0053 > > > > >

☆

并且
bìngqiě

접 또한. 그리고. 게다가. = 而且

관련예문 • 水流急而且[并且×] 冷 (물 흐름이 급하고 게다가 차다)

你个子长高了，身体长壮了，＿＿＿＿性格也好像更开朗了。
너는 키도 커지고, 몸도 건장해졌고, 또한 성격도 더 명랑해진 것 같다.

一个人要想不断进步，必须严格要求自己，＿＿＿＿要谦虚谨慎。
한 사람이 끊임없이 진보하려면 반드시 자신에게 엄격해야 하고 또한 겸허하게 근신해야 한다.

0054 > > > > >

★

不
bù

부 ① 〈不 + 동사〉…않다. …않겠다. …아니다. …못하다.
② 〈동사 + 不 + 보어[了/到/得/下/上/着]〉(동사보어구조의 중간에 쓰여 불가능을 나타냄)
《固定式》① 〈不 + 동사〉：〈不 + 조동사 + 동사〉 // 不听(안 듣겠다) // 不想来(오고 싶지 않다)
② 〈동사1 + 不 + 동사1 + ?〉(선택식의문문) // 来不来?(옵니까, 안 옵니까?) = 来吗
③ 〈동사 + 不了[不到/不得/不下/不上]〉(…할 수 없다) // 吃不了(다 먹을 수 없다) // 听不到(듣지 못했다) // 吃不得(먹을 수 없다)// 坐不下(앉을 수 없다) // 看不上(마음에 들지 않는다)
④ 〈不 + 동사 + 了〉(더는…못하게 되었다) // 不工作了(직장을 못 나가게 되었다) // 不上学了(학교를 못 다니게 되었다)
⑤ 〈不 + 전치사[把/比/到] + 명사 + 동사 + 기타성분〉 ☞ 把 : 比
⑥ 〈不 + 再 + 동사〉〈再 + 不 + 동사〉 ☞ 再

学校放寒假，我们＿＿＿＿上课了。
학교는 겨울 방학이라서 우리들은 수업을 하지 않는다.

只满足于模仿别人是______够的。
다른 사람을 모방하는 것에 만족하는 것만으로는 불충분하다.

我没有一天______为他的前途忧心。
나는 그의 장래에 대해 걱정을 하지 않는 날이 없다.

我会说汉语，______会说意大利语。
나는 중국어는 할 줄 알지만, 이탈리아어는 할 줄 모른다.

想______想参加这次活动，大家自愿。
이번 행사에 참여 여부는 모두들 자유다.

我做买卖______比你教书，教书多轻松啊!
내 하는 장사는 당신네 교편에 비할바가 아니다, 가르치는 일이 얼마나 편한가!

爷爷一直惦记着你，你也______来个信儿。
할아버지는 항상 너를 그리워하는데, 너는 편지도 한 통 안 하니.

这个学校的女同学喜______喜欢踢足球？
이 학교의 여자학우들은 축구하는 것을 좋아하니?

即使是放在冰箱里也保存______了几天。
설사 냉장고에 넣어두어도 며칠을 보존할 수 없다.

你为什么______把自己的要求直接提出来呢？
너는 왜 자기의 요구를 직접적으로 제기를 하지 않느냐?

生活水平得______到提高，人们就没有积极性。
생활수준이 높아지지 않아서 사람들은 적극성이 없다.

我看别等他了，他说写______完作业就不去打球。
내가 보기에 그를 기다리지 마라, 그가 숙제를 다 하지 않으면 공치러 가지 않겠다고 말했다.

现在的工作______比以前轻松，所以没有时间搞研究。
지금 일은 이전 보다 수월하지 않다, 그래서 연구할 시간이 없다.

外面出太阳了，怎么______把家里的东西拿出去晒一晒？
밖에 해가 나왔는데, 왜 집안의 물건을 내 놓고 좀 볕을 쬐지 않니?

这样的日子我已经过够了，我______想再这样无所事事地混下去了。
이런 날은 나는 이미 충분히 겪었다, 나는 다신 이렇게 아무 하는 일도 없이 살아가고 싶지 않다.

过去仅仅是一两个同事对他有意见，这下可倒好，经理对他也______满意了。
과거는 단지 한두 명의 동료가 그에게 불만이었는데, 이번 참에는 정말 골치 아픈 게 지배인도 그에게 불만을 품게 되었다.

0055 > > > > >

不必
búbì

부 ···할 필요가 없다. = 不用 = 用不着

问题总能解决的，你＿＿＿着急。
문제는 결국 해결 될 수 있으니, 너는 조급해할 필요가 없다.

汽车一定会买到的，你＿＿＿着急。
자동차는 반드시 사게 될거니까, 너는 조급해할 필요가 없다.

0056 > > > > >

★
不错的
búcuò de

형 괜찮은. = 比较好的

他参加乐队以后，我给他买了一把＿＿＿小提琴。
그가 밴드에 참가한 이후에, 나는 그에게 괜찮은 바이올린을 하나 사 주었다.

0057 > > > > >

★
不但
búdàn

접 ···뿐만 아니라.
《固定式》〈不但[不仅/不单/不光]······而且[反而/也/还]······〉↓

他＿＿＿歌唱得好，而且球也踢得好。
그는 노래를 잘 할 뿐 아니라, 축구도 잘한다.

他＿＿＿不承认自己的错误，反而把我批评了一顿。
그는 자신의 과오를 인정하지 않을 뿐 아니라, 도리어 나를 탓했다.

我＿＿＿要去作客，而且还要带着我的好朋友一起去。
나는 손님으로 가기를 원할 뿐 아니라, 나의 친한 친구를 함께 데리고 가려한다.

巩俐＿＿＿在国内是一流的电影明星，就是在国际上也是很有名的。
공리는 국내에서 일류 영화배우일 뿐만 아니라, 국제적으로도 매우 유명하다.

这种音响＿＿＿在国内是优质产品，就是在国际上也是属于一流的。
이런 종류의 오디오는 국내에서 우수한 상품일 뿐 아니라, 국제적으로도 일류에 속한다.

0058 > > > > >

不但……而且……
búdàn……érqiě……

…뿐만 아니라, 게다가 …이기도 하다.

我们从此_____是师生关系, _____成了朋友。
우리는 이제부터 사제지간일 뿐만 아니라, 친구도 되었다.

优秀人才_____业务棒, _____职业道德也应是高尚的。
우수한 인재는 업무도 아주 잘 할 뿐만 아니라, 직업적 도덕 또한 당연히 고상하다.

战争_____使人民失去平稳的生活, _____给环境带来了严重的破坏。
전쟁은 국민의 안정된 생활을 잃게 하였을 뿐 아니라, 심각한 환경 파괴를 가져왔다.

0059 > > > > >

不但……反而……
búdàn……fǎn'ér……

…뿐만 아니라, 오히려…하기도 하다.

心情_____没有轻松, _____更加紧张。
마음이 가볍지 않을 뿐 아니라, 오히려 더 긴장된다.

问题_____没有解决, _____越来越严重了。
문제는 해결되지 않았을 뿐 아니라, 날이 갈수록 오히려 심해진다.

他的病_____没见好转, _____越来越重了。
그의 병은 호전되지 않을 뿐 아니라, 오히려 날이 갈수록 심해진다.

多喝水_____不会使你长胖, _____有利于减肥。
물을 많이 마시면 살찌지 않게 할 뿐 아니라, 오히려 살 빼기에도 유리하다.

0060 > > > > >

不但不……反而……
búdàn bù……fǎn'ér……

…하지 않을 뿐만 아니라, 도리어… 하기도 하다.

小李_____生他的气, _____跟他亲热起来。
小李는 그에게 화내지 않을 뿐만 아니라, 도리어 그와 가까워지기 시작했다.

你们_____支持我, _____扯我的后腿。
그들은 나를 지지하지 않을 뿐만 아니라, 도리어 내 뒷다리를 건다.

0061 > > > > >

*** 不得**
bude

〈동사 + 不得〉…해서는 안 된다. …할 수 없다.(가능보어)

관련예문　• 吃不得 (먹을 수 없다.)

现在, 我和小燕子都顾_____他们了。
현재, 나와 小燕子는 모두 그들을 돌볼 수가 없게 되었다.

0062 > > > > >

☆

不得不
bù dé bù

〈不得不 + 동사〉…하지 않으면 안 된다. 하는 수 없이…해야 한다. = 不能不.
= 必须

主要负责人都没有来, 这件事＿＿＿改日再讨论。
주요 책임자가 모두 오지 않았으니, 이 일은 다음에 다시 토론할 수밖에 없다.

老师让他马上去办公室, 我们的谈话＿＿＿中止了。
선생님이 그에게 당장 교무실로 가라고 하셔서, 우리는 대화를 중지할 수밖에 없었다.

0063 > > > > >

☆

不得了
bùdéliǎo

형 ① 〈동사 + 得 + 不得了〉대단하다. 매우 심하다.(일반적으로 주어가 없음)
② 큰일 났다. 야단났다.(단독으로 사용) = 了不得[일반적으로 주어와 함께 사용함]

当他知道自己的朋友背叛了自己时, 气得＿＿＿＿。
그는 자신의 친구가 그를 배반했다는 것을 알았을 때, 매우 심하게 화가 났다.

0064 > > > > >

*

不得已
bùdéyǐ

부득이하게. 어쩔 수 없이.하는 수 없이. = 无可奈何

她解释说, 这只瓷瓶是祖传宝物, 因丈夫病重, ＿＿＿＿＿才出卖以换取住院治疗费。
그녀가 설명하기를, 이 자기병은 조상 대대로 내려오는 보물인데, 남편의 병이 심하기 때문에 입원 치료비를 마련코자 하는 수 없이 내다 판다고 했다.

0065 > > > > >

不等……就……
bùděng……jiù……

…하기도 전에 곧 …하다.(대개 문두에 사용) [= ……之前, 就……] ☞ 等
《固定式》〈等……, 再……〉= 〈……, 然后……〉(…하고 나서…하다)
[= …… 之后,……]

＿＿＿雨停了, 我＿＿＿推车出了门。
비가 그치기도 전에 나는 차를 몰고 나갔다.

0066 > > > > >

不都
bùdōu

〈不都是……〉 모두 …한 것은 아니다.(부분부정)

관련예문
- 不常来 (자주 오는 것은 아니다)
- 不太好 (그다지 좋지 않다)

我们代表团_____是男士, 还有一位女士。
우리 대표단은 모두 남자는 아니다, 여자도 한명 있다.

今天的作业_____是数学老师留的, 也有语文老师留的。
오늘의 숙제는 모두가 수학선생님이 내주신 것만은 아니고, 어문선생님이 내주신 것도 있다.

0067 > > > > >

*

不妨
bùfáng

〈不妨 + 동사〉 무방하다. 괜찮다. = 不在乎 ⑪ 无所谓(단독으로만 사용함)

这个电视剧很有意思, 你_____看看。
이 드라마는 재미있으니, 너는 봐도 괜찮을 것이다.

你发现我们工作有什么不足之处, _____直说, 不必客气。
당신은 우리 일이 어떤 점이 부족한지 발견하게 되면 어려워 하지 말고 직접적으로 말해도 괜찮다.

你们好久没来串门了, _____多睡一会儿觉, 晚点起床。
너희들은 오랫동안 놀러왔으니, 잠을 푹 자고 늦게 일어나도 무방하다.

0068 > > > > >

☆

不管
bùguǎn

접 …에 관계없이. …을 막론하고. …든지 간에. = 不论 ⑪ 无论
《固定式》 ① 不管 + 의문대명사 [什么/怎么/多么/谁/哪儿] + 都[也]
② 不管 + 긍정부정형[동사1 + 不 + 동사1] + 都[也]
③ 不管 + 선택 관계[……还是……] + 都[也]

我会做饭, _____去哪儿, 都饿不着。
나는 밥을 할 줄 아니, 어디를 가든지 간에 굶주리진 않을 것이다.

_____是冬天还是夏天, 他都坚持长跑。
겨울이나 여름이나 상관없이, 그는 항상 달리기를 한다.

_____春夏秋冬, 他总是天天坚持锻炼。
봄, 여름, 가을, 겨울에 상관없이, 그는 항상 매일 같이 체력 단련을 한다.

_____天冷天热，他总是戴着一顶帽子。
날이 춥던지 덥던지 간에, 그는 항상 모자를 쓰고 있다.

_____饭菜香不香，老胡总是吃得这么多。
맛이 있든지 없든지 간에, 老胡는 항상 이렇게 많이 먹는다.

我_____你们有什么困难，这件事一定得办好。
나는 너희들이 어떠한 어려움이 있더라도, 이 일은 반드시 잘 처리해야 한다.

我决心学好汉语，_____有多大困难，也要克服。
나는 중국어를 잘 배우고자 결심하였는데, 그 어떤 어려움이 있다하더라도 극복해야 한다.

_____工人农民，在社会中都发挥着重要的作用。
노동자 농민을 막론하고, 사회에서는 모두 중요한 작용을 발휘하고 있다.

老赵是个慢性子，_____你怎么跟他发脾气，他都不着急。
老赵는 굼벵이다, 네가 그에게 어떻게 화를 내어도 그는 초조해하지 않는다.

0069 > > > > >

不管……都……
bùguǎn……dōu……

…든지 간에 모두…하다.

_____是谁，课堂上_____要遵守纪律。
누구든지, 교실에서는 규율을 지켜야 한다.

_____到什么岗位，_____要踏踏实实地工作。
어떤 직위에 배치되던지 간에, 착실히 일해야 한다.

_____有多少理由，没有礼貌_____是不对的。
얼마나 많은 이유가 있던지 간에, 예의가 없는 것은 모두 잘못된 것이다.

0070 > > > > >

不管……还……
bùguǎn……hái……

…하더라도 역시[그래도]…하다.

_____今天天气多么恶劣，我们_____要去上学。
오늘 날씨가 아무리 나빠도, 우리들은 학교에 가야만 한다.

0071 > > > > >

不管……也……
bùguǎn……yě……

…하더라도 …하다.

_____出了什么事, _____不能不吃饭呀!
어떤 일이 생겨도, 밥을 먹지 않으면 안 된다.

_____生活怎样艰难, 我_____从来没有气馁过。
생활이 아무리 어렵더라도, 나는 결코 기죽은 적이 없다.

0072 > > > > >

不管……总是……
bùguǎn……zǒngshì……

…든지 간에 언제나 …하다.

_____天气多么恶劣, 我们_____忍耐坚持五点起来晨跑。
날씨가 아무리 나쁘더라도, 우리들은 계속 5시에 일어나서 조깅을 한다.

0073 > > > > >

☆

不过
búguò

접 ① 〈口〉 그러나. …지만. = 但是 ; 然而 ; 可是
② 〈주어 + 不过 + 술어〉…할 따름이다. …에 불과하다. // 〈只不过 + 술어 + 而已〉(단지…에 지나지 않는다)

这件衣服样式老了点儿, _____价钱还算便宜。
이 옷의 디자인은 좀 낡았지만, 가격은 그나마 싸다.

她只_____是一位大家比较喜欢的演员, 称不上艺术家。
그녀는 모두가 비교적 좋아하는 배우일 뿐, 예술가라고까지 할 수는 없다.

我只知道他是工程师, _____他研究什么, 我就不清楚了。
나는 그가 기사라는 것만 알고 있을 뿐 그가 어떤 연구를 하는지는 잘 모른다.

0074 > > > > >

不含糊
bù hánhu

① 결단성이 있다. 우물쭈물하지 않다. = 办事不清楚 = 不果断
② 훌륭하다. 빈틈없다. ⇔ 马虎 = 不认真 = 粗心 = 不大意

别看他平时大大咧咧, 关键时刻可_____。
그가 평소에 건성건성 한다고 여기지 마라, 중요한 순간에는 결단성이 있다.

他办起事来, 有板有眼, 一点儿也_____。
그의 일 처리는 논리 정연하고, 조금의 빈틈도 없다.

0075 > > > > >

不几年
bù jǐnián

몇 년이 되지 않다. = 没几年 = 很短的时间

兄弟俩经心经营，______，就成为远近闻名年年收入五六万元的个体户。

두 형제가 심혈을 기울여 경영한지 몇 년이 안돼서, 매년 5,6만원의 수입을 올리는 개인 사업체로 널리 이름 날렸다.

0076 > > > > >

**

不见得
bú jiàndé

동 반드시…라 할 수 없다. 꼭 …한 것만은 아니다. = 不一定 = 未必

我看药吃多了, 对病______好。
내가 보기에 약을 많이 먹는 것이 반드시 병세에 도움이 된다고는 할 수 없다.

吃得太多了, ______身体有利。
과식하는 것이 꼭 건강에 좋은 것만은 아니다.

雨下得这么大, 看样子王老师______来了。
비가 이렇게 많이 내리는데, 보아하니 왕 선생님이 올 것 같지는 않다.

0077 > > > > >

☆

不仅
bùjǐn

접 …할 뿐만 아니라. ☞ 不但

明天______语文要考试, 数学也要考试。
내일 어문 시험을 볼 뿐 아니라, 수학 시험도 본다.

他______头球出色, 脚下功夫也是一流的。
그는 헤딩도 뛰어나고, 킥 솜씨도 일류급이다.

那种皮鞋既好看又便宜, 他______给自己买了两双, 还帮朋友买了一双。
저런 구두는 보기도 좋고 싸다, 그는 자기 것을 두 켤레 샀을 뿐 아니라, 친구 것도 한 켤레 샀다.

0078 > > > > >

不仅……而且……
bùjǐn……érqiě……

…할 뿐만 아니라, 또한 …하기도 하다.

这种电视_____式样美观，_____质量也很好。
이런 TV는 디자인이 보기 좋을 뿐 아니라, 화질 또한 좋다.

青春_____是充满了活力的，_____是最美丽的。
청춘은 활력이 충만한 것일 뿐 아니라, 가장 아름다운 것이기도 하다.

绿茶_____在国内有名，_____在国际上也很有名。
녹차는 국내에서 유명할 뿐 아니라, 국제적으로도 유명하다.

他_____有渊博的知识，_____有实践的经验和能力。
그는 해박한 지식이 있을 뿐 아니라, 실천적 경험과 능력도 있다.

他_____工作不负责任，_____动不动就不来，大家对他不满意。
그는 일에 대한 책임을 지지 않을 뿐 아니라, 걸핏하면 오지도 않으니 모두들 그에게 불만이다.

0079 > > > > >

不仅……更……
bùjǐn……gèng……

…할 뿐만 아니라, 더욱 …하기도 하다.

飞机出事故，_____使乘客的生命受到伤害，_____会影响航空公司的声誉。
비행기 사고가 나면, 승객의 생명이 상해를 입을 뿐 아니라, 항공사의 명성과 명예에도 영향을 줄 것이다.

0080 > > > > >

不仅……还……
bùjǐn……hái……

…할 뿐만 아니라, 또한 …하기도 하다.

陈老师的教学方法_____使学生受益，_____使家长满意。
진선생님의 교수 방법은 학생들에게 좋을 뿐 아니라, 학부형들도 만족한다.

她_____长得很漂亮，衣着_____很得体。
그녀는 예쁠 뿐 아니라, 옷차림 또한 그에 걸맞다.

0081 > > > > >

不禁
bùjīn

자기도 모르게. = 忍不住 = 不由得

一回到家，我的心情_____好了起来。
집에 돌아오자, 나의 마음이 나도 모르게 좋아지기 시작했다.

见到20多年没见面的老朋友，她_____激动得流下了眼泪。
20년 동안 만나지 못했던 옛 친구를 만나서, 그녀는 자기도 모르게 감격해 눈물을 흘렸다.

0082 > > > > >

不了
bùliǎo

〈동사 + 不了〉(너무 많아서) 다…할 수 없다. ⇔ 〈동사 + 得了〉

一个人照顾＿＿＿＿这么多孩子。
혼자서는 이렇게 많은 아이를 다 돌봐줄 수 없다.

对于有水平的领导来说, 没有解决＿＿＿＿的问题。
수준 있는 지도자에 있어서 말하자면, 해결해 낼 수 없는 문제가 없다.

0083 > > > > >

**

不料
búliào

부 뜻밖에. 의외로. = 没想到 = 没料到 = 谁知道 = 谁想到

我好意劝她, ＿＿＿＿她倒和我发起脾气来了。
나는 호의로 그녀에게 충고했는데, 뜻밖에 그녀는 오히려 나에게 화를 내기 시작
했다.

大家请他去饭馆吃饭, ＿＿＿＿他竟一口拒绝了。
모두가 그에게 식당에 가서 밥을 먹자고 청했는데, 그는 뜻밖에 한마디로 거절했다.

我们以为他会拒绝的, ＿＿＿＿他竟一口答应了。
우리들은 그가 거절할 것이라고 여겼는데, 뜻밖에 그는 한마디로 승낙했다.

0084 > > > > >

☆

不论
búlùn

접 …을 막론하고. …든지 간에. ☞ 不管 = 无论

你＿＿＿＿走到哪里, 我都会笑着祝福你的。
당신이 어디를 가든지 간에, 나는 웃으면서 당신을 축복할 것이다.

＿＿＿＿你们两个在哪里, 这件礼物对你们的帮助都会是很大的。
당신들 두 사람이 어디에 있든지 간에, 이 선물은 당신들에게 도움이 매우 클 것
이다.

0085 > > > > >

**

不免
bùmiǎn

동 〈不免 + 긍정형식〉…하는 것을 피할 수 없다. …하기 마련이다. = 免不了
☞ 〈难免+미(未)실현형식[부정형식]〉

听说今天女朋友来不了了, 他心里＿＿＿＿有些失望。
듣자하니 오늘 여자친구가 못보게 되어, 그는 속으로 조금 실망스러움을 피할 수
없다.

时间快到了, 事情还没做完, 他心里＿＿＿＿着急起来。
시간은 다 돼가고, 일을 아직 다 하지 못해, 그의 마음은 조급해지기 마련이다.

六点了, 女儿还没有回来, 妈妈心里＿＿＿＿有点儿着急。
6시가 됐는데, 딸이 아직 돌아오지 않아서, 엄마는 마음이 조금 조급해지는 것을
면할 수가 없다.

0086 > > > > >

不能
bùnéng

〈不能 + 동사〉…할 수 없다.
▶ 〈不可以 + 동사〉([도리 상으로 보아]…할 수 없다. 해서는 안 된다)

对不起, 我有事, 晚上＿＿＿去看望你了。
미안해요, 나는 일이 있어서, 저녁에 당신을 보러 갈 수 없어요.

最近我身体不好, ＿＿＿陪你去外地旅游。
최근에 내 몸이 좋지 않아서, 당신을 모시고 타지에 여행하러 갈 수 없다.

0087 > > > > >

☆ **不然**
bùrán

접 그렇지 않으면. = 要不然 = 否则 = 要不

明天有事, ＿＿＿我可以去看电影了。
내일은 일이 있다, 그렇지 않으면 나는 영화보러 갈 수 있는데.

可惜来晚了, ＿＿＿可以看到刘德华了。
아쉽게도 늦게 왔다, 그렇지 않으면 유덕화를 볼 수 있었는데.

对这个问题必须加以说明, ＿＿＿会分不清谁的责任。
이 문제에 대해서는 설명을 더 해야 한다. 그렇지 않으면 확실히 누구의 책임인지 구분할 수 없다.

他一定有什么不愉快的事, ＿＿＿不会这么对待我的。
그는 분명히 무슨 불쾌한 일이 있다, 그렇지 않으면 이렇게 나를 대하지는 않을 것이다.

0088 > > > > >

★ **不如**
bùrú

① 〈A + 不如 + B + 형용사(긍정적인 표현)〉 A는 B만큼 …않다. = 没有
② 〈(주어) + 술어 + 不如 + (주어) + 술어〉…하느니 차라리…한다.
③ 〈A + 不如 + B〉 A는 B만 못하다. = 比不上

那个沙发看上去＿＿＿这个沙发舒服。
그 소파는 보아하니 이 소파 만큼 편하지 않다.

这么好的天气在家看电视＿＿＿到野外去走走。
이러한 좋은 날씨에 집에서 TV를 보는 것은 야외에 나가 산책하는 것만 못하다.

0089 > > > > >

☆ **不少**
bùshǎo

형 〈不少 + 명사〉적지 않다. 매우 많다. = 许多 = 很多

他从国外给我们带来了 ＿＿＿好东西。
그는 국외에서 우리에게 적지 않은 좋은 물건을 가져다주었다.

买了＿＿＿药吃了, 却不见好转, 真是让人着急。
적지 않은 약을 사서 먹었지만, 호전되지 않아, 정말 사람으로 하여금 조급하게 한다.

0090 > > > > >

*　不时(地)
bùshí(de)

부 ① 때때로. 종종. = 时不时地 = 时时　② 수시로. = 随

他一边吃饭，一边＿＿＿＿地给我讲每道菜的作法。
그는 한편으로 밥을 먹고, 한편으론 수시로 나에게 각 음식의 만드는 법을 이야기해 준다.

演员们的精彩表演，＿＿＿＿赢得观众一阵又一阵热烈的掌声。陈
연기자들의 뛰어난 연기는, 수시로 한차례 또 한 차례 관중들의 열렬한 박수 소리를 자아냈다.

0091 > > > > >

不是
búshì

〈不是 + 주어 + 술어〉…인 것이 아니다.
《固定式》〈不是 + 주어 + 술어, 是 + 주어 + 술어〉(…인 것이 아니라, …이다)

＿＿＿＿你不会，是你不想告诉我。
네가 알릴줄 몰라서가 아니라, 너는 나에게 알리고 싶지 않은 것이다.

＿＿＿＿我不想告诉你，是我真的不知道。
나는 너에게 알리고 싶지 않은 것이 아니라, 나는 정말 모른다.

0092 > > > > >

**　不是……而是……
búshì……érshì……

…이 아니고 …이다.

小李＿＿＿＿胆小，＿＿＿＿不愿见陌生人。
小李는 겁이 많은 것이 아니고, 낯선 사람 만나기를 원하지 않는 것이다.

老师叫你去，＿＿＿＿要批评你，＿＿＿＿要表扬你。
선생님은 너에게 가라고 한 것은, 너를 야단치려는 것이 아니고, 너를 표창하려는 것이다.

小玲＿＿＿＿不喜欢打扮，＿＿＿＿工作忙，没时间。
小玲은 화장하는 것을 좋아하지 않는 것이 아니고, 일이 바쁘고 시간이 없는 것이다.

王淑兰＿＿＿＿怕见妈妈，＿＿＿＿怕妈妈见她这个样子伤心。
왕숙란은 엄마 만나기를 무서워하는 것이 아니고, 엄마가 그녀의 이런 모습을 보고 상심할까봐 걱정하는 것이다.

他们＿＿来旅游的，＿＿来学习的，请严格要求他们。
그들은 여행을 온 것이 아니고, 공부하려고 온 것이니, 그들에게 엄격하게 하세요.

他＿＿不聪明，＿＿不刻苦，所以学习成绩一直不好。
그는 똑똑하지 않은 것이 아니고, 노력하지 않는 것이므로, 성적이 줄곧 좋지 않은 것이다.

气球能不能飞起来，＿＿看它体积大小，＿＿看它里面有没有氢气。
애드벌룬이 날수 있고 없고는, 그 체적이 크고 작은 것을 보는 것이 아니라, 그 안에 수소가 있나 없나를 봐야한다.

0093 > > > > >

******

不是……就是……
búshì……jiùshì……

…이든가 …이든가 이다. …아니면 …이다.[＝ 不是……便是……]
☞ 或者 ; 还是

星期六的下午，我们＿＿去公园，＿＿去博物馆。
토요일 오후, 우리들은 공원에 가든가, 박물관에 간다.

大明最近不知怎么搞的，＿＿迟到，＿＿上班打瞌睡。
대명는 최근 어떻게 된 건지, 지각 하든가, 아니면 출근해서 존다.

你调动，＿＿他调动，反正你们两个人得调走一个。
네가 옮기든가, 아니면 그가 옮기든가, 하였든 간에 너희들 둘 중 한 명은 옮겨 가야한다.

0094 > > > > >

不太
bútài

〈不 ＋ 太 ＋ 형용사〉 그다지[별로/그리]…하지 않다.(부분부정을 나타냄.)
*〈不 ＋ 很 ＋ 형용사〉 (이 부분부정식은 쓰이지 않고, 〈很 ＋ 不 ＋ 형용사〉의 형식으로 쓰임.) // 他不太会说话。(그는 그다지 말할 줄 모른다.)

관련예문 · 不太好 (별로 좋지 않다.)
· 很不好 (매우 좋지 않다. → 상당히 나쁘다.) ＝ 非常不好

这件衣服我穿着＿＿合适，请再换一件吧。
이 옷은 내가 입기에는 그다지 적당하지 않으니, 바꿔 입어 보지요.

0095 > > > > >

不像……那么……
búxiàng……nàme……

…처럼 그만큼[그렇게] …하지 않다.

我发现情况＿＿想象的＿＿糟糕。
내가 상황을 보니 상상한 것처럼 그렇게 엉망이진 않다.

他也爱交朋友，但＿＿哥哥交际＿＿广。
그도 친구사귀는 것을 좋아하지만, 형이 교제하는 것처럼 그리 폭넓지는 않다.

0096 > > > > >

☆

不许
bùxǔ

조동 〈不许 + 동사〉해서는 안 된다. = 不准 = 不能 = 不可以

妈妈冲我摆了摆手, 暗示我＿＿＿要人家的东西。
엄마는 나에게 손을 흔들어서, 다른 사람의 물건을 받아서는 안 된다고 나에게 넌지시 알게 했다.

妈妈从小教育我, ＿＿＿要在外边吃不卫生的食物。
엄마는 어려서부터, 밖에서 비위생적인 음식을 먹어서는 안 된다고 나를 교육시켰다.

0097 > > > > >

☆

不一定
bùyídìng

꼭[반드시] …한 것은 아니다. = 不见得 = 说不准 = 说不定

事情的结果还＿＿＿, 我们再等等看吧。
일의 결과는 아직 확정적이지 않으니, 우리는 더 기다려 보자.

他去不去还＿＿＿, 我们还是不要等他了。
그가 갈건지 안갈건지는 아직 불확실하니, 우리는 그를 기다리지 맙시다.

0098 > > > > >

★

不用
búyòng

조동 …할 필요가 없다. = 不必 = 用不着

难道这样简单的问题还要回答吗? 我们认为, ＿＿＿回答。
설마 이렇게 간단한 문제를 대답해야 한단 말인가? 우리들은 대답할 필요가 없다고 생각한다.

0099 > > > > >

**

不由得
bùyóude

자기도 모르게.저절로. = 不禁 = 忍不住

看到照片的时候, 他想起死去的父亲, ＿＿＿掉下眼泪来。
사진을 보았을 때, 그는 돌아가신 부친이 생각나서, 자기도 모르게 눈물을 흘렸다.

0100 > > > > >

不在乎
búzàihu

🔵 문제 삼지 않다. 대수롭지 않게 여기다. = 不介意 = 无所谓 = 没关系

大明特别有钱, 买什么都_____。
大明는 특히 부유해서, 무엇을 사든 대수롭지 않게 여긴다.

只要孩子能学到知识, 我_____这点儿钱。
단지 아이들이 지식을 배울 수만 있다면, 나는 이 정도 돈은 문제 되지 않는다.

0101 > > > > >

不怎么
bùzěnme

〈不怎么 + 형용사〉별로[그다지. 그리]…않다. = 〈不太[不大/不怎么样] + 형용사〉 ▶〈不很 + 형용사〉형식은 사용되지 않으며, 〈很不 + 형용사〉(상당히…지 못하다)형식은 사용됨.

这个记者说是名记者, 其实文笔_____出色。
이 기자는 유명한 기자라고는 하는데, 사실 문필은 그다지 뛰어나지 않다.

0102 > > > > >

不止
bùzhǐ

〈不止 + 수사 + 양사 + (명사)〉…에 그치지 않다. …만이 아니다(그 이상이다). = 超过 ☞ 不只

上个星期, 我跟他谈过_____三次话。
지난주, 나는 그와 이야기 나눈 것이 세 번만이 아니다.

0103 > > > > >

不至于
bù zhìyú

…까지는 하지 않을 것이다. …하는 정도[수준]에 이르지 못하다.

这是件小事情, _____这么上心。
이것은 작은 일이니, 이렇게까지 전념할 것까지는 없다.

这个问题不难, 你只要好好想想, _____答不上来。
이 문제는 어렵지 않으니, 너는 단지 잘 생각만 하면 대답할 수 없지는 않을 것이다.

他再不在乎, 也_____不知道这件事情的严重性, 拿国法当儿戏。
그가 아무리 대수롭지 않게 여기는 것 같아도, 이일의 심각성을 알지 못해서, 국법을 어린애 장난으로 여기는 정도까지는 아니다.

王小平很用功了, 可能学习方法有问题, 不然也_____成绩不理想。
왕소평은 열심히는 공부하는데, 아마도 학습방법에 문제가 있는 것 같다. 그렇지 않으면 성적이 이상적이지 못할 수준은 아닐 텐데.

他汉语说得不太好, 不过要说他连这么简单的话也听不懂, 倒还_____。
그는 중국어를 그다지 잘 말하지 못하지만, 그가 이러한 간단한 말조차도 알아듣지 못한다고 말하는 그 정도는 아니다.

0104 > > > > >

☆

部
bù

[양] 〈수사 + 명사〉부. 편. 대.(서적 · 영화 · 기계 · 차량 등을 세는 단위)

관련예문 · 那部文集的第二本。(그 문집의 두 번째 책)

这＿＿＿＿电影是老舍的小说改编的。　[＝个]
이 영화는 老舍의 소설을 개편한 것이다.

시험에 꼭 나오는 HSK 단어 · 숙어

0105 > > > > >

★

才
cái

[부] ① …에야. …서야. …야말로.(동작이 늦게 실현되었음을 강조함)　☞ 再(동작이 아직 실현되지 않았지만, 미래에 실현될 것을 나타냄)
② 비로소. 겨우.　③ 방금. 이제야. ☞ 刚 ; 刚才 ; 刚刚

你怎么这么晚＿＿＿＿来?
너는 어떻게 이렇게 늦게야 오니?

你让我怎么说你＿＿＿＿好呢?
너는 내가 어떻게 말해주면 좋겠니?

这个包很轻, ＿＿＿＿二十多斤。
이 가방은 가벼워서, 겨우 20여근이다.

你怎么＿＿＿＿来, 晚餐早开始了。[＝ 这才]
너는 어떻게 이제야 오니, 저녁 식사는 일찌감치 시작됐어.

卖这么多面包, ＿＿＿＿赚了十块钱。
이렇게 많은 빵을 팔아, 겨우 10원을 벌었다.

你瞧他这怪样, 要不叫人笑话＿＿＿＿怪呢!
당신은 그의 이 괴상한 꼴을 좀 봐요, 웃음거리가 되지 않으면 그야말로 이상하지!

我花了三个小时，_____把你那篇论文看完。
나는 3시간을 소요하고야, 당신의 그 논문을 다 보았다.

李俊花了三天时间_____把这个文篇写好了。
이준은 3일의 시간을 소비하고서야, 이 문장을 다 썼다.

老师今天_____告诉我们考试，我们毫无准备。
선생님은 오늘에야 우리들에게 시험 친다고 알려주셔서, 우리들은 조금도 준비가 되어 있지 않았다.

问了半天，她_____说出自己是来看病人的。
한참을 물으니, 그녀는 그제야 자신은 문병 왔다고 말했다.

要想衣服做得合体，只有量体裁衣_____能合适。
옷을 몸에 맞게 만들고 싶으면, 몸의 치수를 재고 옷을 재단해야만 맞을 수 있다.

只有在困难时坚持到底，_____会取得最后的胜利。
어려움이 있을 때 끝까지 버텨야만, 최후의 승리를 얻을 수 있을 것이다.

办什么事都不能坐着空想，要去干_____能达到目标。
어떤 일을 처리하던지 앉아서 공상만 할 수는 없고, 가서 실행해야 비로소 목표에 도달할 수 있다.

有些科学研究，往往需要很长时间_____能得出正确的结论。
어떤 과학연구는, 종종 긴 시간을 들여야만 정확한 결론을 얻어낼 수 있다.

只有对自己的前途充满信心的人_____能坚持不懈地去努力。
자신의 앞길에 대해 믿음이 충만한 사람만이 비로소 꾸준히 태만하지 않고 노력해 나갈 수 있다.

开始，他不懂我的意思，后来_____反应过来，回答了我的问题。
처음에 그는 나의 뜻을 알지 못했는데, 나중에서야 반응을 보이고, 나의 질문에 대답했다.

很难想象，将近10年过去了，孩子_____第一次见到自己的父亲。
매우 상상하기 어렵다. 거의 10년이 지나서야 애가 처음으로 자신의 아버지를 만나다니.

你怎么知道我们不了解你，我们看了你的所有材料，_____决定找你谈话的。
우리가 당신을 이해하지 못하리라고 어떻게 단정하죠? 우리들은 당신의 모든 자료를 보고 당신을 찾아서 얘기할 것을 결정한 겁니다.

0106 > > > > >

☆
采取
căiqǔ

동 (방침 · 정책 · 조치 · 수단 · 형식 · 태도 등을) 채택하다. 취하다.(선택해서 취한다는 뜻에 비중을 둠.) // 采取行动(행동을 취하다)

这个厂的产量一直上不去，现在是必须＿＿＿＿紧急措施的时候了！
이 공장의 생산량은 줄곧 올라가지 않아서, 지금 반드시 긴급 대책을 세워야 할 때이다.

0107 > > > > >

☆
采用
căiyòng

동 사용하다. 받아들여 쓰다.(사용한다는 뜻에 비중을 둠.) ▶ 录用(채용하다. 임용하다)

这个厂是新建的，不知道他们＿＿＿＿的是哪国的生产装置。
이 공장은 새로 지은 것이라 그들이 어느 나라의 생산설비를 사용했는지 모르겠다.

0108 > > > > >

**
残酷
cánkù

형 잔혹하다. = 悲惨

관련예문 • 严酷 (냉혹하다. 잔인하다)

爷爷去世了，这个事实很＿＿＿＿，但要节哀面对现实。
할아버지가 돌아가셨다, 이 사실은 매우 잔혹하지만, 슬픔을 억제하고 현실을 직시해야한다.

0109 > > > > >

**
操起心来
cāo qǐ xīn lái

동 신경을 쓰기 시작하다. 마음을 쓰기 시작하다. ☞ 起来

관련예문 • 费心 (마음[신경]을 쓰다) = 操心

妈妈为我升学的事＿＿＿＿没完没了。
어머니는 나의 진학 건 때문에 밑도 끝도 없이 신경을 쓰기 시작하신다.

0110 > > > > >

☆

测验
cèyàn

명 시험. 테스트.(기계 등을)측정. = 测试(성능 시험)

관련예문 • 考试 (시험 치다[목적어를 취하지 못함])
• 考英语 (영어시험을 보다)

学完一个单元后，照例要进行单元＿＿＿＿。
한 단원을 다 배우고, 예전 대로 단원 시험을 진행해야 한다.

0111 > > > > >

☆

曾
céng

부 〈曾(经) + 동사 + 过〉일찍이[이전에]…한 적이 있다. ☞ 〈已经 + 동사 + 了〉

那次开研讨会时，＿＿＿＿冒犯过他一次。
그때 토론회를 열 때, 그에게 한번 실례 한 적이 있다.

到中国以后，我＿＿＿＿去云南游览过一次。
중국에 도착한 이후에, 나는 일찍이 云南에 한번 여행한 적이 있다.

0112 > > > > >

★

差
chà

형 ① 틀리다. 맞지 않다. ② 차이가 나다. = 偏离 = 不合 ③ 나쁘다.

你们俩算出来的数＿＿＿＿到哪儿去了，还得再算一遍。
당신 둘이 계산한 숫자가 어디까지 틀린 건지, 다시 한번 계산해야겠다.

这个牌子的吸尘器质量太＿＿＿＿了，买回家来没几天就坏了。
이 브랜드의 청소기는 품질이 너무 안 좋아서, 집에 사 가지고 온지 며칠 안 되어서 고장 났다.

0113 > > > > >

☆

差不多
chàbuduō

부 대강. 대체로. 거의(…되었다). **형** 비슷하다.

관련예문 • 差不多了吧? (거의 다 되었지요?)

你的户口问题已经办得＿＿＿＿了。
너의 호적 문제는 이미 거의 다 처리했다.

今天去春游的连老办带学生＿＿＿＿有二百人。
오늘 봄소풍 가는데 선생님이랑 학생이랑 모두 대략 이백 명이다.

0114 > > > > >

☆ **差(一)点儿**
chà(yī)diǎnr

(부) 하마터면[자칫하면]…한 뻔하다.(결국 실현되지 못했음을 나타냄)
// 〈差点儿没 + 동사〉(하마터면…못할 뻔 했다. → 실현되었음)
☞ 几乎(하마터면[거의]…할 뻔하다[대개 결과가 좋은 경우에만 쓰임])

我＿＿＿就赶上参加他们的聚会了。
나는 거의 제시간에 그들의 모임에 참가할 뻔했는데.

我＿＿＿没把那个老人给撞了。
나는 거의 그 노인을 치지 않을 수 있었는데.

0115 > > > > >

★ **常**
cháng

(부) 자주. 항상. 때때로.

관련예문 • 不常去 (자주 가는 것은 아니다)

星期日，我们＿＿＿一起骑车去郊外。[*我们一起常….(×)]
일요일에, 우리들은 자주 같이 자전거를 타고 교외로 나간다.

0116 > > > > >

★ **常常**
chángcháng

(부) 자주. 항상. 종종.(주관적인 상황에 쓰임)　▶ 往往(흔히. 곧잘 → 과거의 상황표현에 쓰임)

관련예문 • 通常 (일반적으로. 보통)

他老人家希望我们＿＿＿去广州的母校看看。
그 어르신은 우리들이 종종 광주에 있는 모교에 가보기를 바란다.

小李是我最好的朋友，她＿＿＿到我家来玩儿。
小李는 나의 가장 친한 친구라서, 그녀는 종종 우리 집에 놀러온다.

中国人给儿女起的名字，＿＿＿寄托着父母自己的希望。
중국인은 자녀에게 지어준 이름에, 종종 부모 자신들의 희망을 담는다.

0117 > > > > >

★ **场**
chǎng

(양) 〈수사 + 场 + 명사〉바탕. 차례. 번.(공연·경기·시험·불쾌한 일 등 일의 경과 등에 쓰임) // 一场考试 // 一场比赛 // 一场演出　▶ 场 cháng 〈수사 + 场 + 명사〉바탕. 차례.(자연현상이나 발생한 지점이 불확실하거나 상황을 표현하기 어려운 경우에 쓰임) // 一场梦 // 一场雨

我和父亲之间曾经闹过一＿＿＿误会。
나와 아버님사이에 일찍이 한번 오해가 있었다.

0118 > > > > >

★
朝
cháo

전 (정면으로) …으로 향하여. = 冲 = 向

这间屋子门窗＿＿＿南, 阳光一直照到里边。
이 방의 문과 창문은 남향이라, 햇빛이 계속해서 안쪽까지 비친다.

他＿＿＿镜子里的我笑了笑, 然后推门走了出去。
그는 거울 안의 나를 향하여 한번 미소를 짓고서, 문을 열고 걸어 나갔다.

0119 > > > > >

★
车
chē

양 〈수사 + 车 + 명사〉차. 수레. 명 차. 수레. // 货车 (화물차) ☞ 家

前天来的两＿＿＿货全卖光了。
그저께 들어온 두 대 분의 물건은 전부 팔렸다.

0120 > > > > >

陈设
chénshè

동 (가구 따위를)배치하다. 진열하다. ⇒ 摆设(꾸미다. 장식하다)

学院的一楼大厅, ＿＿＿了许多珍贵的艺术品。
대학의 일층 로비에, 많은 진귀한 예술품을 진열했다.

0121 > > > > >

*
称心
chèn xīn

동 마음에 들다. 만족하다. = 合意

这孩子脾气不好, 要是一不＿＿＿, 就乱摔东西。
이 아이는 성질이 나빠서, 만약 한번 마음에 들지 않았다 하면, 물건을 함부로 내던진다.

0122 > > > > >

☆
趁
chèn

동 ① 〈趁 + 명사[1음절. 다음절]〉…을 이용하다. …한 틈을 타다.[= 명사 + 时] ② [趁着 + 다음절명사(주어 + 동사)]

관련예문 • 趁早准备 (일찌감치 준비하다.) ⇒ 趁着早准备[×]

＿＿＿年轻多干些工作对自己没什么不好。
젊었을 때 일을 좀 많이 하는 것은 자신한테 나쁠 것이 없다.

0123 > > > > >

★

成
chéng

동 ① 〈成 + 명사〉…으로 되다. …이 되다. = 当 // 不成问题(문제가 되지 않는다.) = 大不了　② 〈동사 + 成〉…(으)로. …되다. ☞ 变成

형 좋다. = 好 = 行

李爱玲把这词语理解＿＿＿别的意思了。
이애령은 이 어휘를 다른 뜻으로 이해했다.

经过一年的努力, 他＿＿＿了全校拔尖的学生。
1년간의 노력을 거쳐, 그는 전교에서 뛰어난 학생이 되었다.

才能不是天生的, 而是在后天成长中培养＿＿＿的。
재능은 선천적으로 생기는 것이 아니고, 후천적으로 성장과정 중에 배양되는 것이다.

0124 > > > > >

成败
chéngbài

명 성패. 성공과 실패.

决赛开始了, ＿＿＿在这一刻。
결승전이 시작됐다, 성패는 이 순간에 달려있다.

0125 > > > > >

☆

成为
chéngwéi

동 〈成为 + 명사〉…이 되다. ▶ 〈作为 + 명사(사람)〉(…의 신분으로서)

摔倒的地方, 也可能＿＿＿我们迈向更高一步的起点。
넘어지는 지점이, 아마도 우리들이 한걸음 더욱 높은 곳으로 오르는 기점일 것이다.

大学毕业以后, 他不一定会＿＿＿一个对社会有积极贡献的人。
대학 졸업한 이후에, 그가 사회에 적극적으로 공헌하는 사람이 될 수 있을지는 모른다.

0126 > > > > >

☆

充分
chōngfèn

형 〈充分(的) + 명사(추상적인 것)〉충분하다. 부 〈充分地〉충분히.

관련예문　• 充足的时间 (충분한 시간)
　　　　　　• 充沛 (왕성하다. 넘쳐흐르다)

领导对他的这个想法给予了＿＿＿肯定。
책임자가 그의 이런 생각에 대해서 충분히 수긍을 했다.

导演说他的表情还有些呆板, 感情不能＿＿＿地表达出来。
감독은 그의 표정이 여전히 딱딱하고, 감정이 충분히 표현되어 나오지 않는다고 말했다.

0127 > > > > >

******

冲着
chōngzhe

전 〈冲着 + 명사(사람) + 동사 + 기타성분〉(…쪽으로)향해서. …에 대해서. …에게. = 朝着 = 向

那匹马失去了控制, _____我们直奔过来。
그 말은 통제를 하지 못하고, 우리들을 향해서 곧장 달려온다.

0128 > > > > >

☆

重复
chóngfù

동 중복하다. 반복하다.(같은 동작을 반복하는 경우에 쓰임) ☞ 反复

这句话他_____了好几遍。
이 말을 그는 여러 번 반복했다.

0129 > > > > >

☆

出不了院
chūbuliǎo yuàn

동 (완치가 안 돼)퇴원할 수 없다. ⇔ 住不了院(병실이 없거나 돈이 없어서 입원할 수 없다)

관련예문
- 住不起 (치료비가 비싸서 입원할 수 없다. 비싸서 묵을 수 없다.)
- 住不上 (사람이 많아서 입원할[머물] 수 없다)
- 住不得 (불결해서 입원할[머물] 수 없다)
- 住不成 (입원할 상황이 아니라서 입원할 수 없다)
- 住不下 (병실이 없어서 입원할 수 없다. 방이 없어서 묵을 수 없다.)

这病总是有反复, 这么长的时间, _____, 真急人。
이 병은 계속 재발되어서, 이렇게 오랜 시간동안 퇴원할 수 없으니, 정말 초조하다.

0130 > > > > >

★

出来
chūlái

동 나오다.
보어 ① 〈동사 + 出来〉(밖에서 보았을 때 동작이 안에서 바깥으로 진행되는 것을 나타냄)
② 〈동사 + 得[不] + 出来〉(감춰진 것이 드러나는 것을 나타냄)

从他的打扮, 我看得_____他是学生。
그의 모양새에서, 나는 그가 학생인 것을 알아낼 수 있다.

从他的口音, 可以听得_____他是苏州人。
그의 발음에서, 그가 소주사람인 것을 들어서 알아낼 수 있다.

妈妈, 星期四以前, 你得把那件衣服赶＿＿＿。
엄마, 목요일전에, 그 옷을 준비해야 해요.

今天我吃了三付药, 药的作用已经显示＿＿＿了。
오늘 나는 약을 세 첩 먹었는데, 약의 효과가 이미 나타났다.

看到这情形, 他连坐都没坐便从屋里退了＿＿＿。
이런 상황을 보고, 그는 앉지도 못하고 방에서 물러나왔다.

心中的喜怒哀乐, 从不挂在脸上, 谁也看不＿＿＿。
마음속의 희로애락을 결코 얼굴에 나타내지 않아, 누구도 알아차릴 수 없다.

0131 > > > > >

★

出去
chūqù

동 나가다.

보어 〈동사 + 出去〉(안에서 보았을 때 동작이 안에서 바깥으로 진행되는 것을 나타냄)

赶快把长工资的消息宣布＿＿＿。
빨리 임금인상 소식을 선포해라.

这件事还没下最后结论, 谁也不许说＿＿＿。
이 일은 아직 최종 결론이 내려지지 않아, 누구도 발설해서는 안 된다.

0132 > > > > >

★

出现
chūxiàn

동 나타나다. 드러나다.(구체적인 사람이나 사물을 나타냄) = 显现 = 显出

▶ 现出(나타내다)

관련예문 • 脸上现出笑容 (얼굴에서 미소가 드러나다)

每天早晨8点, 他都会准时＿＿＿在阳台上。
매일 아침 8시에, 그는 항상 시간 맞춰 베란다에 나타난다.

0133 > > > > >

出于
chūyú

〈出于 + 명사〉…에서 나오다. ▶ 〈出生于 + 장소〉(…에서 태어나다.)

尽管我很讨厌她, 但＿＿＿礼貌, 我不得不站了起来。
비록 내가 그녀를 싫어하긴 하지만, 예의상 나는 하는 수 없이 일어날 수 밖에 없었다.

0134 > > > > >

除
chú

접 ① 〈除了……以外[之外]，还[也/都]……〉…이외에 또 …하다. …이외에 …도 하다. ☞ 除了
② …을 제외하고(는). …을 빼고. …말고.

这件大衣＿＿＿稍长一点儿以外，别的都合适。
이 외투는 조금 긴 것을 빼고, 다른 것은 모두 잘 맞다.

0135 > > > > >

**
除非
chúfēi

접 …이 아니고서는. …이 아니고서야. …하지 않고서는. ☞ 只有
《固定式》① 〈除非……才……〉
② 〈 除非……要不然[否则 / 要不]…… 〉

说"不"不难，＿＿＿你从心眼里就不想说。
'No'라고 말하는 것은 어렵지 않다. 당신이 마음속으로 말하고 싶지 않은 것이 아니라면.

＿＿＿修个水库，才能更好地解决人们吃水的问题。
저수지를 수리해야만, 더욱더 잘 사람들의 식수문제를 해결할 수 있다.

他今天是不会来上课了，＿＿＿校长亲自去请。
그는 오늘 수업하러 오지 않을 것이다, 교장이 친히 모시러가지 않는 한.

0136 > > > > >

除非……要不然……
chúfēi……yàobùrán……

…하지 않고서는 그렇지 않으면…한다.

＿＿＿找朋友们帮忙，＿＿＿只靠我自己是办不成这件事的。
친구들의 도움을 받지 않고, 그저 나 자신에게만 의지했다면 이 일은 할 수 없었을 것이다.

0137 > > > > >

除非……才……
chúfēi……cái……

…가 아니고서야 …하다.

＿＿＿他是个瞎子，＿＿＿会看不见眼前的情景。
그가 장님이 아니고서야, 눈앞의 광경을 볼 수 없지는 않을 것이다.

0138 > > > > >

除非……否则……
chúfēi……fǒuzé……

…하지 않고서는 그렇지 않으면 …하다.

_____你生病了，____ 一定要参加明天的会议。
당신이 병이 나지 않는 한 반드시 내일 회의에 참가해야 한다.

_____是脑子有毛病，____谁也不会那样做的。
머리에 문제가 있지 않고서는, 누구도 그렇게 하지 않을 것이다.

0139 > > > > >

除非……要不……
chúfēi……yàobù……

…하지 않고서는 그렇지 않으면 …하다.

_____同学们来帮忙，_____只靠咱们两个人肯定不会很快打扫干净教室的。
학우들이 와서 돕지 않았다면 단지 우리 두 사람만으로는 아주 빨리 교실을 청소할 수 없었을 것이다.

0140 > > > > >

除了
chúle

📘 ① …을 제외하고(는). …을 빼고. …말고.
② 〈除了……以外[之外]，还[也/都]……〉…이외에 또 …하다. …이외에 …도 하다.

这儿懂技术的，_____他还有两个人。[= 连 = 包括]
여기서 기술을 아는 사람은, 그를 제외하고 또 두 사람이 있다.

你_____要学好数理化，还要学好语文、外语。
당신은 수학, 물리, 화학을 잘 배워야하는 것 외에도, 어문과 외국어도 잘 배워야 한다.

你_____要多吃有营养的东西以外，还要天天跑步。
당신은 영양가 있는 것을 많이 먹는 것을 제외하고, 또 매일 달리기를 해야한다.

_____星期天，他们每天都在办公室。
일요일을 제외하고, 그들은 매일 사무실에 있다.

0141 > > > > >

**

处处
chùchù

📘 도처에. 어디서나. 각 방면에. = 到处 = 每个方面 = 各方面

妈妈时时关心我们，_____都为我们安排得周周到到。
어머니는 항상 우리들에게 관심을 기울이시고, 각 방면에 우리를 위해서 세심하게 배려하신다.

0142 > > > > >

处在
chǔ zài

〈处在＋명사〉…에 처하다. …에 놓이다. ▶ 处得很好(사이좋게 지낸다.)

我们正＿＿＿纯真年代。
우리들은 지금 순진한 세대에 놓여있다.

0143 > > > > >

串通
chuàntōng

동 결탁하다. // 串通一气(한통속이다.)

我还以为你们＿＿＿起来一块来难为我呢。
나는 또 당신들이 결탁해서 함께 나를 곤란하게 한 줄 알았다.

0144 > > > > >

★
次
cì

양 〈동사 ＋ 수사 ＋ 次〉① 번. 차례.(반복하는 동작의 횟수를 세는 단위)＝ 回
② (열차번호)호.
《固定式》① 〈동사 ＋ 목적어(대명사. 사람) ＋ 수사 ＋ 次〉 ☞ 趟 : 小时
　　　　② 〈동사 ＋ 수사 ＋ 次 ＋ 목적어(사람이 아닌 일반명사)〉 ☞ 趟 :
　　　　小时

관련예문　• 这次[个]暑假 (이 번 여름방학)
　　　　　• 打一次[个]电话 (전화 한 통화 걸다)
　　　　　• 323次列车 (323호 열차)

上星期我去看过爷爷两＿＿＿。
지난주에 나는 할아버지를 두 번 가 뵌적이 있다.

故宫我已经去过两＿＿＿了。
고궁에 나는 이미 두 번 간 적이 있다.

上星期我们不是包过一＿＿＿饺子吗?
지난주에 우리들은 만두를 한차례 빚은 적이 있지 않았습니까?

姐姐明天坐514＿＿＿火车回上海。
언니는 내일 514호 열차를 타고 상해로 돌아간다.

我不会忘记, 你帮过我几＿＿＿大忙。
당신이 몇 번이나 나의 큰일을 도운 적이 있는 것을 나는 잊지 않을 것입니다.

后来, 那个大学生到我们大院来过两_____。
나중에 그 대학생은 우리 원내에 두 번 온 적이 있다.

我们结婚的事儿, 你连一_____也没想过吧!
우리 결혼 건을 당신은 한번도 생각한 적이 없지요!

一个星期被老师表扬了三_____, 真不容易。
한 주일에 선생님한테 3번 칭찬을 듣는 것은 정말 쉬운 것이 아니다.

她年纪不大, 却已当过不少_____模范了。
그녀는 나이는 많지 않지만, 이미 여러 차례 모범이 된 적이 있다.

李老师每星期都来辅导我学习两_____数学。
李선생님은 매주 오서서 내게 두 차례의 수학 과외를 해주신다.

我以前去过两_____长城, 这次不想再去了。
나는 이전에 만리장성에 두 번 간 적이 있어서, 이번에 또 가고 싶지 않다.

你一定要把握住这_____机会, 争取出国留学。
너는 반드시 이번 기회를 잡아서, 외국에 유학하는 것을 쟁취해야 한다.

我的弟弟小方给你打了两_____电话, 你都不在。
나의 동생 小方이 너에게 두 번 전화를 했는데, 너는 그때마다 없었다.

这次去旅游我动员过他两_____, 可他还是不想去。
이번에 여행가는 것에 나는 그를 몇 차례나 설득했지만, 그는 여전히 가지 않으려 한다.

小张每_____请我去做客, 我都因有事没能去成。
小张이 매번 나를 초청한 적이 있는데, 그때마다 내가 일이 있어서 갈 수가 없었다.

我们关系很好, 她来过我这儿一_____, 我也去过她那儿。
우리들은 사이가 무척 좋아서, 그녀가 나한테 한번 오면, 나도 그녀한테 가곤 했다.

这个棒球队一年之内参加过好几_____国家级专业比赛。
이 야구팀은 일년에 여러 차례 국가 대항 A매치에 참가한 적이 있다.

记得小时候, 我和他打过一_____架, 现在回想起来, 觉得很可笑。
어렸을 때 기억으로 나와 그는 한번 싸운 적이 있는데, 지금 회상해보면 매우 우습다.

0145 > > > > >

*****

次序
cìxù

명 순서.(주로 행위에 쓰이며, 고정식으로 〈按[按照] + 次序〉형태로 사용함)
▶ 順序([알파벳 · 숫자 · 인명 · 시간 등을 차례로 배열하는]순서)

上公共汽车，常常有人不按＿＿＿＿上车。[按次序＝守次序]
버스를 탈 때, 항상 어떤 사람은 순서를 지키지 않고 차를 탄다.

在大会上发言的＿＿＿＿＿＿，是校长首先发言，然后是教师，最后是学生。
대회에서 발언의 순서는 교장 선생님이 먼저 발언하시고, 그 다음은 교사, 마지막이 학생이다.

0146 > > > > >

★

从
cóng

전 〈从 + 명사〉…에서. …로부터. ☞ 离：自：打
《固定式》① 〈从 + 장소 + 来〉(…에서 오다)　② 〈从小就……〉(어려서부터…)　③ 〈从……出发〉(…에서 출발하다)　④ 〈从 + 시점 + 起〉(…때로부터.) ☞ 起　⑤ 〈从……到……〉(…에서 …까지) ⑥ 〈从(来) + 没(有) + 동사 + 过〉지금까지 …해 본 적이 없다.

관련예문　• 从北京回来 (북경에서 돌아오다.)
　　　　　　• 回北京来 (북경으로 돌아오다)

这张报纸是我＿＿＿＿街上报亭买来的。
이 신문은 내가 거리의 신문가판대에서 사 온 것이다.

这桌子、椅子是我＿＿＿＿邻居家借的。
이 탁자, 의자는 내가 이웃집에서 빌려온 것이다.

她＿＿＿＿小就喜爱文学，读了许多书。
그녀는 어렸을 때부터 문학을 좋아해서, 많은 책을 읽었다.

＿＿＿＿明天起金明哲不在这儿工作了。
내일부터 김명철은 여기서 일하지 않을 것이다.

一个响亮的声音＿＿＿＿后门那儿传了过来。
맑고 큰 목소리가 뒷문에서 들려왔다.

我已经决定＿＿＿＿明天起骑自行车去上班。
나는 내일부터 자전거를 타고 출근하기로 이미 결정했다.

_____机场到火车站大约需要半个小时。
공항에서 역까지 대략 30분 걸린다.

_____日本回来以后，我们见了好几次面了。
일본에서 돌아온 이후에, 우리들은 여러 번 만났다.

不论做什么事，都要_____老百姓的利益出发。
어떤 일을 하던지 간에, 국민의 이익에서 출발해야 한다.

_____那时起，我便养成了天天写日记的习惯。
그때부터, 나는 매일 일기 쓰는 습관을 키웠다.

_____他的信中，我才得知他的奶奶已经去世了。
그의 편지에서 비로소 나는 그의 할머니가 이미 돌아가신 것을 알았다.

王教授是我们_____南京大学请来给我们讲课的。
왕교수는 우리들에게 강의를 해주시도록 우리들이 南京大学에서 모셔 온 분이다.

你去告诉大家，参观的人应该_____右边的门进去。
네가 가서 모두에게 알려라. 참관하는 사람은 반드시 오른쪽 문으로 들어와야 한다고.

一辆小车在她旁边停下来，_____车上走下一个年轻人。
작은 차 한 대가 그녀 옆에 멈춰 서더니, 차에서 젊은 사람이 한 명 내렸다.

找人辅导我学汉语的做法是_____日本学生那儿学来的。
사람을 구해서 내가 중국어를 배우도록 개인 지도하는 방법은 일본학생한테서 배워온 것이다.

他_____见到大海的第一眼起，就对大海产生浓厚的感情。
그는 큰 바다를 처음 보자마자, 큰 바다에 대해 짙은 감정이 생겼다.

这几年夏天，北方异常炎热，好像大火炉_____南方搬到了北方。
근 몇 년간 여름에 북방은 이상하게 더워서, 마치 큰 화로가 남방에서 북방으로 옮겨온 것 같다.

_____某种意义上说，正是有了农村的发展，才有了大城市的兴旺和繁荣。
어떤 의미상에서 말하면, 바로 농촌의 발전이 있고 나서야, 도시의 흥성과 번영이 있게 된다.

0147 > > > > >

☆

从此
cóngcǐ

부 이제부터. 그로부터. 지금부터. 여기부터. = 从这时(候) = 从这里

我只在前年一月和她见过一次面，_____就再没有见过她。
나는 단지 재작년 1월에 그녀와 한번 만난 적이 있고, 그로부터는 다시 그녀를 만난 적이 없다.

0148 > > > > >

☆ **从而**
cóng'ér

접 〈……[원인·방법], 从而……[결과·목적]〉따라서. 그리하여. 그 때문에.
= 因此

由于通汛事业的发展, ＿＿＿使人们的生活质量更高了。
통신사업의 발전 때문에 사람들의 생활의 수준이 더욱 높아졌다.

他们进口了新的设备, ＿＿＿提高了工作效率和产品质量。
그들은 새로운 설비를 수입해서, 그리하여 업무의 효율과 상품의 품질을 높였다.

他合理安排了作息时间, 注意了饮食, ＿＿＿使身体也日渐健康起来了。
그는 쉬는 시간을 합리적으로 안배하고 음식에도 신경 썼기 때문에, 건강도 갈수록 좋아지기 시작했다.

0149 > > > > >

☆ **从来**
cónglái

부 여태껏. 이제까지. 지금까지.(대개 부정문에 쓰임) = 从
《固定式》 ① 〈从来 + 也 + 不 + 동사〉(지금까지…해보지도 못하다)
② 〈从(来) + 没(有) + 동사 + 过〉= 〈从(来) + 未 + 동사 + 过〉
(지금까지…해 본적이 없다)

관련예문 • 历来 (여태까지. 쭉)
• 向来 (지금까지. 여태까지)
• 后来 (나중에.[과거의 한 시점에서 그 이후의 시점])

我数学＿＿＿没下过九十分。
나는 수학에서 지금까지 90점을 내려간 적이 없다.

他想了一个＿＿＿也不敢想的问题。
그는 지금까지 감히 생각하지 못한 문제를 생각했다.

他和邻居相处得很好, ＿＿＿没红过脸。
그와 이웃은 매우 사이가 좋아서, 지금까지 얼굴을 붉힌 적이 없다.

此地＿＿＿没有人在商店里见过这种工艺品。
이곳은 여태껏 상점 안에서 이런 종류의 공예품을 본 사람이 없다.

他经常助人为乐, 可是＿＿＿没对别人说过。
그는 항상 남을 돕는 것을 즐거움으로 삼지만, 여태까지 다른 사람에게 말한 적이 없다.

我一生就_____没有怕过什么, 天生是个贼大胆。
나는 일생동안 어떤 것도 두려워한 적이 없다. 천성적으로 간이 큰사람이다.

他这个人呀, _____就没遵守过作息时间, 所以被开除了。
그 사람은 여태껏 휴식시간을 준수한 적이 없어서, 쫓겨났다.

我开了这么多年的车_____没出过事故, 因为我把安全放在第一位。
나는 이렇게 오랜 기간 운전했는데 지금까지 사고가 난적이 없다. 왜냐하면, 내가 안전을 제일로 여기기 때문이다.

0150 > > > > >

☆

促进
cùjìn

동 촉진하다. 박차를 가하다.(추진하는 힘이나 속도를 나타냄)

관련예문 · 推进 (촉진하다. 끌어올리다)

电为人类造福, _____了工农业的发展。
전기는 인류를 위해서 행복을 가져와서, 공업, 농업의 발전을 촉진시켰다.

0151 > > > > >

错得了
cuòdeliǎo

동 놓칠 수 있다. 잘못될 수 있다. = 有问题 ⇔ 错不了 = 没有问题

准备这么长时间了, 你的讲演_____吗?
이렇게 오랜 시간을 준비했는데, 당신의 강연이 잘못될 리가 있겠어요?

0152 > > > > >

★

错误
cuòwù

명 과실. 잘못.(부정확한 생각이나 행동을 나타냄)

관련예문 · 错过 ([기회나 차를] 놓치다)

· 过失 ([소홀이하여 저지른]과실. 잘못.)

· 失误 (실수를 하다)

你犯下这样重大的_____, 应该好好反省。[犯下 = 犯了]
너는 이렇게 중대한 잘못을 했으니, 반드시 잘 반성해야 한다.

■ 아래의 각 단문 중 빈 칸에 들어갈 적합한 한자를 보기에서 골라 써 넣어보세요.

<table>
<tr><td>보기</td><td>□ 按</td><td>□ 白</td><td>□ 比较</td><td>□ 巴不得</td><td>□ 不至于</td><td>□ 并不, 而是</td><td>□ 并</td></tr>
<tr><td></td><td>□ 把</td><td>□ 毕竟</td><td>□ 不过</td><td>□ 边, 边</td><td>□ 不等, 就</td><td>□ 不但, 反而</td><td>□ 不</td></tr>
<tr><td></td><td>□ 比</td><td>□ 不但</td><td>□ 并且</td><td>□ 差不多</td><td>□ 不管, 都</td><td>□ 不是, 就是</td><td>□ 才</td></tr>
<tr><td></td><td>□ 遍</td><td>□ 不妨</td><td>□ 不仅</td><td>□ 不由得</td><td>□ 除非, 才</td><td>□ 不仅, 而且</td><td>□ 场</td></tr>
<tr><td></td><td>□ 趁</td><td>□ 不如</td><td>□ 不论</td><td>□ 不得不</td><td>□ 差(一)点儿</td><td>□ 不但, 而且</td><td>□ 从</td></tr>
<tr><td></td><td>□ 被</td><td>□ 从来</td><td>□ 不禁</td><td>□ 不得已</td><td>□ 不是, 而是</td><td></td><td></td></tr>
</table>

1 ▢ 理说, 我不该过问这个部门的事情。

2 你在宿舍里睡觉也好, 他正 ▢▢ 你不去他家呢!

3 不要马虎大意, ▢ 自己的东西丢了。

4 去北京之前还是先打电话联系一下吧, 免得他不在家, ▢ 跑一趟。

5 这件艺术作品 ▢ 认为是本世纪的一个奇迹。

6 别看他个子矮, 可力气不 ▢ 我小。

7 我和中国人接触多, 所以 ▢▢ 了解他们的生活习惯。

8 他是很聪明, 但 ▢▢ 年纪小, 不能要求他什么都懂。

9 大家要聚精会神, 他 ▢ 说你们 ▢ 记。

10 这个电影我以前看过两 ▢ 了, 不想再看了。

11 对一个推销员来说, 推销什么产品 ▢ 不重要, 重要的是如何去推销。

12 本科毕业, ▢▢ 象征结束, ▢▢ 宣告另一种生活的开始。

13 你个子长高了, 身体长壮了, ▢▢ 性格也好像更开朗了。

14 外面出太阳了, 怎么 ▢ 把家里的东西拿出去晒一晒?

15 这种音响 ▢▢ 在国内是优质产品, 就是在国际上也是属于一流的。

16 战争 ▢▢ 使人民失去平稳的生活, ▢▢ 给环境带来了严重的破坏。

17 他的病　　　没见好转，　　　越来越重了。

18 主要负责人都没有来，这件事　　　改日再讨论。

19 她解释说，这只瓷瓶是祖传宝物，因丈夫病重，　　　才出卖以换取住院治疗费。

20 　　　雨停了，我　推车出了门。

21 你发现我们工作有什么不足之处，　　　直说，不必客气。

22 　　　是谁，课堂上　要遵守纪律。

23 她只　　　是一位大家比较喜欢的演员，称不上艺术家。

24 那种皮鞋既好看又便宜，他　　　给自己买了两双，还帮朋友买了一双。

25 绿茶　　　在国内有名，　　　在国际上也很有名。

26 见到20多年没见面的老朋友，她　　　激动得流下了眼泪。

27 　　　你们两个在哪里，这件礼物对你们的帮助都会是很大的。

28 这么好的天气在家看电视　　　到野外去走走。

29 小玲　　　不喜欢打扮，　　　工作忙，没时间。

30 星期六的下午，我们　　　去公园，　　　去博物馆。

31 看到照片的时候，他想起死去的父亲，　　　掉下眼泪来。

32 这个问题不难，你只要好好想想，　　　答不上来。

33 只有对自己的前途充满信心的人　能坚持不懈地去努力。

34 今天去春游的连老办带学生　　　有二百人。

35 我　　　就赶上参加他们的聚会了。

36 我和父亲之间曾经闹过一　误会。

37 　年轻多干些工作对自己没什么不好。

38 　　　他是个瞎子，　会看不见眼前的情景。

39 这几年夏天靭北方异常炎热，好像大火炉　南方搬到了北方。

40 此地　　　没有人在商店里见过这种工艺品。

D

0153 > > > > >

******

达
dá

동 〈达 + 수사〉…에 이르다. = 有

到目前为止, 中国的人口已＿＿＿13亿。
지금까지 중국의 인구는 이미 13억에 이른다.

0154 > > > > >

☆

达到
dádào

동 〈达到 + 명사(추상적인 말)〉…에 이르다. …에 도달하다.
▶ 〈到达 + 장소〉(…에 도착하다)
《固定式 – 부정식》 ① 〈不达到〉(…에 이르지 못하다)
② 〈没达到〉(…에 이르지 못했다)
③ 〈达不到〉(…에 이를 수 없다)

这一回你总算＿＿＿目的了!
이번에 너는 결국 목적을 이룬 셈이다.

小明写汉字的速度＿＿＿了 两小时800字。
小明은 한자 쓰는 속도가 두시간에 800자에 도달했다.

我们学习了八个月汉语, 基本上＿＿＿了自己的目的。
우리들은 8개 월동안 중국어를 공부했으니, 기본적으로는 자신의 목적에 도달했다.

为了＿＿＿提高生活水平的目的, 我们大家都在努力。
생활수준을 높이려는 목적에 도달하기 위하여 우리들은 모두 노력하고 있다.

0155 > > > > >

☆

答应
dāying

동 승낙하다. 허락하다. 동의하다. = 同意 = 允许 = 准许

对那些过分的要求, 我们坚决不能＿＿＿。
그러한 심한 요구에 대해, 우리들은 절대 승낙할 수 없다.

0156 > > > > >

******

答复
dáfù

🔵동 (문자형식이나 구두로)회답하다. 답을 주다. = 给他答案

관련예문
- 回答 (대답하다)
- 回复 ([주로 편지에서]답장하다. 답장)

你不要含含糊糊, 应该痛痛快快地_____人家。
당신은 모호하게 하지 말고, 반드시 시원스럽게 사람들에게 답을 줘야 한다.

0157 > > > > >

*****

打
dǎ

🔵전 〈打 + 장소〉…로부터. …에서. ☞ 从
🔵동 〈打 + 명사〉 ① 하다. 발급하다. ② 사다 ③ 검사하다.

관련예문
- 打保票 (보증하다)
- 打棒球 (야구하다)
- 打酒 (술을 사다) = 买酒
- 打票 (표를 검사하다) = 检查票

看到我的进步, 姑姑_____心里高兴。
나의 진보를 보고, 고모는 마음으로 기뻐하신다.

敢这样_____保票, 是因为我信任他。
감히 이렇게 보증해 주는 것은 내가 그를 믿기 때문이다.

你_____这儿往右拐, 走十分钟就能看见书店。
당신이 여기에서 오른쪽으로 돌아, 10분을 걸어가면 서점을 볼 수 있을 것이다.

请你记好, 明天下午两点半我们_____学校出发。
잘 기억하십시오. 내일 오후 2시반에 우리들은 학교에서 출발합니다.

0158 > > > > >

打从
dǎcóng

🔵전 〈打从 + 시간 + 起〉…로부터. = 自从

_____那天起, 我就忘不了她了。
그 날로부터, 나는 그녀를 잊을 수 없었다.

0159 > > > > >

******

打量
dǎliang

동 (사람의 복장 · 외모 따위를)관찰하다. 훑어보다.

관련예문
- 打听(물어보다. 알아보다)
- 端详 (자세히 보다)

我发现她一直仰着头仔细地_____着我。
그녀가 줄곧 고개를 들어 자세하게 관찰하고 있는 것을 발견했다.

0160 > > > > >

******

打扫打扫
dǎsǎodasao

동 - 중첩형 좀 청소하다. = 打扫一下
《固定式》 ① AB(동사) ② (중첩형)ABAB ③ AB(형용사) ⇒ (중첩형) AABB

관련예문
- 扫除 ([더러운 것을]쓸어버리다. 제거하다. 청소하다)

同学们, 请你们回家帮妈妈把房间_____。
학우여러분, 집에 돌아가서 어머니를 도와 방을 좀 청소하세요.

这么乱的房间还不快_____, 要不怎么接待客人?
이렇게 어지러운 방을 아직도 빨리 청소 하지않는다면, 어떻게 손님을 맞이하겠어?

0161 > > > > >

★

大
dà

형 ① (나이가) 많다. ⇔ 小 ② (체적 · 면적이) 크다. ③ 첫 번째(항렬). // 老大(첫째. 두목. 형님.) = 大哥

在我们院子里, 他的年龄最_____。
우리 단지에서 그가 연령이 가장 많다.

今年她57岁, 比她的妹妹_____六、七岁。
올해 그녀는 57세로 그녀의 동생보다 6-7세 많다.

我们兄弟三个, 这是_____哥, 我是老二。
우리는 삼 형제로 이쪽이 큰형이고, 내가 둘째이다.

医生告诉她没什么_____问题, 多休息, 少喝酒。
의사는 그녀에게 무슨 큰 문제는 없으니, 많이 쉬고, 술을 줄이라고 말했다.

0162 > > > > >

大大的
dàdàde

(부) 크게. 대대적으로. (형) 〈大大的 + 2음절 명사〉 큰.

他发起脾气来, 眼睛睁得＿＿＿。
그가 성질을 부리기 시작하면, 눈을 크게 부릅뜬다.

她睁着＿＿＿眼睛, 吃惊地望着每一个人。
그녀는 크게 눈을 뜨고서, 한사람씩 놀라서 쳐다보고 있다.

0163 > > > > >

★

大概
dàgài

(부) ① 아마. = 也许 = 恐怕 ② 대략. 대체로. = 大体 = 大致 (명) 대강. 대충.

관련예문 • 大约 (대략[시간이나 수량을 추측하는 데 쓰임])

那＿＿＿是因为我对自己产生了自信心。
그것은 아마도 내가 자신에 대해 자신감이 생겼기 때문이다.

已经10点半了, 于先生＿＿＿不会来了。
이미 10시 반이 되었다. 于씨는 아마도 오지 않을 것이다.

我有事, 时间不够了, 只能＿＿＿地讲讲。
나는 일이 있는데다 시간도 부족해서, 그저 대충 얘기 좀 할 수밖에 없다.

明天什么时候去看病, 你说个＿＿＿的时间。
내일 언제 문병 가는지, 대략적인 시간을 말씀하세요.

完成这项工作, ＿＿＿需要两个小时的时间吧。
이 업무를 완성하는 데는 대략 두 시간의 시간이 필요하겠죠.

这盆花的叶子都黄了, ＿＿＿是因为营养的缘故吧。
이 화분의 꽃은 잎이 모두 누렇게 떴는데, 아마도 영양 때문이겠죠.

0164 > > > > >

**

大力
dàlì

(부) 힘껏.

这家工厂雇了许多推销员, ＿＿＿推销他们的新产品。
이 공장은 많은 영업사원을 고용해서, 그들의 신제품을 힘껏 판촉 한다.

0165 > > > > >

＊

大体
dàtǐ

부 〈大体 + 上〉대체로. 대략.

관련예문 · 大体相同 (대체로 같다.)

我＿＿＿上同意同学们这样去做。
나는 대체적으로 학우들이 이렇게 하는 것에 동의한다.

0166 > > > > >

＊＊

大致
dàzhì

부 대체로. 대개. 대략. // 大致情况 (대략적인 상황) ☞ 大概

我们回到家的时候, ＿＿＿是晚上六点钟。
우리가 집으로 돌아왔을 때, 대략 저녁 6시였다.

0167 > > > > >

☆

担心
dān xīn

동 염려하다. 걱정하다.(두려움을 나타냄) ☞ 操心 ; 着急

他从来没出过远门, 所以很＿＿＿有许多生活上的困难。
그는 여지까지 집을 멀리 떠난적이 없어서, 많은 생활상의 어려움이 있을까 걱정이다.

0168 > > > > >

★

但(是)
dàn(shì)

접 그러나. …지만. = 可是 = 不过 = 然而

他外表冷漠, ＿＿＿他内心却如同一团火。
그는 겉으로는 냉정하지만, 그의 내심은 불과 같다.

以前男人干家务的很少, ＿＿＿这样的情况慢慢地改变了。
예전에는 남자가 집안일을 하는 것이 매우 드물었지만, 이러한 현상은 점점 변했다.

一支球队里有球星当然重要, ＿＿＿最重要的还是一种合作的精神。
구기 팀 안에 스포츠 스타가 있는 것도 당연히 중요하지만, 가장 중요한 것은 역시 일종의 단합하는 정신이다.

0169 > > > > >

☆

当
dāng, dàng

동 ① [dàng] …라고 생각하다. ☞ 认为 = 觉得 = 以为 // 当成(…로 여기다)
② [dāng] 〈当 + 직업〉…이 되다. = 做

好久不见了, 我＿＿＿你出远门了呢。
오랜만입니다. 난 당신이 집 떠나 멀리 간줄 알았어요.

0170 > > > > >

**

当面
dāngmiàn

부 면전에서. ⇔ 背后

我非常高兴他能＿＿＿提出他自己的看法。
나는 그가 면전에서 자신의 의견을 제시할 수 있어 대단히 기쁘다.

0171 > > > > >

当时
dāngshí

명 당시. 그 때.(과거의 일을 말할 때 사용함) = 那时 **부** 바로 그 때.

관련예문
- 当年 (그 당시. 그 해)
- 想当年 (왕년에, 그 당시에.) = 回忆过去的事情
- 这时=这时候 (이 때.[현재의 상황을 말할 때 사용함])

我是两年前认识他的, ＿＿＿他只有十五岁。
나는 2년 전에 그를 알았는데, 그때 그는 단지 15세였다.

我是三年前认识他的, ＿＿＿他只有这么高。
나는 3년 전에 그를 알았는데, 당시에 그는 단지 이 정도 키였을 뿐이다.

0172 > > > > >

当真
dàngzhēn

부 과연. 정말로. (정말로 그렇게 되었음을 강조함) **동** 진지하게 받아들이다.

관련예문
- 果然 (과연. 생각한대로.[예측한 상황이 맞았음을 강조함])
- 果真 (과연. 역시)

气象站报告今天有大雪, 傍晚＿＿＿下起雪来了。
기상청에서 보도하길 오늘은 큰 눈이 내릴 것이라고 했는데, 저녁 무렵에 정말로 눈이 오기 시작했다.

0173 > > > > >

**

当中
dāngzhōng

명 ① 중간. 한복판. ② …중에. …가운데.

图书馆和计算中心＿＿＿有一个小广场。
도서관과 전산센터 중간에 작은 광장이 있다.

0174 > > > > >

★

倒
dǎo

동 (사람 또는 똑바로 서 있는 것이)넘어지다. 자빠지다.

刚下过雪，我走在街上，险些滑＿＿＿三次。
방금 눈이 내려서, 내가 길을 걷다가 하마터면 3번 넘어질 뻔 했다.

0175 > > > > >

★

倒
dào

부 ① 오히려. 의외로.(적극적인 의미를 나타냄) = 却 ② 역으로. 거꾸로.
《固定式》 ① 〈주어 + 倒 + 동사 + 기타성분〉
　　　　　② 〈동사 + 得 + 倒 + 보어(형용사)〉
　　　　　③ 〈A + 倒 + 比 + B + 형용사〉

妹妹＿＿＿比姐姐高。
여동생이 오히려 언니보다 키가 크다.

他模样不帅，人＿＿＿很实在。
그의 생김새는 잘생기지 않지만, 사람은 의외로 매우 괜찮다.

交谊舞几天就学会，说得＿＿＿容易。
사교춤을 며칠 만에 배울 수 있다고, 말이야 쉽지.

这件衣服颜色＿＿＿还不错，就是太贵了。
이 옷은 색깔은 의외로 괜찮지만 문제는 너무 비싸다.

说起他来，我＿＿＿想起了五年前的那次见面。
그 사람이 이야기가 나오면, 나는 오히려 5년 전의 그 만남이 생각난다.

这个地方真奇怪，晚上＿＿＿比白天时间长。
이 곳은 정말 이상해서, 밤 시간이 오히려 낮보다 길다.

我好意安慰她，不料她＿＿＿和我发起脾气来了。
나는 좋은 뜻으로 그녀를 위로했는데, 그녀가 오히려 나에게 성질을 부릴 줄은 예상치 못했다.

这间房子虽然不大, 但收拾得＿＿＿挺干净。
이 방은 비록 크지는 않지만, 정리는 오히려 매우 깨끗하게 되어 있다.

我本想去你家找你, 没想到你＿＿＿先来找我了。
나는 원래 너희 집에 너를 찾아 가려했는데, 네가 오히려 먼저 나를 찾아올지는 생각지도 못했다.

她汉语说得不大好, 可是关于中国的旅游圣地知道得＿＿＿不少。
그녀는 중국어를 그다지 잘하지는 못하지만, 중국의 관광지에 대해서는 오히려 적지 않게 알고 있다.

那儿的房子＿＿＿挺大的, 房价也便宜, 就是离城中心远了点儿。
그곳의 집은 의외로 매우 크고, 집값도 싸지만, 문제는 시내 중심에서 좀 멀다.

0176 > > > > >

★

到
dào

동 ① 〈到 + 계절〉오다.　② 〈到 + 시간〉…이 되다.
전 ① 〈동사 + 到 + 시간〉…까지.　② 〈동사 + 到 + 장소 + (去/来)〉…(쪽)으로 (가다/오다).　③ 〈到 + 장소 + 去〉…에. …로.　④ 〈到 + 장소 + 동사 + 목적어〉…에 가서. …에 이르러. …에 도착해서.

관련예문
- 到冬天 (겨울이 오다)
- 到三点 (세 시가 되다)
- 讲到这里 (여기까지 말하다)
- 走到教室里去 (교실로 걸어 들어가다)
- 到学校去 (학교에 가다)
- 上学 (등교하다)
- 到火车站下车 (기차역에 이르러 내려라)

昨天他看棒球看＿＿＿两点才休息。
어제 그는 야구를 2시까지 보고서야 쉬었다.

他们小两口儿从上海回＿＿＿北京来了。
그들 젊은 부부는 上海에서 北京으로 왔다.

＿＿＿春天的时候, 他们都到足球场踢足球。
봄이 되면, 그들은 모두 축구장에서 공을 찬다.

我昨天在外文书店买＿＿＿了《英法小词典》了。
나는 어제 외국어 서점에서 《영불소사전》을 샀다.

半个月前维克多去旅行了，今天他回＿＿＿了北京。
보름 전에 윌커트는 여행가서, 오늘 북경으로 돌아왔다.

他家离这儿不太远，要不你就＿＿＿他家去找他。
그의 집은 이곳에서 그다지 멀지 않으니, 아니면 차라리 네가 그의 집에 그를 찾아가라.

他一年＿＿＿头，总是早来晚走，认真地工作。
그는 1년 내내, 항상 아침 일찍 와서 저녁 늦게 가며 열심히 일한다.

应该先＿＿＿图书馆看书，然后再和同学们一起玩儿。
반드시 먼저 도서관에 가서 공부를 하고 그런 다음에 학우들과 같이 놀아야 한다.

我赶快回＿＿＿家里，打开电视，收看今天的体育新闻。
나는 서둘러 집으로 돌아가서, TV를 켜고 오늘의 스포츠 뉴스를 본다.

0177 > > > > >

☆

到处
dàochù

명 도처.가는 곳 마다.사방에.　☞ 处处

这几天太累了，身上＿＿＿都是伤。
근래에 너무 피곤해서, 몸 곳곳이 상처다.

小张一下车，就＿＿＿打听哪儿有邮局，急着给家里报平安。
小张은 차에서 내리자말자, 가는 곳곳에 우체국이 어디에 있는지 알아보며, 집에 무사함을 알리려고 마음이 바빴다.

0178 > > > > >

☆

到达
dàodá

동 도착하다.　☞ 达到

本次列车明晨5点＿＿＿北京。
본 열차는 내일 새벽 5시에 북경에 도착합니다.

0179 > > > > >

☆

到底
dàodǐ

부 ① 도대체.(상황의 변화를 나타냄) = 究竟
② 마침내. 결국. [①, ② 모두 의문문에만 쓰임] ⇒ 终于(마침내. 결국. 드디어[의문문에 쓰이지 못함])
③ 아무래도. 역시.

那件事＿＿＿办了没有？
그 일은 도대체 했니 안했니?

这个建议你_____采纳不采纳?
이 건의를 당신은 도대체 채용할 것입니까?

你说_____是你去, 还是我去?
말해봐라, 도대체 네가 가는지 아니면 내가 가는지?

这_____是怎么回事, 我也不清楚。
이것이 도대체 어떻게 될 일인지 나도 잘 모르겠다.

我_____考不考研究生? 快点儿决定啊!
내가 도대체 대학원을 시험 쳐야 하나요? 빨리 결정하세요!

我一直琢磨他说的_____是什么意思。
나는 줄곧 그가 말한게 무슨 의미인지 되새겨봤다.

我们去老赵家作客, 你_____去不去?
우리들은 조씨 집에 손님으로 가는데, 너는 도대체 갈거니 안 갈거니?

朋友_____是朋友, 困难时总是无私大力相助。
친구는 역시 친구지. 힘들 때 항상 사심 없이 크게 서로 도와주는 거야.

经过反复讨论和试验, 这个小组_____把机器安装好了。
반복적인 토론과 시험을 거쳐서, 이 소그룹은 결국 기계를 잘 설치했다.

请你无论如何告诉我, 事情到底怎么样了? _____谁去上海?
어쨌든 저에게 알려주세요. 일이 도대체 어떻게 된 거예요? 도대체 누가 上海에 가는지?

他不告诉爸爸_____数学考了多少分, 只说, 你不用担心我的成绩。
그는 도대체 수학을 몇 점 받았는지 아버지께 말하지 않았다. 단지 제 성적을 걱정하실 필요 없습니다라고만 말했다.

我们学院要说教学能力强, 还得数王老师, _____是名牌大学毕业生啊!
우리 대학은 교수 능력이 뛰어나신 분으로는 역시 王선생님을 손꼽을 수 있다. 역시나 명문대학을 졸업하신 분이야!

0180 > > > > >

☆
道歉
dào qiàn

동 사과하다. 사죄하다. ☞ 对不起 : 不好意思

관련예문 • 抱歉 (죄송하다. 미안하다)
• 感到抱歉 (죄송하게 생각합니다)

是我不小心踩了您的脚, 我向你_____。
나는 부주의해서 당신 발을 밟았습니다. 사과드립니다.

0181 > > > > >

★ 得
dé

동 얻다. 획득하다.

我们听他讲了一个小时左右的话，我们还是不＿＿＿要领。
우리들은 한 시간 가량 그의 강의를 들었는데, 여전히 요점을 파악하지 못했다.

0182 > > > > >

★ 得
děi

동 〈口〉〈得 + 시간〉 (시간이) 걸리다. ＝ 花费　조동 〈得 + 동사〉…해야 한다.

今天特别热，你＿＿＿少穿点儿衣服。
오늘은 특히나 더워서, 너는 옷을 적게 입어야 한다.

这么多作业＿＿＿半天的功夫才能做完。
이렇게 많은 숙제는 반나절의 시간을 들여서야 완성할 수 있다.

你＿＿＿在家休息几天，病好了，才能上班。
너는 집에서 며칠 쉬어야한다. 병이 호전되어야 출근할 수 있으니까.

0183 > > > > >

★ 得
de

조 〈동사·형용사 + 得 + 보어〉(동사나 형용사 뒤에 쓰여 정도보어를 나타냄)…하게 …한다[했다].
《固定式》 ① 〈동사 + 得 + 부사 + 형용사〉(…하게…한다[했다])
② 〈比 + 비교대상 + 형용사 + 得 + 多〉(비교대상보다 훨씬…하다)
③ 〈동사 + 得 + 比 + 비교대상 + 형용사 + 多了〉＝〈比 + 비교대상 + 동사 + 得 + 형용사 + 多了〉(비교대상보다 훨씬…하게 되었다)
④ 〈동사 + 得 + 형용사1 + 不 + 형용사1 + ?〉(…하게 합니까? 못합니까?)
⑤ 〈동사 + 得 + 不 + 형용사〉(…하게 하지 못해[했]다)

관련예문　• 写得很好 (글씨를 아주 잘 쓴다[썼다])

• 好得很 (아주 좋다)

• 来得早 (일찍 왔다) ＝ 来早了 ＝ 早到了

• 早来 (일찍 와라)

• 唱得真好听 (노래를 정말 멋지게 부른다)

• 比昨天热得多 (어제보다 훨씬 덥다)

- 足球比我踢得强多了。 = 足球踢得比我强多了。
  (축구를 나보다 훨씬 잘하게 되었다)
- 说得好不好？ (말을 잘 합니까?못합니까?)
- 说得不好 (말을 잘 못합니다)

他乒乓球打_____比我强多了。
그는 탁구를 나보다 훨씬 잘 치게 되었다.

这顿饭大家都吃_____很高兴。
이 밥을 모두 매우 즐겁게 먹었다.

大家都知道她舞跳_____ 特别好。
모두 그녀가 춤을 상당히 잘 춘다는 것을 안다.

他说英语可比我说_____标准多了。
그가 말하는 영어는 내가 말하는 것보다 훨씬 정확하다.

今天的气侯比昨天冷_____多。
오늘의 날씨는 어제보다 꽤 춥다.

他对中国饮食比我感兴趣_____多。
그는 중국음식에 대해 나보다 훨씬 관심이 많다.

几年不见, 你还长_____那么年轻。
몇 년 동안 못 봤는데, 당신은 여전히 그렇게 젊어 보이는군.

你看, 这床单洗_____干净不干净？
보세요. 이 침대시트가 깨끗하게 씻은 것 같나요?

他溜_____倒快, 一会儿就看不见了。
그는 빠져나가는 건 또 빨라서, 순식간에 사라졌다.

这场球, 我们的球员踢_____很顽强。
이번 시합에서 우리 선수들은 아주 사력을 다해 공을 찼다.

才这么一会儿功夫, 他已经走_____很远了。
겨우 이렇게 짧은 시간에 그는 이미 매우 멀리 가버렸다.

杨明的住处很简陋, 房子歪_____不成样子。
杨明의 주거지는 매우 초라해서, 집 모양새가 말이 아니다.

你的汉语说_____真好, 好像中国人说的一样。
너는 중국어를 정말 잘하는구나, 마치 중국 사람이 말하는 것과 같아.

这些家俱都保护_____十分好, 就像刚买的一样。
이러한 가구들은 모두 매우 잘 보관하여 금방 산 것과 같다.

自从改革开放以后, 他家里的日子过_____越来越好。

개혁개방이후에, 그의 집안 생활이 갈수록 좋아졌다.

我们只知道他琴弹得很好，其实他画画儿也画＿＿＿很好。
우리들은 단지 그가 피아노를 잘 친다고 알고 있었는데, 사실 그는 그림도 매우 잘 그린다.

同学们进步＿＿＿很快，这次考试，全班的成绩有很大的提高。
학우들의 실력이 급상승하여, 이번 시험에 전반 성적이 크게 향상되었다.

0184 > > > > >

★

的
de

조 ① 〈(대)명사 + 的 + 명사〉…의.
② 〈(대)명사·동사·형용사 + 的〉…(의) 것. …한 것. …하는 것
③ 〈부사 + 형용사 + 的 + 명사〉〈2음절 형용사 + 的 + 명사〉…한. …하는.
④ 〈동사 + 목적어 + 的 + (人)〉…하는 사람.(직업을 나타냄)
⑤ 〈(是) + 강조대상(동사+목적어) + 的。〉＝〈(是) + 동사 + 的 + 목적어。〉…한 것이다. …했다. (시간·장소·수단·방식 등을 강조함)
⑥ (문미에 쓰여 확실한 사실이 이미 발생했음을 강조함)…했다. …한 것이다.

《固定式》 ① 〈동사 + (목적어) + 的 + 지시사 + 양사 + 명사〉⇒ 昨天买的那本书(어제 산 그 책)
② 〈동사 + 시간보어 + (的) + 목적어〉⇒ 学了一个月(的)汉语 (중국어를 한 달 배웠다) ▶ 〈동사 + 목적어(사람·대명사) + 시간보어〉⇒ 我等了他三年。(나는 그를 3년 동안 기다렸다.)

관련예문
- 我的书 (나의 책)
- 我看的 (내가 본 것)
- 新的 (새 것) → 新书 (새 책)
- 不好的人 (좋지 않은 사람)
- 漂亮的小姐 (아름다운 아가씨)
- 很多人 (매우 많은 사람) = 不少人
  *很多的人[×] *不少的人[×]
- 卖报的 (신문팔이) // 种田的(농부) // 打鱼的(어부)
- 我是坐火车来的。(나는 기차를 타고 왔다)
- 我是在那里吃的饭。(나는 그곳에서 밥을 먹었다)
- 我不是坐车来的。(나는 차를 타고 오지 않았다.)

系红领带_____是我哥哥。
빨간 넥타이를 맨 사람은 우리 오빠이다.

他会开车来接你去火车站_____。
그가 차를 몰고 역으로 당신을 마중하러 갈 것이다.

我是从外文书店买_____这本画册。
나는 외국어 서점에서 이 화보집을 샀다.

毛毛是一个十分可爱_____小姑娘。
毛毛는 매우 귀여운 꼬마 아가씨다.

他现在_____钱刚好够买一台洗衣机。
그는 지금의 돈으로는 세탁기 한 대를 사기에 딱 맞다.

我们这儿会修电脑_____就他一个人。
우리 이곳에서 컴퓨터를 수리할 수 있는 사람은 그 한 사람뿐이다.

她有一条特别喜欢_____粉色长围巾。
그녀는 특히 좋아하는 분홍색의 긴 머플러가 있다.

昨天晚上我是在朋友家吃_____晚饭。
어제 저녁에 나는 친구 집에서 저녁밥을 먹었다.

我们每人帮他三块五块_____就够了。
우리들이 각자가 3에서 5원정도 그를 도와주면 충분하다.

空气中飘散着一股他熟悉_____香水味。
공기 중에 그에게 익숙한 향수 향기가 풍기고 있다.

李医生是王老师中学时代最好_____朋友。
닥터李는 왕선생님이 중학교 때 가장 친했던 친구이다.

科学研究发现, 女性_____平均寿命长。
과학연구는 여성의 평균 수명이 긴 것을 발견했다.

我弟弟是昨天晚上在咖啡厅遇见他_____。
내 동생은 어제저녁 커피숍에서 그를 우연히 만났다.

许多著名演员参加了今天晚上_____演出。
많은 저명한 연기자들이 어젯밤의 공연에 참가했다,

今天下午有一个关于世界形势_____报告。
오늘 오후에 국제정세에 관한 세미나가 있다.

写完这篇论文需要一个星期左右_____时间。
이 논문을 완성하려면 일주일 정도의 시간이 필요하다.

你觉得我上次送你_____那本书好看吗?
당신은 내가 지난번에 당신에게 선물한 그 책이 재미있나요?

他的事情是我＿＿＿＿一位朋友讲给我听的。
그의 사정은 내 친구가 내게 들려준 것입니다.

那位先生非常详细地介绍了自己＿＿＿＿经历。
그 사람은 대단히 상세하게 자기의 경력을 소개했다.

我们是好朋友，我一定会尽力帮助你＿＿＿＿。
우리는 좋은 친구이니, 나는 반드시 온 힘을 다해 너를 도울 것이다.

他是去年到上海旅行时，买＿＿＿＿那件黄外套。
그가 작년 상해에 여행할 때, 그 황색 외투를 샀다.

穿8号运动衣＿＿＿＿那个小伙子踢球踢得特别好。
8번 운동복을 입은 그 젊은이가 축구를 특히나 잘한다.

她躺在床上，一头原本很好看＿＿＿＿秀发脱落了。
그녀는 침대에 누워서, 원래 매우 예쁜 머리채를 늘어 뜨렸다.

我们要使八十年代后五年，成为团结奋斗＿＿＿＿五年。
우리는 80년대 후반기 5년을 단결분투의 5년으로 만들어야 한다.

凡是参观今天展览会＿＿＿＿人，都要在签名簿上签到。［凡是 = 所有］
무릇 오늘 전람회에 참가하는 사람은 모두 방명록에 서명해야 한다.

我认为学好一种外语，长期坚持是十分重要＿＿＿＿。
나는 외국어 하나를 잘 배우려면, 장기간동안 지속하는 것이 매우 중요하다고 생각하다.

今天我要坐下午4点38分开612次＿＿＿＿火车去郑州。
오늘 나는 오후 4시38분에 떠나는 612호 열차를 타고 정주에 가려고 한다.

他决定在这个特别的日子里送上他＿＿＿＿第一朵红玫瑰。
그는 이 특별한 기간 안에 그의 첫 번째 붉은 장미 한 송이를 선물하기로 결정했다.

作家写这部小说时，光收集材料就用了四年半＿＿＿＿时间。［部 = 本］
작가가 이 소설을 쓸 때, 자료를 모으는 데만 4년 반의 시간이 들었다.

据我做＿＿＿＿调查，很多人不想结婚后和父母一起生活。
내가 한 조사에 따르면, 많은 사람들이 결혼한 후에 부모님과 같이 생활하고 싶어 하지 않는다.

如此多＿＿＿＿国家参加这个运动项目的比赛，这在世界运动史上也罕见。
이렇게 많은 나라가 이 종목의 경기에 참가한 것은 세계 스포츠 역사에서도 보기 드물다.

他＿＿＿＿一个哥们儿，形象英俊，身高1米75，性格豪爽，想找个漂亮的姑娘。

잘 생기고, 키는 175미터에, 성격도 화통한 그의 동료가 예쁜 아가씨를 찾고 싶어 한다.

他就凭着认真负责态度和拿别人的事当自己＿＿＿＿事来干的热心，在群众中赢得了信任。

그는 진지하고 책임감 있는 태도와 다른 사람의 일을 자신의 일처럼 열심히 하는 것을 근거로 해서 많은 사람들에게 신임을 얻었다.

0185 > > > > >

的时候
de shíhou

…할 때. ＝ 时 ＝〈在……的时候〉

관련예문 • 大学时候 (대학 때)

• 什么时候 (언제)

在看那部电影＿＿＿＿，大家都很受感动。
그 영화를 볼 때, 모두 매우 감동을 받았다.

在我生活最艰难＿＿＿＿，他同情我，帮助我，我对他是非常感激的。
내 생활에서 가장 힘들 때, 그가 나를 동정하고 도와줘서 나는 그에게 매우 감격했다.

0186 > > > > >

★

地
de

조 〈명사[2음절형용사/4자구] ＋ 地〉…하게. …히. …으로. (부사가 되어 동사를 수식함.)

관련예문 • 科学地看(과학적으로 보다.)

• 认真地学习 (열심히 공부하다.)

我高兴＿＿＿＿说："你们来到这儿，我非常欢迎！"
나는 기쁘게 말했다 : "너희들이 이곳에 와서, 난 대환영이야!"라고.

0187 > > > > >

★

等
děng

동 기다리다. ▶〈等候[等待] ＋ 교통수단〉(…를 기다리다)
접 등. 등등.(문중에서 사용) ▶ 等等 ＝ 什么的(등등.[모두 문미에만 사용함])

去年，他先后去新加坡. 泰国. 菲律宾＿＿＿＿十多个国家。
작년에 그는 싱가포르, 태국, 필리핀등 순으로 10여개 나라에 갔다.

星期天中午十二点，你在丰泽园饭店门口＿＿＿＿我。
일요일 낮 12시에 당신은 풍택원호텔 입구에서 나를 기다리세요.

0188 > > > > >

等到
dĕngdào

접 …하고 나서.(조건적인 행위실현을 나타내며 비교적 긴 시간의 상황에 사용함)》 ☞ 不等

《固定式》〈等……再[就]……〉=〈等……以后[之后]……〉=〈等……, 然后〉(…하고나서 …하다)[= …… 之后,……]

관련예문
- 雨停了就出发。(비가 그치고 나서 출발한다.)
- 等我吃了饭再逛商场。(식사를 마치고 상점 구경 간다.)

_____下班后, 我们一起去看电影吧。
퇴근하고 나서, 우리 같이 영화 보러 갑시다.

0189 > > > > >

等着
dĕngzhe

동 …하기를 기다렸다가…하다.

晚饭都准备好了, 就_____爸爸回来吃了。
저녁이 다 준비되었으니, 아버지가 오시기를 기다렸다가 먹자.

0190 > > > > >

☆

滴
dī

양 〈수사 + 滴 + 명사〉방울.(떨어지는 액체의 수량에 쓰임)

每逢接到妈妈来信, 我都要掉几_____眼泪。[来信 = 寄来的信]
매번 어머니의 편지를 받을 때마다, 나는 눈물을 몇 방울 흘린다.

0191 > > > > >

☆

的确
díquè

부 확실히. 분명히. = 确实

관련예문
- 准确 (정확하다)

看得出来, 那件风衣_____很不合适。
그 바바리코트가 확실히 어울리지 않음을 알아볼 수 있다.

请你们理解我们的困难, 我们的物资_____短缺。
당신들이 우리의 어려움을 이해해 주세요. 우리의 물자가 확실히 부족합니다.

0192 > > > > >

**

底
dǐ

명 자신(감). ☞ 没底 = 没把握 = 心里有数

老实说，能否说服他，我心里没＿＿＿。
솔직하게 말하자면, 그를 설득할 수 있을지 내 마음속에 자신이 없다.

0193 > > > > >

第一次
dìyī cì

명 처음. 첫 번째.

관련예문 • 初次见面 (처음 뵙겠습니다. 초면입니다)

他＿＿＿和对象见面时，很腼腆(miǎntian)，不敢抬头看对方。
[腼腆 = 害羞]
그가 처음에 이성과 만날 때 매우 부끄러워서, 감히 고개를 들어 상대방을 바라볼 수가 없었다.

0194 > > > > >

第二个
dì'èr gè

명 **형** 두 번째(의)

관련예문 • 第二个人 (두 번째 사람.)
　　　　　• 第二天 (이튿날. 다음날.)

每年四月份的＿＿＿星期天是民间艺术节。
매년 4월의 두 번째 일요일은 민간예술절이다.

0195 > > > > >

地区
dìqū

명 지역.(省[성]보다는 작고, 县[현]보다는 큰 행정구역) ▶ 地域(지역[상당히 큰 한 곳을 말함])

관련예문 • 吉林地区 (길림지역)
　　　　　• 遥远的地域 (아득히 먼 지역)

5月4日到6日，西北＿＿＿普遍降了中到大雨。
5월4일에서 6일까지 서북지역에는 보편적으로 폭우가 쏟아졌다.

0196 > > > > >

☆ **顶** dǐng

양 〈수사 + 顶 + 명사〉개.(모자를 세는 단위) **동** 대들다. **부** 아주. 몹시.

관련예문
- 顶嘴 (말대꾸[말대답]하다)
- 顶好 (아주 좋다) = 挺好

这＿＿＿新帽子, 真漂亮。
이 새 모자는 정말 예쁘다.

在家中, 他爱跟妈妈＿＿＿嘴, 这已经是习惯了。
집에서 그는 어머니께 말대꾸를 잘 하는데 이것은 이미 습관이 되었다.

0197 > > > > >

★ **动** dòng

보어 〈동사 + 不 + 动〉…해서 움직일 수 없다.(가능보어) ⇔ 〈동사 + 得 + 动〉

관련예문
- 拿不动 (무거워서 들고 갈 수 없다)
- 走不动 (다리가 아파서[피곤해서] 걸을 수 없다)

这种产品价格太贵, 卖不＿＿＿。
이런 상품은 가격이 너무 비싸서, 팔리지가 않는다.

0198 > > > > >

★ **都** dōu

부 ① 모두. 다.
② 〈连 + 명사 + 都 + 동사〉…까지도. …조차도. = 〈连……也〉
③ 〈都 + 시간 + 了〉벌써. = 〈已 + 시간 + 了〉;〈已经 + 동사 + 了〉
《固定式》 ① 〈不管[无论/不论]……都〉(…을 막론하고 다)
② 〈哪儿[谁/什么/什么时候]都……〉(어디[누구/무엇이/언제]든지 다…)
③ 〈把 + 목적어 + 都 + 동사 + 了〉…을 다…했다.
④ 〈随时都……/大家都……/一般都……〉(아무 때나 다…/모두가 다…/일반적으로 모두…)
⑤ 〈每……都/各……都〉(…마다 모두/각…마다 모두)
⑥ 〈比谁都 + 형용사〉(누구보다도…하다.)

小李说汉语比谁＿＿＿好。
小李는 중국어를 누구보다도 잘한다.

他无论干什么＿＿＿很带劲儿。
그는 무엇을 하던지 매우 힘이 넘친다.

在场的人全＿＿＿兴奋地望着他。
그 자리에 있는 사람들이 전부 흥분해서 그를 보고 있다.

他离开前, 我们＿＿＿很难过。
그가 떠나기 전에, 우리들은 모두 매우 슬펐다.

牛肉、鸡肉、羊肉我＿＿＿爱吃。
소고기, 닭고기, 양고기를 나는 다 먹기 좋아한다.

在中关村, 哪儿＿＿＿能买到电脑。
中关村에서는 어디에서든 컴퓨터를 살수 있다.

我随时＿＿＿欢迎你来我们工厂参观。
나는 언제든지 당신이 우리공장에 와서 견학하는 것을 환영합니다.

孙国庆性格温和, 跟谁＿＿＿处得来。
손국경은 성격이 온화하고, 누구와도 잘 지냅니다.

我们的汉语水平＿＿＿有了较大的提高。
우리의 중국어 실력은 모두 비교적 큰 향상이 나타났다.

上海我去＿＿＿没去过, 让我怎么介绍?
상해를 나는 간적도 없는데, 나를 보고 어떻게 소개하란 말이야?

我们每个人＿＿＿会遇到类似的情况。
우리는 각자가 모두 유사한 상황을 만날 수 있다.

这些外国朋友＿＿＿爱好起中国书法来了。
이 외국 친구들은 모두 중국 서예를 좋아하기 시작했다.

许多外国人＿＿＿说中国人的称呼挺复杂的。
많은 외국인들은 모두 중국인의 호칭이 매우 복잡하다고 말한다.

你什么时候来＿＿＿可以, 这里总有人值班。
당신은 언제든지 와도 됩니다. 이곳은 항상 당직서는 사람이 있습니다.

食堂今天怎么还不开饭, 我＿＿＿要饿死了。
식당이 오늘은 어떻게 아직까지 배식을 안 하고 있지, 배가 벌써 꼬르륵하는데.

电视剧＿＿＿要开演了, 看完节目再学习吧。
연속극이 벌써 시작했어, 프로그램 다보고 나서 공부하자.

他不管在什么单位, ＿＿＿特别喜欢出出风头。
그는 어느 회사에 있든지 막론하고 주제넘게 나서는 것을 특히 좋아한다.

既然大家＿＿＿同意, 我也不坚持反对意见了。
이왕 모두가 동의한다면, 나도 반대의견을 고수하진 않겠다.

这里的山啊, 水啊, ＿＿＿是我从小就熟悉的。
이곳의 산이랑 물이랑 모두 내가 어렸을 때부터 익숙했던 것이다.

小李和他爱人小王＿＿＿是研究所的研究员。
小李와 그의 아내 小王은 모두 연구소의 연구원이다.

＿＿＿深夜一点了，弟弟还没睡觉，我怪担心的。
벌써 새벽 1시가 되었는데, 남동생이 아직도 자지 않아서, 나는 무척 걱정스럽다.

每个星期天，小徐＿＿＿会在图书馆坐上一整天。
매주 일요일마다 小徐는 도서관에 하루 종일 앉아 있곤 한다.

他每天＿＿＿坚持喝减肥茶，终于慢慢瘦下来了。
그는 매일 다이어트 차를 지속적으로 마시더니, 결국에는 서서히 살이 빠졌다.

每到这一天，我＿＿＿会收到他寄来的生日贺卡。
매번 이날이 되면, 나는 그가 부쳐온 생일축하카드를 받는다.

休息了几个月，她的精神 脸色＿＿＿好多了。
몇 달을 쉬고, 그녀의 정신과 얼굴색은 모두 좋아 졌다.

你给我介绍了那么多新书，我＿＿＿看不过来了。
네가 나에게 그렇게 많은 새책을 소개해주었지만, 나는 다 볼 수 없었다.

为了完成这项任务，他们＿＿＿夜以继日地工作着。
이 임무를 완성하기 위해서, 그들은 모두 밤까지도 계속 일하고 있다.

他装得比谁＿＿＿像，实际上这件事就是他干的。[装 = 假装]
그는 아무도 모르게 위장했는데, 사실 이 일은 바로 그가 한 것이다.

我想找个各方面＿＿＿中意的姑娘，否则就不结婚。
나는 각 방면에 모두 마음에 드는 아가씨를 찾고 싶다. 그렇지 않으면 결혼하지 않는다.

生活在城市的人，放假时一般＿＿＿有晚睡晚起的习惯。
도시에서 생활을 하는 사람은 휴가 때 일반적으로 모두 늦게 자고 늦게 일어나는 습관을 가지고 있다.

这几个重要议题，大家＿＿＿讨论过，并取得了一致意见。
이 몇 가지 중요한 의제는 모두가 다 토론한 적이 있고, 게다가 의견일치를 보았다.

他们坐下来，谁＿＿＿没有急于说话，只是保持着沉默。
그들은 앉아서 누구도 말하려고 서두르지 않고 , 단지 침묵만 고수한다.

问了几次我＿＿＿没听明白，我决定自己看书去找答案。
몇번을 묻고도 나는 이해가 되지 않아서, 내가 직접 책을 보고 답을 찾기로 결정했다.

李明病好后，在老师的帮助下，很快把功课＿＿＿补上了 。
李明은 병이 낫고 나서, 선생님의 도움 아래 매우 빨리 수업을 모두 보충했다.

这个售货员不错，不管我有什么问题问她，她＿＿＿＿耐心地给我解答。

이 영업사원은 뛰어나서, 내가 어떤 질문을 그녀에게 해도 모두 참을성 있게 나에게 해답해 준다.

经济改革每前进一步，＿＿＿＿会使这个国家老百姓的生活水平有所提高。

경제개혁이 앞으로 한걸음씩 나갈 때마다 이 나라 국민들의 생활수준은 향상될 것이다.

0199 > > > > >

独一无二的
dú yī wú èr de

〈成〉 유일무이한. 하나밖에 없는. ＝ 无双

在中国有一种世界上＿＿＿＿动物：大熊猫。
중국에 세계에서 유일무이한 종류의 동물인 팬더가 있다

0200 > > > > >
☆

度
dù

🔵〈수사 ＋ 度 ＋ 동사〉번. (주로 문어문에 쓰임) ＝ 次

朱教授曾两＿＿＿＿到美国参观访问，与美国的同行结下了浓厚的友谊。

朱교수님은 일찍이 미국에 참관 방문을 한 적이 있어서, 미국의 같은 업종의 사람과 깊은 우의를 맺었다.

0201 > > > > >
★

段
duàn

🔵〈수사 ＋ 段 ＋ 명사〉토막. 구간. 단.(사물이나 시간 과정 따위의 한 구분을 나타냄)

관련예문 • 一段故事 (이야기 한 토막)
• 那段经历 (그 간의 겪어온 과정)

在历史博物馆中，一件文物就是一＿＿＿＿历史。
역사박물관 안에 문물 하나는 바로 일단의 역사이다.

《四世同堂》讲述了发生在北京的一＿＿＿＿故事。
《四世同堂》은 北京에서 발생한 한 이야기를 진술하였다.

每当回忆起过去那＿＿＿＿经历，他就禁不住泪流满面。
매번 과거의 그 경력을 떠올리면, 그는 만면에 눈물이 흐르는 것을 참을 수 없다.

0202 > > > > >

☆

断断续续(地)
duànduànxùxù(de)

부 단속적으로. 끊어졌다 이어졌다 하며. ☞ **중첩형** 打扫打扫

他＿＿＿＿地给我讲过这件事的来龙去脉。
그는 간헐적으로 내게 이 일의 전후 관계를 얘기한 적이 있다.

0203 > > > > >

★

对
duì

양 〈수사 + 对 + 명사〉 짝. 쌍.(성별·좌우 대칭이 되어 짝이 되는 사람·동물·사물 등을 셀 때 씀) = 双

전 ① 〈(사람) + 对 + 사람 + 동사 + 기타성분〉…에게. …에 대해서.(쓰임의 위치는 제한이 없음) ② 〈对 + 사람 + 来说〉

小孙和小田是一＿＿＿＿好夫妻。
小孙과 小田은 한 쌍의 좋은 부부이다.

游客们都＿＿＿＿这个地方很感兴趣。
여행객들은 모두 이 곳에 대하여 매우 흥미를 느낀다.

他不明白为什么小张＿＿＿＿他这么好。
그는 小张이 그에게 왜 이렇게 잘하는지 이해가 안 된다.

脑子过度疲劳是＿＿＿＿身体有损害的。
뇌가 과도하게 피로해지면 몸에 나쁘다.

别着急, 我们会＿＿＿＿这件事作出安排的。
조급해하지 마라, 우리가 이일에 대해 배정을 할 것이다.

因为我生病了, 同学们＿＿＿＿我特别照顾。
내가 병이 났기 때문에 학우들이 나를 특별히 돌봐준다.

很多外国朋友都＿＿＿＿中国的长城很向往。
많은 외국친구들이 모두 중국의 만리장성을 가보고 싶어한다.

老师做任何工作, 都要＿＿＿＿学生负责。
선생님은 어떠한 일을 하시든 학생들을 책임져야 한다.

我面对他理直气壮的质问, 无言以＿＿＿＿。
나는 그의 당당한 질문에 대해 대답할 말이 없다.

他_____这件事情的过分关心引起了我的怀疑。
그의 이일에 대한 과도한 관심은 나의 의심을 불러 일으켰다.

这次试验的失败_____他今后的成功会有好处。
이번 실험의 실패는 그의 앞으로 성공에 장점이 될 것이다.

这个问题_____我们来说很重要，值得认真研究。
이 문제는 우리 입장에서 말하자면 매우 중요해서, 진지하게 연구할 가치가 있다.

这家大企业每年都_____职员进行一次业务培训。
이 대기업은 매년 직원들에 대해 한번씩 업무 연수를 실시한다.

很多人_____股市都怀着一种好奇心，都想尝试一下。
많은 사람들이 증권시장에 대해 일종의 호기심을 가지고, 모두 좀 해보고 싶어 한다.

人家有意见，不应该当面不说，背后乱说。
사람이 의견이 있으면, 면전에서 말해야지, 뒤에서 험담하는 것은 하지 말아야 한다.

我认为，锻炼身体_____人的工作生活都有好处。
나는 신체를 단련하는 것이 사람의 일과생활에 모두 도움이 된다고 생각한다.

来到北京后，我_____中国的了解和认识更深刻了。
북경에 온 이후에 나는 중국에 대한 이해와 인식이 더욱 깊어졌다.

经理_____职员的要求太严格了，大家都觉得太过分了。
사장님은 직원에 대한 요구가 너무 엄격하셔서, 모두들 너무 심하다고 여긴다.

随着时间的推移，人们_____这个问题的认识越来越清楚了。
시간의 추이에 따라, 사람들은 이 문제에 대한 인식이 갈수록 확실해졌다.

大家_____他帮助很大，尤其是小李在最困难的时候帮助过他。
모두가 그에게 많은 도움을 주는데, 특히 小李가 제일 힘들 때 그를 도운 적이 있다.

虽然老师_____学生的要求非常严格，但学生却很喜欢老师。
비록 선생님의 학생에 대한 요구가 대단히 엄하시지만, 학생들은 선생님을 매우
좋아한다.

这个孩子不仅学习好，而且还热爱劳动，大家_____他都赞不绝口。
이 아이는 공부를 잘할 뿐만 아니라, 일도 열심히 해서, 모두가 그에 대해 칭찬이
자자하다.

昨天晚上进行了一场足球比赛，是老虎队_____狮子队，结果老虎队
以二比一取胜。
어제 밤에 축구시합을 한판 했는데, 호랑이팀 대 사자팀의 경기였고 결과는 호랑
이팀이 2대1로 이겼다.

0204 > > > > >

☆

对于
duìyú

전 〈对于 + 명사(동작의 대상 · 사태의 설명)〉…에 대해서.(일반적으로 조동사나 부사의 뒤에는 쓰이지 않음) = 对

我＿＿＿学习汉语很感兴趣。
나는 중국어를 공부하는 것에 대해서 매우 흥미를 느낀다.

他＿＿＿怎样写文章一窍不通。
그는 어떻게 문장을 쓰는가에 대해서 아무것도 모른다.

＿＿＿我们的要求, 老师没有答应。
우리의 요구에 대해서 선생님께서는 허락하지 않으셨다.

＿＿＿地球的历史, 地质学家很了解。
지구의 역사에 대해서는 지질학자가 매우 잘 안다.

＿＿＿我们的学习方法, 老师很满意。
우리의 공부방법에 대해서 선생님은 매우 만족하신다.

大家＿＿＿这个问题的意见是很不一致的。
모두들 이 문제에 대한 의견이 매우 일치하지 않는다.

＿＿＿担当经理的工作, 他充满了信心。
사장의 업무를 담당하는 것에 대해 그는 자신감이 가득했다.

0205 > > > > >

★

多
duō

형 많다. ⇔ 少

수 〈시간 + 多〉: 〈10이하의 수 + 양사 + 多 + 명사(시간)〉: 〈10이상의 수 + 多 + 양사 + 명사〉여. 남짓.(수가 약간 넘침을 나타냄)

부 ① 〈多 + 동사〉더. 많이. 자주.
② 〈多 + 형용사〉얼마나…한가!(감탄을 나타냄)
③ 〈有 + 多 + 형용사〉 얼마나…한가?(대략적인 수를 물을 때 씀)
④ 〈不管[无论/不论] + 주어 + 多 + 형용사 + 都[也]〉아무리…하더라도.
⑤ 〈형용사 + 多了〉훨씬…해졌다.
⑥ 〈형용사 + 得 + 多〉훨씬…하다.

관련예문 • 两点多 (두시 남짓)

• 四个多月 (4개월 여)

• 十多本书 (10여 권의 책) ☞ 来 ▶ 十多个人(11~15명의 사람)

• 十来个人 (8~12명의 사람)

- 十几个人 (11~19명의 사람)
- 多吃 (많이 먹어.)
- 多多关照! (잘 부탁드립니다.)
- 多伟大啊! (얼마나 위대한가!)
- 有多长? (길이가 얼마나 되는가?)
- 不管遇到多大困难，她都能克服。
  (아무리 큰 어려움을 만나더라도 그녀는 극복할 수 있다.)
- 好多了 (훨씬 좋아졌다)
- 吃多了 (많이 먹었다.)
- 好得多 (훨씬 좋다)
- 吃得太多了 (너무 많이 먹었다.)

我比他＿＿＿＿看了两本书。
나는 그보다 두 권의 책을 더 봤다.

路上她带了8斤＿＿＿＿苹果。
오는 길에 그녀는 8근 남짓의 사과를 들었다.

这个箱子有30＿＿＿＿公斤重。
이 상자는 30여kg 나간다.

你看，这个年轻人＿＿＿＿高?
네가 보기에, 이 젊은이 키가 얼마나 되겠어?

我等了他20＿＿＿＿分钟，他也没来。
내가 그를 20여분 기다렸는데도, 그는 오지 않았다.

感冒以后，最好＿＿＿＿休息几天。
감기 걸린 이후에는, 며칠 더 쉬는 것이 가장 좋다.

他从事教师工作已两年＿＿＿＿了。
그는 교직에 종사한지 이미 2년여가 되었다.

希望你回到家乡后与我们＿＿＿＿联络。
당신이 고향에 돌아 온 후에 우리들과 자주 연락하기를 바랍니다.

你很少来我家，＿＿＿＿坐一会儿吧。
당신은 아주 가끔 우리 집에 오는데 좀더 계세요.

我看他20＿＿＿＿岁的样子，还很年轻。
내가 보기에 그는 20여세 정도로 아직 매우 젊어 보인다.

天安门广场离这儿只有25公里＿＿＿＿路。
천안문광장은 이곳에서 단지 25km 남짓하다.

不管遇到_____大困难，他都能克服。
아무리 큰 고난을 만나더라도, 그는 모두 극복할 수 있다.

大卫是两年_____以前来到意大利的。
대위는 2년여 전에 이태리에 왔다.

这本散文集，收集了他的20_____篇文章。
이 산문집은, 그의 20여 편 문장을 수집하였다.

我弟弟的病经过几次治疗比以前好_____了。
내 남동생의 병은 몇 차례의 치료를 거쳐서 예전보다 많이 좋아졌다.

他们在这家公司，参观了两个_____小时。
그들은 이 회사에서 2시간여를 참관했다.

像你这么大时，我们生活比你艰苦得_____！
너처럼 이만했을 때, 우리들의 생활은 너보다 훨씬 힘들었어!

他们边说边议，一个会不觉开了一个_____钟头。
그들은 한편으로 이야기하고 또 한편으론 논의하다 보니, 어느새 한 시간여 회의를 했다.

为了结婚，买房子，他欠下了一万_____块钱的帐。
결혼을 위해 집을 사서 그는 만원 남짓의 빚을 졌다.

一年_____来，他为战士递送家书八万四千六百多封。
1년여 동안, 그는 전사들을 위해서 집으로 보내는 편지 84,600여 통을 배달했다.

小王闭上眼睛休息了一会儿，脑子顿时显得清醒_____了。
小王은 눈을 감고 잠시 쉬자, 머리가 순간 훨씬 맑아지는 것 같았다.

0206 > > > > >

******

多半
duōbàn

부 대개. 아마. = 大概 = 可能　**명** 대다수. 대부분. = 大部分 = 多数

老师这会儿还不来，_____不上课了。
선생님이 아직도 안 오시니 아마도 수업하지 않겠군.

0207 > > > > >

多长时间
duō cháng shíjiān

대 얼마동안.

老金住院了_____了? 有一个月了吧?
老金은 얼마동안 입원했나요? 한 달이 되었겠죠?

0208 > > > > >

多次
duōcì

명 여러 번. 여러 차례.

自他参加工作以来, _____ 被评为市级先进生产者。
그가 작업에 참여 한 이래로, 여러 번 시에서 선정하는 선진 생산자로 평가받았다.

0209 > > > > >

★

多么
duōme

부 ① 〈多么[多] + 형용사〉얼마나…한가!(감탄을 나타냄)
② 〈无论[不管/不论] + 주어 + 多么 + 형용사 + 都[也]〉아무리…하더라
도. ☞ 多

不论困难 _____ 大, 学好数学的决心绝不能动摇。
고난이 아무리 크더라도 수학을 잘 공부하겠다는 결심은 절대로 흔들린 수 없다.

这些米饭不吃了, 白白地浪费掉, _____ 可惜呀!
이 밥들을 안 먹어서 쓸데없이 낭비해 버리다니 얼마나 아까워!

儿时无忧无虑生活的那段时间 _____ 美好啊! [儿时 = 小时候]
어린시절의 고민 없는 생활을 하던 그 시간들은 얼마나 아름다운가!

0210 > > > > >

★

多少
duōshao

대 ① 〈有 + 多少……啊！〉얼마나…되는가!(감탄문이면서 부정확한 수량을 물
을 때 씀)
② 〈多少 + 명사〉얼마. 몇.(많은 양의 수를 말할 때 씀)
③ 〈동사 + 多少 + 양사〉몇.(부정확한 수량을 나타냄)

관련예문 • 多少钱? (얼마입니까?)
• 我不知讲了多少次了。(내가 몇 번 말했는지 모르겠다) ☞ 几

你的宿舍是 _____ 号? 是315号吗?
당신의 기숙사는 몇 호 입니까? 315호 입니까?

在我们的周围, 有 _____ 这样的好人啊!
우리의 주위에 이렇게 좋은 사람이 몇이나 되겠어!

0211 > > > > >

多少次
duōshǎo cì

명 몇 번.

不管你再练习 _____ , 也不会达到他的水平了。
당신이 아무리 몇 번 더 연습한다고 해도, 그의 수준에는 도달할 수 없을 것이다.

0212 > > > > >

☆

朵
duǒ

양 〈수사 + 朵 + 명사〉송이. 점.(꽃·구름 따위를 세는 단위)

관련예문 • 一朵云 (구름 한 점)

他看见园子中有几＿＿＿又大又美的牡丹花。
그는 정원에서 몇 송이의 크고 아름다운 목단화를 보았다.

시험에 꼭 나오는 HSK 단어·숙어

0213 > > > > >

☆

而
ér

접 〈동사[형용사] + 而 + 동사[형용사]〉…하고…하다. …하면서도…하다.(같은 종류의 단어 또는 문을 연결함)

人们的神色欣喜＿＿＿激动。
사람들의 표정은 기쁘고 감동적이다.

她心里很烦，很沮丧，但嘴里说出的话，还是平静和＿＿＿温和的。
그녀의 마음은 매우 괴롭고, 매우 기가 꺾였지만, 입으로 하는 말은 여전히 평온하고 부드럽다.

这四位专家，一位住院，三位生病，＿＿＿他们都是会议的中心人物，我们只好临时发个通知，这次会议因故取消。
이 네 분의 전문가가 한 분은 입원하고, 세 분은 아픈데, 그들이 모두 회의의 핵심 인물이라서, 우리들은 이번 회의가 사정으로 인하여 취소되었다고 임시로 통지를 띄울 수밖에 없었다.

0214 > > > > >

★ 而且
érqiě

[접] 게다가. 또한. ☞ 〈不但[不仅]……而且……〉

他对朋友很大方, _____ 为人非常真诚。
그는 친구에게 매우 시원스럽고, 게다가 사람됨이 대단히 진실하다.

这个小伙子不但聪明能干, _____ 性格热情活泼。
이 젊은이는 똑똑하고 유능할 뿐만 아니라, 성격도 열정적이고 활발하다.

上了一个星期课, 他才发了一次言, _____ 只有五分钟。
일주일 수업을 하고서야, 그는 발언을 한번 했는데, 게다가 단지 5분만 했다.

世界上许多国家的国徽图案不仅设计得精美奇特, _____ 写有意义深刻, 给人启发的格言。
세상의 많은 국가의 국장도안은 설계가 섬세하고 독특할 뿐만 아니라, 깊은 의미가 있고, 사람들을 계몽하는 격언이 쓰여 있다.

0215 > > > > >

而是
érshì

[접] …이다. ☞ 〈不是……而是……〉

我们几个不是来做客的, _____ 干活的。
우리 몇 명은 손님으로 온 것이 아니라, 일하러 온 것입니다.

事物的本质属性不是表现在事物的外部, _____ 存在于事物的内部。
사물의 본질속성은 사물의 외부에 표현되는 것이 아니라, 사물의 내부에 존재하는 것이다.

0216 > > > > >

* 而已
éryǐ

[조] …에 불과하다. …에 지나지 않는다. …에 불과할 따름이다.
☞ 〈只是[只不过]……而已〉

这次大家都能调整工资, 只是每人所调整的钱数不同_____。
이번에 모두들 임금을 조정할 수 있는데, 단지 사람마다 조정하는 액수가 다를 뿐이다.

■ 아래의 각 단문 중 빈 칸에 들어갈 적합한 한자를 **보기**에서 골라 써 넣어보세요.

<table>
<tr><td rowspan="6">보기</td><td>□ 得</td><td>□ 打</td><td>□ 大</td><td>□ 都</td><td>□ 大概</td><td>□ 大致</td><td>□ 的</td></tr>
<tr><td>□ 都</td><td>□ 倒</td><td>□ 倒</td><td>□ 到</td><td>□ 到处</td><td>□ 到底</td><td>□ 多</td></tr>
<tr><td>□ 得</td><td>□ 得</td><td>□ 得</td><td>□ 达到</td><td>□ 的确</td><td>□ 但(是)</td><td>□ 的</td></tr>
<tr><td>□ 地</td><td>□ 等</td><td>□ 的</td><td>□ 当时</td><td>□ 而且</td><td>□ 对于</td><td>□ 都</td></tr>
<tr><td>□ 都</td><td>□ 段</td><td>□ 对</td><td>□ 多么</td><td>□ 大概</td><td>□ 到底</td><td>□ 多</td></tr>
<tr><td>□ 对</td><td>□ 都</td><td>□ 而</td><td>□ 多少</td><td>□ 而已</td><td></td><td></td></tr>
</table>

1 我们学习了八个月汉语，基本上 ________ 了自己的目的。

2 你 ___ 这儿往右拐，走十分钟就能看见书店。

3 我们兄弟三个，这是 ___ 哥，我是老二。

4 已经10点半了，于先生 ________ 不会来了。

5 完成这项工作，________ 需要两个小时的时间吧。

6 我们回到家的时候，________ 是晚上六点钟。

7 以前男人干家务的很少，________ 这样的情况慢慢地改变了。

8 我是三年前认识他的，________ 他只有这么高。

9 说起他来，我 ___ 想起了五年前的那次见面。

10 她汉语说得不大好，可是关于中国的旅游圣地知道得 ___ 不少。

11 他们小两口儿从上海回 ___ 北京来了。

12 小张一下车，就 ________ 打听哪儿有邮局，急着给家里报平安。

13 经过反复讨论和试验，这个小组 ________ 把机器安装好了。

14 他不告诉爸爸 ________ 数学考了多少分，只说，你不用担心我的成绩。

15 这么多作业 ___ 半天的功夫才能做完。

16 大家都知道她舞跳 ___ 特别好。

17　他溜▢倒快，一会儿就看不见了。

18　这些家俱都保护▢十分好，就像刚买的一样。

19　他现在▢钱刚好够买一台洗衣机。

20　空气中飘散着一股他熟悉▢香水味。

21　写完这篇论文需要一个星期左右▢时间。

22　我高兴▢说："你们来到这儿，我非常欢迎！"

23　星期天中午十二点，你在丰泽园饭店门口▢我。

24　请你们理解我们的困难，我们的物资▢短缺。

25　牛肉、鸡肉、羊肉我▢爱吃。

26　上海我去▢没去过，让我怎么介绍？

27　食堂今天怎么还不开饭，我▢要饿死了。

28　休息了几个月，她的精神、脸色▢好多了。

29　这几个重要议题，大家▢讨论过，并取得了一致意见。

30　在历史博物馆中，一件文物就是一▢历史。

31　脑子过度疲劳是▢身体有损害的。

32　我认为，锻炼身体▢人的工作生活都有好处。

33　▢地球的历史，地质学家很了解。

34　我等了他20▢分钟，他也没来。

35　他们在这家公司，参观了两个▢小时。

36　这些米饭不吃了，白白地浪费掉，▢可惜呀！

37　在我们的周围，有▢这样的好人啊！

38　她心里很烦，很沮丧，但嘴里说出的话，还是平静和▢温和的。

39　上了一个星期课，他才发了一次言，▢只有五分钟。

40　这次大家都能调整工资，只是每人所调整的钱数不同▢。

F

0217 > > > > >

☆

发挥
fāhuī

동 발휘하다.(효과 · 위력 · 창조성 등을 표현하는 경우에 쓰임)

관련예문 • 发扬 (발휘하다[정신 · 품행 · 전통 · 민주 등을 표현하는 경우에 쓰임])

在哪儿工作都可以＿＿＿＿自己的光和热。
어디에서 일하든 다 자신의 빛과 열의를 발휘할 수 있다.

0218 > > > > >

发掘
fājué

동 발굴하다. ＝ 挖掘

我们一定要把学生们的潜在质能＿＿＿＿出来。
우리들은 반드시 학생들의 잠재력을 발굴해 내야 한다.

0219 > > > > >

发青
fāqīng

동 (얼굴이)창백해지다. 멍이 들다.(입술이)새파래지다.

관련예문 • 发霉 (곰팡이가 피다)
• 发亮 (빛나다)

昨天她哭了很久，今天早起眼圈有点＿＿＿＿。
어제 그녀는 한참을 울더니, 오늘 아침에 일어나니 눈 주위가 좀 창백해졌다.

0220 > > > > >

★

发生
fāshēng

[동] (사고 · 모순 · 변화 등이)발생하다. 일어나다.

관련예문
- 发生变化 (변화가 일어나다)
- 产生 ([효과 · 결과 · 영향 등이] 생기다)

李伯伯, 这件事是什么时候_____的?
李씨 아저씨, 이일은 언제 일어났습니까?

短短的几年中, 我的家庭_____了巨大的变化。
짧은 몇 년 안에 나의 가정은 크나큰 변화가 생겼다.

昨天晚间伦敦市区_____了一起爆炸事件, 但没有造成人员伤亡。
어제 밤에 런던시 구역에서 한 건의 폭발사건이 발생했지만, 인명사상자는 없었다.

最近, 同学们对围棋_____了很大的兴趣, 几乎每天晚上都要比赛一番。
최근에, 학우들은 바둑에 매우 큰 흥미가 생겨서, 거의 매일 밤마다 한 차례씩 시합을 한다.

0221 > > > > >

★

发现
fāxiàn

[동] 발견하다. *[发见(×)]

관련예문
- 发觉(알게 되다. 깨닫다)
- 发明(발명하다)

老师_____有的学生抄作业。
선생님은 어떤 학생이 숙제를 베낀 것을 발견했다.

中国人第一个_____了以茶为饮料。
중국인이 처음으로 차를 음료로 하는 것을 발견했다.

有一次, 我在公园里_____了一个秘密：我哥哥在谈恋爱呢。
한번은 내가 공원에서 나의 형이 연애하고 있다는 비밀을 발견했다.

科学家_____这种病毒可使猴子、猫和某些鸟类患上白血病。
과학자는 이러한 바이러스가 원숭이, 고양이와 일부 조류로 하여금 백혈병에 걸리게 할 수 있다는 것을 발견했다.

0222 > > > > >

★ 番
fān

양 〈수사 + 番 + 명사〉번. 차례. 바탕.(사업. 성적 등을 세는 단위) ▶ 一番事业(한 번의 사업)

尽管只是一名中学教师，但我决心在平凡的工作中做出一_____成绩来。
비록 단지 중등 교사이지만, 나는 평범한 일 중에서 한번 성과를 내기로 결심했다.

现在，我在事业上别有一_____天地，生活虽然不甚富裕，但家庭气氛却极融洽。
지금, 나는 사업적으로 남다른 경지를 이루었고, 생활이 비록 부유하지는 않지만, 가정의 분위기는 매우 좋다.

0223 > > > > >

★ 翻翻
fānfan

동 – 중첩형 (책을) 펼쳐보다. 넘겨보다. = 翻一翻 = 翻一下

관련예문 · 翻开=打开(책을 펼치다)

书架上有许多书，你随便 _____吧。
책꽂이에 많은 책들이 있으니, 마음대로 펼쳐 보세요.

0224 > > > > >

★ 翻译不了
fānyìbuliǎo

동 번역[통역]할 수 없다. ⇔ 翻译得了

我用英语_____这首唐诗。
나는 영어로 이 唐诗를 번역할 수 없다.

0225 > > > > >

☆ 凡
fán

부 ① 무릇. 대저. 대체로. = 凡是 ② 모두. 전부. = 多有 = 总共

城市里_____有空地的地方，都铺上了草坪。
도시 안에 대체로 비어 있는 곳은, 모두 잔디를 깔았다.

_____来这里应聘的女孩子，都打扮得很时髦。
대체로 이곳에 와서 구직하는 여성들은 모두 매우 유행에 맞게 차려입는다.

0226 > > > > >

** **凡是** fánshì

부 모두.무릇. = 所有

老李当了领导以后，______群众提出的意见，他都虚心听取，所以群众很拥护他。
老李는 지도자가 된 후, 무릇 군중들이 제출한 의견이라면, 그는 모두 허심탄회하게 들어 주어서 군중들은 그를 매우 옹호한다.

______这个演员演的电影，我没有不看的。
무릇 이 배우가 나오는 영화라면 나는 안본 게 없다.

0227 > > > > >

凡是……都…… fánshì……dōu……

부 무릇[모든]…모두…하다. = 所有……都

优秀的人才______是在坎坷失败中成长起来的。
무릇 우수한 인재라면 모두가 고난과 실패 속에서 성장한 사람이다.

0228 > > > > >

* **反倒** fǎndào

부 오히려. 도리어. = 却 = 反而

他不怕孤独，______喜欢一个人独来独往。
그는 고독을 무서워하지 않고 도리어 혼자서 지내는 걸 좋아한다.

0229 > > > > >

** **反而** fǎn'ér

부 오히려. 역으로. = 却 = 反倒 ☞〈不但……反而……〉

雨不但没停，______越来越大了。
비가 그치지 않을 뿐 아니라, 도리어 갈수록 세차진다.

你太客气了，______弄得大家很不随意。
당신이 너무 겸손 차려서, 오히려 모두들을 어색하게 만든다.

他上课没注意听讲，______怪老师没讲清楚。
그는 수업을 신경 써서 듣지 않고서는, 오히려 선생님이 제대로 강의하지 않았다고 탓한다.

秋天里，为什么天气有时______比夏天还热呢？
가을에, 왜 날씨가 가끔은 오히려 여름보다도 더 더울까?

事业上的成功并没有给他带来更多的快乐，夫妻之间的裂痕______愈来愈深了。
사업상의 성공은 결코 그에게 더 많은 즐거움을 가져다주지 않았고, 부부간의 불화만 도리어 갈수록 깊어졌다.

0230 > > > > >

☆
反复
fǎnfù

(동) 반복하다.

(부) (反复地)반복해서.(다른 동작을 반복하는 경우에 사용함) ☞ 重复

快要考试了，我们每天都＿＿＿地做练习题。
곧 시험을 칠 것이라서, 우리는 매일 반복해서 연습문제를 푼다.

0231 > > > > >

☆
反映
fǎnyìng

(동) 반영하다. (윗사람이나 상급[관련] 기관에)보고하다.

관련예문　•　反应 ([자극 · 증세 · 현상 등에) 반응하다.)
　　　　　•　反响 (반응)
　　　　　•　引起反响 (반응이 일어나다)

她的愿望是拍部＿＿＿少数民族风土人情的电影。
그녀의 바람은 소수민족의 토속적 정감을 반영한 영화를 찍는 것이다.

张科长向公司总经理＿＿＿了一些重要问题，受到了领导的表扬。
张과장은 회사 사장에게 약간의 중요한 문제들을 보고하여, 상사의 칭찬을 받았다.

0232 > > > > >

☆
反正
fǎnzhèng

(부) 어차피. 어쨌든. 아무튼. ☞ 〈不管[不论/无论]……反正……〉

不管你去不去，＿＿＿我决不会去。
당신이 가든 말든 간에, 어쨌든 나는 절대로 가지 않을 것이다.

这房子又低矮又潮湿，＿＿＿我不住。
이 집은 나지막한데다 습해, 아무튼 나는 거주하지 않을 거야.

无论发生什么事情，＿＿＿这个会得按时开。
어떤 일이 생기든지 간에, 아무튼 이 회의는 시간에 맞추어 열어야 한다.

这么晚了，你不想睡你就不睡，我＿＿＿得睡觉了。
이렇게 늦었는데, 당신이야 자기 싫으면 마시고요, 어쨌든 나는 자야겠어요.

这件事你相信也好，不相信也好，＿＿＿已经发生了。
이 일은 당신이 믿어도 좋고 안 믿어도 좋지만, 아무튼 일은 이미 일어났어요.

你无论学习理工科什么专业，＿＿＿＿都要先学好数理化。
당신이 이공과의 어떤 전공을 공부하던지 간에 어쨌든 수학, 물리, 화학을 제대로 배워야한다.

上午也好，下午也好，＿＿＿＿明天你得到我这儿来一趟。
오전도 좋고, 오후도 좋으니, 어쨌든 내일 당신은 나한테 왔다 가야한다.

你写信也好，发传真也好，＿＿＿＿你得给他一份书面材料。
당신은 편지를 써도 좋고, 팩스를 보내도 좋으니, 아무튼 당신은 그에게 서면자료를 한 부 주어야 한다.

这个人，不管你们对他的印象如何，＿＿＿＿我决定录用他了。
이 사람말야, 당신들이 그에 대한 인상이 어떠하던지 간에, 어쨌든 나는 그를 고용하기로 결정했다.

0233 > > > > >

★ **方便** fāngbiàn

형 편리하다. 편하다. (형편이)알맞다. 적합하다. **동** (대)소변을 보다.

관련예문
- 便利 ([어떤 조건이 구비되어서]편히 하다. 편하다)
- 方便一下。(화장실 좀 다녀오겠습니다)

本店为了＿＿＿＿顾客，又增加了卖水果的木柜台。
본점은 고객의 편의를 위하여, 과일을 파는 코너를 하나 더 늘였다.

这个超市建成后，将给这一带居民带来很大的＿＿＿＿。
이 슈퍼마켓이 생긴 후 이 일대 거주민에게 큰 편의를 가져다주었다.

这个公园延长了闭园的时间，大大＿＿＿＿了周围的群众。
이 공원은 폐장시간을 연장하여, 주위의 군중들을 매우 편리하게 했다.

这件衣服我不急着穿，你＿＿＿＿的时候帮我洗好就行了。
이 옷은 내가 급히 입을게 아니니, 당신이 편할 때 좀 세탁해 주시면 됩니다.

0234 > > > > >

★ **方面** fāngmiàn

명 방면. 분야.

周强在音乐＿＿＿＿有很深的造诣。
주강은 음악방면에 깊은 조예가 있다.

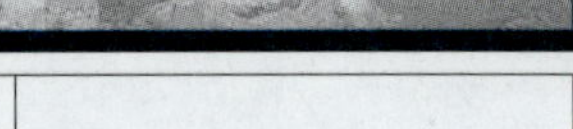

0235 > > > > >

☆

仿佛
fǎngfú

(부) 마치…인 듯하다. = 恰似 = 好像
《固定式》〈仿佛[好像]……似的〉

_____是一夜之间，阿果的名字就被四川的观众们记住了。
마치 하룻밤 사이에, 阿果의 이름이 사천성의 관중들의 뇌리에 기억되었다.

0236 > > > > >

**

非
fēi

(부) 〈非……不可〉…하지 않으면 안 된다. 꼭[반드시]…해야 한다.

他虽然有病，但他_____要去不可。
그는 비록 병이 나긴 했으나, 가지 않으면 안 된다.

明天的晚会他有事不能参加，但领导_____让他参加不可。
내일 만찬모임에 그는 일이 있어 참가할 수가 없는데, 상사는 그가 꼭 참가하지 않으면 안 된다고 한다.

0237 > > > > >

*

分辨
fēnbiàn

분별하다. 구분하다. = 识别 = 区别

他站在十字路口，_____了一下方向，然后向东走去。
그는 사거리에 서서, 방향을 좀 식별하고서, 동쪽으로 걸어갔다.

0238 > > > > >

☆

分别
fēnbié

(부) 따로따로. 각각. 차례대로. (동) 헤어지다. 이별하다. = 分离 = 分手

老师对学习成绩较差的学生，一个一个_____作了辅导。
선생님은 성적이 좀 뒤떨어진 학생들에게, 한 명씩 따로따로 지도를 했다.

0239 > > > > >

**

分明
fēnmíng

(부) 분명히. 확실히.(술어 앞에 쓰임) = 明明

관련예문 • 明显 (뚜렷하다. 현저하다)

你上课经常迟到，_____不把学校纪律放在眼里。
너는 항상 수업에 지각하는데, 이는 분명 학교규율을 안중에도 두지 않는 거야.

他说没办法解决这个问题，_____是故意找借口。
그는 이 문제를 해결할 방법이 없다고 하는데, 이는 분명히 고의로 핑계를 대는 것이다.

0240 > > > > >

☆

份
fèn

(양) 〈수사 + 份 + 명사〉 부.(신문 · 잡지 · 문건 · 일 등을 세는 단위)

桌子上放着几_____刚出版的新杂志。
탁자 위에 막 출판된 새 잡지가 몇 부 놓여져 있다.

后来, 他在一家广告公司里找了一_____工作。
나중에 그는 한 광고회사에서 일거리를 찾았다.

最新的一_____调查报告透露, 如今人们的身体健康状况也属于个人隐私。
최신의 한 조사보고에서 밝히기를, 오늘날은 사람들의 신체건강상황도 개인 프라이버시에 속한다고 한다.

0241 > > > > >

★

封
fēng

(양) 〈수사 + 封 + 명사〉통. (편지를 세는 단위) ☞ 本

请你把这几_____公函送到收发室。
당신은 이 몇 통의 공문을 문서수발실로 보내세요.

这_____信我已经看了两遍了, 还是不大明白她的意思。
이 편지를 나는 이미 두 번이나 보았는데, 그래도 그녀의 뜻을 잘 모르겠다.

0242 > > > > >

★

丰富丰富
fēngfùfēngfù

동 - 중첩형 좀 풍부하게 하다. 풍요롭게 하다.

관련예문 • 丰富 (풍부하게 하다)

• 富有(부유하다. 잘산다)

• 富裕 (풍족하다)

• 富余 (여유가 있다. 넉넉하다)

你这个工会主席, 也应该想办法_____职工们的业余生活。
이 노동조합의 조합장인 당신도 마땅히 직원들의 여가생활을 풍부하게 할 방법을 생각해봐야한다.

0243 > > > > >

******
风格
fēnggé

🔵명 (예술작품의 독특한)풍격. 스타일. 품격.

관련예문 • 作风 (기풍·품행·풍조·태도[정신이나 행동양식 등을 표현하는 경우에 쓰임])

在舞台上，他朴实无华的表演＿＿＿给观众留下了深刻的印象。
무대 위에서, 그의 소박하고 꾸임 없는 연기 태도는 관중에게 깊은 인상을 남겼다.

0244 > > > > >

☆
否则
fǒuzé

🔵접 그렇지 않으면. = 要不然 = 不然

多亏了你的帮助，＿＿＿我不会这么快就办成了这件事。
다 당신 도움 덕분입니다, 그렇지 않으면 저는 이렇게까지 빨리 이 일을 처리하지는 못했을 겁니다.

我们永远要谦虚、谨慎、戒骄戒躁，＿＿＿就不能继续前进。
우리는 영원히 겸허하고, 근신하며, 교만함과 난폭함을 경계해야 한다. 그렇지 않으면 계속 나아갈 수 없다.

0245 > > > > >

☆
复杂
fùzá

🔵형 복잡하다.

这个人背景＿＿＿，谁也说不清楚他是怎么回事。
이 사람은 배경이 복잡하여 누구도 그가 어떤 사람인지 확실히 말할 수 없다.

0246 > > > > >

★
副
fù

🔵양 〈수사 + 副 + 명사〉조. 벌. 쌍.(얼굴 표정. 대구. 안경. 장기 등 한 쌍으로 되어 있는 물건에 쓰임) ▶ 一幅 fú 画儿(한 폭의 그림)

这＿＿＿对联是书法家写的。
이 대구는 서예가가 쓴 것이다.

他戴着一＿＿＿黑框的眼镜。
그는 검은 테 안경을 쓰고 있다.

你看她那＿＿＿垂头丧气的样子。
너는 그녀의 저 풀죽은 모습을 좀 봐.

他那＿＿＿象棋是在烟台买的, 质量真不错。
그 사람의 장기세트는 烟台에서 산 건데, 질이 참 좋다.

他那＿＿＿极力讨好别人的表情让人看了很难受。
그의 그러한 남의 환심을 사려는 표정은 정말 보기 안 좋다.

她看不惯他那＿＿＿趾高气扬的面孔, 所以背过身去不再理他。
그녀는 그의 그러한 잘난 체하는 모습이 거슬려서 등을 돌리고 두 번 다시 그를 상대하지 않았다.

0247 > > > > >

**

富裕
fùyù

동 풍족하게 되다. 형 부유하다. ☞ 丰富

관련예문 • 富足 (풍족하다)

今年又长工资了, 我们厂里的工人的生活都＿＿＿了。
올해 또 임금이 올라서 우리 공장 노동자들의 생활이 모두 풍족해졌다.

시험에 꼭 나오는 HSK 단어·숙어

0248 > > > > >

★

该
gāi

조동 ①〈该 + 동사〉…해야 한다. ⇔〈不该 + 동사〉(…않았어야 했다.)
②〈该 + 동사 + 了〉…해야 된다.(시간이나 순서가 되었음을 나타냄)
③〈该 + 명사 + 了〉…할 차례다. …의 차례다.

관련예문 • 该起来了。(일어날 시간이 되었다.)

• 该你了。(네 차례다.)

• 该怎么办? (어떻게 해야 하지?)

大明, 被单那么脏, ＿＿＿洗了。
대명아, 이불 커버가 그렇게 더러워서야, 씻어야겠다.

如果你再不回家, 爷爷又＿＿＿说你了。
만약 네가 그래도 집에 돌아가지 않으면, 할아버지가 또 한 소리하실 거야.

他心中直后悔：我今天实在不＿＿＿来见她。
그는 속으로 계속 후회했다, 오늘 정말 그녀를 만나보러 오지 않았어야 했다고.

这孩子问这问那, 真不知道＿＿＿怎样 回答他。
이 아이가 이것저것 물어보는데, 정말 어떻게 대답해야 할지를 모르겠다.

遇到事情要冷静地考虑一下, 想想＿＿＿怎么做。
일이 생기면 냉정하게 고려하고, 어떻게 해야 할지를 생각해야 한다.

她很难为情地不知究竟＿＿＿如何面对这个陌生的人。
그녀는 매우 난처하여 도대체 어떻게 이 낯선 사람을 대해야 할지 알 수가 없다.

0249 > > > > >

改不了
gǎibuliǎo

동 고칠 수 없다. 바꿀 수 없다. ⇔ 改得了

他抽烟的嗜好恐怕这辈子也＿＿＿了。
그가 흡연을 좋아하는 것은 아마 평생 고칠 수 없을 것이다.

0250 > > > > >
**

改良
gǎiliáng

명 동 개량(하다). (구체적인 사물에만 쓰임.)

这个地区推广了＿＿＿土壤的新经验, 所以连年增产。
이 지역은 토양개량의 신 경험을 보급하여 해 매다 생산을 늘리고 있다.

0251 > > > > >
☆

改善
gǎishàn

명 동 (생활방면을)개선(하다).

관련예문
• 改进 (학습방법 등을 개선하다)
• 改变 (바뀌다. 변화하다)
• 改正 (잘못된 것을 고치다. 시정하다. 정정하다)

今天学校食堂＿＿＿生活, 有红烧肉。
오늘 학교 식당은 분위기를 바꾸어 훈제 양념고기가 나왔다.

中国由于改革开放, 人民生活有了很大＿＿＿。
중국은 개혁개방으로 인하여, 인민의 생활에 큰 개선을 가져왔다.

才几年的工夫, 农民的生活就有了很大的＿＿＿。
겨우 몇 년 사이에 농민의 생활은 큰 개선을 보였다.

0252 > > > > >

改天
gǎitiān

명 후일. 다음에.

老板找我有事，家里的事＿＿＿再说吧。[找我有事 = 有事找我]
사장님이 일이 있어서 나를 찾으니, 집안일은 다음에 이야기해요.

0253 > > > > >

★

干干净净
gāngānjìngjìng

형 - 중첩형 깨끗하게. = 一干二净 ☞ 打扫打扫

开春了，家家户户都要把自家打扫得＿＿＿的。
봄이 오면, 집집마다 자신의 집을 깨끗이 청소해야 한다.

夏子把屋里屋外打扫得＿＿＿的。
夏子는 집 안팎을 깨끗이 청소한다.

0254 > > > > >

★

干净
gānjìng

형 깨끗하다. = 清洁

관련예문
• 卫生(청결하다. 위생적이다[질병예방과 건강과 관련 있음])
• 讲究卫生 (위생을 중시하다)

这件毛衣你没给我洗＿＿＿。
이 스웨터, 당신은 깨끗이 씻어 주지 않았어요.

0255 > > > > >

赶不上
gǎnbushàng

동 ① 제시간[차 시간]에 댈 수 없다. = 来不及上车 = 上不了车 = 迟到
② 따라 잡을 수 없다.쫓아갈 수 없다. ⇔ 赶得上

别再磨蹭了，一会儿就可能＿＿＿火车了。
더 이상 주저하지 마, 조금만 있으면 아마 기차를 놓치게 될 거야.

天快黑了，抓紧时间吧，不然就＿＿＿火车了。
곧 날이 어두워져, 어서 서두르자, 그렇지 않으면 기차를 놓치게 돼.

0256 > > > > >

☆

赶紧
gǎnjǐn

부 서둘러. 급히. 재빨리.(미래시제와 기원문에 쓰임) ☞ 赶忙=连忙 (서둘러. 급히. 얼른.[현재의 시제에 쓰임])

我多么希望＿＿＿＿开学，见到同学们呀!
나는 어서 개학해서 급우들을 볼 수 있기를 얼마나 바라는지 몰라!

0257 > > > > >

☆

赶快
gǎnkuài

부 빨리. 얼른.(명령문에만 쓰임) ☞ 赶紧↑

时间不早了，你＿＿＿＿收拾书包，上学吧。
늦었구나, 너는 어서 가방을 챙기고 학교에 가거라.

你＿＿＿＿到我这里来，我在王府井百货大楼一层等你。
당신 빨리 나 있는 곳으로 오세요, 저는 王府井백화점 1층에서 기다려요.

0258 > > > > >

★

敢
gǎn

조동 감히 …하다.

관련예문 • 不敢说。(장담할 수 없다. …라고 단정할 수 없다.)

既然有把握，那么就要＿＿＿＿负责到底。
이왕 자신이 있으면 끝까지 책임져야지요.

0259 > > > > >

★

感到
gǎndào

동 …라고 느끼다. …라고 생각하다. = 觉得

관련예문 • 感受 (① 느끼다. 받다. ② 느낌. 체험)
 • 感觉 (① 느끼다. ② 감각. 느낌)

站也不是，坐也不是，他＿＿＿＿心神不定。
서 있어도 아니고, 앉아도 아닌 게, 뭔가 그는 마음이 안정되지 않음을 느낀다.

0260 > > > > >

☆

感动
gǎndòng

동 ①감동하다. ② 감동시키다.

관련예문 • 激动 (감격하게 하다. 흥분하다)

他的行为深深地＿＿＿了院子中的人们。
그의 행동은 단지내의 사람들을 깊이 감동시켰다.

那个电影情节很动人, 妈妈都＿＿＿得流下了眼泪。
그 영화의 줄거리는 매우 감동적인데, 어머니도 감동하여 눈물을 흘렸다.

0261 > > > > >

★

感谢
gǎnxiè

동 감사하다.(정중한 표현)

관련예문 • 十分感谢。 (매우 감사하다)
• 十分谢谢。 [×]
• 感激。 (진심으로 감사하다. 감격하다)

我不知道怎样＿＿＿老师对我的帮助。
선생님의 나에 대한 도움에 어떻게 감사해야 할지 모르겠다.

非常＿＿＿老师对我的关心, 明年我还要来看望老师。
선생님의 나에 대한 관심에 매우 감사하여, 나는 내년에 또 선생님을 뵈러 오려고
한다.

0262 > > > > >

★

刚
gāng

부 ① 지금. 막. 금방. = 刚刚 ② 겨우. 간신히. 가까스로.

你＿＿＿走不到五分钟, 老师就来教室了。
네가 막 가고 5분도 안되어서, 선생님이 교실로 오셨다.

你来得真不是时候, 小明＿＿＿进家门。
넌 참 때를 못 맞추는구나, 小明은 막 집으로 들어갔어.

我＿＿＿从银行取出二百元钱, 就被二哥借走了。
나는 막 은행에서 200원을 찾았는데, 둘째형이 빌려가 버렸다.

我＿＿＿来到这儿的时候, 很不习惯这里的生活。
내가 여기 막 왔을 때, 여기 생활에 적응하지 못했다.

我＿＿＿到中国的时候, 饮食很不习惯, 后来渐渐习惯了。
내가 막 중국에 도착했을 때는 음식에 적응하지 못했는데, 후에 차츰차츰 습관이
되었다.

0263 > > > > >

★

刚才
gāngcái

（명） 조금 전. 아까.(대개 주어 앞에 옴)

관련예문　•　刚才的事 (조금 전의 일)

老人家把＿＿＿的事儿忘了。
노인은 조금 전의 일을 잊어 버렸다.

＿＿＿他还在这儿表演节目呢。
조금 전만 해도 그는 여기서 공연을 하고 있었는데.

你为什么＿＿＿不说, 现在才说?
너 왜 방금 전에는 말 안하고, 이제야 말하니?

我吃了退烧药, 现在比＿＿＿舒服些了。
나는 해열제를 먹었는데, 지금은 아까 보다 좀 괜찮아졌다.

＿＿＿我在门口捡了一个书包, 是你丢的吗?
방금 내가 문 앞에서 가방 하나를 주웠는데, 네가 잃어버린 것 아냐?

＿＿＿他还在读书呢, 怎么这么一会儿就没声音了。
조금 전까지만 해도 그는 책을 보고 있었는데, 왜 잠깐 사이에 조용해 졌지.

＿＿＿我还看见他了呢, 怎么这么一会儿就不见了。
조금 전까지만 해도 나는 그를 봤는데, 어떻게 금방 없어졌지?

＿＿＿我还听见说话声呢, 怎么这么一会儿就不见了呢?
조금 전까지만 해도 소리를 들었는데, 어떻게 금방 사라졌지?

0264 > > > > >

☆

刚刚
gānggang

（부） 바로 직전. 막. 방금. = 刚

李先生＿＿＿走, 他儿子就来了。
李씨가 가자마자, 그의 아들이 왔다.

他＿＿＿十几岁, 就不想上学了。
그는 이제 막 열 몇 살인데 학교에 가려고 하지 않는다.

我是三分钟前＿＿＿听到这个消息的。
나는 3분전에 막 이 소식을 들었다.

0265 > > > > >

★

告诉
gàosu

동 …에게 알려주다. …에게 일러주다.

관련예문
- 我跟你说 (너한테 말하는데…)
- 通知 (통지하다. 알리다)

这件事你先不要＿＿＿＿她。
너는 이 일을 일단은 그녀에게 알려주지 마라.

0266 > > > > >

★

个
ge

양 〈수사 + 个 + 명사〉개. 명. 사람.(주로 전용 양사가 없는 경우에 대체 양사로 쓰임)

我最近很忙，一连三＿＿＿＿月没有给他写信。
나는 최근에 바빠서, 연달아 3개월 동안 그에게 편지를 쓰지 않았다.

飞机没有按时起飞，大约要晚点三＿＿＿＿小时。
비행기는 제 시간에 이륙하지 않았는데, 대략 3시간 정도 늦어졌다.

这个时候, 你这么＿＿＿＿小孩子, 跑到医院来干什么?
이 시간에, 너 같은 아이가, 병원에 뭘 하려고 왔느냐?

0267 > > > > >

★各……各……
gè……gè……

대 …마다. 각자[자기].

관련예문
- 各有所爱。 (사람마다 다 각기 좋아하는 바가 다르다.)
- 各部门 (각[여러] 파트[부서])
- 各种消息 (각종 소식)
- 各位老师 (여러 선생님)

一年四季＿＿＿＿有＿＿＿＿的特点。
1년 4계절은 각기 나름대로의 특징이 있다.

0268 > > > > >

★

给
gěi

동 〈주어 + 给 + 간접목적어(사람) + 직접목적어(사물)〉…에게…를 주다.
= 〈주어 + 동사 + 사물 + 给 + 사람〉

보어 〈동사 + 给〉…주다.

전 ① 〈给 + 사람 + 동사〉…에게.
② 〈주어 + 给 + 목적어 + 동사 + 기타성분〉:〈주어 + 被[叫/让] + 목적어+ (给) + 동사 + 기타성분〉…에 의해…당하다.

관련예문
- 送给 ([선물을] 주다)
- 借给 (빌려주다) → 还给 (돌려주다. 반납하다.)
- 给我看一下。(나에게 좀 보여줘라)
- 我的自行车给人偷走了。= 我的自行车让人(给)偷走了。
  (내 자전거는 다른 사람이 훔쳐갔다.) = 被 ; 叫 ; 让 ☞ 被

你再_____他一次表现的机会吧!
너는 그에게 할 수 있는 기회를 다시 한번 줘라!

他_____电视剧里的故事吸引住了。
그는 TV드라마의 스토리에 매료되었다.

麻烦你将这些药_____我奶奶送去。
죄송하지만 당신이 이 약들을 우리 할머니께 보내 주세요.

这点小事还值得_____我打电话吗?
이 사소한 일로 나에게 전화를 걸만한 가치가 있었나요?

分别那天, 我们_____她照了一张相。
헤어진 그 날, 우리들은 그녀에게 사진을 한 장 찍어 주었다.

电话_____人们的生活带来很多方便。
전화는 사람들의 생활에 많은 편리함을 가져다주었다.

到达后, 他很快_____我来了一封信。
도착한 후에, 그는 나에게 빨리 편지를 보내 주었다.

我想请她把这盒糕点_____我妈妈带去。 [= 送回商店去]
나는 그녀에게 이 과자 한 통을 나의 어머니에게 가져다주도록 하려고 한다.

妈妈让我把多找的钱_____商店送回去 。
엄마는 나에게 더 거슬러 받은 돈을 상점으로 돌려보내게 했다.

妈妈每天晚上都_____孩子读一篇故事 。
엄마는 매일 밤 아이들에게 옛날이야기를 한편씩 읽어 주신다.

中学同学李大为_____我留下了深刻的印象。

중학교 동창인 이대위는 나에게 깊은 인상을 남겼다.

春天的到来，_____万物带来了温暖和希望。
봄이 오자, 만물에 따뜻함과 희망을 가져다주었다.

美丽的布达拉宫_____我留下了深刻的印象。
아름다운 布达拉궁은 나에게 깊은 인상을 남겨 주었다.

她把今天找工作的事_____丈夫说了个大概。
그녀는 오늘 일자리를 찾은 일을 남편에게 대충 설명했다.

这位大学同学_____他留下了终身难忘的印象。
이 대학 동창은 그에게 평생 잊지 못할 인상을 남겼다.

现在请你_____大家介绍一下你的学习经验吧。
이제 당신은 모두들에게 당신의 학습 경험을 소개해 주십시오.

为了_____同学们准备练习材料，张老师备课到深夜。
학우들의 연습문제 자료를 준비하기 위하여, 장선생님은 밤늦게까지 수업 준비를 하신다.

小李不是看了吗？请他_____同学们介绍一下那部电影吧。
小李가 봤어? 그더러 학우들에게 그 영화를 소개 좀 하게 합시다.

他借一辆小卡车_____我们，并帮我们把东西都抬上了了车。
그는 우리에게 소형 트럭을 빌려 주었고, 우리들을 도와 물건들을 차 위에 올려 주었다.

在社会交往中，一个人_____别人的第一印象是非常重要的。
사회교제 중에서, 한 사람이 다른 사람에게 주는 첫 인상은 매우 중요하다.

和男友分手后不久，又有人_____她介绍了一位年轻有为的经理。
남자 친구와 헤어진 지 얼마 안 되어, 또 어떤 사람이 그녀에게 젊고 능력 있는 사장을 소개해 주었다.

精力充沛、工作效率高是我们_____公司职员提出的起码的要求。
왕성한 정력과 높은 업무효율은 우리가 회사 직원에게 제기한 최소한의 요구이다.

0269 > > > > >

☆
根本
gēnběn

형 근본적이다. 중요하다. = 基本

几年来，中国人民的生活发生了_____的变化。
몇 년간, 중국인민들의 생활은 근본적인 변화가 일어났다.

0270 > > > > >

☆

根据
gēnjù

동 〈根据 + 명사〉근거하다. 의거하다. = 依据

_____调查，中国目前有13亿人口。
조사에 의하면, 중국은 현재 인구가 13억이다.

_____学校的规章制度，学生是不应该抽烟的。
학교의 교칙제도에 의하면, 학생은 담배를 피워서는 안 된다.

_____同学们的要求，学校增加了课间营养餐。
학우들의 요구에 의해서, 학교는 수업 간 영양식을 증가 시켰다.

人们通常_____天气预报来安排自己的工作和生活。
사람들은 보통 기상예보에 따라서 스스로의 일과 생활을 안배한다.

0271 > > > > >

★

跟
gēn

전 〈跟 + 명사〉…와[과]. …에게.(접속사로 쓰이는 경우에는 대개 '和'를 사용함)
동 …를 따라가다. 쫓아가다. = 跟着

《固定式》 ① 〈A + 跟[和] + B + 一起 + 동사〉(A는 B와 함께…하다)
② 〈A + 跟[和] + B + 一样〉(A는 B와 똑같다)
③ 〈A + 跟[和] + B + 一样 + 형용사〉(A는 B와 똑같이…하다.)

관련예문 · 我跟你一起去。(난 너와 함께 간다)
· 我跟白老师学汉语。
(나는 백 선생님에게 중국어를 배운다) = 和 = 与
· 你们跟我来吧。(너희들은 나를 따라 와라)

小张请我_____他一起去天坛。
장군은 나에게 자기와 같이 천단에 가자고 청했다.

我们每天_____中国老师学习中文。
우리는 매일 중국 선생님에게 중국어를 배운다.

他已经长得_____爸爸差不多一样高了。
그는 벌써 아버지와 같은 정도로 키가 자랐다.

我_____他没有什么接触，也谈不上对他有了解。
나와 그는 어떠한 접촉도 없었고, 그에 대해 이해한다고까지 할 수는 없다.

_____我的朋友见面以后，我们一起去了东安市场。
내 친구와 만난 이후로, 우리는 함께 东安시장에 갔다.

他搬进那座楼不久，就_____楼里家家户户都熟悉了。
그가 그 건물로 이사해서 들어간 지 얼마 안 되어, 건물 안 집집마다 다 알게 되었다.

0272 > > > > >

跟不上
gēnbushàng

🔵 **동** 따라 잡을 수 없다. 비교가 안된다. = 赶不上 ⇔ 跟得上

教学进度太快, 他＿＿＿＿了。
교육 진도가 너무 빨라서, 그는 따라 잡을 수가 없다.

0273 > > > > >

★

更
gèng

🔵 **부** 더욱. (두 가지 사물의 성질·상태를 비교하는 문에 쓰여 그 정도를 심하게 함.) = 还

《固定式》　① 〈更 + 형용사 + 了〉(더욱…하다.[강조표현])
　　　　　　② 〈A + 比 + B + 更 +형용사〉 = 〈A + 比 + B + 还 + 형용사〉
　　　　　　　(A는 B보다 더욱[훨씬]…하다)

那种样子比这种样子＿＿＿＿好看。
그 모양이 이 모양 보다 더 보기 좋다.

没有比妄下结论＿＿＿＿不负责任的了。
함부로 결론 내리는 것 보다 더 무책임한 것은 없다.

没有比替别人做决定＿＿＿＿不负责任的。
다른 사람을 대신해서 결정짓는 것 보다 더 무책임한 것은 없다.

连你都回答不出来, 我＿＿＿＿不行了。
너조차 대답을 하지 못한다면, 나는 더 더욱 안 된다.

外科大夫的医术比我们想象的＿＿＿＿高超。
외과의사의 의술은 우리가 상상하는 것 보다 더 높다.

穿上这件新衣服, 你显得＿＿＿＿精神了。
이 새 옷을 입으니, 너는 더욱 활기차게 보인다.

我这么不爱动的人都来了, ＿＿＿＿不用说别人了。
나 같이 이렇게 움직이기 싫어하는 사람도 왔으니, 다른 사람이야 더 말할 것도 없지.

我不赞成小王当组长, 我认为小李比他＿＿＿＿合适。
나는 小王이 조장이 되는 것을 찬성하지 않아, 나는 小李가 그 보다 더 적합하다고 생각해.

他又比别人聪明多少, 他只不过＿＿＿＿用功些而已。
그는 다른 사람에 비해 다소 똑똑한데, 단지 그가 열심히 공부한 것에 불과하다.

我们要通力协作, 把公司的各项工作搞得＿＿＿＿好些。
우리는 힘을 합쳐 협력하여, 회사의 각 부문 일을 더욱더 잘 하고자 한다.

0274 > > > > >

☆

更加
gèngjiā

부 더욱 더. 한층 더.

관련예문 · 越发 (더욱. 한층[시간의 변화와 관련 있는 표현])

穿上新衣服, 她显得＿＿＿漂亮了。
새 옷을 입으니, 그녀는 한층 더 예뻐 보인다.

听了这番话, 他反而＿＿＿不好意思了。
이런 말을 들으니, 그는 도리어 더욱 미안해졌다.

0275 > > > > >

*

沟通
gōutōng

동 소통하다. = 言语交流

관련예문 · 沟通思想 (의사를 소통하다)

微笑是世界上最通达的语言, 是相互＿＿＿的桥梁。
미소는 세계에서 가장 잘 통하는 언어이다, 서로 간에 의사소통의 교량인 것이다.

0276 > > > > >

★

够
gòu

형 (보어)〈동사 + 够了〉충분하다. 넉넉하다.
부 〈够 + 형용사 + 的〉무척. = 非常 = 十分 = 很
동 ① 도달하다. 만족시키다. ② 닿다. 미치다.

관련예문 · 够了！(충분하다. 됐다)

· 吃够了 (충분히 먹었다) = 吃饱了

· 他看起来够老的。 (보아하니 그는 무척 늙었다.)

· 够不到。 (손이 닿지 않다.)

他又教数学课又当班主任, 真＿＿＿忙的。
그는 수학도 가르치고 또 반 담임도 맡아, 정말로 바쁘다.

他打了三个月的工, 终于赚＿＿＿了回家的路费。
그는 3개월 간 아르바이트를 하여, 결국은 집으로 돌아 갈 여비를 벌었다.

0277 > > > > >

**

固定
gùdìng

동 고정하다. 고정시키다.

这个把手有点儿活动了, 我用钉子把它＿＿＿住。 [活动 = 松]
이 손잡이가 조금 흔들거려서, 내가 못을 박아 그 것을 고정 시켰다.

0278 > > > > >

☆

故意
gùyì

부 고의로. 일부러. = 有意 = 存心

你明明知道这是规章不允许的，为什么还_____这样做？
너는 이것이 규칙상 불허함을 분명히 알면서, 왜 일부러 이렇게 했니?

0279 > > > > >

******

怪不得
guàibude

부 과연. 어쩐지. = 难怪 　**형** 이상할 것 없다. …하는 것이 무리는 아니다.

那个电影真不错，_____大家都爱看。
그 영화는 정말 괜찮았다, 어쩐지 모두들 좋아 하드라니.

_____我的书不见了，原来是你拿走了。
어쩐지 내 책이 안 보이더라니, 알고 보니 네가 가져갔구나.

_____最近看不到他了，原来他调走了。
어쩐지 최근에 그를 볼 수 없더라니, 알고 보니 그는 다른 곳으로 전근갔구나.

这个孩子非常爱动脑筋，_____绰号叫"小爱因斯坦"。
이 아이는 머리 쓰는 걸 정말 좋아한다, 어쩐지 별명이 "작은 아인슈타인"이 라더니.

0280 > > > > >

☆

关键
guānjiàn

명 관건. 열쇠. 결정적인 요소.

관련예문
- 关键时刻 (결정적인 순간)
- 关头 (고비. 관문[절박한 상황에 씀])
- 生死关头 (생사의 갈림길)

一个人的成功不在于他的客观条件，_____是他的心中有没有自信。
한 사람의 성공은 그의 객관적 조건에 있지 않다, 결정적인 요소는 그의 마음속에 자신이 있느냐 없느냐 하는 것이다.

0281 > > > > >

★

关系
guānxì

동 관계하다. 관련되다. (대개 사람과 관련되는 경우에 쓰임) = 影响 　**명** 관계.

관련예문
- 找关系 (뒷거래를 하다)
- 关联(관련되다. 관계되다.[대개 사물 사이에 발생되는 경우에 쓰임])

药品是一种特殊商品，它的质量优劣直接_____到消费者的身心健康。
약품은 일종의 특수한 상품이다, 그것의 질량이 좋고 나쁨은 소비자의 심신건강에 직접적으로 관련이 된다.

0282 > > > > >

☆

关于
guānyú

전 〈关于 + 명사(화제와 관련 있는 내용)〉 …에 관하여. …에 관한.
☞ 对于 ; 至于

他正在看一篇＿＿＿教育孩子方面的文章。
그는 아이들을 가르치는 방면에 대한 문장을 한편 읽고 있는 중이다.

＿＿＿我们的学习方法, 老师说有很多毛病。
우리들의 학습 방면에 대해서, 선생님은 많은 문제가 있다고 말씀하셨다.

张经理去过韩国, 买了不少韩国出版的＿＿＿韩国的书。
张사장은 한국에 가 본적이 있는데, 많은 한국에 관한 한국에서 출판된 책을 샀다.

0283 > > > > >

☆

光
guāng

부 다만. 오직. …만. = 只 = 净

这孩子＿＿＿会依赖别人, 自理能力很差。
이 아이는 다른 사람에게 의지할 줄만 알지 자립능력이 부족하다.

0284 > > > > >

☆

广大
guǎngdà

형 ① (사람의 수가) 많다. =绝大多数 ② (영토 · 지역 등이)광범위하다. 넓다.

관련예문 • 宽大=广阔=宽阔 ([강 · 도로 · 초원 등이]넓다)

现在, 孩子挑食的越来越多, 应该引起＿＿＿家长的重视。
지금, 아이들의 편식이 갈수록 늘어나므로, 많은 학부모의 주의가 요망된다.

0285 > > > > >

**

归
guī

동 〈동사1 + 归 + 동사1〉 …하는 것은 그렇다 치고.(동일한 의미의 같은 동사를 전후에 놓아 동작이 서로 관련되지 않거나 동작에 따른 결과가 없음을 나타냄)

你们之间有意见＿＿＿有意见, 但不能影响团结合作。
너희들 사이에 불만이 있는 것은 그렇다 치고, 힘을 모아 협력하는 것에는 영향을 주어서는 안 된다.

0286 > > > > >

******

规矩
guīju

형 (행실이) 단정하다. 성실하다. = 老实　**명** 규칙. 기준. 관습.

관련예문　• 规则 (규칙적이다.[구체적으로 규정된 것을 말함])

这个人表面看挺老实，其实他不是一个＿＿＿人。
이 사람은 겉으로는 정말로 성실해 보이나, 실제로는 성실한 사람이 아니다.

0287 > > > > >

☆

果然
guǒrán

부 과연. 생각한 대로. = 果真

你的担心不是多余的，今天他＿＿＿没把这件事放在心上。
당신이 우려하는 것은 쓸데없는 것이 아니다, 오늘 그는 과연 이 일을 마음에 두지 않았다.

0288 > > > > >

★

过
guò

동 ①〈过 + 명사(시간)〉 지나다. 경과하다. 쇠다. 지내다. // 过日子(생활하다.)
②〈过 + 수량[나이. 무게]〉 초과하다. 넘다. = 超过

관련예문　• 过年 (설을 쇠다.)
　• 你过得怎么样? (어떻게 지내느냐?)
　• 都过了五十了。(벌써 오십이 넘었다.)
　• 错过 (기회를 놓치다.)

请你＿＿＿半个小时再给我打电话。
30분 후에 다시 전화를 주십시오.

今年的春节我是在广东老家＿＿＿的。
올해 설날을 나는 广东의 고향집에서 보냈다.

你犹豫不定，机会就给错＿＿＿了。
당신이 주저하고 결정을 내리지 않으면, 기회를 놓치게 된다.

你＿＿＿两天陪我去拜访他，我很想念他。
당신은 며칠 있다 나와 그를 방문해요, 저는 정말로 그가 그리워요.

每＿＿＿几个月我就去看看崔大爷，好及时帮助他解决困难。
몇 개월마다 나는 최씨 할아버지를 뵈러간다, 그를 도와 어려움을 해결할 수 있도록.

0289 > > > > > >

★

过
guo

조 ① 〈동사 + 过〉…한 적이 있다.(경험태) ⇔ 〈没有 + 동사 + 过〉…한 적이 없다.
② 〈동사 + 过 + 了〉〈동사 + 过 + 목적어 + 了〉…했다. (가까운 과거에 이루어진 행위의 완료를 나타냄)
《固定式》① 〈曾(经) + 没 + 동사 + 过〉(일찍이[이전에]…한 적이 없다.)
② 〈从(来) + 没 + 동사 + 过〉(지금까지…한 적이 없다.)

관련예문　• 吃过了。(아까[방금] 식사했어.)
　　　　　　• 看过了。(지난번[조금 전]에 봤어.)

我去海南旅行＿＿＿三次。
나는 해남에 3번 여행 갔었다.

他以前结＿＿＿婚，后来离了。
그는 이전에 결혼한 적이 있는데, 나중에 이혼했다.

这类书籍我给他买＿＿＿好几本了。
이런 서적은 내가 그에게 여러 권을 사 주었었다.

这件事我让人告诉＿＿＿他好几次了。
이 일을 나는 사람들을 시켜 그에게 몇 차례나 알려 주었었다.

我让他背＿＿＿三首诗，他还是一首没记住。
나는 그에게 3수의 시를 외우게 했다, 그는 여전히 한 수도 기억하지 못했다.

我以前从没见＿＿＿这种水果，也不知道它味道如何。
나는 지금껏 이런 과일을 보지 못했고, 맛이 어떤지도 모르겠다.

妈妈常跟孩子们讲起她小时侯经历＿＿＿的一些趣事。
엄마는 종종 아이들과 그녀가 어렸을 적에 겪은 재미있는 일을 이야기한다.

在他住宿舍的半年时间里，他上课没有迟到＿＿＿一回。
그가 기숙사에 거주한 반년 간, 그는 수업에 한번도 지각한 적이 없었다.

小玲向组织表示＿＿＿多次决心，愿到艰苦的地方工作。
小玲은 힘든 곳에서 일하고 싶다는 결심을 몇 차례나 조직에 말했다.

他自觉学习能力很强，考试时从来没让父母担＿＿＿一次心。
그는 스스로 학습능력이 강하다고 느꼈다, 시험 때 지금까지 한번도 부모님을 걱정시켜드린 적이 없다.

不管遇到了多大的挫折失败，我从来没产生＿＿＿失望情绪。
아무리 큰 좌절과 실패를 만나더라도, 나는 이제껏 실망한 적이 없었다.

0290 > > > > >

★

过来
guòlái

보어 ① 〈동사 + 过来〉…하다. …지나오다.(원래 또는 정상적인 상태로 되돌림을 나타내거나 ,동작이 한 공간을 지나 자기 쪽으로 향해 옴을 나타냄)
② 〈동사 + 得 + 过来〉…해낼 수 있다. (시간 · 능력 · 수량이 충분함을 나타냄) ⇔ 〈동사 + 不 + 过来〉

동 지나오다. 이리와라! ⇔ 过去

관련예문 • 改过来。 (고치다.)
• 跑过来。 (달려오다.)

请你把写错的地名改_____。
당신은 잘못 표기한 지명을 고치세요.

报纸太多了, 看不_____了。
신문이 너무 많아서, 다 읽어내지 못할 것이다.

30年_____了, 家乡变化真大呀!
30년이 지났다, 고향의 변화는 참으로 크구나!

麻药作用过去了, 他才慢慢醒_____。
마취제의 효력이 떨어지자, 그는 그제야 천천히 정신이 돌아 왔다.

你忙得_____吗? 我来帮你, 好吗?
너는 바빠서 되겠니? 내가 도와줄까?

这道题老师讲了10分钟, 他才明白_____。
이 문제를 선생님이 10분 동안 설명하시자, 그는 그제야 이해해낼 수 있었다.

买完票我才醒悟_____, 这个电影我看过。
표를 산 다음에야 이 영화는 내가 본 것이었다는 것을 깨닫게 되었다.

小姑娘牵着一只漂亮的狗, 向我走_____。
꼬마 아가씨가 예쁜 강아지를 끌고, 나를 향해 걸어왔다.

她的负担太重, 这些家务事实在干不_____。
그녀의 부담이 너무 막중하여, 이 집안일들은 정말로 해 내기가 어렵다.

明天朋友们有个聚会, 打个电话, 把你的姐姐叫_____一块玩玩儿。
내일 친구들 모임이 있는데, 전화를 걸어서, 너의 누나를 불러 내서 함께 놀도록 하자.

丁老师心地善良, 和蔼可亲, 终于把那个孩子自我闭塞的心征服_____了。
丁선생님은 마음씨가 착하고, 친근하여, 결국 그 아이의 자폐심리를 사로잡았다.

0291 > > > > >

★

过去
guòqù

보어 〈동사 + 过去〉…하다. …지나가다.(원래 또는 정상적인 상태를 잃거나, 동작이 자기가 있는 곳을 떠나 지나가는 것을 나타냄.)

동 지나가다. 저리가라! **명** 과거. ☞ 过来

관련예문
- 踢过去。 (슛을 날리다.)
- 昏过去。 (정신을 잃고 쓰러지다.)
- 翻过去看。 (넘겨서 보다.)

他气得话没说完就昏死了＿＿＿＿。
그는 화가 나서 말도 다하지 못하고서 졸도해버렸다.

0292 > > > > >

*

过于
guòyú

부 〈过于 + 형용사〉 지나치게. 너무. = 过分 = 极度

관련예문 • 过于严重 (너무 심각하다)

这屋子太大了, 屋里的设备也＿＿＿＿豪华了。
이 방은 너무 크고, 방안의 설비 또한 지나치게 호화스럽다.

0293 > > > > >

★

还
hái, huán

부 (hái) ① 〈还 + 不 + 동사〉 아직[아직도. 여전히]…하지 않다.
② 〈还 + 没(有) + 동 + (过)〉 아직[아직도. 여전히]…하지 않았다 (한 적이 없다).
③ 〈A + 比 + B + 还 + 형용사〉더. 더욱. ☞ 比
④ 〈동사 + 得 + 还[更] + 형용사〉꽤. 비교적. 그런대로.
⑤ 또. 더.(ⓐ 항목. 수량이 증가하거나 범위가 확대되는 경우에 쓰임. ⓑ 일반적으로 주어와 함께 쓰여 미래에 어떤 행위가 반복될 가능성을 나타냄.) ☞ 再 ; 又

동 (huán) 돌려주다.

《固定式》 〈还 + 不 + 快 + 동사〉 아직도…안 한거야! (반문어기로 긍정을 나타냄)

관련예문
- 收拾得还干净。(꽤 깨끗하게 정리했다.) ☞ 更
- 还给 (반환하다. 돌려주다.)
- 还不快走！(아직도 안 간거야!) = 快走！

我＿＿＿没有到故宫参观过一次。
나는 고궁에 한번도 참관한 적이 없다.

在此之前, 他＿＿＿从没迟到过。
이 전에는, 그는 지각 한 적이 없었다.

我有点勤快, 他比我＿＿＿勤快。
나도 좀 근면한 편인데, 그는 나보다 더욱 근면하다.

这位烈士牺牲时＿＿＿不满19岁。
이 열사가 희생을 할 때 아직 19세도되지 않았었다.

去年李强来过中国, 明年他＿＿＿来。
작년에 李强이 중국에 온 적이 있는데, 내년에 그는 또 온다.

等放寒假时, 我＿＿＿会来韩国的。
겨울 방학이 되기를 기다렸다가, 나는 또 한국에 올 것이다.

亏你＿＿＿＿是大人呢, 连个孩子都不如。(☞ 亏 kuī)
그러고도 어른이라니, 애 보다도 못한 게.

他是京剧世家的后代, ＿＿＿＿能不懂脸谱?
그는 경극명문의 후손인데, 어찌 검보를 모를 수 있겠어?

天＿＿＿＿不亮, 就听见外边有许多只狗在叫。
하늘이 아직 밝지 않았는데, 밖에서 많은 개가 짖는 소리가 들린다.

夏天的时候开着电扇睡觉＿＿＿＿觉得热。
여름에 선풍기를 틀고 잠을 자도 덥다.

我喝酒是有节制的, 我＿＿＿＿没有醉过呢。
나는 술 마시는 것을 절제하여, 나는 아직 취해 본적이 없다.

我还是原来的我, 你＿＿＿＿需要重新认识我吗?
나는 여전히 본래의 나인데, 너는 또 나를 재인식할 필요가 있어?

这电影你已经看过两遍了, 怎么＿＿＿＿要看?
이 영화를 너는 벌써 두 번이나 보았잖니, 어찌 또 보기를 원하니?

上个月刚买了一双鞋, 这个月＿＿＿＿要买一双。
저번 달에 한 켤레의 신발을 샀는데, 이번 달에도 또 한 켤레를 사려고 한다.

你的病虽然好多了, 可是＿＿＿＿需要继续吃药。
너의 병은 비록 호전되었지만, 아직은 계속 약을 먹어야 한다.

我已经批评他很多次了, 他＿＿＿＿不肯改正错误。
나는 이미 그를 여러 번 꾸짖었는데, 그는 여전히 잘못을 고치려고 하지 않는다.

如果不是因为感冒了, 他会比今天唱得＿＿＿＿好。
만약 감기만 아니었다면, 그는 오늘 보다 더욱더 노래를 잘 불렀을 것이다.

北京的风景很美, 今年我去了, 明年我＿＿＿＿要去一次。
北京의 풍경은 아름답다, 올해 나는 갔었는데, 내년에 나는 또 한번 가려고 한다.

我知道她到现在＿＿＿＿没有决定穿哪件衣服去朋友家聚会。
나는 그녀가 지금까지도 어느 옷을 입고 친구 집의 모임에 갈 것인지 아직 결정하지 않은 것으로 알고 있다.

那本英语我上学期学过一遍了, 这学期＿＿＿＿要再学一遍。
저 영어 책은 내가 저번 학기 때 한번 배웠는데, 이번 학기에 한번 더 배우려고 한다.

你上次的考试分数比较低, 这次的考试比上次的＿＿＿＿要低。
너는 지난번 시험 점수가 비교적 낮았는데, 이번 시험은 지난번 시험 보다 더 낮다.

这件事情到现在＿＿＿＿没有结果, 但我相信他一定会取得胜利的。
이번 일은 지금까지 아직 어떤 결과가 없다, 그러나 나는 그가 반드시 승리를 할 것이라고 믿는다.

饭后散散步，不但有助于提高工作效率，_____有益于身心健康。
식사 후 산보하는 것은, 일의 능률을 높일 뿐 아니라, 심신건강에도 도움이 된다.

来到这个学校以后，我认识的朋友比在原来学校的朋友_____多。
이 학교에 온 이후로, 내가 알게 된 친구들은 저번 학교의 친구 보다 더 많다.

昨天上午看的那个电影真好，今天下午我_____去看，你去不去?
어제 오전에 본 그 영화는 정말로 괜찮았다, 오늘 오후 나는 또 가서 볼 건데, 너도 갈래?

这个骑自行车的不讲道理，明明他撞了人家，_____怪人家没有躲开
。
이놈의 자전거 타는 사람은 도리도 없어, 분명히 그가 남을 치어 놓고서도, 사람이 피하지 안았다고 탓하고 있어.

0294 > > > > >

★

还是
háishi

부 ① 〈还是 + 不[没有] + 동사〉 아직도. 여전히. ☞ 还
② 그래도(…하는 것이 낫다). 과연. 역시.(비교해 본 후에 선택을 나타냄)
③ 〈주어 + 술어 + (목적어), 还是 + (주어) + 술어 + (목적어) + ?〉…인가 또는[아니면]…인가? (둘 중에 한가지의 선택을 기대함) ☞ 或者 ; 要么

관련예문 • 我还是去。(내가 가야겠다.)

• 我们还是骑自行车去吧。
(우리들은 그래도 자전거를 타고 가는 것이 낫겠다.)

• 去那儿还是骑自行车去好。
(그곳을 간다면 그래도 자전거를 타고 가는 것이 낫다.)

• 你骑自行车，还是打车去?
(너는 자전거를 타고 갈 거냐, 아니면 차를 타고 갈 거냐?))

你喝茶_____喝可乐?
너는 차를 마실래 아니면 콜라를 마실래?

你是北京人_____上海人?
너는 북경사람이니 아니면 상해사람이니?

你身体不好，这些活儿_____不干吧。
너는 몸이 안 좋으니, 이 일들은 아무래도 하지 않는 것이 낫겠다.

这件事我不好参与，_____你自己解决吧。
이 일은 내가 참여하기가 좀 그래, 아무래도 너 스스로 해결해.

我们俩好归好，但钱财上_____分得很清。
우리 둘이 좋긴 좋으나, 금전에 있어서는 그래도 정확히 구분한다.

他的脸色不好，弄不清是病了_____心情不好。
그의 안색이 좋지 않다, 병이 난건지 아니면 기분이 나쁜 건지는 잘 모르겠다.

别人请不来，你一请就要来了，_____你有面子。
다른 사람이 청해도 안 오더니, 당신이 청하니 바로 온다고 하다니, 역시 당신 체면이 되네요.

他费力地解释半天，可我_____不明白他说什么 。
그가 한참을 애써 해명하였으나, 나는 여전히 그가 뭐라 말하는지 이해할 수 없다.

他一连去了好几家书店，结果_____没买到那本词典。
그는 연속해서 여러 곳의 서점에 갔으나, 결과는 아직도 그 사전을 사지 못했다.

0295 > > > > >

害起病来
hài qǐ bìng lái

동 병이 나다. 병을 앓기 시작하다. = 生起病来　☞ 起来

老太太身体太弱，多走了点路，就_____了。
노부인은 몸이 너무 약하여, 길을 좀 많이 걷자, 아프기 시작했다.

0296 > > > > >

★

好
hǎo

형 좋다. 훌륭하다.　▶ 好的! (좋습니다.)
보어 ① 〈동사 + 好〉 잘. ② 〈동사 + 好 + 了〉 다…했다.
부 ① 〈好 + 형용사〉 아주. 과연. 정말. ② 〈동사 + 得 + 很 + 好〉 잘.
조동 ① 〈好 + 동사〉 …하기 쉽다. …하기 좋다.
② 〈……, 好 + 술어〉 …하도록. …할 수 있도록. = 以便

관련예문
- 学好 (잘 배우다.)
- 写好了。 (다 썼다.)　▶ 好了! (됐어! 그만해!)
- 好重。 (아주 무겁다.)
- 说得很好。 (말을 아주 잘 한다.)
- 好好儿 (잘. 열심히)
- 好学 (배우기 쉽다.) = 容易学

- 请你走开点，我好过去。(제가 지나가도록 길 좀 비켜주시오.)
- 好吃 (맛있다.)
- 好听 (듣기 좋다.)
- 好看 (예쁘다.)

他的英语也_____不到哪儿去!
그의 영어 실력도 별 좋을 것도 없구만.

这家商店要比那家商店_____。
이 상점이 저 상점 보다 나은 편이다.

经过努力，他的成绩越来越_____。
노력을 거쳐 그의 성적은 갈수록 나아졌다.

今晚你要早点儿休息，明天_____早点儿到校。
오늘 밤 너는 일찍 쉬어야해, 내일 일찍 학교에 갈 수 있도록 말이야.

新鲜空气对你的心脏很有好处，你以后还是多出来走走的_____。
신선한 공기는 너의 심장에 유익하니, 넌 앞으로도 자주 밖에 나와 좀 걷는 게 좋겠어.

老师非常耐心地给我们解释，_____让我们能理解文章的深刻含义。
우리가 문장의 깊은 뜻을 이해할 수 있도록, 선생님은 아주 참을 성 있게 우리들에게 설명해 주셨다.

0297 > > > > >

好不了
hǎobuliǎo

동 좋을 리 없다. (병세가) 좋아질 수 없다. ⇔ 好得了

便宜没好货，十块钱买的雨伞肯定_____。
싼 게 비지떡이다, 10월 주고 산 우산이 오죽하겠어.

0298 > > > > >

好多
hǎoduō

〈好多 + 명사〉 아주 많은. ☞ 很多；许多；不少

관련예문 · 好多书 (아주 많은 책)

在夏天，我们这儿_____人都在海边游泳。
여름에, 우리 이곳은 많은 사람이 해변에서 수영을 한다.

0299 > > > > >

☆

好好(儿)
hǎohāo(r)

부 잘. 열심히. 충분히. = 好好儿地

既然你身体不舒服，那就要＿＿＿休息。
기왕에 너의 몸이 안 좋으니, 잘 쉬도록 해라.

明天就要上飞机了，今天再＿＿＿准备一下儿吧。
내일이면 비행기를 탈 건데, 오늘 준비를 잘 하도록 하여라.

0300 > > > > >

好几场
hǎo jǐ chǎng

〈好几场 + 명사〉 여러 차례. (场 → 일의 경과나 자연현상 등을 세는 양사.)

汉城的一月本来就够冷了，何况今年又下了＿＿＿雪。
서울의 1월은 원래 무척 추운데, 더군다나 올해는 또 여러 차례 눈까지 내렸다.

0301 > > > > >

好几次
hǎo jǐ cì

여러 번. 여러 차례. = 多次 = 很多次 = 许多次 = 不少次

我提醒过他＿＿＿，可他还是没有带来。
나는 누차 그에게 일깨워 주었으나, 그는 여전히 가지고 오지 않았다.

她学习非常用功，有＿＿＿我看见她晚上一个人在教室念英语。
그녀는 공부를 매우 열심히 하는데, 몇 차례나 나는 그녀가 밤에 혼자 교실에서
영어 공부를 하는 것을 보았다.

他喝酒喝得太多，我＿＿＿劝他少喝点，他都不听。
그는 술을 너무 많이 마셔서, 나는 몇 번이고 그에게 적게 마시라고 했지만, 도통
듣지 않는다.

0302 > > > > >

好几年
hǎo jǐ nián

여러 해 (동안). = 很多年

你是说李彬吧，他已经毕业＿＿＿了。
너는 李彬을 말하는 거니, 그는 이미 졸업했어.

我和小王已经认识＿＿＿了，是邻居了。
나와 小王은 안지 이미 여러 해 되었고, 이웃이 되었다.

我和姐姐＿＿＿没见面了，心里经常惦念着她。
나와 누나는 여러 해 만나지 못하여, 마음속으로 항상 그녀를 그리워하고 있다.

0303 > > > > >

好几趟
hǎo jǐ tàng

여러 차례. 여러 번.(趟 → 차례. 번. [왕복의 횟수를 나타냄]) ☞ 次

为了这件事, 他今天楼上楼下来回跑了_____。
이 일 때문에 그는 오늘 위층 아래층을 여러 차례 뛰어다녔다.

0304 > > ˋ > >

好几天
hǎo jǐ tiān

여러 날 (동안). 한 동안.

我_____没见他了, 可能他去外地出差了吧。
나는 여러 날 동안 그를 보지 못했다, 아마도 그는 타지로 출장 간 것 같다.

这个约翰真不像话, 已经_____没来我这儿学汉语了。
죤 이 사람 정말 너무하군, 이미 며칠이나 나한테 중국어를 배우러 오지 않았어.

0305 > > > > >
☆

好久
hǎo jiǔ

부 오랫동안. = 很久

관련예문
- 好久不见 = 好久没见！(오랜만 입니다)
- 让你久等了。(오래 기다리셨습니다)

她已有_____未回老家了。
그녀는 이미 오랫동안 고향에 돌아가지 않았다.

她想, 自己_____都没有这样放松了。
그녀는 자신이 오랫동안 이렇게 여유로운 적이 없었다고 생각한다.

0306 > > > > >
★

好像
hǎoxiàng

부 마치[흡사]…와 같다. = 似乎 ▶〈像 + 명사〉(닮다. 비슷하다)
《固定式》〈好像……似的[一样]〉(마치…와 같다)

这件事, 我_____在哪儿听过。
이 일은, 내가 어디선가 들은 적이 있는 것 같다.

她谈起和丈夫第一次见面的情形, 就_____讲述自己最幸福的一件事。

그녀는 남편과 처음 만날 때의 상황을 이야기하면, 마치 자신의 가장 행복했던 일을 진술하는 것 같다.

0307 > > > > >

好一点儿
hǎo yīdiǎnr

조금 좋다. = 好一些

관련예문 · 有点儿好 (약간 좋다)

现在还在发烧，不过今天他的气色比昨天_____。
지금도 여전히 열이 난다, 하지만 오늘 그의 안색은 어제 보다 좀 낫다.

0308 > > > > >

好一会儿
hǎo yīhuìr

오랫동안. 한참 (동안). = 很长时间 = 好长时间

墙上的广告吸引了我，我看了_____。
벽 위의 광고가 눈길을 끌어 나는 한참을 보았다.

她说：＂哎呀，你来了_____了吧，让你好等了，对不起。＂
그녀가 말했다 : "아이고, 네가 온지 한참 되었지, 오래 기다리게 해서 미안해."

0309 > > > > >

好一阵子
hǎo yīzhènzi

오랫동안. 한참 (동안). = 好一会儿

沉思了_____，他才问我：＂你恋爱过吗？＂
오랫동안 깊이 생각하고, 그는 그제야 나에게 물었다 : "너 연애해 봤니?"

0310 > > > > >

******

好在
hǎozài

부 다행히. 운 좋게. ☞ 幸亏

小王把开会的事儿忘了，_____大家还没有走，赶快去通知一下儿。
小王은 회의 여는 것에 관한 일을 잊었는데, 다행히도 모두들 아직 가지 않았으니, 서둘러 가서 알려 주어라.

我过两天再来，_____离这儿不远。
나는 며칠 뒤에 다시 오는데, 다행히도 이곳으로부터 멀지 않다.

0311 > > > > >

合不上嘴
hébushàng zuǐ

동 (기뻐서)입을 다물지 못하다.

妈妈听到这个好消息，笑得_____。
엄마는 이 좋은 소식을 듣고서, 기뻐서 입을 다물지 못했다.

0312 > > > > >

合得来
hédelái

동 ① 마음이 맞다. 마음이 통하다. ⇔ 合不来
② 수지가[타산이] 맞다. = 划得来

孙子和爷爷最_____。[= 谈得来(말이 잘 통한다.)]
손자와 할아버지는 가장 마음이 통한다.

0313 > > > > >

合适
héshì

형 (의복이)딱 맞다. 적합하다. 알맞다.
▶〈适合 + 명사〉(…하기에 적합하다. 알맞다)

我穿这身衣服去见女朋友，怕不_____吧?
내가 이 옷을 입고 여자친구를 만나러 가기에는, 어울리지 않는 것 같지?

0314 > > > > >

**

合算
hésuàn

동 ① 수지가[계산이] 맞다. = 划得来 ⇔ 划不来
② 주판을 튕겨보다. 따지다. 가치가 있다. = 值得

我觉得花100元买这双鞋不_____，因为鞋的样子不太好看。
나는 백 원을 주고 이 신을 사는 것은 손해라고 생각한다, 왜냐하면 신발의 스타일이 그다지 예쁘지 않기 때문이다.

0315 > > > > >

**

何必
hébì

대〈何必……呢〉…할 필요가 있는가? = 不必 = 没有必要

我要是一个人能决定了，_____请你来商量呢?
내가 만약 혼자서 결정할 수 있다면, 당신을 오게 해서 상의할 필요가 있겠어요?

离开学还有两天时间，你_____这么着急回去呢?
개학까지는 아직 이틀이 남았는데, 너는 이렇게 급하게 돌아갈 필요가 있니?

孩子的事尽管让你们自己决定，大人_____干涉那么多呢?
아이들의 일은 그냥 너희들이 결정지어라, 어른이 그렇게 관여할 필요가 있겠느냐?

0316 > > > > >

何尝
héncháng

어째서[어찌]…했을까? = 怎么会 = 哪会

妈妈今天心情不好，我＿＿＿没看出来呢。
엄마는 오늘 기분이 좋지 않은데, 나는 어째서 알아보지 못했을까?

0317 > > > > >

**
何况
hékuàng

㉒ ① 〈(更)何况……呢。〉 하물며[더군다나]…더 그렇겠지.(한 걸음 더 나아가 이유를 설명함) = 更何况
② 〈何况……呢?〉하물며[더군다나]…하겠는가?(반문의 어기로 두 가지 중에서 뒤쪽이 더 심함을 나타냄) = 不用说 = 甭说

北京的地铁总是很拥挤，＿＿＿今天是星期天呢。
北京의 지하철은 항상 복잡하다, 하물며 오늘은 일요일이니 더 그렇겠지.

连她最好的朋友都不知道她去哪儿了，＿＿＿别人呢?
그녀의 가장 친한 친구조차도 그녀가 어디 갔는지 모르는데, 하물며 다른 사람이야?

学好本民族语言还要花许多力气，＿＿＿学习另一种语言呢?
자국의 언어를 잘 배우려면 많은 힘이 드는데, 하물며 다른 언어를 배우는 데는 어떠하겠는가?

即使他们做得不好，也不该这样责骂他们，更＿＿＿他们还是孩子嘛。
설사 그들이 잘 못했더라도, 이렇게 그들을 책망할 필요가 있겠는가, 하물며 그들은 아직 아이들인데 말이야.

0318 > > > > >

★
和
hé

㉓ 〈주어 + 和[跟] + 명사 + 동사〉…와[과]. = 跟 = 与
…와[과]. 그리고. (대명사·명사·동사·형용사 등을 병렬하여 나타냄)

관련예문 • 我和[跟]你一起去。(난 너와 함께 간다)

• 听和说 (듣기와 말하기)

• 我和你都是学生。(너와 나는 모두 학생이다) ☞ 暖和；和平

年年七月＿＿＿八月都有大雨。
매년 7월과 8월에는 다 큰비가 내린다.

大人之间的事, _____ 小孩儿没有什么关系。
어른들 간의 일은, 아이들과는 어떠한 관계도 없다.

最近一个阶段, 西安的气温 _____ 上海差不多。
최근 한동안, 서안의 기온은 상해와 비슷하다.

每月所丢书的数目 _____ 每月所买书的数目几乎相等。
매달 잃어버리는 책의 숫자와 매달 사는 책의 숫자가 거의 대등하다.

0319 > > > > >

黑乎乎
hēihūhū

형 새까맣다. 시커멓다. (ABB형 중첩형용사) = 黑糊糊 = 很黑

庄稼汉 _____ 的脸上总挂着憨厚朴实的笑。
庄稼汉의 새까만 얼굴에는 항상 정직하고 소박한 미소가 띄어져 있다.

0320 > > > > >

★

很
hěn

부 ① 매우. 몹시. ② ('有' 앞에서는 정도가 더욱 심함을 나타냄) ③ (대개 1음절 형용사 앞에서 습관적으로 쓰임)

관련예문
- 他很有钱。(그는 돈 많은 부자다.)
- 我很忙。(나는 바쁘게 지낸다) *我忙。[×]
- 我很好。(난 잘 지낸다.) *我好。[×]

他和我 _____ 合得来。
그와 나는 매우 잘 맞는다.

别看房间不大, 布置得却 _____ 豪华。
방이 크지 않다고 여기지 마라, 장식은 그에 반해 매우 호화스러우니까.

我听完他说的话, 心里 _____ 高兴。
나는 그의 말을 다 듣고, 속으로 매우 기뻤다.

他一边上学, 一边伺侯多病的父亲, _____ 是辛苦。[很是 = 太]
그는 한편으로는 학교 다니고 또 한편으로는 약한 부친을 수발드느라 정말 고생한다.

0321 > > > > >

很长时间
hěn cháng shíjiān

오랫동안. = 很久 = 好长时间

得到金明突然去世的消息, 我悲伤了 _____。
金明이 갑자기 죽었다는 소식을 듣고, 나는 오랫동안 마음이 아팠다.

0322 > > > > >

很大
hěn dà

〈很大 + 명사〉 매우 큰.

及时找出学习中的漏洞, 懂得这点, 就会有＿＿＿进步。
제때 학습 상의 결점을 찾아내어, 그러한 점을 이해한다면 큰 진보가 있을 것이다.

0323 > > > > >

很多
hěn duō

〈很多 + 명사〉매우 많은. = 许多

我曾经为这件事动了＿＿＿脑筋。
나는 한때 이일 때문에 머리를 많이 쓴 적이 있었다.

我昨天喝了＿＿＿酒, 今天工作时总是犯困。
나는 어제 술을 많이 마셔서, 오늘 일을 할 때 줄곧 졸렸다.

自从上了电视以后, ＿＿＿人都去拜访过她 。
TV에 출연한 이후로, 많은 사람들이 그녀를 방문했었다.

0324 > > > > >

很快
hěn kuài

매우 빨리. 아주 빨리. ('즉각'이나 '즉시'의 의미가 아니고 빠른 시간 내로 일을 마치고 돌아온다는 의미로 쓰임)

去机关办完事以后, 我＿＿＿就回来, 然后陪你去公园。
기관에 가서 일을 다 한 이후, 나는 곧 바로 돌아와서, 너와 공원에 가겠다.

0325 > > > > >

很少
hěn shǎo

〈很少 + 동사〉매우 적다. 거의 …안 한다.

관련예문 • 不少人(적지 않은 사람. 많은 사람)

离婚以后, 她经常闭门不出, ＿＿＿跟别人接触。
이혼한 이후에, 그녀는 종종 문을 닫고 나오지 않고서 다른 사람과의 접촉이 거의 없다.

0326 > > > > >

很值得
hěn zhíde

동 매우…할 가치가 있다. 매우 …할만 하다.

小张这种伸张正义的精神＿＿＿我们学习。
小张의 이러한 정의를 펼치는 정신은 우리가 배울만 하다.

0327 > > > > >

恨不得
hènbude

동 〈恨不得 + 술어〉…하지 못하는 것이 한스럽다. 간절히 …하고 싶다.(긍정문에서만 사용되며, 바램이 실현 불가능한 경우에 쓰임) = 恨不能 = 非常想做, 现在做不起来 ▶ 〈巴不得 + 술어〉(바램이 실현가능한 경우에 쓰임) = 恨不得

我_____立刻就买飞机票回北京。
나는 즉시 비행기표를 사서 북경으로 돌아가고픈 마음이 간절하다.

这本书很吸引我, 我_____一天就把它看完。
이 책은 나를 매료시켰다, 나는 하루 만에 그 책을 다 읽고픈 마음이 간절하다.

这段时间太累了, 写完这本书_____睡它三天三夜。
이 기간동안 너무 피곤하여, 이 책을 다 쓴 후에 3일 밤낮을 잤으면 정말 좋겠다.

他性子很急, _____一口气就把心中的话全倒出来。
그의 성격은 매우 급하여, 단번에 마음에 담아둔 말을 모두 내뱉고 싶었다.

我_____马上就见到她, 可是她不在国内, 叫我怎么办?
나는 즉시 그녀를 만나고 싶은 마음이 간절했다, 그러나 그녀는 국내에 없으니, 어찌하란 말인가?

0328 > > > > >

忽……忽……
hū……hū……

때로는 …했다가 또 때로는 …한다.

最近他的成绩_____高_____低, 不知是为什么。
최근 그의 성적은 때로는 높았다가 때로는 낮았다가 하는데, 왜 그런지 모르겠다.

0329 > > > > >

★

互相
hùxiāng

부 〈互相 + 동사〉 서로. 상호.

관련예문 · 相互 {명 형 상호(의).서로(의)}
· 相互 [互相×] 的关系 (서로의 관계)

他们俩_____握了手, 并且交换了礼物。
그들은 서로 악수를 하고 또 선물을 주고받았다.

他们_____了解了好长时间, 至今还没结婚。
그들은 서로 오랫동안 알아 왔는데 지금까지도 아직 결혼하지 않았다.

0330 > > > > >

★
花
huā

동 (시간이나 돈을)쓰다. 소비하다. = 花费 // 花力气(힘이 든다.)

관련예문
- 花工夫 ([많은 시간과 정력을] 쓰다. 쏟다.)
- 费心 (마음을 쓰다)
- 费力 (애쓰다)

他＿＿＿＿了四个多月时间去图书馆查资料。
그는 4개월의 시간을 들여 도서관에 가서 자료를 조사했다.

0331 > > > > >

哗啦
huālā

의성 와르르. 부글부글. 와장창.

花瓶＿＿＿＿被碰到地上碎了。
꽃병이 와장창 바닥에 떨어져 부서졌다.

0332 > > > > >

哗哗
huāhuā

의성 콸콸. 좍좍. 뚝뚝. (물소리를 나타냄.)

傍晚, 我们俩坐在河边, 听河水＿＿＿＿地流着。
저녁 무렵, 우리들은 강가에 앉아, 강물이 콸콸 흐르는 소리를 들었다.

0333 > > > > >

话里话外
huà lǐ huà wài

말하는 가운데.

他没直接说什么, 但＿＿＿＿都流露出难舍难分的情绪。
그가 직접적으로 뭐라고 말하지 않았지만, 차마 헤어지지 못하는 심정을 드러냈다.

0334 > > > > >

**
怀疑
huáiyí

동 의심하다.(추측하는 것을 나타냄)

관련예문
- 疑心 (의심하다. 불신하다.[마음속으로 의심하는 생각을 나타냄])

妈妈＿＿＿＿女儿是不是谈恋爱了。
엄마는 딸이 연애를 하는 게 아닌지 의심했다.

0335 > > > > >

怀着
huáizhe

동 (가슴에)품고서. 간직하고서. ☞ 冲着；跟着；凭着；趁着

他_____了解中国文化的愿望来到了北京。
그는 중국문화를 이해하고자 하는 소망을 안고서 북경에 도착했다.

0336 > > > > >

★

回
huí

양 〈수사 + 回 + 명사〉회. 번. 차례. (일. 동작 등의 횟수를 나타냄)
동 돌아오다[가다]. = 回来[去] // 回家(집에 돌아가다.) // 回到家了(집에 돌아갔다.)

관련예문 ・ 怎么回事? (어찌된 일이냐?)
・ 一回事 (서로 같은 일. 같은 것.)
・ 两回事 (서로 관계 없는 일. 별개의 것.) = 两码事

老师, 请问星期和礼拜是一_____事吗?
선생님, 星期(요일. 주.)와 礼拜(요일. 주.)는 같은 것입니까?

0337 > > > > >

回回
huíhuí

부 매번. 그때마다.

관련예문 ・ 天天 (날마다)

逛商场, _____都少不了这个姑娘。
백화점에 구경 갈 때마다 이 아가씨는 빠질 수 없다.

0338 > > > > >

★

回答
huídá

동 대답하다. 명 대답. ☞ 答复

这类问题她_____过多次了, 但她态度仍然很认真。
이런 질문에 그녀는 몇 번이나 대답했다, 그러나 그녀의 태도는 변함없이 진지했다.

0339 > > > > >

☆

回头
huítóu

부 조금 있다가. = 待会儿 = 呆会儿 = 等会儿 = 过一会儿

听说你很爱看书, _____我给你从图书馆借几本书来。
너는 책읽기를 좋아한다고 들었는데, 나중에 내가 널 위해 도서관에서 몇 권의 책을
빌려 올게.

0340 > > > > >

******

汇
huì

동 송금하다. (우편)환으로 보내다. = 寄

小明把钱＿＿到了希望工程捐资处。
小明은 돈을 '희망프로젝트(가난 때문에 학업을 포기해야 했던 산간벽지의 학생들에게 학업의 기회를 주자는 모금 활동)' 기부처로 송금했다.

0341 > > > > >

*****

会
huì

조동 ① 〈会 + 동사〉…할 것이다. …일 것이다.(가능이나 추측을 나타냄)
② (배워서) …할 줄 알다. …할 수 있다. ▶ 能(할 수 있다.[능력이 갖추진 경우에 사용]) ▶ 我会汉语。(나는 중국어를 할 줄 안다.)

보어 〈동사 + 会〉…해서 할 줄 알다.

관련예문
- 学会 (배워서 할 줄 안다)
- 教会 (할 줄 알도록 가르치다.)

天虽然很阴，可我认为不＿＿＿下雪。
날씨가 비록 흐리지만, 나는 눈은 내리지 않을 거리고 생각한다.

这件事关系重大，闹不好＿＿＿出问题的。
이 일은 사안이 중대하여, 잘못하면 문제가 생길 것이다.

生活中常＿＿＿遇到一些不顺心的小事。
생활 속에서 생각한데로 되지 않는 사소한 일을 종종 만나게 된다.

别人伤害了你，有时你也＿＿＿伤了别人。
다른 사람이 너에게 상처를 주고, 때로는 너도 다른 사람에게 상처를 주곤 한다.

他性格十分开朗，从来不＿＿＿伤心落泪。
그의 성격은 매우 명랑하여, 한번도 마음이 아파서 눈물을 흘리지 않는다.

在某些时候，人的情绪＿＿＿受环境因素影响。
어떤 때는, 인간의 정서가 환경요소에 영향을 받을 수도 있다.

张老师曾经提到，你还是＿＿＿说一点汉语的。
张선생님이 한때 너는 그래도 중국어를 조금할 수 있다고 언급한 적이 있다.

单纯地追求分数而不顾休息，＿＿＿搞垮身体的。
단순히 점수만 추구하고 휴식에 신경 쓰지 않으면, 몸을 상하게 될 것이다.

他是个很好的人，我相信他不＿＿＿这么不负责任的。
그는 좋은 사람이다, 나는 그가 이렇게 무책임하지 않을 것이라 믿는다.

"我还＿＿＿再来这个城市的。"我在心里对自己说。
"나는 또다시 이 도시에 올 것이다." 라고 맘속으로 스스로에게 말했다.

小李真是个聪明的小伙子，这么短的时间就学_____了开汽车。
小李는 정말로 똑똑한 젊은이야, 이렇게 짧은 시간에 운전을 배우다니 말이야.

没有任何迹象表明形势_____向好的方面变化，他似乎在等待那最坏的那一天的到来。
형세가 좋은 쪽으로 변화하고 있다는 그 어떠한 징후도 없어, 그는 마치 최악의 그 날이 오기를 기다리는 것만 같다.

0342 > > > > >

★
活动活动
huódònghuodong

동 – 중첩형 (몸을)풀다. 움직여보다. = 活动一下

你周末的时候也去外边_____，别光呆在家里。
너는 주말에라도 밖에 나가 좀 움직여라, 집에만 처박혀 있지 말고.

0343 > > > > >

★★
伙
huǒ

양 〈수사 + 伙 + 명사〉 무리. 패. = 帮 = 群 qún

广场上，一_____人在观看猴子表演的节目。
광장에, 한 무리의 사람들이 원숭이가 공연하는 프로그램을 보고 있다.

0344 > > > > >

☆
或……或……
huò……huò……

…하거나 …하다. ▶ 忽热忽冷(더웠다 추웠다 한다.)

明天你一定要到奶奶家去，_____早_____晚都没关系。
내일 너는 반드시 할머니 집에 가야해, 일찍 가거나 늦게 가거나 상관은 없어.

0345 > > > > >

★
或是……或是……
huòshi……huòshi……

접 ① …이거나 …이다. ② …아니면 …이다. = 〈不是……就是……〉

父亲每逢星期日，都会带我们去游玩，_____去公园，_____去博物馆。
아버지는 매번 일요일마다, 우리들을 데리고 놀러 가는데, 공원에 가거나, 박물관에 가거나 한다.

你_____找李老师，_____找杨老师，不管是谁都会解答你的问题。
네가 李선생님을 찾던지 杨선생님을 찾던지, 누구든지 너의 질문에 대답해 주실 것이다.

0346 > > > > >

★

或者
huòzhě

접 …이 아니면 …이다. = 或是 ☞ 还是 ;〈不是……就是……〉☞ 还是
부 아마. 어쩌면. = 也许

관련예문 • 要么……要么……
(…하든지…하든지 하라.[두 가지 이상을 열거하여 그 중 하나의 선택을 나타냄])

请你递给我一支钢笔＿＿＿圆珠笔。
펜이나 볼펜을 좀 건네주십시오.

我们常常一起去旅行＿＿＿去剧场看演出。
우리는 종종 함께 여행을 가거나 극장에 가서 공연을 본다.

申请表上你的名字请用汉语拼音＿＿＿汉字填写。
신청서에 당신의 이름을 한어병음이나 한자로 써 넣으세요.

汉城交通发达，坐地铁＿＿＿坐汽车都可以到我的住处。
서울은 교통이 발달해서, 지하철을 타던지 버스를 타던지 모두 내가 사는 곳에 올 수 있다.

시험에 꼭 나오는 HSK 단어·숙어

0347 > > > > >

☆

激动
jīdòng

동 감동시키다. 감격시키다.

관련예문 • 激动人心 (사람의 마음을 감동시킨다.)
• 兴奋(흥분하다. 감격하다.)

王军考上了北京大学，心情无比＿＿＿。
왕군은 북경대학에 합격해서, 기분이 이루 말할 수 없이 기쁘다.

0348 > > > > >

☆

激烈
jīliè

형 격렬하다. 치열하다.

관련예문
- 剧烈 (거세다. 격렬하다.[강한 자극이나 질병 표현에 쓰임])
- 猛烈 (맹렬하다. 세차다.[포탄공격. 폭풍우. 투쟁 등에 쓰임])

一场＿＿＿的争论展开了。
한바탕 격렬한 쟁론이 전개되었다.

这道题有几种解法，于是大家展开了一场＿＿＿的争论。
이 문제는 몇 가지 해법이 있다, 그래서 모두들 한바탕 격렬한 논쟁을 펼쳤다.

0349 > > > > >

☆

及时
jíshí

부 제때에. 적시에. ☞ 正好(때마침.) = 恰巧 qiàqiǎo

这封信来得太＿＿＿了。
이 편지는 정말 적시에 왔다.

0350 > > > > >

**

即便……也……
jíbiàn……yě……

접 설령[설사]…하더라도. (실현이 안 되었거나 실현하기 불가능한 상황에 쓰임) = 〈即使……也……〉 ☞ 虽然；尽管

我看＿＿＿他不来，＿＿＿不会影响大局。[大局 = 大体情况]
내가 보기에 설령 그가 오지 않는다 하더라도, 전반적인 정세에 영향을 주지 않을 것이다.

0351 > > > > >

**

即使……都……
jíshǐ……dōu……

접 설령[설사]…하더라도. (실현이 안 되었거나 실현하기 불가능한 상황에 쓰임) = 〈即便……也……〉

＿＿＿闭目养神片刻，＿＿＿会使大脑得到休息。
설령 잠시나마 눈을 감고 안정을 취하더라도 머리를 좀 쉬게 할 수 있다.

0352 > > > > >

*
即使……也……
jíshǐ……yě……

접 설령[설사]…하더라도. ☞〈即便……也……〉

＿＿＿ 再忙, ＿＿＿ 得注意锻炼身体。
아무리 바빠도 체력단련에 신경 써야 한다.

＿＿＿ 我们考上了重点中学, ＿＿＿ 不能骄傲自满。
설령 우리가 중점고등학교에 합격했다하더라도, 교만하고 자만하지 말아야 한다.

＿＿＿ 天气很热, 我们＿＿＿ 要坚持上好每一节课。
날씨가 덥다하더라도, 우리들은 매시간 수업을 꾸준히 해야 한다.

这个孩子太好动, ＿＿＿ 吃饭, 手脚＿＿＿ 不老实。
이 아이는 워낙 움직이기를 좋아해서, 밥을 먹더라도, 손발이 가만있지 않는다.

人只要有自信心, ＿＿＿ 再大的困难, ＿＿＿ 能克服。
사람이 스스로 믿음만 있다면, 설령 아무리 큰 시련이 있더라도 극복할 수 있다.

他每个周末都去打网球, ＿＿＿ 再忙, 他＿＿＿ 照去不误。
그는 매주 주말마다 테니스를 치러 가는데, 아무리 바빠도, 그는 늦지 않고 간다.

＿＿＿ 我市的鸡蛋产量增加三倍, ＿＿＿ 满足不了市民的需要。
설령 우리시장의 계란생산량이 3배가 늘어도, 시민의 수요를 만족시키지는 못한다.

＿＿＿ 是在非常艰难的条件下, 他＿＿＿没放弃对美好生活的追求。
설령 정말로 어려운 여건이라 하더라도, 그는 멋진 생활에 대한 추구를 포기하지 않았다.

没有良好的人际关系, ＿＿＿你工作能力再强, 在单位＿＿＿吃不开。
좋은 인간관계가 없다면, 설령 너의 일에 대한 능력이 아무리 뛰어나다 하더라도, 부서에서는 환영받지 못한다.

我认为, 不管是谁, ＿＿＿ 脑子再聪明, ＿＿＿ 不能不学习, 否则就会落后。
내가 느끼기에, 누구든지 간에, 머리가 총명하더라도 공부는 해야만 한다. 그렇지 않으면 뒤떨어질 것이다.

0353 > > > > >

**
即使……至少……
jíshǐ……zhìshǎo……

설사[설령]…하더라도 적어도…(해야) 한다.

你的工作很忙, ＿＿＿早上没时间跑步, ＿＿＿也要在晚饭后到外面活动活动。
너는 업무가 바쁘니, 설사 아침에 조깅할 시간이 없더라도, 적어도 저녁 먹은 후에라도 밖에서 좀 움직여 줘야 한다.

0354 > > > > >

☆

极其
jíqí

부 〈极其 + 형용사〉 지극히. 아주. = 非常

文件上写得＿＿＿明白：中小学一律不许以各种名义多收费。
서류상에 아주 명확히 쓰여 있다: 초중고교는 일률적으로 각종 명의로 돈을 더 받는 것을 불허한다고.

0355 > > > > >

记不起来
jìbuqǐlái

동 기억할 수 없다. 기억이 나자 않는다. = 想不起来

我听过这位教师的课，可是她的名字我＿＿＿了。
나는 이 선생님의 수업을 들은 적이 있다, 그러나 그녀의 이름은 기억나지 않는다.

0356 > > > > >

记在
jì zài

동 〈동사 + 在 + 장소 + 了〉 …에 기록하다. …에 적다.('在'는 결과보어임.)

관련예문 • 住在 (…에 살고 있다.)
• 放在 (…에 놓았다.)

这月的帐我都＿＿＿本子上了。
이 달의 장부는 내가 모두 노트에 기록해 두었다.

0357 > > > > >

记住
jìzhu

동 〈동사 + 住〉 꼭 기억하고 있다. ('住'는 결과보어로 동사 뒤에서 고정이나 정지를 나타냄.) ⇔ 忘记 ▶ 站住(멈춰!)

관련예문 • 抓住 (꽉 붙잡다.)
• 记得 (기억하고 있다.) ⇔ 忘掉
• 记忆 (기억하다.)
• 记性 (기억력)

他的记性特别好，只要老师讲过的东西，他就能＿＿＿。
그의 기억력은 매우 좋아서, 선생님이 말씀하신 것이라면, 그는 다 기억할 수 있다.

0358 > > > > >

★

既……还……
jì……hái……

…할 뿐만 아니라 …이기도 하다.('还'는 주로 아직 실현되지 않은 동작을 나타냄)

作为一个医生，＿＿＿要有医术，＿＿＿要有医德。
의사로서, 의술도 있어야 할 뿐 아니라, 의사의 덕도 갖추어야 한다.

0359 > > > > >

☆ **既……也……**
jì……yě……

…할 뿐만 아니라 …이기도 하다.(양면의 성질이나 상태가 병존함을 나타냄)

讲礼貌＿＿＿能使人们友好交际, ＿＿＿是社会文明程度的体现。
예의를 따지는 것은 사람들로 하여금 좋은 교제를 할 수 있게•할 뿐 아니라, 사회 문명의 정도를 구현하는 것이기도 하다.

老李＿＿＿不爱看电影, ＿＿＿不爱玩麻将, 好像是个性格孤僻。
老李는 영화 보는 것도 좋아하지 않고, 마작 하는 것도 좋아하지 않는 게, 아마도 폐쇄적인 성격인 듯하다.

看人要客观些, ＿＿＿要看到他的缺点, ＿＿＿要看到他的优点。
사람을 객관적으로 보아야 하는데, 그의 결점도 보아야 하고 또 그의 장점도 보아야 한다.

实行义务教育, ＿＿＿是国家对人民的义务, ＿＿＿是家长对国家和社会的义务。
의무교육의 실행은, 국가의 국민에 대한 의무일 뿐 아니라, 가장의 국가와 사회에 대한 의무이기도 하다.

0360 > > > > >

☆ **既…… 又……**
jì……yòu……

…할 뿐만 아니라 …이기도 하다. …이기도 하고 …이기도 하다.(대개 술어의 구조가 같은 경우에 사용함. '又'는 이미 실현된 동작을 나타냄.)
☞ 〈又…… 又……〉〈也…… 也……〉

一个人的一生, ＿＿＿要充实＿＿＿要愉快。
한 사람의 일생은, 충실해야 할 뿐 아니라 또 즐거워야 한다.

方先生＿＿＿有口才＿＿＿有真才实学, 真难得。
方씨는 말재간도 있고 제대로 학문도 갖추고 있으니, 참 대단하다.

那个公园＿＿＿有山, ＿＿＿有水, 是很吸引人的。
그 공원은 산뿐만 아니라, 물도 있어, 사람을 매료시킨다.

人生道路, ＿＿＿有胜利者的欢欣, ＿＿＿有失败者的沮丧。
인생의 길은, 승리자의 기쁨이 있고, 실패자의 실망이 있기도 하다.

你这样做, ＿＿＿影响了学校的声誉, ＿＿＿耽误了自己的前程。
네가 이렇게 함으로써, 학교의 명예에 영향을 끼칠 뿐만 아니라, 자기의 장래도 그르치게 된다.

到韩国以后，我＿＿＿＿提高了韩语水平，＿＿＿＿了解了韩国的风土人情。

한국에 온 이후에, 나는 한국어 실력을 높였을 뿐만 아니라, 또 한국의 토속정취도 알게 되었다.

冯教师是一位＿＿＿＿尊重同事＿＿＿＿尊重学生的好老师。

冯선생님은 동료를 존중하고 학생도 존중하는 좋은 선생님이시다.

0361 > > > > >

☆
既然……就……
jìrán……jiù……

(기왕에) …한 이상은[바에는] …하다.

＿＿＿＿彩电降价了，你＿＿＿＿买一台吧。

기왕 컬러TV의 가격이 내렸으니, 당신 한 대 사시죠.

＿＿＿＿你已经告诉他了，＿＿＿＿不再说了。

이왕에 당신이 그에게 말한 바에야, 더 이상 말하지 않을래요.

你＿＿＿＿签证办好了，＿＿＿＿快去买机票吧。

너는 이왕에 비자도 받았으니, 빨리 가서 비행기표를 사라.

＿＿＿＿熊猫只有中国有，熊猫自然＿＿＿＿成了最珍贵的动物。

이왕 판다가 중국에만 있는 이상, 판다는 자연스럽게 가장 귀중한 동물이 되었다.

0362 > > > > >

☆
既然……又……
jìrán……yòu……

…한 이상[바에] 또 …(하느냐).

＿＿＿＿你已经知道，＿＿＿＿何必明知故问呢?

당신이 이미 알고 있는 이상, 무엇하러 알면서 물어 봅니까?

0363 > > > > >

★★
加紧
jiājǐn

동 박차를 가하다. 힘쓰다. = 抓紧

期末考试的准备工作必须＿＿＿＿，否则就来不及了。

기말고사 준비작업은 박차를 가해야 한다, 그렇지 않으면 늦어질 테니.

0364 > > > > >

★ **家**
jiā

㊟ 〈수사 + 家 + 명사〉 (상점 · 회사 · 식당 · 서점 등을 세는 단위)

관련예문 • 这家书店 (이 서점)

我们是一＿＿＿专门从事房屋装饰设计的公司。
우리는 전문적으로 집 인테리어 디자인에 종사하는 회사이다.

0365 > > > > >

☆ **架**
jià

㊟ 〈수사 + 架 + 명사〉 대. (비행기 · 기계 · 책꽂이 · 피아노 등 받침대가 있는 것을 세는 단위) ☞ 台 tái

관련예문 • 一架飞机 (비행기 한 대)

她在一＿＿＿从中国飞往美国的中国国际航空公司的客机上工作。
그녀는 중국에서 미국으로 가는 중국국제항공회사의 여객기에서 근무한다.

0366 > > > > >

** **假若**
jiǎruò

㊟ 만약. 만일. = 假如 = 如果 = 要是 = 倘若

＿＿＿不是你上次错怪了她，她也不至于对咱们这么冷淡。
만약에 지난번에 당신이 그녀를 오해해서 탓한 것만 아니라면, 그녀도 우리에게 이렇게 냉담하게 되지는 않았을 것이다.

0367 > > > > >

☆ **尖锐**
jiānruì

㊟ 예리하다. 날카롭다. = 尖利

很多家长对学校课程过多，学生负担重的问题提出了＿＿＿的批评。
많은 학부모들이 학교의 교과과정이 너무 많고, 학생의 부담이 늘어나는 문제에 대해 예리한 비평을 제출했다.

0368 > > > > >

★
坚持不下去
jiānchíbuxiàqù

（동）버텨내지 못하다. 지속해 나가지 못하다.
▶ 坚持(견지하다. 고수하다.[확고한 신념으로 부단히 지속되는 상황에 쓰임]) ▶ 保持(지키다. 유지하다.[원래의 모습이 조금도 변함없이 지속되는 상황에 쓰임])

我学什么东西都缺少恒心，总是开始不久就＿＿＿了。
나는 무엇을 배우든지 간에 꾸준함이 부족하여, 언제나 시작한지 얼마 안 되어 계속해 나가지를 못한다.

0369 > > > > >

☆
坚决
jiānjué

（형）단호하다. 결연하다.

他保证＿＿＿完成任务。
그는 단호히 임무를 완성할 것을 보증한다.

0370 > > > > >

★★
简直
jiǎnzhí

（부）정말. 완전히. 전혀. (과장의 어기를 가짐) ☞ 完全；绝对

他内心的兴奋＿＿＿没法儿形容。
그는 마음속 흥분을 정말로 형용할 수가 없었다.

这些工作真的很难，他＿＿＿累坏了。
이 일들은 너무 어려워서 그는 완전히 지쳤다.

一个人如果没有工资，＿＿＿无法生活。
사람이 만일에 월급이 없다면, 도무지 생활할 방법이 없다.

他学火车开动时的声音，学得＿＿＿跟真的一样。
그는 기차가 출발하는 소리를 흉내 내는데 진짜와 똑같이 흉내 낸다.

十年没回来了，家乡变化这么大，我＿＿＿认不出它了。
10년 동안 돌아오지 않았더니, 고향이 많이 변해서, 나는 도무지 알아보지 못했다.

0371 > > > > >

★ 见
jiàn

동 만나다.　**보어** 〈동사 + 见〉 보이다. ('见'은 결과보어)

관련예문
- 我见了他。(그를 만났어.)
- 听见(들린다.)
- 看见 (보인다.)
- 梦见 (꿈에 보이다.)

我也不知道他在哪儿，今天一天都没看＿＿＿＿他。
나도 그가 어디에 있는지 모른다, 오늘 하루 종일 그를 보지 못했다.

0372 > > > > >

★ 见面
jiàn miàn

동 만나다. = 会面

관련예문
- 见他的面。(그를 만나다.) = 跟他见面
- 初次见面。(처음 뵙겠습니다.)

明天下午我要在麦当劳门口和我的朋友＿＿＿＿＿。
내일 오후 나는 맥도날드 입구에서 내 친구와 만날 것이다.

0373 > > > > >

★ 件
jiàn

양 〈수사 + 件 + 명사〉 벌. 가지. (일 · 사건 · 옷 등을 세는 단위)
▶ 套(세트. 벌. 조. 가지. [짝을 이루는 기물과 규정 · 제도 등의 체계를 이루는 것의 단위])

관련예문
- 一套家具 (가구 한 세트)
- 一套规定(한 가지의 규정)

你有雨伞，这＿＿＿＿＿雨衣借给他吧。
너는 우산이 있으니, 이 비옷을 그에게 빌려 주어라.

你这两＿＿＿＿＿蓝色的衣服怎么都小了。
너의 이 두벌의 파란 옷이 어찌된 게 모두 작아졌다.

校务会今天要研究几＿＿＿＿＿重大的事情。
교무회의는 오늘 몇 가지 중대한 사안에 대해 논의할 것입니다.

王芳没考上大学, 妈妈认为这是一____丢人的事。
왕방은 대학에 입학하지 못했는데, 엄마는 이것이 체면 깎이는 일이라 여긴다.

星期天玛丽去友谊商店买了____非常漂亮的大衣。
일요일 玛丽는 友谊商店에 가서 아주 예쁜 외투를 한 벌 샀다.

最近发生了不愉快的一____事情, 让我们的友谊产生了危机。
최근 유쾌하지 않은 일이 한 가지 일어나서, 우리들의 우정이 위기를 맞았다.

今天去参加朋友的婚礼, 我终于可以穿我那____漂亮的旗袍了。
오늘 친구의 결혼식에 참석하러 가는데, 나는 드디어 나의 그 예쁜 치파오(旗袍)를 입을 수 있게 되었다.

0374 > > > > >

☆

建立
jiànlì

동 ① (우정을)맺다. ② 세우다. 구축하다.

관련예문 • 建立政府 (정부를 세우다.)

• 建设 (건설하다.)

• 建设祖国 (조국을 건설하다.)

• 树立 ([모범·기풍 등을]세우다.)

朱红和李强在一年多的共同学习生活中, ____了兄弟般情谊。
주홍과 이강은 1년여 동안 같이 공부하는 중에 형제와도 같은 정분을 맺었다.

0375 > > > > >

☆

将
jiāng

전 〈将 + 목적어 + 동사 + 기타성분〉…을[를].(대개 미래시제에 쓰임) = 把

我们会____理想变为现实的。
우리들은 이상을 현실로 변하게 할 것이다.

____鸡蛋碰石头, 哪有不碎的?
계란으로 바위를 치면 안 깨지는 게 어디 있는가?

他____自己的一生献给了祖国的教育事业。
그는 자기의 일생을 조국의 교육사업에 바쳤다.

0376 > > > > >

★

讲
jiǎng

동 ① 이야기하다. 말하다. = 说 ▶ 谈(이야기하다. 토론하다.)
② 흥정하다. 따지다. 중시하다.

관련예문 • 讲卫生 (위생을 중시하다. 위생에 신경을 쓰다.)

我喜欢听他＿＿＿＿历史故事。
나는 그가 역사 이야기하는 것을 듣기 좋아 한다.

这个朋友给我们＿＿＿＿ 了一段很有趣的经历。
이 친구는 우리에게 재미있는 경력을 이야기해 주었다.

0377 > > > > >

☆

交换
jiāohuàn

동 교환하다.

관련예문 • 交换意见 (의견을 교환하다.)

小张与小徐＿＿＿＿了一下眼色, 便先后走了出去。
小张과 小张는 서로 눈빛을 교환한 후에 차례로 걸어 나갔다.

经过全班同学充分＿＿＿＿意见, 共选出优秀学生三名。
전체 반 급우들의 충분한 의견 교환을 통해, 우수한 학생을 3명 선발한다.

0378 > > > > >

☆

交流
jiāoliú

동 주고받다. 교류하다.

관련예문 • 交流经验 (경험을 주고받다.)

他们用眼神进行＿＿＿＿, 两人都明白了对方的意思：一定不能把这件悲伤的事情告诉妈妈。
그들은 눈빛을 주고 받으며, 두 명 다 상대방의 의사를 알았다: 이 슬픈 일은 엄마에게 알려서는 안 된다고.

0379 > > > > >

交情
jiāoqing

명 친분. 정분. = 感情

解放战争中他们是战友, 他们的＿＿＿＿很深。
해방전쟁 중 그들은 전우였으며, 그들의 친분은 매우 두텁다.

0380 > > > > >

★ 叫
jiào

전 〈주어 + 叫 [让/给/被] + 목적어 + 동사 + 기타성분〉…에 의해서…하게 하다[당하다].(피동문) ☞ 被

동 이름이…이다. …라고 부르다.

窗户上的封条＿＿＿他撕下来了。
창문의 봉함은 그에 의해 찢어졌다.

他走路回家时, ＿＿＿自行车撞倒了。
그가 걸어서 집으로 돌아 갈 때 자전거에 받혀서 넘어졌다.

0381 > > > > >

☆ 接受
jiēshòu

동 (유학생·선물·비평 등을) 받아들이다. 받다. ＝ 收下 ▶ 接收([편지·신호·새 회원 등] 받아들이다. 받다.) ▶ 收到([편지·선물 등 구체적인 것을]받다.] ▶ 受到([교육·칭찬 등 추상적인 것을] 받다.)

他不愿意＿＿＿这个礼物, 因为他不喜欢。
그는 이 선물을 받고 싶어 하지 않는다, 왜냐하면 그는 마음에 들지 않기 때문이다.

0382 > > > > >

☆ 结结实实
jiējieshíshí

형 – 중첩형 (신체가)튼튼하다. 단단하다. ☞ 冰凉冰凉

瘦点没什么, 只要长得＿＿＿的就好。
좀 여윈 것은 상관없다, 튼튼하게 자라기만 하면 된다.

0383 > > > > >

★ 结果
jiéguǒ

부 결국. 드디어. 마침내. 끝내. ☞ 终于 ; 终究 ; 毕竟

那里接连下了几天大雨, ＿＿＿桥被冲坏了。
그 곳은 잇달아 며칠 동안 큰비가 내려서, 결국에 다리가 부서졌다.

0384 > > > > >

★ 结束
jiéshù

동 끝나다. 마치다. ⇔ 开始

老王, 这个展览到什么时候＿＿＿?
老王, 이 전시회는 언제 쯤 끝나지?

0385 > > > > >

★

解决
jiějué

명 동 (문제·모순·갈등·쟁점 등을)해결(하다).　▶　处理(처리하다. 결재하다.[현재 처리 중인 경우에 쓰임])

对百姓生活上的困难，政府都给予了适当的_____。
서민생활의 어려움에 대해서, 정부는 적당한 해결을 제공하였다.

0386 > > > > >

☆

解释解释
jiěshìjieshi

동 - 중첩형 ① 해명을 좀 하다. 변명을 좀 하다.
② 해석해 보다.　☞ 打扫打扫

小王，这次怎么长工资大家还不太明白，你再给_____。
小王, 이번에 어떻게 임금이 오르는지 모두들 아직 잘 모르니 자네가 다시 설명 좀 하게.

0387 > > > > >

★

介绍
jièshào

동 소개하다.

请您把这座学校的情况详细_____一下。
당신이 이 학교의 상황을 자세히 소개해 주십시오.

0388 > > > > >

★

紧张
jǐnzhāng

형 ① (돈·물품 공급 등이) 부족하다.　② (정신·기분·상황이) 긴박하다. 긴장하다.　▶ 紧迫([임무나 형세가] 급박하다. 긴박하다.)

他们夫妇每月工资加起来才700元，还供儿子上学，经济上是很_____的。
그들 부부의 매달 월급은 합해봐야 700원으로 아이를 학교에도 보내야 하고, 경제적으로 매우 딸린다.

0389 > > > > >

☆

尽管
jǐnguǎn

부 〈尽管 + 동사〉 얼마든지. 마음 놓고.

접 비록…하 하더라도. …에도 불구하고.

《固定式》〈尽管 …… 但(是)[可是 / 还是 / 却]……〉 = 〈虽然 …… 但
(是)……〉 비록…라 하더라도 (하지만). …에도 불구하고. (이미 실
현되었거나 존재하는 상황에 쓰이며, 양보를 나타냄)

你们＿＿说吧, 我不会生气的。
너희들은 마음 놓고 말해라, 나는 화를 내지 않을 테니.

您有什么困难＿＿说, 不必客气。
너는 어떠한 어려움이 있거든 다 말해라, 어려워하지 말고 말이야.

你有什么要求, ＿＿提出来, 不要客气。
너는 어떠한 요구가 있으면, 얼마든지 제기해라, 사양하지 말고 말이다.

＿＿天气不好, 我还是去了颐和园。
날씨가 좋지 않음에도 불구하고, 나는 颐和园에 갔다.

你有意见＿＿说好了, 没什么不好意思的。
너는 의견이 있으면 얼마든지 말해라, 미안해할 것 없어.

他很尊重父亲, ＿＿父亲有时对他过于严厉。
그는 아버지를 매우 존중한다, 아버지가 어떤 때는 그에게 지나치게 엄한데도 불
구하고.

＿＿心里难受, 她还是笑着把儿子送到了学校。
마음이 괴로움에도 불구하고, 그녀는 여전히 웃으면서 아이를 학교에 데려다 주
었다.

今晚他还要加班, ＿＿现在他已经感到很不舒服了。
오늘 밤에 그는 또 야근을 해야 한다, 지금 벌써 그는 매우 아픈데도 불구하고.

只要下苦功, 是一定能学好汉语的, ＿＿汉字发音比较难学些。
열심히 공을 들이기만 한다면, 반드시 중국어를 잘 할 수 있다, 한자 발음이 비교
적 배우기 어려운데도 불구하고 말이다.

0390 > > > > >

☆ 尽管……但(是)
……(jǐnguǎn……
dàn(shì)……

접 비록…라 하지만 (그러나)…하다.

_____你很努力了, _____还没有达到入学的分数。
비록 너는 열심히 노력했다고 하지만, 아직 입학 점수에는 미치지 않았다.

_____他没对我特殊地照顾, _____我还是很感激他。
비록 그가 나를 특별히 보살핀 적 없지만, 그래도 나는 그에게 감격했다.

_____这是小时候发生的事, _____如今仍记得很清楚。
비록 이것은 어렸을 때 일어난 일이지만, 지금까지 아직 생생히 기억한다.

_____我们离海边有600多里, _____还是感觉到了空气湿润。
비록 우리가 바닷가에서 600리 정도 떨어져 있지만, 그래도 공기가 습함을 느낀다.

0391 > > > > >

☆ 尽管……却……
jǐnguǎn……què……

접 비록…라 하지만 오히려…하다.

这几年来, 我_____不在北京_____每时每刻都在牵挂着她。
요 몇 년간, 내가 비록 北京에 있지는 않지만 시시각각 그녀를 그리고 있다.

老挝是内陆国家, 与外部世界交通不便, _____它盛产木材,　　　无法运出来。
라오스는 내륙국가로, 외부세계와 교통이 불편하다, 비록 목재를 많이 생산하지만, 운반해 낼 방법이 없다.

0392 > > > > >

☆ 尽量
jinliáng

부 가능한 한. 최대한. = 尽我所能 = 尽力

晓岚跟我是中学的同学, 只要我能帮忙的_____帮。
효람과 나는 중학교 동창으로, 내가 도울 수 있는 것은 힘껏 돕겠다.

他们刚刚到我们这里生活, 我们要_____给他们提供方便。
그들은 막 우리 이곳에 와서 생활하게 되었는데, 우리들은 그들에게 최대한 편리를 제공하려 한다.

0393 > > > > >

尽早
jǐnzǎo

부 되도록 빨리. = 尽量早

一定要_____解决这个问题, 要不然后面的事就麻烦大了。
반드시 되도록 빨리 이 문제를 해결해야 한다, 그렇지 않으면 나중 일이 크게 골치 아파질 것이다.

0394 > > > > >

★

近
jìn

형 ① 〈近 + 수사〉 근. ② 가깝다. ⇔ 远

上海新近完成的一项公众调查发现，有＿＿＿1/2的学生，每天戴着眼镜学习。
상해는 최근 완성된 한 여론조사에서, 절반가량의 학생이, 매일 안경을 쓰고 공부를 한다는 것을 발견했다.

0395 > > > > >

★

进去
jìnqù

동 들어가다. ▶ 进来(들어오다.)

보어 ① 〈동사 + 进去〉…들어가다. ② 〈동사 + 得[不] + 进去〉(가능보어 : 동작이 안으로 행해짐을 나타냄) ☞ 出来 ; 过来 ; 起来 ; 上来 ; 下来

如果把这段对人物的描写加＿＿＿，文章的内容就更充实了。
만일 이 단락에 인물에 대해 묘사를 첨가하면, 문장의 내용이 더욱 충실해질 것이다.

这个人太自认为是，别人的话他就是听不＿＿＿。
이 사람은 너무 자신의 주장이 강하여, 다른 사람의 말은 먹혀들지 않는다.

0396 > > > > >

进行研究
jìnxíng yánjiū

동 연구를 진행하다.

관련예문
 • 进行([토론 · 조사 · 방문 등을]진행하다.)
 • 举行([결론 · 경기 · 회의 등을] 거행하다.)
 • 举办([강좌 · 보고회 · 전람회 등을] 개최하다.)

对这种植物的类别，科学家们准备＿＿＿。
이런 식물의 종류에 대해서, 과학자들은 연구를 진행할 준비를 한다.

0397 > > > > >

进行分析
jìnxíng fēnxī

동 분석을 진행하다.

为什么你们这次考得不好，你们应该好好儿＿＿＿。
너희들이 왜 이번 시험을 잘 못 쳤는지, 너희들은 잘 분석을 해야 한다.

0398 > > > > >

☆

进一步
jìnyībù

(동) 진일보하다. 한 걸음 나아가다.　**(부)** 더욱. 좀 더.

관련예문　• 更进一步提高汉语水平(더욱 중국어 수준을 향상시키다.)

洪水的流量已经基本稳定，从目前的情况来看不会_____恶化了。
홍수의 유량은 이미 기본적으로 안정이 되어, 현재 상황으로 봐서는 더욱더 악화되진 않을 것이다.

0399 > > > > >

*

禁
jìn

(동) ① 참다.　② 금하다. 금지하다. 억제하다.

관련예문　• 不禁(참지 못하다. 자기도 모르게.) = 禁不住
　　　　　　• 情不自禁 (자신도 모르게. 감정을 억제하지 못하고.)

说到伤心处，他情不自_____落下了眼泪。
가슴 아픈 일을 말하곤, 그는 자신도 모르게 눈물을 흘렸다.

0400 > > > > >

禁不住
jìnbuzhù

(부) 자신도 모르게. 참지 못하고. = 不禁 = 忍不住 = 止不住

歌迷们看到那个歌星走上台，就_____鼓起掌来。
팬들은 그 가수가 무대에 오르는 걸 보자, 자신도 모르게 박수를 치기 시작했다.

0401 > > > > >

★

经过
jīngguò

(동) (장소 · 시간 · 동작 등을) 경과하다. 경유하다. 지나다. = 路过
(전) 〈经过 + 명사〉…을 통하여.(시간의 경과와 관련이 있음)　☞ 通过

_____各方面的努力，这场家庭纠纷总算解决了。
각 방면의 노력을 거쳐, 이 가정 분규는 결국 해결되었다.

_____严格的考试，孙小芳终于获得了博士学位。
엄격한 시험을 통하여, 孙小芳은 결국 박사학위를 취득했다.

虽然工期短，可是_____工人们日夜奋战，工程终于按期完成。
비록 공사기간은 짧지만, 노동자들의 밤낮 없는 노력으로 공사를 제기간에 맞춰서 결국 완성했다.

0402 > > > > >

经历
jīnglì
☆

동 겪다. 경험하다.　　**명** 경력. 경험.(직접 경험했던 일을 나타냄)

관련예문 • 经验 [경험(하다).체험(하다).겪다.(실천을 통해 얻은 지식이나 기능을 나타냄)]

改革开放以来, 我们所_____的变化太多了。
개혁개방 이래로, 우리가 경험한 변화는 너무도 많다.

说起童年生活, 人人都有许多有趣的_____。
어린 시절을 말하자면, 사람들마다 흥미 있는 경험을 많이 가지고 있다.

在美国留学的一年里, 我_____了许多难忘的事。
미국에서 유학하던 1년 동안, 나는 잊지 못할 많은 일을 경험했다.

我们三个人中, 只有小王没有过恋爱的_____。
우리 세 명중, 小王만이 연애 경험이 없다.

0403 > > > > >

竟
jìng
**

부 뜻밖에. 의외로.

我以为路途很远, 没想到_____这么近。
나는 여정이 멀줄 알았는데, 이렇게 가까우리라곤 생각지 못했다.

没想到他_____会做出这样令人伤心的事来。
그가 뜻밖에도 이렇게 사람들을 상심케 하는 일을 하리라곤 생각지도 못했다.

赵大爷80多岁了, _____还有这么敏捷的思维。[大爷 = 老爷爷]
조씨 영감님은 80세가 넘었지만, 의외로 생각이 아주 또렷하시다.

孩子提的问题太尖锐了, _____使我不知怎样回答才好。
아이가 제기한 문제가 너무 날카로워, 내가 어떻게 대답하는 것이 좋을지 모르겠다.

命运对这样一位天真可爱的小姑娘, _____是那样的不公平。
저리도 천진하고 사랑스런 소녀에 대한 운명이, 뜻밖에 그리도 불공평하다니.

不过她的话真是说到我心里去了, 自己想的和他_____是一样。
그러나 그녀의 말은 정말 내 마음속에 와 닿았고, 나의 생각과 그가 뜻밖에도 같았다.

0404 > > > > >

**
竟然
jìngrán

부 뜻밖에. 의외로.

这个老板因为工人顶撞了他, _____ 命令所有的工人都跪在他面前。
이 사장은 노동자가 그에게 반항한다고, 뜻밖에도 모든 노동자들을 그의 면전에 꿇어 앉으라고 명령했다.

0405 > > > > >

☆
究竟
jiūjìng

부 도대체. 대관절.(대개 의문문에 쓰임) = 到底　**명** 전말. 결말. 경위.

관련예문　• 毕竟
　　　　　　(마침내. 결국. 필경.[의문문이나 의문사가 있는 문에는 쓰이지 않음])

我也不知道他_____为什么要辞职。
그가 도대체 왜 사직하려 하는지 나도 모른다.

我怀着好奇的心情, 到那里去看个_____。
나는 호기심을 품고, 거기에 가서 결말을 보았다.

今天我特别不想吃饭, 不知_____是怎么回事。
오늘 나는 유달리 밥을 먹고 싶지 않는데, 도대체 어찌된 일인지 모르겠다.

大楼门口围了很多人, 不知道_____发生了什么事。
빌딩 입구에 많은 사람이 둘러 있는데, 도대체 무슨 일이 생긴 건지 모르겠다.

事后我没有去打听, 不知道_____是怎样的结果。
사후에 나는 알아보지 않았는데, 도대체 어떤 결과가 났는지 모른다.

工程师们是不是已经解决了这个技术上的难题?　我们很想知道个_____。
엔지니어들은 이 기술상의 난제를 이미 해결했나요? 우리는 그 결과를 정말 알고 싶은데.

她没有表示自己的态度, 家里人不知道她_____是同意还是不同意这门婚事。
그녀가 자신의 태도를 표시하지 않아, 가족들은 그녀가 도대체 이 혼사를 동의하는지 동의하지 않는지 알지 못한다.

0406 > > > > >

★

就
jiù

부 ① 곧. 바로. (짧은 순간을 나타냄) = 便 = 马上
② 〈就 + (수사 + 양사) + 명사 + 동사〉 다만[오로지]…이다. 다만…뿐이다.
= 只有

전 〈就 + 명사〉…에 대해서. …에 관하여. = 关于 = 按照
《固定式》 ① 〈一……就……〉(…하기만 하면 곧 …하다.) = 〈一……便……〉
② 〈就是…… 也……〉(설사…하더라도) = 〈即使…… 也……〉
③ 〈就(要)…… 了〉(곧…하려 한다.) = 〈快…… 了〉
④ 〈从小就……〉(어려서부터 (곧)…했다.)
⑤ 〈马上就……〉(곧…하다.) = 〈很快就……〉
⑥ 〈差点儿就……〉(거의…할 뻔하다.)
⑦ 〈刚……就……〉(…하자마자 바로 …하다.)

我一出门_____被他看见了。
나는 나자가 말자 그에게 들켰다.

我早上六点_____开始锻炼了。
나는 아침 6시면 체력단련을 시작한다.

我一说这句话, 她_____生气。
내가 이 말을 하자말자 그녀는 화를 냈다.

这个小姑娘从小身体_____很结实。
이 소녀는 어려서부터 신체가 튼튼했다.

我们刚进家门_____下起雨来了。
우리가 집문에 들어서자 말자 비가 내리기 시작했다.

这个典故只有他能一听_____明白。
이 典故는 오직 그만이 듣고서 바로 이해할 수 있었다.

如果能降价100元, 马上_____买走。
가격이 100원만 내릴 수 있다면, 당장 사 갈 텐데.

我_____这个问题发表了一番议论。
나는 이 문제에 대하여 의론을 발표했다.

我_____学过四个月汉语, 说得不流利。
나는 중국어를 배운지 겨우 4달이라서, 말이 유창하진 않다.

这个问题不解决, 他_____无法上班。
이 문제를 해결치 않으면, 그는 출근할 방법이 없다.

只要你想去看电影, 我_____去给你买票。
네가 영화를 보러 가려고만 한다면, 내가 가서 표를 사다 주겠다.

这本书特别有意思，一晚上我＿＿＿＿看完了。
이 책은 특히나 재미있어서, 하루 저녁만에 나는 다 봤다.

轮船10点开船，我们现在不走＿＿＿＿来不及了。
배가 10시에 출발하는데 우리는 지금 가지 않으면 늦어질 거야.

如果你们都没时间，那我＿＿＿＿一个人去！
당신들 모두 시간이 없다면, 그럼 나 혼자 가지요.

＿＿＿＿凭他现在的汉语水平，还真当不了翻译。
그의 현재의 중국어 실력만으론, 정말 통역을 감당해낼 수 없다.

只干了两个月，他们＿＿＿＿掌握了基本技能。
겨우 2개월 만에 그들은 기본 기능을 파악했다.

这个问题，我们早在上个星期＿＿＿＿统一认识了。
이 문제에 대해, 우리는 벌써 지난주에 이미 인식을 통일했다.

我从教室一回到宿舍＿＿＿＿一口气喝了两瓶汽水。
나는 교실에서 숙소로 돌아 오자마자 단숨에 탄산음료 2병을 마셨다.

有些话＿＿＿＿你我说一说，不要再让第三个知道了。
어떤 말들은 그냥 당신과 나 사이에서만 하고, 더 이상 제3자는 알지 못하게 해라.

我请他参加我们的足球队，他二话没说＿＿＿＿同意了。
내가 그를 우리 축구팀에 들어오라고 청했는데, 그는 두말 않고 동의했다.

他最近心情不好，＿＿＿＿让他自己安静一会儿吧。
그는 최근 기분이 좋지 않으니, 혼자서 좀 조용히 있게 합시다.

这孩子太淘气了，只要他在家＿＿＿＿没有闲着的时候。
이 아이는 너무 장난이 심해서, 그가 집에 있는 한 한가한 시간이 없다.

大家＿＿＿＿这个产品的质量问题展开了热烈的讨论。
모두들 이 상품의 품질문제에 대해 격렬하게 토론을 전개했다.

同学们＿＿＿＿这次外出实习的收获进行了广泛的交流。
학우들은 이번 야외실습의 수확에 대해 광범위한 교류를 진행했다.

自从人类出现在地球上，动物的数量＿＿＿＿越来越少了。
인류가 지구상에 출현한 이래로, 동물의 수는 갈수록 적어졌다.

树枝高处那颗又红又大的樱桃，我差点儿＿＿＿＿够到了。
나뭇가지 높은 곳의 붉고 커다란 앵두에 나는 거의 닿을 뻔했다.

这次健康咨询，仅半天时间，＿＿＿＿吸引了近千名人。
이번 건강자문은 반나절 만에 근 천여 명을 끌어 들였다.

他非常聪明，从小＿＿＿＿看了许多历史故事的小人书。
그는 대단히 총명해서, 어려서부터 많은 역사 이야기 만화책을 봤다.

_____他个人的嗜好而言, 抽烟, 喝酒是他最喜欢的。
그 사람 개인의 취미에 대해 말하자면, 흡연과 음주가 그가 제일 좋아하는 것이다.

_____当前国际上的政治形式, 这位专家发表了几点看法。
지금의 국제정치형식에 대해, 이 전문가는 몇 개의 견해를 발표했다.

报考学校志愿的事, 他竟没跟我商量_____自己决定了。
학교시험에 지원하는 일을, 그는 뜻밖에 나와 상의하지도 않고 스스로 결정했다.

这两个老太太一见面, _____家里外头地说起来没完没了。
이 두 노부인은 만났다하면, 집 안팎으로 이야기를 밑도 끝도 없이 한다.

现在不指望别的, _____指望到了家以后能洗上个热水澡。
지금은 다른 건 바라지 않고, 집에 도착한 후 뜨거운 물에 목욕하길 바랄 뿐이다.

他刚学了一年西班语, _____掌握了那么多词语, 真了不起!
그는 이제 막 1년 스페인어를 배웠을 뿐인데, 그렇게 많은 단어를 알다니, 정말 대단하다.

两个国家的领导人_____国际形势和共同关心的问题坦率地交换了意见。
양국 국가 지도자들은 국제 정세와 공동관심사 문제에 대해 솔직하게 의견 교환을 했다.

0407 > > > > >

☆
就是
jiùshì

접 설사 …일지라도[하더라도].(대개 술어 앞에서 쓰임) ☞ 即使 = 就算(주어 앞에서 쓰임)

只要孩子能考上大学, _____再苦再累我也心甘情愿。
아이가 대학에 붙을 수만 있다면, 아무리 더한 고생도 나는 달게 받을 것이다.

我不想考北京的大学, 想考外地的, 我爸妈_____不同意。[就是 = 无论如何 = 怎么样也]
우리 부모가 동의하지 않더라도 나는 북경에 있는 대학에 가고 싶지 않고 외지의 대학에 응시하고 싶다.

0408 > > > > >

☆
就是……也……
jiùshì……yě……

접 설사 …일지라도[하더라도].

_____没有人看着他, 他自己_____能按时完成作业。
그를 보고 있는 사람이 없더라도, 그는 스스로 제시간에 작업을 완성할 수 있다.

听说哈尔滨的冰雕美极了, _____再远, 我_____要去看看。
듣자하니 하얼빈의 얼음조각이 대단히 아름답다는데, 아무리 멀더라도, 나는 가서 봐야겠다.

他这个人比较内向, _____心中有天大的事, _____不会面上露出来。
그는 비교적 내성적이라 설사 마음속에 크나큰 일이 있어도 얼굴에 나타내지 않을 것이다.

0409 > > > > >

就要
jiùyào

부 〈就要 + 동사 + 了〉 곧[바야흐로] …하려 하다. = 〈快要 + 동사 + 了〉; 〈将要 + 동사 + 了〉

我把那个眼看_____冻死的婴儿抱了回来。
나는 곧 동사할 것 같아 보이는 유아를 안고 돌아왔다.

0410 > > > > >

举例
jǔ lì

동 예를 들다.

관련예문 • 举个例子来说 (예를 하나 들어 말하면.)

请你_____说明这类题的解题方法。
이런 문제의 해법을 예를 들어 설명해 주세요.

0411 > > > > >

*
举行
jǔxíng

동 (회의. 전람회. 졸업식 등을) 올리다. 거행하다.

관련예문 • 举办联欢会[演唱会] (놀이마당을[가요대회를] 개최하다.)

后天下午这里将要_____双方贸易谈判会议。
모레 오후 여기서 쌍방 간 무역담판회의를 개최하려한다.

今年六月下旬, 这里要_____一个工业展览会。
금년 6월 하순에, 여기서 공업전람회를 개최하려 한다.

0412 > > > > >

★ 句
jù

（양）〈수사 + 句 + 명사〉 마디. (말을 세는 단위)

尽管他很生气, 可是一＿＿＿话也没说出来。
비록 그는 매우 화가 났지만, 한마디도 하지 않았다.

0413 > > > > >

☆ 具有
jùyǒu

（동）〈具有 + 명사(가치·믿음·태도·방법·수준)〉 …을 구비하다. …을 가지다.

관련예문 • 具备(조건을 구비하다. 갖추다.) ☞ 拥有

中国人是好客的, 也是＿＿＿吸引力的。
중국인은 손님맞이를 좋아하고, 또한 무언가 끌어당기는 힘을 가지고 있다.

0414 > > > > >

☆ 据说
jùshuō

듣건대[말하는 바에 의하면]…라 하더라. = 听说

＿＿＿他已写了好几本小说。
듣건대 그는 이미 여러 권의 소설을 썼다고 한다.

0415 > > > > >

** 距
jù

〈距 + 명사(시간)〉 …사이를 두다. …까지.

관련예문 • 距今 (오늘 까지)
• 距我的生日还有五天。(내 생일까지는 아직 5일 남았다.)

老舍先生去世, ＿＿＿今已有30多年了。
老舍선생이 돌아가신지, 오늘로 이미 30여년이 되었다.

0416 > > > > >

☆ 绝对
juéduì

（부）〈绝对 + 不能 + 동사〉；〈绝对 + 不可以 + 동사〉 절대로. 반드시. ☞ 万万

他当了学校的校长? 这＿＿＿ 不可能!
그가 교장이 되었다고? 그건 절대 불가능해!

■ 아래의 각 단문 중 빈 칸에 들어갈 적합한 한자를 보기에서 골라 써 넣어보세요.

<table>
<tr><td rowspan="6">보기</td><td>□ 非</td><td>□ 竟</td><td>□ 反正</td><td>□ 凡是</td><td>□ 否则</td><td>□ 赶紧</td><td>□ 该</td></tr>
<tr><td>□ 就</td><td>□ 敢</td><td>□ 尽管</td><td>□ 刚才</td><td>□ 刚刚</td><td>□ 既, 又</td><td>□ 给</td></tr>
<tr><td>□ 将</td><td>□ 跟</td><td>□ 何况</td><td>□ 赶快</td><td>□ 关于</td><td>□ 怪不得</td><td>□ 够</td></tr>
<tr><td>□ 过</td><td>□ 更</td><td>□ 还是</td><td>□ 根据</td><td>□ 好在</td><td>□ 恨不得</td><td>□ 还</td></tr>
<tr><td>□ 和</td><td>□ 刚</td><td>□ 何必</td><td>□ 尽量</td><td>□ 究竟</td><td>□ 好一会儿</td><td>□ 很</td></tr>
<tr><td>□ 会</td><td>□ 个</td><td>□ 反而</td><td>□ 经过</td><td>□ 更加</td><td></td><td></td></tr>
</table>

1 老李当了领导以后，＿＿＿＿群众提出的意见，他都虚心听取，所以群众很拥护他。

2 秋天里，为什么天气有时＿＿＿＿比夏天还热呢？

3 这么晚了，你不想睡你就不睡，我＿＿＿＿得睡觉了。

4 明天的晚会他有事不能参加，但领导＿让他参加不可。

5 我们永远要谦虚、谨慎、戒骄戒躁，＿＿＿＿就不能继续前进。

6 遇到事情要冷静地考虑一下，想想＿怎么做。

7 我多么希望＿＿＿＿开学，见到同学们呀！

8 你＿＿＿＿到我这里来，我在王府井百货大楼一层等你。

9 既然有把握，那么就要＿负责到底。

10 我＿从银行取出二百元钱，就被二哥借走了。

11 ＿＿＿＿他还在读书呢，怎么这么一会儿就没声音了。

12 我是三分钟前＿＿＿＿听到这个消息的。

13 这个时候，你这么＿小孩子，跑到医院来干什么？

14 在社会交往中，一个人＿别人的第一印象是非常重要的。

15 ＿＿＿＿同学们的要求，学校增加了课间营养餐。

16　他搬进那座楼不久，就 ▢▢ 楼里家家户户都熟悉了。

17　我这么不爱动的人都来了， ▢▢ 不用说别人了。

18　听了这番话，他反而 ▢▢▢ 不好意思了。

19　他打了三个月的工，终于赚 ▢▢ 了回家的路费。

20　 ▢▢▢▢ 最近看不到他了，原来他调走了。

21　张经理去过韩国，买了不少韩国出版的 ▢▢▢▢ 韩国的书。

22　我以前从没见 ▢ 这种水果，也不知道它味道如何。

23　那本英语我上学期学过一遍了，这学期 ▢ 要再学一遍。

24　他费力地解释半天，可我 ▢▢▢ 不明白他说什么。

25　墙上的广告吸引了我，我看了 ▢▢▢ 。

26　小王把开会的事儿忘了， ▢▢▢ 大家还没有走，赶快去通知一下儿。

27　孩子的事尽管让你们自己决定，大人 ▢▢▢ 干涉那么多呢？

28　即使他们做得不好，也不该这样责骂他们，更 ▢▢▢ 他们还是孩子嘛。

29　每月所丢书的数目 ▢ 每月所买书的数目几乎相等。

30　他一边上学，一边伺侯多病的父亲， ▢ 是辛苦。

31　他性子很急， ▢▢▢ 一口气就把心中的话全倒出来。

32　单纯地追求分数而不顾休息， ▢ 搞垮身体的。

33　人生道路， ▢ 有胜利者的欢欣， ▢ 有失败者的沮丧。

34　他 ▢ 自己的一生献给了祖国的教育事业。

35　今晚他还要加班， ▢▢▢ 现在他已经感到很不舒服了。

36　他们刚刚到我们这里生活，我们要 ▢▢▢ 给他们提供方便。

37　虽然工期短，可是 ▢▢▢ 工人们日夜奋战，工程终于按期完成。

38　命运对这样一位天真可爱的小姑娘， ▢ 是那样的不公平。

39　工程师们是不是已经解决了这个技术上的难题？我们很想知道个 ▢▢▢ 。

40　有些话 ▢ 你我说一说，不要再让第三个知道了。

0417 > > > > >

咔嚓咔嚓
kāchākāchā

[의성] 찰칵찰칵. 우지직. 쨍그랑 = 喀嚓

没人举手，只有_____的照相声。
손드는 사람은 없고, 단지 찰칵찰칵 사진 찍는 소리만 났다.

0418 > > > > >

★
开始
kāishǐ

[동] ① 시작하다. 착수하다. ⇔ 结束　②〈开始 + 동사〉…하기 시작하다.
《固定式》〈从 + 명사(시간) + 开始〉…부터 시작하다.

从昨天晚上_____，她就在发烧。
어제 저녁부터 시작해서 그녀는 열이 나고 있다.

越来越多的人_____注意锻炼身体了。
갈수록 많은 사람들이 신체 단련에 관심을 가진다.

0419 > > > > >

★
看
kàn

[동] ① …을 보다 = 瞧　②…라고 보다. …라고 생각하다. (판단을 나타냄)
③ …에 달려있다.

我_____最好买鲜花和水果。
내가 보기엔 생화와 과일을 사는 게 제일 좋겠다.

问题已经讲得很明白了，大家讨论一下儿，_____怎么办吧。
문제는 충분히 설명했으니, 어떻게 하는 게 좋을지 여러분 토론해 봅시다.

公司能不能起死回生，就_____新任经理闯得出闯不出 一条新路了。
회사가 기사회생 할 수 있을지 없을지는, 신임사장이 새로운 활로를 개척해 낼 수 있는지 없는지에 달려있다.

0420 > > > > >

看不完
kànbuwán

동 다 볼 수 없다. = 看不了 ⇔ 看得完

这么多的内容，一个晚上恐怕_____。
이렇게 많은 내용은, 하루저녁에는 아마도 다 볼 수는 없을 것이다.

0421 > > > > >
★

看见
kànjiàn

동 (우연히) 보다. 보이다. 눈에 띄다.

관련예문 · 碰见 (우연히 만나다.)
· 听见 (들리다.)

从火车上走下来的时候，我_____老师和同学们都来欢迎。
기차에서 내렸을 때, 나는 선생님과 학우들이 환영 나온 것을 보았다.

0422 > > > > >
*

看起来
kànqǐlái

동 보아하니. 보기에. = 看来

我们所做的_____是小事，但它却影响着整个产品的声誉。
우리가 한 일이 보기엔 작은 일이지만, 오히려 전체 생산품의 명성에 영향을 주고
있다.

0423 > > > > >

看上去
kànshàngqù

동 (외관·표정 등을) 자세히 보다.

관련예문 · 看上 (마음에 들다. 반하다.)

_____他表情平静，其实他心里很激动。
그의 표정은 평온해 보이지만, 사실 마음속은 격동하고 있다.

正在打长拳的那位老先生_____六十多岁了，但身体非常健康。
지금 장권을 하고 있는 그 어른을 보면 60여세가 되었지만, 몸은 대단히 건강하다.

0424 > > > > >

☆

考虑考虑
kǎolùkaolü

동 - 중첩형 좀[한번] 깊이 생각하다[심사숙고하다]. = 考虑一下 ☞ 打扫打扫

回去以后, 你＿＿＿＿同学们的建议, 明天我们再研究。
돌아가서, 너의 급우들의 건의를 심사숙고해서, 내일 우리 다시 연구해 보자.

我回去以后＿＿＿＿, 明天再做决定。
나는 돌아가서 깊이 생각해 보고, 내일 다시 결정하겠다.

0425 > > > > >

**

考验
kǎoyàn

명 시련. = 经历

관련예문 • 经得起考验。(시련을 견딜 수 있다.)

这次挫折他能否承受住是对他意志的一次＿＿＿＿。
이번 좌절을 그가 받아들일 수 있고 없고는 그의 의지에 있어서의 한차례 시련이다.

0426 > > > > >

☆

靠
kào

동 ① 의지하다. 의거하다.   ② 기대다. 믿다. 신뢰하다.   ③ 접근하다. 붙어있다.

관련예문 • 靠自己的努力。(자신의 노력에 의지하다.)
• 靠不住 (믿을 수 없다.)
• 靠右边行走。(오른쪽으로 붙어서 다녀라.)

30元不多, 可对＿＿＿＿给别人做衣服, 家境贫寒的袁姨来说, 却是笔很大的数目。
30원이 많은 것은 아니다, 사람들에게 옷을 지어주며 사는 가정형편이 어려운 袁 아주머니에게 있어서는 큰 액수이다.

0427 > > > > >

☆

颗
kē

양 〈수사 + 颗 + 명사〉알. 방울. (탄알·마음 등 작은 알맹이 모양의 것을 세는 단위)

我们年轻人都有一＿＿＿＿火热的心。
우리 젊은이들은 모두 열화와 같은 마음이 있다.

0428 > > > > >

☆

可
kě

부 ①〈……, 可 + 주어 + 술어〉그러나. …지만. (역접을 나타냄) = 但(是) = 可是   ②〈可 + 형용사 + 了〉;〈可 + 不 + 형용사〉;〈可 + 别 + 동사 + 了〉정말. (강조를 나타냄)   ③〈주어 + 可 + 是 + 명사〉정말. (강조를 나타냄)

관련예문
- 可真大啊! (정말이지 크구나!)
- 可别忘了。 (제발 잊지마라.)
- 他可是主任呢。 (그가 정말로 주임이라네.)

我本想走了, _____ 他却一再挽留我。
나는 원래 가고 싶었지만, 그는 재삼 나를 만류했다.

他虽然成绩优秀, 但他 _____ 不骄傲。
그는 비록 성적이 우수하지만, 그는 결코 교만하지 않다.

回去后你 _____ 别忘了给我邮来茶叶啊!
돌아간 후에 내게 차를 부쳐 주는 것을 제발 잊지 말아라!

我 _____ 受不了每次一动不动地坐两个钟头。
나는 매번 몇 시간 동안 꼼짝도 않고 앉아 있는 건 견딜 수가 없다.

你跟小韩聊聊吧! 她说英语说得 _____ 好啦!
너 小韩과 이야기 좀 해봐! 그녀의 영어 실력은 대단해!

我那时的学习、生活条件 _____ 比你差多了。
나의 그 당시 공부와 생활 조건이 너보다 많이 못했지.

做完功课, 累极了, _____ 他心里是高兴的。
공부를 끝내고서, 대단히 피곤했지만, 마음속으로는 기뻤다.

学好汉语 _____ 不容易, 非下一番苦功夫不可。
중국어를 잘하는 건 쉽지 않지만, 한판 힘들여 공부하지 않으면 안 된다.

陈老师很喜欢小孩子, _____ 自己却没有生过一个。
陈선생님은 아이들을 좋아하지만, 자신은 한 명도 낳아 본적이 없다.

他说以后要好好干, _____ 他的话谁知是真是假呢?
그가 앞으로는 잘 하겠다고 말했지만, 그의 말이 진짜인지 가짜인지 누가 알리요?

今天晚上的聚会咱们 _____ 说死了, 谁也不许迟到。
오늘 저녁 집회에 누구도 늦어선 안 된다고, 우리끼리 딱잘라 말했다.

我下班后常去的那自由市场, 那里 _____ 买的东西很多。
나는 퇴근 후에 종종 자유시장에 갔는데, 거기엔 살만한 물건이 많다.

做这么多菜, 在你看来很容易; 在我看来 _____ 是一个很大的负担。
이렇게 많은 음식을 만드는 것이, 너에겐 쉬운 것처럼 보이지만; 내가 보기엔 큰 부담이다.

中国人问你去哪儿, 是在和你打招呼, _____ 不是在干涉你的隐私, 有什么好生气的?
중국인이 너에게 어디 가냐고 묻는 것은, 너와 인사하는 것이지, 너의 사생활을 간섭하는 것이 아니다, 그러니 화낼게 뭐 있니?

0429 > > > > >

**

可见
kějiàn

…임을 알 수 있다. ▶ 只见(…만 보일 뿐이다.)

那家餐厅的顾客总是特别多, _____那里的菜很好吃。
그 식당엔 손님이 항상 많은데, 그 곳의 음식이 맛있다는 걸 알 수 있다.

0430 > > > > >

☆

可靠
kěkào

형 믿을 만하다. 신뢰할 수 있다.

这个人很_____, 我们可以充分信任他。
이 사람은 믿을 만해서, 우리는 그를 충분히 신임할 수 있다.

0431 > > > > >

☆

可怜
kělián

형 ① (수량이나 질이) 한심하다. 초라하다. ② 불쌍하다. 가엽다. ③ 가엽게 여기다. 불쌍히 여기다.

我的零花钱每个月50元, 比起别的同学每个月200元的零花钱, 它少得_____。
내 용돈은 매달 50원 인데, 다른 학생의 매달 200원의 용돈과 비교하면 참 초라하다.

0432 > > > > >

★

可能
kěnéng

부 아마 (…일지도 모른다). = 也许 명 가능성.

관련예문
• 他可能会来。 (그는 아마 올 것이다.) ☞ 恐怕
• 有可能 (가능성이 있다.)

这筐苹果的分量_____跟那筐一样重。
이 사과 광주리의 분량은 저 광주리와 아마 같은 무게일거야.

他说学汉语_____是他生活中最大的乐趣。
그는 중국어를 배우는 것이 아마도 그의 생활 중 최대의 기쁨일 것이라고 말한다.

他说看电视_____是他生活中最大的乐趣。
그는 TV를 보는 것이 그의 생활 중의 가장 큰 기쁨일 것이라고 말한다.

听说你明天晚上_____要去参观展览, 是吗?
듣자하니 당신은 내일 저녁 아마도 전람회 구경하러 갈 것이라고 하던데 그런가요?

那种衣服虽然好看, 但价格太贵, _____销售量不会太大。
저 옷은 비록 보기엔 좋지만, 가격이 너무 비싸서, 판매량이 아마도 그리 많지 않을 것이다.

0433 > > > > >

******

可惜
kěxī

부 애석하게도. 아깝게도.　**형** 애석하다. 아쉽다. 유감스럽다.

我差点儿就买到了球票, ＿＿＿排在我前边的那个人把最后几张票都买走了。

내가 축구표를 거의 살 뻔했는데, 아깝게도 내 앞에 줄을 섰던 사람이 마지막 남은 몇 장의 표를 모두 사가버렸어.

0434 > > > > >

*****

可以
kěyǐ

조동 〈可以 + 동사〉 ① …할 수 있다. (가능을 나타냄)　▶〈不可以不 + 동사〉 (…하지 않을 수 없다.)　② …해도 좋다[된다]. (허가를 나타냄)

형 좋다. 괜찮다. ＝ 好 ＝ 行 ＝ 成

这样处理, ＿＿＿达到人人满意了吧?
이렇게 처리하면, 사람마다 모두 만족할 수 있겠지?

目前我还不知道你可不＿＿＿提前回国。
지금은 네가 앞당겨 귀국할 수 있을지 나는 아직 잘 모르겠다.

我自信我＿＿＿成为一个有作为的优秀人才。
나는 내가 뭔가 이룰 능력이 있는 우수한 인재가 될 수 있다고 확신한다.

在这里你＿＿＿欣赏到少数民族优美的舞蹈。
여기서 너는 소수민족의 아름다운 무용을 감상할 수 있다.

在这个美术馆里总有一些水平较高的画＿＿＿使人赞叹不已。
이 미술관에는 항상 수준 높은 그림들이 있어 사람들이 감탄해 마지않는다.

我们把那间房让出来, 你们夫妻以后就＿＿＿在那儿住下来过日子。
우리가 그 방을 넘겨줄 테니, 너희들 부부는 앞으로 그곳에서 살아가면 된다.

＿＿＿想象, 在这么物质匮乏的地方, 能乐观地生活的人, 精神是多么地强韧。
이렇게 물질이 부족한 곳에서, 낙관적으로 생활할 수 있는 사람은, 정신이 얼마나 강인한지 상상할 수 있다.

0435 > > > > >

******

客套
kètào

명 인사치레 말. 의례적인 말.

我们常来常往的, 没有那么多的＿＿＿。
우리는 자주 왕래하는 사이라서 그렇게 많은 인사치레는 없다.

0436 > > > > >

☆

肯
kěn

조동 〈肯 + 동사〉 기꺼이…하다. 곧잘…하다.

관련예문 • 怎么也不肯来 (어떻게 해도 안 오려고 한다.)

这个孩子每天必须在学校做完作业才＿＿＿回家。
이 아이는 매일 학교에서 숙제를 다 해야만 집에 돌아 가려한다.

0437 > > > > >

☆

肯定
kěndìng

부 틀림없이. 꼭. = 一定

她说晚上要来, 就＿＿＿能来。
그녀가 저녁에 오겠다고 말하면, 틀림없이 올 수 있을 거야.

0438 > > > > >

☆

恐怕
kǒngpà

부 아마 …일 것이다. …일까 걱정이다. (나쁜 결과를 예상해서) ☞ 也许；可能

现在这么晚了, ＿＿＿街上没有公共汽车了。
지금 시간이 이리 늦었는데, 거리에 버스가 없을까 걱정이네.

你再不努力学习, ＿＿＿就要成为留级生了。
너는 더 이상 열심히 공부하지 않으면, 아마도 유급생이 될 것이다.

0439 > > > > >

★

口
kǒu

양 ① 〈수사 + 口 + 명사〉 식구. 마리. 자루. (사람·돼지·칼·음식·호흡과 관련한 것을 세는 단위) // 三口人 (세 식구)
② 〈동사 + 一 + 口〉 모금. 입.
③ 〈一 + 口 + 명사(언어)〉 (입과 관련한 기능이나 능력을 표현하는 경우에 쓰임)
《固定式》 一手好菜 (솜씨 있는 요리) // 一身功夫 (훌륭한 무예) // 一身红色的运动服 (몸에 온통 빨간색의 운동복을 입다.) // 一头长发 (긴 머리)

관련예문 • 吃一口 (한 입 먹다.)
• 喝一口 (한 모금 마시다.)
• 一口流利的汉语 (유창한 중국어)
• 他会说一口汉语。 (그는 중국어를 할 줄 안다.)
• 一口气 (한 숨. 단숨에.)

他能说一_____正宗的北京话。
그는 정통 北京어를 할 줄 안다.

他心里憋了一_____气，这次考试一定争取第一名。
그는 속으로 울분을 참고, 이번 시험에 반드시 1등을 하리라고 했다.

0440 > > > > >

★

快
kuài

부 ① 빨리. 어서. 얼른.
② 〈快要 + 동사 + 了〉곧[머지않아] …하다. = 〈就要 + 동사 + 了〉

听到这个消息，他兴奋得_____要晕过去了。
이 소식을 듣고 그는 기절할 만큼 흥분했다.

丽丽，_____把这件衣服试试，不然我就给芳芳了。
丽丽, 빨리 이 옷 좀 입어봐, 그렇지 않으면 芳芳에게 줄 거야.

四十五分钟过去了，课_____结束了，我就可以吃午饭了。
45분이 지나면, 수업이 곧 끝나니, 나는 점심을 먹을 수 있게 된다.

0441 > > > > >

快乐
kuàilè

형 즐겁다. 유쾌하다. = 快活

春节放假的几天，我过得很_____。
설 연휴 몇 일간을, 나는 정말 즐겁게 보냈다.

0442 > > > > >

**

况且
kuàngqiě

접 하물며. 게다가. 더구나. = 而且 ☞ 何况

我们一定能按时赶到，因为我们出来的早，_____我们还有汽车呢！
우리가 일찍 나온데다가 차도 있으니 우리는 분명 제시간에 도착할 수 있을 거야!

0443 > > > > >

*

亏
kuī

부 …이라면서[이면서도]. 유감스럽게도. (문두에 쓰임)

_____你还是医科大学毕业的，这么个小病都治不好。
너는 의과대학을 졸업했다면서 이리 하찮은 병도 고치지 못해.

0444 > > > > >

★

困难
kùnnan

명 어려움.　형 어렵다. (생활이) 쪼들리다. 곤궁하다.

관련예문 ・ 艰难 ([지난날은] 아주 힘들다. 아주 어렵다.)

给韩国学生上课, 对不会韩语的我来有些＿＿＿＿。
한국 학생들에게 수업을 해 주는 것이, 한국어를 할 줄 모르는 나에게 있어서는 좀 어렵다.

시험에 나오는 중국어 단어 · 숙어

0445 > > > > >

★

来
lái

동 ① 〈来 + 동사〉…하러 오다.
② 〈来 + 장소〉…에 오다.　☞ 去
③ 자! 그러면. (문두에서 단독으로만 쓰이며, 화제를 바꾸는 경우에 사용)
④ (구체적인 동사 대신 사용함)
⑤ 〈동사 + 来〉…하니. …보니.
⑥ 〈来 + 동사 + 목적어〉 = 〈동사 + 목적어 + 来〉…하러오다.[중국어의 동사 표현에서 두 개의 동사가 연동되어 있는 경우 특히 '来'가 있을 때는 발생하는 순서에 따라 배열한다.] ('동사 + 목적어 + 来 + 了'의 형식은 구어체[대화체]에서 습관적으로 통용되고 있음.)
⑦ 〈동사 + 목적어(구체적인 사물 · 사람) + 来〉 = 〈동사 + 来 + 목적어(구체적인 사물 · 사람)〉…하고 온다.(*목적어는 반드시 수량사가 오거나 지시사와 결합한 구체적인 명사여야 한다)
⑧ 〈来 + 장소 + 동사〉 = 〈到 + 장소 + 来 + 동사〉…하러 장소에 오다.
⑨ 〈동사 + 到 + 장소 + 来〉…로 …해 오다.
⑩ 〈来 + 동사(구체적인 행위)〉 (적극적인 의미를 나타냄)
조 (앞의 수보다 약간 작거나 약간 많은 경우에 씀)
① 〈수사 + 양사 + 来 + 명사〉(10이하의 수에 쓰임) 쯤.

② 〈수사 + 来 + 양사 + 명사〉(10이상의 수에 쓰임) 쯤.

《固定式》　① 〈起来〉(일어나다.)

② 〈从 + 장소 + 来〉(…에서 오다.) ⇒ 我从北京来。= 我来自北京。(나는 북경에서 왔다.)

③ 〈上[下/进/出/过/回]来〉(올라[내려/들어/나오/지나/돌아]오다.)

④ 〈동사 + 上[下/进/出/过/回] + 장소 + 来〉(…에 올라[내려/들어/나오/지나/돌아]오다.) ⇒ 走进来(걸어 들어가다.)

⑤ 〈上[下/进/出/过/回] + 목적어(사물) + 来〉= 〈上[下/进/出/过/回] + 来 + 목적어(사물)〉= 〈把 + 목적어(사물) + 上[下/进/出/过/回] + 来〉(*목적어는 반드시 수량사가 오거나 지시사와 결합한 구체적인 명사여야 한다) ⇒ 拿出照相机来=带出来一台照相机 (카메라를 가지고 나오다)

⑥ 〈장소 + 来 + 了 + 주어(사람)〉(…에 주어가 왔다.)[존재 출현문]

관련예문

- 来看 (보러오다.)
- 来商店 = 到商店来 (상점에 오다)　☞ 去
- 来来来, 我们吃饭吧。(자, 자, 우리 식사합시다.)
- 来杯啤酒。(맥주 한 잔 주세요.) = 我要一杯啤酒。
- 看来 (보아하니.) = 看起来
- 听来 (듣자하니) = 听起来
- 来买。(사러오다.) ⇒ 买回来了。(사가지고 돌아왔다.)　☞ 来⑤
- 来吃饭。(밥 먹으러 오다.) ⇒ 吃饭来了。(밥 먹으러 왔다.)
- 来买东西。(물건을 사러오다.)

  ⇒ 买东西来了。(물건을 사러 왔다.)
- 来帮助他。(그를 도와주러 오다.)

  ⇒ 帮助他来了。(그를 도와주러 왔다.)

  * 吃来饭[×]　　* 买来东西[×]
- 拿照相机来 = 拿来这台照相机

  = 把这台照相机拿来 (카메라를 가지고 온다.)
- 来带照相机。(카메라를 가지러 온다.)　☞ 去②
- 带她来了。(그녀를 데리고 왔다.)

  ⇒ 来带她。(그녀를 데리러 오다.) * 带来他[×]
- 来商店买东西。(물건을 사러 상점에 온다.) = 到商店来买东西。
- 走到教室来。(교실로 걸어오다.)

  ⇒ 往教室走来 (교실 쪽으로 걸어오다)

  * 到教室来走[×]　　* 到教室走来[×]　　*走到来教室[×]

- 跑到医院来 (병원으로 뛰어오다.)
  ⇒ 往医院跑来 (병원 쪽으로 달려오다.)
- 到医院来跑 (병원에 와서 뛴다.)
  *来到医院跑 [×]   *到医院跑来 [×]   ☞ 去
- 让我来介绍一下。 (제가 좀 소개드리겠습니다.)
- 我来看看。 (제가 좀 봐드리죠.)
- 十多个人 (11~15명의 사람)
- 十来个人 (8~12명의 사람)
- 十几个人 (11~19명의 사람) ☞ 多
- 站起来。 (일어서다.)
- 想起来了。 (생각이 난다.)
- 走进教室来 (교실로 걸어 들어가다.)   * 走进去教室 [×]
- 把这台照相机带出来。 (이 카메라를 가지고 나오다.)   ☞ 去
- 我家来了一个外国人。 (우리 집에 한 외국인이 왔다.)

西安我去过10＿＿＿趟。
西安을 나는 10여 차례 갔다 왔다.

他一天跑了30＿＿＿里路。
그는 하루에 30여 리 길을 달렸다.

我从书店买＿＿＿了四本书。
나는 서점에서 책 4권을 사 왔다.

叔叔买了6米＿＿＿长的电线。
아저씨는 6m 정도 길이의 전선을 샀다.

那孩子生下来才4斤＿＿＿重。
그 아이가 태어날 때 겨우 4근 정도 나갔다.

从我家到学校要一个＿＿＿小时。
우리 집에서 학교까지 1시간쯤 걸린다.

来参观的只有一百十＿＿＿个人。
견학 온 사람은 백 십여 명쯤 뿐이다.

我们家昨天＿＿＿了修理电冰箱的。
우리 집에 어제 냉장고 수리하는 사람이 왔다.

这种灯泡很便宜, 才一块＿＿＿钱。
이런 전등은 값이 싸서, 겨우 1원정도 한다.

上课了, 老师快步走进教室＿＿＿。
수업이 시작되어, 선생님은 빠른 걸음으로 교실로 들어오신다.

是我姐夫陈雪锋叫我＿＿＿＿告诉你们的。
내 형부 陈雪锋이 나를 시켜 너희에게 알려 주게 한 것이다.

上级决定增加两个人＿＿＿＿管理班车。
상급기관에선 두 사람을 증원하여 통근차를 관리하도록 결정했다.

他是从汉城特意＿＿＿＿北京看展览会的。
그는 서울에서 일부러 전람회를 보려고 북경에 온 것이다.

她一个七十＿＿＿＿岁的老人, 承受得起吗?
그녀는 70여세의 노인인데, 견뎌 낼 수 있을까?

我已经发传真通知他今天下午＿＿＿＿面谈了。
나는 이미 그에게 오늘 오후에 면담하러 오라고 팩스를 보내 알려줬다.

文章不长, 只两千＿＿＿＿字, 但内容却很生动。
문장은 길지 않고, 2천자쯤뿐이지만 내용은 오히려 생동감이 있다.

杨书记两次＿＿＿＿电话了, 要她赶快到单位报到。
杨서기가 몇 차례 전화해서, 그녀가 빨리 부서로 보고하라고 했다.

运气好的时候, 他能钓上几条尺＿＿＿＿长的大鱼。
운이 좋을 땐 그는 몇 척쯤 되는 대어를 낚을 수 있다.

快把外国朋友请＿＿＿＿, 让他们和我们共同欢度节日。
빨리 외국친구를 초대해라, 그들과 우리가 함께 명절을 보내게 말이야.

这次到中国学习, 一直在北京大学学习了三个＿＿＿＿月。
이번 중국에 가서 공부할 때, 줄곧 北京대학에서 3개월쯤 공부했다.

遍地的高粱红了的时候, 丽丽家＿＿＿＿了一个俊俏的小伙子。
곳곳에 수수가 익었을 때, 丽丽의 집에 한 준수한 젊은이가 왔다.

0446 > > > > >

☆

来得及
láidejí

동 늦지 않다. 아직 시간이 있다. = 有时间 ⇔ 来不及 = 没来得及 = 没有时间

小英刚到家, 还没＿＿＿＿吃饭, 就被朋友叫走了。
小英이 막 집에 도착해서, 아직 밥 먹을 겨를도 없이, 친구에게 불려갔다.

我刚进屋, 还没＿＿＿＿放下皮包, 电话铃就响了。
내가 막 집에 들어서서, 아직 가방도 내려놓을 틈도 없이, 전화벨이 울렸다.

0447 > > > > >

☆

来自
lái zì

동 …에서 오다. [自 = 从(…에서. …로부터)]

我是＿＿＿中国的汉语老师。
나는 중국에서 온 중국어 선생이다.

欢迎＿＿＿全国20多个省市的中学教师。
전국 20여 개 성시에서 온 중등 교사를 환영합니다.

0448 > > > > >

★

劳
láo

동 일하다. 노동하다.

관련예문　• 代劳 (…대신 일을 처리하다.)

今天他没来, 我可以为他代＿＿＿吗?　—— 你就别管了。
오늘 그가 안 왔으니, 내가 그를 대신하여 일해도 됩니까? —— 너는 관여치 마라.

0449 > > > > >

**

牢牢
láoláo

부 확실히. 뚜렷이.

每个人都应＿＿＿记住, 失败是成功之母。
사람마다 확실히 기억해야 한다, 실패는 성공의 어머니란 사실을.

0450 > > > > >

★

老
lǎo

부 늘. 항상. 언제나. = 老是 = 总是

孩子在奶奶家生活得很好, 你不要＿＿＿惦记他。
아이는 할머니 집에서 잘 지내고 있으니, 너는 그를 자꾸만 염려치 마라.

这几天他＿＿＿惦记着妈妈的病怎么样了, 别的什么心思也没有。
요 며칠 그는 엄마의 병세가 어떤지 항상 걱정스러워, 다른 어떤 생각도 없다.

我们不管那么多, 我们不能让我们的学生＿＿＿闲着不上课。
우리는 그런 건 상관없이 우리 학생들이 늘 한가로이 공부하지 않도록 할 수는 없다.

0451 > > > > >

★

了
le

조 ① ⟨동사 + 了⟩ …했다. (완료를 나타냄) ☞ 了 liǎo 不得 ; 吃不了 liǎo
② ⟨동사1 + 了 + 동사1⟩ 잠시[한번] …했다.
③ ⟨不 + 동사 + 了⟩ : ⟨명사 + 了⟩ : ⟨형용사 + 了⟩ ([이제는]…하게 되었다.) (상황 · 상태의 변화를 나타냄)
④ ⟨…… 了, 就……⟩ …하고 바로 …하다. (미래 완료를 나타냄)

《固定式》 ① ⟨已经 + 동사 + 了⟩ ⇒ 我已经毕业了。(난 벌써 졸업했다.)
② ⟨동사 + 보어[光/到/完] + 了⟩ ⇒ 吃光了(깨끗이 다 먹었다.)
③ ⟨快要 + 동사 + 了⟩ ⇒ 快要下雨了。(곧 비가 내린다.)
④ ⟨该…… 了⟩…의 차례다.
⑤ ⟨可以…… 了⟩이제 …해도 된다.
⑥ ⟨太…… 了⟩아주[참] …하다.
⑦ ⟨…… 了…… 再……⟩…을 마치고 나서 …하다.
⑧ ⟨…… 了……, 然后……⟩…을 마치고 난 후에 …하다.

관련예문
- 吃了 (먹었다.)
- 看了看 (한번 보았다.)
- 她漂亮了。(그녀는 예뻐졌다.)
- 不工作了。(직장 그만뒀다.)
- 好了! (됐어. 그만해.) ▶ 好的！(좋았어.)
- 我们吃完饭了, 就走。(우린 밥 먹고 바로 떠난다.)
- 听到了 (들었다.)
- 写完了 (다 썼다.)
- 该你了！(네 차례야.)
- 你可以走了。(너는 그만 가도 좋다.)
- 太好了！(잘 됐어.)

现在已经是秋天＿＿＿。
이제 벌써 가을이 되었다.

他说做完＿＿＿作业想去网吧。
그는 숙제를 다 끝내고 PC방에 가겠다고 한다.

我没说过吃＿＿＿饭就去听京剧。
나는 밥 먹고 나서 경극 보러 간다고 말 한적 없다.

摆＿＿＿这个冰箱, 还有地方吗?
이 냉장고를 들여 놓다니, 장소가 있을까?

等我吃＿＿＿饭再陪你逛商场吧。

나 밥 먹은 후에 당신과 백화점 구경 가지요.

今天我想做＿＿＿作业就去打网球。
오늘 나는 숙제를 하고 나서 테니스 치러가고 싶다.

这雨连续下＿＿＿半个多月没停过。
이 비는 보름 넘게 쉬지 않고 내렸다.

今天我想吃＿＿＿晚饭就去公园散步。
오늘 나도 저녁 식사 후 공원에 산보하러 가고싶다.

天就要下雨＿＿＿, 等一会儿再走吧。
곧 비가 올 것 같으니, 조금 있다가 갑시다.

到＿＿＿广州你可以尝一尝纯正的粤菜。
广州에 가야 당신은 진정한 广东음식을 맛 볼 수 있다.

因为工作忙耽误＿＿＿休息是常有的事。
업무가 바빠서 휴식을 그르치는 것은 항상 있는 일이다.

30多岁的人了, 性格变不了＿＿＿。
30세가 넘은 사람인데, 성격은 변할래야 변할 수 없다.

他见我沉默不语了, 也就不再说＿＿＿。
그는 내가 아무 말하지 않는 걸 보곤, 다시는 말하지 않았다.

来中国两年＿＿＿, 我还从没吃过饺子。
중국에 온지 2년이 되었는데, 나는 아직 한번도 만두를 먹어 본적이 없다.

你估计估计已经读完＿＿＿多少篇文章。
너는 이미 얼마만큼의 문장을 읽었는지 추정해 보아라.

现在我们班已经开始上第四节课＿＿＿。
지금 우리 반은 이미 제4교시 수업을 시작했다.

这些衣服太旧了, 该处理处理＿＿＿。
이 옷들은 너무 낡아서, 처리되어야 한다.

星期日我有事, 不能去参观展览＿＿＿。
일요일에 난 일이 있어서, 전람회 구경 갈 수가 없게 되었다.

明天我们吃＿＿＿午饭以后上北海公园。
내일 우리는 점심 식사 후에 北海公园에 간다.

今天工作忙, 比平常晚走＿＿＿半个小时。
오늘 일이 바빠서, 평상시 보다 30분 늦게 갔다.

听说那儿出＿＿＿问题, 你去解决一下儿。
거기에 문제가 생겼다던데, 네가 가서 해결해라.

我看见他好多次_____，他老从那儿上车。
난 그를 여러 차례 만났는데, 그는 항상 거기서 차를 탄다.

今天的冷饮真好喝，我们都喝光_____。
오늘의 음료수는 정말 맛있어서 우리는 몽땅 마셔 버렸다.

他已经五十多岁_____，还能学好外语吗？
그는 이미 50세가 넘었는데, 아직도 외국어를 제대로 배울 수 있을까?

你跟他相处久_____，会发现他对人很热情。
당신은 그와 오래 사귀었으면, 그가 사람들에게 아주 친절하다는 걸 발견할 것이다.

妈妈告诉小明，做完_____作业就带他去玩。
엄마는 숙제를 다 하면 그를 데리고 놀러간다고 小明에게 말했다.

看到电视上的新闻，大家都大吃_____一惊。
TV뉴스를 보고 모두들 대단히 놀랐다.

他怀着了解中国的愿望来到_____北京大学。
그는 중국을 이해하겠다는 바램을 품고 북경대학에 왔다.

明天的计划是游览_____北海再去参观亚运村。
내일 계획은 북해를 관광한 후 아시안게임 선수촌을 참관하는 것이다.

他送给我一本精美的画册，我欣然接受_____。
그가 나에게 정말 아름다운 화첩을 보내 줘서, 나는 기쁘게 받았다.

看到家乡发生_____很大变化，真令我高兴。
고향의 큰 변화를 보고 정말 나는 기뻤다.

老师的番指点，使我明确_____努力的方向。
선생님의 지적은, 나로 하여금 노력해야할 방향을 명확하게 해 주었다.

今天我感冒了，所以不能跟你们一起喝酒_____。
내가 오늘 감기 걸려서, 너희들과 같이 술 마실 수가 없게 되었다.

我给张小虎打_____好几次电话，可他总是不在家。
나는 여러 차례 张小虎에게 전화했는데, 그는 항상 집에 없다.

楼下邻居听说我丢车_____，热心地帮我到处去找。
아래 층 이웃이 내가 차를 잃어 버렸다는 걸 듣곤, 열심히 나를 도와 곳곳을 찾아 다녔다.

大伙儿你一言，我一语，议论起_____昨天的球赛。
다들 너 한마디, 나 한마디하며, 어제의 구기시합에 대해 의론이 일어났다.

他下班以后，就骑上自行车到朋友家聊天去_____。
그는 퇴근 후, 자전거를 타고 친구 집에 이야기하러 갔다.

昨天，我和他谈＿＿＿谈去英国参观访问学校的体会。
어제, 나와 그는 영국에 가서 학교를 방문한 체험을 얘기했다.

这些客人想先登＿＿＿长城，然后再去西安看兵马俑。
이 손님들은 먼저 만리장성에 오른 다음에, 다시 西安에 가서 병마용을 보고 싶어 한다.

我和丈夫已经结婚两年＿＿＿，我们打算明年要个孩子。
나와 남편은 결혼한 지 2년이 되었는데, 우리는 내년에 아이를 가질 계획이다.

他辞别＿＿＿父母，拿起背包，骑上马，向着远方走去。
그는 부모와 헤어져, 배낭을 들고, 말에 올라, 먼 곳을 향해 갔다.

这些外国游客想先登＿＿＿长城，然后再去颐和园看看。
이 외국관광객들은 먼저 만리장성에 오른 다음에, 그 후에 颐和园을 보고 싶어 한다.

上星期六，我们和老师谈＿＿＿谈我们班现在存在的问题。
지난주 토요일에, 우리는 선생님과 우리 반에 현재 존재하는 문제를 이야기했다.

她坚持要他告诉她到底得＿＿＿什么病，否则她决不离开。
그녀는 한사코 자기가 무슨 병에 걸렸는지를 그에게 알려주기를 요구하며, 그렇지 않으면 떠나지 않겠다고 한다.

每当她回忆起过去的那段经历，心里就充满＿＿＿幸福。
그녀는 매번 과거의 그 경험이 되살아 날 때마다, 마음속이 행복으로 가득 찼다.

上星期我们看＿＿＿好几部电视剧，其中有一部电视剧特别精彩。
지난주에 우리는 여러 편의 드라마를 보았는데, 그 중에 한편은 특히 재미있었다.

我看过这部电影，今天晚上要复习功课就不去＿＿＿，你自己去吧。
나는 이 영화를 봤어, 오늘밤엔 복습해야하니 안 갈래, 너 혼자 가렴.

她妈妈从青岛寄来一包花生米，她又可以吃到山东的花生米＿＿＿。
그녀의 어머니는 청도로부터 땅콩을 한 봉지 보내 와서, 그녀는 또 산동의 땅콩을 먹을 수 있게 되었다.

在北大学习期间，我认识＿＿＿不少在语言学方面卓有成就的知名学者。
북경대학에서의 수학기간 중, 나는 많은 언어 면에서 탁월한 성취를 이룬 지명도 있는 학자들을 알게 되었다.

0452 > > > > >

******

冷静
lěngjìng

형 침착하다. (태도 · 사고 · 두뇌 등을 나타냄) 부 ⇒ 冷静地(냉정하게)

관련예문 • 沉着 (침착하다.[언행. 태도. 사람됨 등을 나타냄])

你一定要＿＿＿地考虑问题，才能想出好办法来。
너는 반드시 냉정하게 문제를 고려해야만, 좋은 방법을 생각해 낼 수 있다.

0453 > > > > >

★

离
lí

전 〈离 + 시간〉: 〈离 + 장소 + 远[近]〉…에서. …로부터 (멀다[가깝다]).

这儿＿＿＿天安门有多远啊？
여기서 천안문까지 얼마나 멀어?

王丽用电脑的时候，眼睛＿＿＿屏幕太近了。
왕려는 컴퓨터를 사용할 때, 눈이 화면에서 너무 가깝다.

＿＿＿开馆的时候时间还早呢，我们可以逛到商店去看看。
개관 시각까지는 아직 일러, 우리는 상점에 가서 좀 돌아보면 되겠다.

0454 > > > > >

★

里
lǐ

명 ① 〈장소[사물] + 里 li〉: 〈在 + 장소 + 里 li〉…안(에). …속(에). 가운데(에).
② 〈수사 + 里〉리. (500m를 1里로 함.)

관련예문 • 里边 (안쪽)   • 背地里 (남몰래, 뒤에서)
        • 我在家里。 (나는 집에 있다.)
        • 书里有知识。 (책속에 지식이 있다.)

妈妈背地＿＿＿给儿子500元钱。
어머니는 남 몰래 아들에게 500원을 주었다.

在我的印象＿＿＿，故乡的山水很美。
나의 인상 속에 고향의 산수는 매우 아름답다.

0455 > > > > >

☆

理解
lǐjiě

동 (도리를) 이해하다. 잘 알다.

관련예문 • 了解 (잘 알다. 이해하다.)
        • 明白 = 懂 ([남의 말을] 이해하다.)
        • 知道 = 晓得 ([어떤 사실을] 알다.)
        • 认识 (사람을 알다.)

我真无法＿＿＿，她怎么会这样固执呢！
나는 정말 이해할 수가 없다, 그녀는 어찌 이리도 고집스러울까!

0456 > > > > >

☆
理由
lǐyóu

동 이유. 까닭. = 缘故

昨天安娜没来我家补课，说天气不好，这不成为一个＿＿＿＿。
어제 안나는 우리 집에 수업 결손을 벌충하러 오지 않았다. 날씨가 좋지 않아서라는데, 이건 이유가 되지 않는다.

0457 > > > > >

☆
连
lián

동 포함하하. 더하다. = 包括

전 〈连……都[也]……〉…조차도. …마저도. …까지도.

他长这么大，我＿＿＿＿一下都没打过他。
그가 이렇게 자랄 때까지, 내는 한번도 그를 때려 본 적이 없다.

弄坏了我的钢笔，＿＿＿＿句道歉的话也不说。
내 만년필을 망가뜨리고서, 한마디의 사과도 하지 않는다.

这次来北京很匆忙，＿＿＿＿故宫都没来得及去。
이번에 北京에 와서는 너무 바빠, 고궁에도 갈 시간이 없었다.

我的英语＿＿＿＿张英都不如，怎么能跟你比？
나의 영어는 张英만도 못한데, 어떻게 너와 비교하겠니?

他在单位上班的十年里，＿＿＿＿一天假都没请过。
그가 부서에 출근한지 10년간 하루도 휴가를 청한 적이 없다.

那时我＿＿＿＿自己都吃不饱，又怎么能帮助别人呢？
그 당시는 나 자신도 배불리 먹지 못했는데, 또 어찌 다른 사람을 도울 수 있었겠는가?

他拍着女儿，低声哼着＿＿＿＿他自己都不明白的调子。
그는 딸을 토닥거리며, 낮은 소리로 자신도 잘 알지 못하는 곡조를 흥얼거렸다.

得知自己的作品获得了第一名，小安高兴得＿＿＿＿眼泪都流出来了。
자신의 작품이 1등을 했다는 것을 알고, 小安은 눈물까지도 나올 정도로 기뻤다.

0458 > > > > >

☆
连……都……
lián……dōu……

접 …조차도. …마저도. …까지도.

钱带得太少了＿＿＿＿吃一顿饭的钱＿＿＿＿不够。
가진 돈이 너무 적어서 밥 한 끼 먹을 돈도 모자란다.

他对自己的女儿十分关心，＿＿＿＿她的书包他＿＿＿＿给收拾整理。
그는 자신의 딸에게 많은 관심을 갖고, 그녀의 가방조차도 그가 정리 해 준다.

0459 > > > > >

* 连……带……
lián ……dài……

…랑 …랑 모두. …에서 …까지 모두.

관련예문
- 连说带笑地 (말하고 웃음꽃을 피우면서)
- 连老带小 (노인에서 어린아이까지 모두)

_____西单商场_____图书大厦，我们都逛了一遍。
西单상가에다 도서건물까지 우리는 모두 한차례 돌아보았다.

0460 > > > > >

** 连……也……
lián……yě……

= 〈连……都……〉↑

刚来中国的时候，我_____一个朋友_____没有。
중국에 막 왔을 때, 나는 한 명의 친구조차도 없었다.

李老师很敬业，_____午休时候_____在为学生解答问题。
李선생님은 직업을 사랑하시어, 오후 휴식시간조차도 학생을 위해 질문에 대답하는데 쓰고 있다.

同学之间，如果_____这点信任_____没有，那还怎么相处呢？
동급생간에, 이런 믿음조차도 없다면, 어찌 서로를 대하겠는가?

刚毕业，一直找不到工作，那段时间我_____一顿饭菜_____没有吃过。

막 졸업한 후, 줄곧 일을 찾지 못해, 그 시간엔 나는 한 끼 식사조차도 먹을 수가 없었다.

0461 > > > > >

* 连连
liánlián

부 자꾸. 계속해서. 연신.

관련예문
- 继续 (계속하다.)

叔叔_____点头，表示同意。
삼촌은 연신 끄덕이며, 동의를 표시했다.

听了介绍后，他_____说到："太幸会了，太幸会了！"
소개를 받은 후, 그는 계속해서 말했다："이렇게 뵙게 되어, 영광입니다！"

195

0462 > > > > >

☆

恋爱
liàn'ài

명 **동** 연애(하다). = 相爱

관련예문 • 谈恋爱 (연애하다.)
• 做爱 (성교하다.)

正在＿＿＿的人都觉得很幸福。
한창 연애 중인 사람은 모두 행복함을 느낀다.

0463 > > > > >

☆

凉
liáng

형 서늘하다. 차다. ▶ 乘凉(서늘한 바람을 쐬다.)

관련예문 • 着凉 = 感冒 (감기에 걸리다.)

这么大的风多穿些吧, 别着了＿＿＿。
바람이 이리 심하니 옷을 많이 입어라, 감기 걸리지 말고.

0464 > > > > >

★

凉快凉快
liángkuai liángkuai

동 - 중첩형 (몸의 열을) 좀 식히다. 좀 바람을 쐬다.

관련예문 • 凉快 (서늘하다. 시원하다.) ☞ 打扫打扫

天太热了, 咱们开空调＿＿＿吧。
날씨가 너무 더우니, 우리 에어컨을 켜서 몸을 좀 식히자.

0465 > > > > >

★

辆
liàng

양 〈수사 + 辆 + 명사〉 대. (차량을 세는 단위) = 部

妈妈早就许过愿了, 等我工作以后, 就给我买＿＿＿最高级的轿车。
엄마는 일찍이 소원을 비셨는데, 내가 직장을 잡은 후, 나에게 최고급 승용차를 사준다고.

0466 > > > > >

了不得
liǎobude

형 ① 대단하다. 훌륭하다. 굉장하다. ☞ 不得了
② 큰일이다. 야단이다.(상황이 심각하여 수습할 방도가 없는 경우를 나타냄.)

这个人＿＿＿, 只要他看过的东西都能记住。
이 사람은 대단하다, 그는 한번 본 것은 모두 기억할 수 있다.

0467 > > > > >

★

了解
liǎojiě

(동) ① 〈了解+ 명사〉 잘 알다. 이해하다. [비교적 깊이 있고 구체적이며 전문적인 지식을 아는 경우에 쓰임]) ② 알아보다. ☞ 理解 ; 懂 = 明白

你是她的妈妈, 一定_____她。
너는 그녀의 엄마니, 분명히 그녀를 잘 이해한다.

你要和他交朋友, 就应该好好_____他。
네가 그와 사귀고 싶다면, 그를 잘 이해해야한다.

你不_____事情的经过, 怎么可以乱发表意见呢?
너는 일의 과정도 모르면서, 어떻게 함부로 의견을 내 놓을 수 있니?

每到商店, 他总要东瞧瞧西问问, 仔细地_____各种物品的价钱。
가는 상점마다, 그는 언제나 이리보고 저리 묻고 하기 때문에, 각종 물품의 가격을 자세하게 잘 알고 있다.

0468 > > > > >

☆

临
lín

(동) …에 임(박)하다. 막 …하려고 하다.

관련예문 • 临走时 = 临走的时候 (막 떠나려 할 때)

每天_____睡前, 他都要抽一支烟。
매일 잠자기 전에 그는 항상 담배를 한 대 피워야 한다.

0469 > > > > >

☆

临时
línshí

(명) 임시. ▶ 临时工(파출부) = 钟点工(파트 타이머)

관련예문 • 暂时 (잠깐. 잠시.)
• 短期 (단기)

张老师出了点儿事儿, 我_____决定给他代课。 [给 = 帮]
张선생이 일이 좀 생겨서, 내가 임시로 수업을 대신해 주기로 했다.

从外地到北京打工的人找到的都是_____工作。
외지에서 北京에 와서 일 하는 사람이 찾은 것은 모두가 임시직이다.

0470 > > > > >

零
líng

수 영. 공. 0.

관련예문 • 零钱 (잔돈. 용돈.)

620,400读作六十二万_____四百。
620,400은 육십 이만 영 사백이라고 읽는다.

小数15.0047应读作十五点_____零零四七。
소수 15.0047은 십오점 영영사칠이라고 읽어야 한다.

0471 > > > > >

令
lìng

동 〈令人 + 동사〉 …로 하여금 …하게 하다. = 叫 = 让 = 使

我们阅读过他不少出色的作品，曲折的情节生动的语言_____人耳目一新。
우리가 읽은 그의 많은 출중한 작품의 복잡한 줄거리 생동감 있는 언어는 사람들의 이목을 새롭게 한다.

0472 > > > > >

另
lìng

형 (범위 밖의) 다른. 그 밖의. **부** 따로.. 달리. 별도로.

你看，坐在沙发上聊天儿的那两个人，一个太胖，_____一个又太瘦。
당신 보세요, 소파에 앉아 이야기하는 저 두 명, 하난 너무 뚱뚱하고, 다른 하난 또 너무 말랐어.

0473 > > > > >

另外
lìngwài

부 달리. 그밖에. 따로. **형** 다른.

既然各位都去过长城了，我就_____再找一个机会吧。
기왕 모두 만리장성에 가 봤다면, 전 별도로 다른 기회에 가죠 뭐.

0474 > > > > >

☆ 流利
liúlì

형 (언어나 필체가) 유창하다. 거침이 없다.

관련예문 • 流畅 ([글·목소리 따위가] 유창하다. 매끄럽다.)

他虽然是一个外地人，却能说一口＿＿＿的北京话。
그는 비록 외지인이지만, 북경어를 유창하게 말한다.

0475 > > > > >

☆ 留一点儿面子
liú yīdiǎnr miànzi

체면을 좀 봐주다. ▶ 手下留情(사정을 봐주다.)

관련예문 • 留面子 ＝ 看面子 ＝ 给面子 (체면을 봐주다.) ⇔ 丢脸

老赵喜爱揭别人的短处，不给人＿＿＿。
老赵는 다른 사람의 단점을 들쳐 내길 좋아하는데, 체면을 조금도 봐주지 않는다.

0476 > > > > >

六亲不认
liù qīn bú rèn

형 친척도 몰라본다. 비인간적이다.

他这个人哪，脾气不好，一变脸就＿＿＿。
그 사람은, 성질이 더러워서, 화나면 친척도 몰라본다.

0477 > > > > >

★ 楼
lóu

명 건물. 빌딩

관련예문 • 上楼 (위층으로 올리가디.)
　　　　　 • 下楼 (아래층으로 내려가다.)

我刚进楼门，只见一个人急急忙忙地跑下＿＿＿来。
내가 막 건물에 들어설 때, 한사람이 급히 내려오는 것만이 보였다.

0478 > > > > >

陆续 (地)
lùxù(di)

부 잇달아. 계속하여. 끊임없이

관련예문 • 连续 ＝ 断续 (연속하다. 계속하다.) ☞ 继续

客人们＿＿＿地都到了，宴会该开始了。
손님들이 속속 다 도착해서, 연회는 곧 시작될 것이다.

0479 > > > > >

☆

略微
lüèwēi

부 조금. 약간. ⇒ 稍微(잠깐. 조금. 약간. [1음절 동사가 오는 경우는 뒤에 '一下', '一些', '一点儿'등을 취할 수 있음])

관련예문 • 稍微等一下 (잠깐 기다려라.)

你要＿＿＿打扮一下儿，准备接待来访的客人。
당신은 치장 좀 하고, 내방하는 손님 접대할 준비해야죠.

시험에 꼭 나오는 HSK 단어 · 숙어

0480 > > > > >

★

马上
mǎshàng

부 곧. 바로. 《固定式》〈马上就……〉☞ 就

总经理请你＿＿＿把这份计划送给他。
사장이 당신에게 이번 계획을 곧 바로 그에게 보내 달래요.

我恨不得＿＿＿把这个消息告诉全公司的人。
나는 이 소식을 전 회사 사람에게 곧 바로 간절히 알리고만 싶었다.

请坐好，火车＿＿＿就开了。
앉으세요, 기차가 곧 떠납니다.

0481 > > > > >

★

吗
ma

조 …까? (문 말에 쓰여 의문을 나타냄)

你不认为你这么办不好_____?
당신은 이렇게 처리하면 좋지 않다고 여기지 않습니까?

您已经有四十岁了_____? 真快。
당신이 벌써 40세가 되었습니까? 정말 시간이 빠르군요.

你不就是想早点下班_____? 我让你走就是了。
당신 일찍 퇴근하고 싶지 않으세요? 내가 보내드리면 되잖아요.

我要买这条裙子, 你买_____?
난 이 치마를 사고 싶은데, 당신도 살래요?

0482 > > > > >

★

嘛
ma

조 …해야지. (어떤 일이 이치상 본래 그러하거나, 그러한 이유가 명확한 경우에 쓰임)
《固定式》 ①〈多……嘛〉 ②〈该……嘛〉

汉字难写就多练_____, 大不了每天少睡会儿就是了。
한자가 쓰기 어려우면 많이 써 봐야지, 기껏해야 매일 잠 좀 덜자면 될걸.

既然你不舒服, 就该早点儿回去休息休息_____。
이왕에 당신이 편찮으니, 일찍 돌아가서 좀 쉬어야 해요.

0483 > > > > >

买得起
mǎideqǐ

동 (경제능력이 있어서) 살 수 있다. ⇔ 买不起

관련예문 • 买不到 ([물건이 동이나] 살 수 없다.)

应该说, 大多数家庭经过努力是可以_____汽车的。
응당 대다수의 가정이 노력을 하면 차를 살수 있다고 말할 수 있습니다.

0484 > > > > >

卖掉了
màidiào le

동 깨끗이 팔아버렸다. ('掉'는 대상이나 사물의 소실을 나타내는 결과보어)
= 卖光了 = 卖完了

관련예문 • 忘掉了 (깨끗이 잊어 버렸다. 망각했다.)
• 吃掉了 ([음식을] 깨끗이 먹어치웠다.)

爸爸把那台笔记本电脑_____。
아버지는 그 노트북을 팔아 버렸다.

0485 > > > > >

★

满
mǎn

형 ① 가득 차다. (기한이) 다 차다.
② 〈동사 + 满 + (了)〉 꽉[가득] 채우다.(결과보어를 나타냄)

관련예문
- 期满 (만기가 되다. 기한이 차다.)
- 塞满 (가득 채우다.) = 装满 = 放满

五年期＿＿＿，她终于可以回国与亲人团聚了。
5년 만기가 되어서, 그녀는 드디어 귀국하여 친지들과 모일 수 있었다.

出差的前一天, 她替他买了许多食品, 把冰箱都塞＿＿＿了。
출장 가기 하루 전에 그녀는 그를 대신해 많은 식품을 사서 냉장고를 가득 채웠다.

0486 > > > > >

☆

满足
mǎnzú

동 〈满足 + 목적어(추상적인 것)〉([요구·희망 등을] 만족시키다.)

관련예문
- 满意 ([일·서비스·환경 등이] 마음에 들다. 흡족하다.)
  = 看中 = 看上 = 中意

他从不＿＿＿于眼前的一点儿小利。
그는 한번도 눈앞의 작은 이익에 만족하지 않는다.

你对公司贡献很大, 我们一定＿＿＿你的要求。
당신은 회사에 지대한 공헌을 했으니, 우리는 반드시 당신 요구를 만족시켜 주겠다.

生产厂家生产出了冷热两用空调机, ＿＿＿了人们不同季节的需求。
생산 공장은 온난방겸용 에어컨을 생산하여, 사람들의 각기 다른 계절의 수요를 만족시켰다.

0487 > > > > >

★

忙
máng

동 서두르다. 서둘러 …하다. = 连忙 ☞ 赶快 ; 赶忙 형 바쁘다.

我进来以后, 他＿＿＿站起来给我倒茶, 关心地问长问短。
내가 들어오자, 그는 서둘러 일어서서 내게 차를 따라주고, 관심 있게 자세히 물었다.

0488 > > > > >

★

没(有)
méi(yǒu)

부 〈没(有) + 동사〉…하지 않았다. ⇔ 〈동사 + 了〉
《固定式》 ① 〈주어 + 没 + 전치사[跟/把/给] + 명사 + 동사 + 기타성분〉
⇒ 我没跟她吃饭。 (나는 그녀와 식사하지 않았다.)
② 〈没 + 동사 + 着〉…하고 있지 않다[않았다].(지속태 부정형)

③〈没 + 在 + 동사 + (着)〉…하고 있지 않았다.(진행태 부정형)
④〈没 + 来得及 + 동사〉…할 시간[틈]도 없이 …하다.
⑤〈没 + 能 + 동사〉…할 수 없었다.

관련예문 • 还没吃 (아직 먹지 않았다.) = 还没有吃 ⇔ 已经吃了

他们＿＿＿把你忘了。
그들은 당신을 잊지 않았다.

安娜＿＿＿跟我一起去听音乐。
안나는 나와 같이 음악을 들으러 가지 않았다.

＿＿＿比我们的样式更好的了。
우리들의 스타일보다 더 좋은 것은 이제 없다.

你现在还＿＿＿把这些数字弄明白呢？
너는 지금도 이 숫자들을 제대로 이해하지 못했느냐？

他＿＿＿太计较，一点也没讨价还价。
그는 크게 문제 삼지 않고, 조금도 흥정하지 낳았다.

她像是什么也＿＿＿发生似的，神情很平静。
그녀는 어떤 일도 발생하지 않은 것처럼 표정이 평온하다.

你们看，墙上＿＿＿挂着中国画，只挂着地图。
당신들 보세요, 벽에 중국그림은 없고, 지도만 걸려있습니다.

家中很长时间＿＿＿给我来信了，我心里很惦念。
집에서 오랫동안 내게 편지를 보내오지 않아, 내 마음은 걱정스럽다.

很抱歉，你要的照相机今天我＿＿＿给你带来。
미안합니다, 당신이 요구한 사진기를 오늘 제가 당신에게 못 가져다 드리겠습니다.

你来得正好，我的《汉英辞典》还＿＿＿给借走。
당신 딱 맞춰 왔군, 나의 《중영사전》은 아직 빌려가지 않았어요.

谢谢你还＿＿＿把我忘了，你过生日时，我一定来。
감사합니다, 당신이 나를 아직 잊지 않아서, 당신 생일 때, 내 꼭 오겠소.

老王刚把茶倒好，还＿＿＿来得及喝的时候，就被办公室叫走了。
老王이 막 차를 따르고, 아직 마실 겨를도 없이 사무실에 불려갔다.

这么简单的问题，他都＿＿＿回答对，看来被录取的希望很渺茫。
이렇게 간단한 문제도 그는 옳게 대답하지 못하니, 보아하니 합격될 희망이 까마
득하군요.

0489 > > > > >

没有
méiyǒu

① 〈주어 + 동사 + 了 + 没有?〉 = 〈주어 + 有没有 + 동사?〉 …했습니까? 안 했습니까?
② 〈A + 没有 + B + (那么)+ 형용사·술어(긍정적인 말)〉 = 〈A + 不如 + B + 형용사(긍정적인 표현)〉 (A는 B만 못하다.)
③ 〈没有谁 + 술어?〉 어느 누구도 …하지 않다.
④ 〈没有 + 명사〉 …이 없다.
⑤ 〈没有 + 명사 + 동사〉 …할 명사가 없다.
　▼ 구어표현에서는 〈没 + 명사〉형식으로 쓰기도 한다. ⇒ 没事。(괜찮다.)

관련예문
- 你吃饭了没有? (식사했습니까?)
　= 你有没有吃饭? = 你吃饭了吗?
- 我没有她漂亮。= 我不如她漂亮。(나는 그녀만큼 예쁘지 않다.)
- 没有谁知道这件事。(어느 누구도 이 일을 알지 못한다.)
- 我没有朋友。(나는 친구가 없다.)

他来找我们了_____?
그가 우리를 찾아 왔었습니까?

我_____老张喜欢下棋。
나는 老张만큼 바둑을 좋아하지 않는다.

你们_____她那么会跳舞吧?
너희들은 그녀만큼 춤을 잘 추지는 못하지?

请问, 她姐姐有孩子_____?
그녀 언니는 아이가 있습니까?

今天心情不好, _____心情跟他开玩笑。
오늘 기분이 안 좋아서, 그와 농담할 맘이 없다.

我平时工作太累, 简直_____机会和朋友们见面。
나는 평상시 업무가 너무 피곤해서 전혀 친구들과 만날 기회가 없다.

0490 > > > > >

没关系
méi guānxi

괜찮다. 문제없다. = 没事 = 不要紧 = 没什么

我告诉他明天我有事, 不能陪他去故宫了。他听了以后连忙说:
"_____, 没关系。"
내가 내일 일이 있어서 그와 같이 고궁에 갈 수 없다고 알려줬다, 그는 듣더니 급히 말했다 : "상관없어요, 괜찮아요."

0491 > > > > >

没想到
méi xiǎngdào

동 미처 생각하지 못했다. 뜻밖이다. ＝ 想不到

我们还想派车去接你, _____ 你却溜出来了。
우리는 차를 보내 너를 마중갈 생각이었는데, 네가 빠져 나왔을 줄은 몰랐다.

0492 > > > > >

＊

枚
méi

양 〈수사 ＋ 枚 ＋ 명사〉 개. 장. 매. (동전·메달·우표·바늘·반지 등을 세는 단위)
// 一枚金牌 (금메달 한 개) // 一枚戒指 (반지 한 개)

发给学生每人一_____校徽。
학생 모두에게 학교 배지를 발급했다.

0493 > > > > >

★

每
měi

대 〈每 ＋ 명사〉매. …마다.

관련예문 • 每天 (매일)
• 每个人(사람마다) ☞ 各

我们楼里_____户家庭都有电话。
우리 아파트 매 가정마다 전화가 다 있다.

我们家_____一个人都有一辆自行车。
우리 집은 사람마다 모두 자전거가한대씩 있다.

这个村子里近两年富起来了, 平均_____两户人家就有一部汽车。
이 마을은 요 몇 년 새 부유해져서, 평균 두 집에 차가 한대씩 있다.

0494 > > > > >

每次
měicì

명 매번.

_____大地震过后, 一般都要有流行病产生。
매번 대지진이 지나간 후엔, 일반적으로 유행병이 발생한다.

_____我看见她的时候, 她都兴高采烈的。
매번 내가 그녀를 만났을 때마다, 그녀는 대단히 기뻐했다.

0494 > > > > >

每年
měinián

명 매년. 해마다.

为了响应国家的号召，我们_____三月都去植树。
국가의 슬로건에 부응하기 위하여, 우리는 매년 3월 나무를 심으러 간다.

0495 > > > > >
☆

美好
měihǎo

형 좋다. 훌륭하다. 행복하다.

你不能把什么都想得那么_____。
너는 뭐든지 다 그렇게 좋게 생각할 수 없다.

0496 > > > > >

免不了
miǎnbuliǎo

동 피할 수 없다. 아무래도 …하지 않을 수 없다. = 无法避免

你这么说人家，_____会惹人家生气嘛！
너 이렇게 남을 탓하면, 사람들의 화를 불러일으킬 것이다.

我的女儿很顽皮，以后_____给您添麻烦。
나의 딸이 장난이 심하여, 앞으로 아무래도 당신께 번거로움을 줄 것이다.

0497 > > > > >
**

免得
miǎnde

접 …하지 않도록. = 省得 = 以免

今天的气温很低，你要多穿点儿衣服，_____着凉。
오늘 기온이 낮으니, 너는 옷을 많이 좀 입어라, 감기 들지 않게.

我从不提起去世的母亲，_____父亲伤心。
나는 한번도 돌아가신 어머니를 거론치 않았다, 아버지가 상심치 않도록.

0498 > > > > >
☆

面
miàn

양 〈수사 + 面 + 명사〉면. 개. [거울·기(旗)·북·부채 등 평평한 것을 세는 단위]

几十_____彩旗迎风招展，把会场打扮得格外漂亮。
수십 개의 채색 깃발이 바람에 휘날리며, 회의장을 유달리 아름답게 장식했다.

0499 > > > > >

☆

描写
miáoxiě

동 (글로)묘사하다.

관련예문
- 描绘 (그려내듯이 묘사하다.)
- 描述 (서술하듯이 묘사하다.)

这篇小说对中年人的感情世界＿＿＿得非常真实。
이 소설은 중년층의 감정에 대해 매우 사실적으로 묘사했다.

0500 > > > > >

名
míng

양 〈수사 + 名 + 명사〉 명. (사람을 세는 단위) = 个 = 位

每年我们都要推荐两＿＿＿优秀生直接升入大学。
매년 우리는 두 명의 우수한 학생을 직접 대학에 진학하도록 추천한다.

0501 > > > > >

＊＊

明白
míngbai

동 이해하다. (깨달아)알다. = 懂

관련예문
- 知道 = 晓得 (어떤 사실을 알다.)
- 认识 (사람을 알다.) ☞ 了解

老师讲的问题我全听＿＿＿。
선생님의 강의한 문제를 나는 전부 듣고 이해한다.

你说的什么意思, 我不＿＿＿。
네가 말한 게 무슨 뜻인지, 나는 이해하지 못하겠다.

如果我全用汉语说, 你能＿＿＿我的意思吗?
내가 만약 전부 중국어로만 말하면, 너는 내 뜻을 알아들을 수 있니?

0502 > > > > >

＊＊

明明
míngmíng

부 분명히. 확실히.

他＿＿＿偷了小李的手表, 却不承认。
그가 小李의 시계를 훔쳤는데, 인정하지 않는다.

大门＿＿＿开着, 服务员却让我从小门走。
대문이 분명히 열려있는데, 종업원은 우리더러 작은 문으로 가라고 했다.

刚才＿＿＿称的是二斤, 怎么一下子差了半斤。
분명히 금방 잰 것이 2근인데, 어째서 갑자기 반 근이나 차이가 나지.

昨天我_____看见他去了, 为什么他说没去?
어제 내가 분명히 그가 가는 걸 봤는데, 어째서 그는 가지 않았다고 말하지?

他昨天_____逛商店去了, 却说自己去上课了。
그가 어제 분명히 상가에 구경을 갔는데, 자기는 수업하러 갔다고 말한다.

0503 > > > > >

☆

明显
míngxiǎn

부 • 뚜렷이. 현저히.　**형** 뚜렷하다. 현저하다.

관련예문
- 显然 (틀림없다. 분명하다.)
- 分明 (① 분명하다. 확실하다.　② 분명히. 확실히)

这条路有了路灯以后, 各种事故_____减少了。
이 길에 가로등이 생긴 이후, 각종 사고가 현저하게 감소되었다.

시험에 꼭 나오는 HSK 단어 · 숙어

0504 > > > > >

拿手
náshǒu

형 (어떤 분야에 능력이) 아주 뛰어나다. 제일 잘한다.
가장 자신 있는 장기.

관련예문 • 拿手菜 (가장 잘하는 요리)

他种花很_____。
그는 꽃을 키우는데 아주 뛰어나다.
马戏团的张明走钢丝最_____。
서커스단의 张明은 줄타기가 제일 뛰어나다.

0505 > > > > >

哪儿
năr

대 〈口〉어디. 어느 곳. = 哪里 = 什么地方 ☞ 都

无论走到＿＿＿，他总是谦虚地笑着。
어디를 가든지, 그는 항시 겸손하게 웃고 있다.

人们都说丽丽长得很漂亮，我从上到下看了她半天也看不出＿＿＿漂亮。
사람들이 모두 丽丽가 예쁘게 생겼다고 말하는데, 내가 그녀를 위 아래로 한참을 훑어봐도 어디가 예쁜지 모르겠다.

0506 > > > > >

哪儿……哪儿……
năr……năr……

…곳 마다 …한다. ☞〈……什么……什么〉；〈怎么……怎么……〉

他是个幽默的人，走到＿＿＿，＿＿＿就有笑声。
그는 유머가 있는 사람이라, 어디를 가도, 가는 곳마다 웃음이 있다.

0507 > > > > >

★

哪里
năli

대 어디. 어느 곳. ☞ 哪儿 ↑

관련예문 • 哪里哪里！(천만에요.) = 不客气

他＿＿＿是个明白人，经常办糊涂事。
그가 어디 똑똑한 사람이에요, 항상 멍청한 일만 하는데.

0508 > > > > >

★

哪怕
năpà

접 설마 …일지라도. = 即便 = 即使 = 就算

南方很温暖，＿＿＿是冬天，也不冷。
남방은 온난하여, 겨울일지라도 춥지 않다.

我们应该认真考虑群众的意见，＿＿＿有些是很尖锐的。
설사 민감한 것들이라 하더라도, 우리는 대중의 의견을 진지하게 고려해야만 한다.

0509 > > > > >

★
哪怕……也……
nǎpà……yě……

접 설마 …일지라도. = 〈即使…… 都[也]……〉 = 〈即使…… 都[也]……〉

_____再忙, 你_____应该找时间与孩子谈谈心。
설사 아무리 바빠도, 당신은 아이와 대화할 시간을 내야한다.

_____是最苛刻的要求, 我们_____要去尽量满足。
설령 가장 힘든 요구라 하더라도, 우리는 최대한 만족시켜야 한다.

想到未来, _____吃再多的苦, 我_____要念念大学。
미래를 생각하면, 설사 더 많이 고생스럽더라도 나는 대학을 다녀야겠다.

改革开放是中国不变的方针, _____我们遇到再大的困难, _____要坚持下去。
개혁개방은 중국의 불변의 방침이니, 설사 우리가 아무리 큰 곤란을 만날지라도 굳게 밀고 나가야 한다.

0510 > > > > >

☆
哪些天
nǎxiē tiān

어느 날들.

관련예문   • 哪天 (어느 날.[특정한 하루를 말함])

在四月份里你们学校_____是不上课的日子?
4월에 너희 학교는 어느 날이 수업을 안 하는 날이냐?

0511 > > > > >

★
那
nà

대 ① 〈那 + 是 + 명사〉 ⓐ 그것. 저것. ⓑ 그 곳. 저 곳. ⓒ 그 사람. 저 사람.
② 〈那 + (수사) + 양사 + 명사〉 그. 저. ☞ 这

관련예문   • 那个人 (저 사람)
         • 那两个学生 (저 두 명의 학생)

戏迷听京剧, _____是一种纯粹的享受。
경극을 듣기를 좋아하는 매니아는, 그것이 일종의 순수한 향유이다.

0512 > > > > >

★

那么
nàme

대 ① 〈那么 + 동사〉: 〈那么多 + 명사〉그렇게. 저렇게.
② 〈有 + 那么 + 동사〉…하는 그런 것[저런 것]이 있다.
③ 〈有 + 那么 + 시간〉대략. 정도.
④ 〈A + 有 + B + 那么 + 형용사〉A는 B만큼 …하다.

접 그러면. 그렇다면.(대개 문두에 사용함) = 那

他都六十多岁了, 身体还_____健康。
그는 벌써 60세가 넘었는데, 몸이 여전히 그렇게 건강하다.

你想得倒容易, 事情哪有_____好办?
당신은 오히려 쉽게 생각하는데, 일이 어디 그리 쉽게 처리되겠어?

完成这项任务, 我大概得干_____五六天。
이 임무를 완성하는데 나는 대략 5,6일은 일해야만 한다.

赵铁总考年级第一名, 就是有_____点了不起。
조철은 매 시험 때마다 학년 1등을 할 만큼 그렇게 대단하다.

如果你认为这些条件合适, _____咱们就赶紧签合同吧。
만약 당신이 이런 조건이 적합하다고 생각한다면 우리 빨리 계약서에 사인합시다.

你别抽_____多烟, 时间长了, 一定会影响身体健康的。
당신 담배를 그렇게 많이 피지 마세요, 시간이 오래되면 신체건강에 분명히 영향을 줄 겁니다.

她长得有她爸爸_____高了。
그녀는 자기 아버지 키 만큼 자랐다.

0513 > > > > >

那儿
nàr

대 ① 〈口〉저곳. 그곳. = 那里 ② 그때. ③ 〈대명사 + 那儿〉…있는 곳. …있는 데.

관련예문 • 打那儿起 (그때부터.)
• 你那儿 (당신이 있는 [그]곳.)
• 我们那儿 (우리가 있는 [그]곳.)
• 我们这儿 (우리가 있는 [이]곳.) ☞ 这儿

我们这儿的冬天不如你们_____冷。
우리 이곳의 겨울은 당신 그곳 만큼 춥지 않다.

0514 > > > > >

那些
nàxiē

대 〈那些 + 명사〉그…들. 저…들. ('些'는 양사로써 소량의 복수를 나타냄)
▶ 〈这些 + 명사〉(이…들.)

관련예문
- 那些学生 (그 학생들)
- 这些书 (이 책들)

父母应当多听听孩子的想法, 不要勉强孩子学习＿＿＿＿他不喜欢的专业。
부모는 응당히 아내의 생각을 많이 듣고 아이들에게 그가 좋아하지 않는 과목을 강제로 공부시키지 말아야한다.

0515 > > > > >

★
那样
nàyàng

대 ① 〈那样 + 동사〉그렇게. 저렇게. ② 〈那样的 + 명사〉그러한. 저러한.
③ 그러하다.(단독으로 사용되는 경우에 쓰임) ☞ 这样

老李是一个大公无私的人, 我们也应该做＿＿＿＿的人。
老李는 사리사욕 없는 공정한 사람인데, 우리도 당연히 그런 사람이 되어야 한다.

0516 > > > > >

☆
难道
nándào

〈难道……吗[不成]?〉설마 …하겠는가[은 아니겠지]? 그래 …하다는 거냐?

你做错了事, ＿＿＿＿不应该受到批评吗?
당신 일을 잘 못했는데, 설마 야단을 듣지 않아야 된단 말인가요?

给他的是优惠价, ＿＿＿＿他还不满意吗?
그에게 우대 가격으로 준건데, 설마 아직도 불만은 아니겠지?

男孩子能做的事, ＿＿＿＿我们女孩子就不能做吗?
남자가 할 수 있는 일인데, 설마 우리 여자라고 할 수 없단 말인가?

你跟他共事多年, ＿＿＿＿不知道他是个自私的人吗?
너와 그가 같이 일 한지 오래 됐는데, 설마 그가 이기적인 사람인 것을 모르는건 아니겠지?

0517 > > > > >

**
难得
nándé

형 얻기 어렵다. 부 모처럼[드물게] …하다. = 不常常遇到

这次出国留学的机会十分＿＿＿＿, 你千万别错过。
이번 외국유학의 기회는 정말 얻기 어려운데, 너는 제발 놓치지 말아라.

0518 > > > > >
**

难怪
nánguài

부 과연. 어쩐지. = 怪不得　형 이상할 것 없다.

你的女朋友来看你了，_____今天你这么高兴。
여자친구가 널 보러 왔구나, 어쩐지 오늘 네가 이렇게나 기분 좋아하더라니.

0519 > > > > >
*

难免
nánmiǎn

형 〈难免 + 미(未)실현형식[부정형식]〉…을 면하기 어렵다. = 免不了 = 不能避免　☞ 不免

不听劝告，就_____要犯错误。
권고를 안 들으면, 실수를 면키 어렵다.

没什么，你们初次见面，_____不熟悉。
별거 아냐, 너희들은 처음 만났으니, 쑥스러운 건 어쩔 수 없는거야.

0520 > > > > >

难听
nántīng

형 귀에 거슬리다. ⇔ 好听

今天他真的生气了，临走时说的话非常_____。
오늘 그가 정말 화났나봐, 갈 때 한 말이 되게 거슬리네.

0521 > > > > >
★

呢
ne

조 ① (의문사가 있는 문의 문말에 습관적으로 사용됨.)
② 〈还 + 没 + 동사 + 呢〉(서술문의 문말에 쓰여 사실 확인의 어기를 나타냄.)
③ (문 중간에 쓰여 잠시 멈추어 강조하는 어기를 나타냄.)
④ 〈……呢〉: 〈正[正/在在] + 동사 + 着 + 呢〉(진행태나 지속태의 문 말에 사용됨.)
⑤ 〈주어 + 呢?〉…는요? (술어생략 의문문을 만듦.)

관련예문　• 你呢? (당신은요?)

她怎么不守信用_____?
그녀는 어째서 신용을 지키지 않는 거니?

你怎么才能原谅我_____?
너는 어떡해야만 나를 용서할 수 있어?

七八月间北京特别热, 西安＿＿＿?
7,8월중에 北京은 특히 더운데, 西安은 어때?

你到底给赵老师打不打电话＿＿＿?
너 도대체 赵선생님한테 전화하는 거야? 안 하는 거야?

你今年去中国, 还是明年去中国＿＿＿?
당신은 올해 중국을 가요 아니면 내년에 중국을 가요?

这份套餐是她的, 你的那份还没来＿＿＿。
이 세트메뉴는 그녀의 것이고, 당신건 아직 안 나왔어요.

事情已经发生了, 抱怨又能有什么用＿＿＿?
일은 이미 발생했는데, 원망해 봐야 또 무슨 소용 있니?

请你告诉我, 电视台一共去了几个记者＿＿＿?
내게 좀 알려주세요, 방송국에서 모두 몇 명의 기자가 갔나요?

我要去图书馆, 你如果也想去＿＿＿, 咱们一起走。
나 도서관 갈건데, 너도 가고 싶으면 우리 같이 가자.

0522 > > > > >

★

能
néng

조동 〈能 + 동사〉…할 수 있다. (화자의 주관, 능력을 나타냄) ☞ 会 ; 可以
《固定式》 ①〈没能 + 동사〉⇒ 昨天我没能来。(어제 나는 올 수 없었다.)
②〈能不 + 형용사〉⇒ 我们怎么能不高兴?(우리가 어찌 기뻐하지 않을 수 있겠느냐?)
③〈不能再 + 동사〉⇒ 我不能再爱你。(나는 더 이상 너를 사랑할 수 없다.)
④〈不能不 + 동사〉⇒ 现在我不能不走。(지금 나는 가지 않을 수 없다.)
⑤〈能 + 부사[再] + 전치사[把] + 명사 + 동사 + 기타성분〉☞ 再。

我想一个小时＿＿＿把这封信写完。
내 생각에 한 시간이면 이 편지를 다 쓸 수 있다.

她一个人就＿＿＿把会议室收拾干净。
그녀 혼자 회의실을 깨끗이 정리할 수 있다.

你肯原谅我, 我怎么＿＿＿不高兴呢?
네가 나를 기꺼이 용서 한다는데, 내가 어찌 기쁘지 않을 수 있겠냐?

四十多年了，他们一直没＿＿＿见面。
40여년 동안, 그들은 줄곧 만날 수 없었다.

戒毒最＿＿＿检验一个人的意志是否坚强。
마약을 끊는 다는 것은 한 인간의 의지가 강인한지 안 그런지를 가장 잘 검증할 수 있다.

时间太紧张了，我的原计划没＿＿＿完成。
시간이 너무 없어서, 나의 원래 계획을 완성할 수 없었다.

像妈妈这样善良的人，天下＿＿＿有几个呢？
엄마같이 마음씨 착한 사람이 세상에 몇 명이나 있을 수 있을까?

图书馆的工具书不外借，只＿＿＿在那儿用。
도서관의 사전류는 외부로 대출되지 않고, 거기서만 볼 수 있다.

一天的时间我怎么＿＿＿做完这么多的工作呢？
하루 안에 내가 어떻게 이 많은 일을 끝낼 수 있을까요?

他的家离火车站很近，十分钟他应该＿＿＿赶到。
그의 집은 기차역에서 가까와 10분이면 넉넉히 도착할 수 있다.

我希望＿＿＿帮他渡过难关，让他的心情有所好转。
나는 그가 난관을 넘도록 도와서, 그의 기분이 좋아질 수 있기를 희망한다.

那些连父母都不爱的人，怎么＿＿＿真心爱其它人呢？
부모조차도 사랑하지 않는 그 사람들이, 어찌 다른 사람을 진심으로 사랑할 수 있을까?

这个公司是否＿＿＿渡过经济危机，大家都不敢肯定。
이 회사가 경제 위기를 잘 넘길 수 있을지 없을지는 모두 다 감히 확신하지 못한다.

我太累了，不＿＿＿再干活了，让我休息一会儿吧。
나는 너무 피곤해서, 더 이상 일할 수 없으니, 나를 좀 쉬게 해줘.

我病好了，可以整天工作了，现在一天＿＿＿生产20几个零件。
내 병이 나아져, 종일 일할 수 있게 되었는데, 지금은 하루에 20개의 부품을 생산할 수 있다.

0523 > > > > >

★

能够
nénggòu

조동 〈能够 + 동사〉…할 수 있다. (능력을 구비했거나 또는 조건상이나 도리상의 허가를 나타냄.) ▶ '能'보다는 강한 자신감이 충만해 있음.

他们所以＿＿＿成为好朋友，和相互的真诚分不开。
그들이 좋은 친구가 될 수 있었던 이유는, 서로의 진심을 떼어놓고 생각할 수 없다.

0524 > > > > >

* 拟 nǐ

동 ① 기안하다. 초고를 작성하다. ② …하려하다. …할 예정이다. = 打算

明天, 你要＿＿＿好计划书供大家讨论。
내일, 너는 기획서를 다 기안하여 사람들에게 제공하여 토론하도록 해야 한다.

0525 > > > > >

★ 年轻 niánqīng

형 (10대에서 20대까지) 젊다. = 年青 ▶ 〈少年 – 青年 – 中年 – 老年〉

不远处, 一位＿＿＿漂亮的姑娘朝我们走来。
멀지 않은 곳에서, 젊고 예쁜 아가씨가 우리들을 향해 걸어오고 있다.

0526 > > > > >

* 宁可 nìngkě

접 차라리 …하는 것이 낫다. ☞ 与其 yǔqí
《固定式》 ① 〈与其……宁可……〉(…할지언정…하는 것이 낫겠다.)
          ② 〈宁可…… 也不[决不]……〉(차라리 …할지언정 …는 [결코]않
          겠다.)

如果两个人在一起经常吵架, 我＿＿＿孤独些。
만약 두 사람이 같이 있으면 항상 싸운다면, 나는 차라리 좀 쓸쓸한 게 낫겠다.

0527 > > > > >

* 宁可……也…… nìngkě……yě……

접 ① 〈宁可……也不……〉차라리 …할지언정 …는 하지 않겠다.
② 〈宁可不……也……〉 차라리 …하지 않고 …하는 것이 낫겠다.

我＿＿＿自己吃亏, ＿＿＿不会让你有损失。
나는 내가 손해 볼지언정, 너에게 손실을 입히진 않겠다.

我＿＿＿不睡觉, ＿＿＿要完成老师留的作业。
내가 잠자지 않더라도, 선생님이 내 주신 숙제는 완성하겠다.

我＿＿＿不看球赛, ＿＿＿要去参加你的生日晚会。
내가 구기시합을 못 볼지언정, 너의 생일 만찬에 참석하려고 한다.

0528 > > > > >

✱ 宁肯……也……
nìngkěn……yě……

☞ 〈宁可……也……〉

我＿＿＿自己完成这项任务，＿＿＿不愿和他合作。
나는 스스로 임무를 완성했으면 했지, 그와는 합작하기를 원치 않는다.

0529 > > > > >

✱ 宁愿……也不……
nìngyuàn……yěbù……

☞ 〈宁可……也不……〉

我＿＿＿饿肚子，＿＿＿能干这种活儿。
나는 차라리 배 곯았으면 곯았지, 이런 일을 할 수 없다.

他＿＿＿一个人在家里睡觉，＿＿＿愿意和我们出去玩。
그는 차라리 혼자 집에서 잠을 잘지언정, 우리와 놀로 나가기를 원치 않는다.

0530 > > > > >

☆ 暖和暖和
nuǎnhuo nuanhuo

동 － 중첩형 몸을 좀 녹이다. ＝ 暖和一下 ▶ 暖和 ＝ 温暖(따뜻하다.)
▶ 温和(wēnhé) [기후·성품·태도가] 온화하다.) ☞ 打算打算

外面太冷了，他招呼我们进屋里＿＿＿。
밖이 너무 추워서, 그는 우리를 불러 손짓하여 실내로 들어와 몸을 녹이게 했다.

0531 > > > > >

暖洋洋(的)
nuǎnyángyáng(de)

형 따사롭다. 따뜻하고 훈훈하다. ☞ 黑乎乎；懒洋洋；软绵绵；喜洋洋

春天的阳光照在身上＿＿＿的。
봄볕이 몸 위에 따사롭게 비춘다.

■ 아래의 각 단문 중 빈 칸에 들어갈 적합한 한자를 **보기**에서 골라 써 넣어보세요.

<table>
<tr><td rowspan="6">보기</td><td>□ 靠</td><td>□ 来</td><td>□ 哪怕</td><td>□ 恐怕</td><td>□ 可能</td><td>□ 免不了</td><td>□ 可</td></tr>
<tr><td>□ 口</td><td>□ 亏</td><td>□ 那么</td><td>□ 难道</td><td>□ 来自</td><td>□ 来得及</td><td>□ 了</td></tr>
<tr><td>□ 离</td><td>□ 连</td><td>□ 没有</td><td>□ 临时</td><td>□ 没(有)</td><td>□ 了不得</td><td>□ 另</td></tr>
<tr><td>□ 呢</td><td>□ 吗</td><td>□ 免得</td><td>□ 明明</td><td>□ 连, 都</td><td>□ 没想到</td><td>□ 每</td></tr>
<tr><td>□ 能</td><td>□ 嘛</td><td>□ 难免</td><td>□ 哪儿</td><td>□ 看起来</td><td>□ 宁愿, 也不</td><td>□ 老</td></tr>
<tr><td>□ 临</td><td>□ 马上</td><td>□ 可以</td><td>□ 宁可</td><td>□ 看上去</td><td></td><td></td></tr>
</table>

1 我们所做的 ________ 是小事，但它却影响着 整个产品的声誉。

2 正在打长拳的那位老先生 ________ 六十多岁了，但身体非常健康。

3 30元不多，可对 ___ 给别人做衣服，家境贫寒的袁姨来说，却是笔很大的数目。

4 陈老师很喜欢小孩子，___ 自己却没有生过一个。

5 那种衣服虽然好看，但价格太贵，________ 销售量不会太大。

6 在这个美术馆里总有一些水平较高的画 ________ 使人赞叹不已。

7 你再不努力学习，________ 就要成为留级生了。

8 他心里憋了一 ___ 气，这次考试一定争取第一名。

9 ___ 你还是医科大学毕业的，这么个小病都治不好。

10 那孩子生下来才4斤 ___ 重。

11 我刚进屋，还没 ________ 放下皮包，电话铃就响了。

12 欢迎 ________ 全国20多个省市的中学教师。

13 我们不管那么多，我们不能让我们的学生 ___ 闲着 不上课。

14 我没说过吃 ___ 饭就去听京剧。

15 这儿 ___ 天安门有多远啊？

16 这次来北京很匆忙，___ 故宫都没来得及去。

17　他对自己的女儿十分关心，　她的书包他　给收拾整理。

18　这个人　，只要他看过的东西都能记住。

19　每天　睡前，他都要抽一支烟。

20　从外地到北京打工的人找到的都是　工作。

21　你看，坐在沙发上聊天儿的那两个人，一个太胖，　一个又太瘦。

22　我恨不得　把这个消息告诉全公司的人。

23　你不就是想早点下班　？我让你走就是了。

24　汉字难写就多练　，大不了每天少睡会儿就是了。

25　她像是什么也　发生似的，神情很平静。

26　请问，她姐姐有孩子　？

27　我们还想派车去接你，　你却溜出来了。

28　这个村子里近两年富起来了，平均　两户人家就有一部汽车。

29　我的女儿很顽皮，以后　给您添麻烦。

30　今天的气温很低，你要多穿点儿衣服，　着凉。

31　大门　开着，服务员却让我从小门走。

32　人们都说丽丽长得很漂亮，我从上到下看了她半天也看不出　漂亮。

33　我们应该认真考虑群众的意见，　有些是很尖锐的。

34　完成这项任务，我大概得干　五六天。

35　男孩子能做的事，　我们女孩子就不能做吗？

36　没什么，你们初次见面，　不熟悉。

37　你怎么才能原谅我　？

38　我希望　帮他渡过难关，让他的心情有所好转。

39　如果两个人在一起经常吵架，我　孤独些。

40　他　一个人在家里睡觉，　愿意和我们出去玩。

0532 > > > > >

******

偶尔
ǒu'ěr

부 이따금. 때때로. 가끔.＝ 偶然

我们不常见面，有事的时候，＿＿＿打个电话。
우리는 자주 못 만나지만, 일이 있을 때, 가끔 전화한다.

我平时不吸烟，除非有应酬时，＿＿＿也吸两支。
나는 담배를 접대할 때 가끔 두어 대 필 때를 제외하고 평상시엔 안 피운다.

0533 > > > > >

*****

怕
pà

동 ① 염려하다. 걱정이 되다.　② 무서워하다. 두려워하다.
부 〈怕 + 동사〉 아마…일 것이다[일지 모른다]. ＝ 大概 ＝ 也许

委员会＿＿＿老人家这两天太累了，就叫了辆出租汽车去接他。
위원회는 어르신이 요 며칠 너무 피곤할까 걱정돼서, 택시를 불러 그를 마중나갔다.

0534 > > > > >

★

派 pài

동 (정부 · 기관 · 단체에서) 파견하다.

관련예문 • 打发 (사람을 보내다. 내쫓다. 시간을 보내다.)

领导们决定＿＿＿我给你们当助手。
지도자들은 나를 당신들의 조수로 파견하기로 결정했다.

0535 > > > > >

☆

旁 páng

명 옆. 곁.

관련예문 • 身旁 (신변. 몸 가까이.)
• 旁边 (옆. 곁.)

当我有困难时, 他一直守在我的身＿＿＿。
내가 곤란한 일이 있을 때, 그는 줄곧 내 옆을 지킨다.

0536 > > > > >

胖乎乎 pànghūhū

형 (몸이) 통통하다. ☞ 黑乎乎 : 暖洋洋

外面太冷了, 孩子＿＿＿的小手都冻僵。
밖이 너무 추워, 아이의 통통한 작은 손도 얼어붙었다.

0537 > > > > >

☆

批 pī

양 (사람의) 일군(一群). 일단(一团). 무리. (물건의) 한 무더기.

昨天又来了一些新同学, 这已经是第四＿＿＿了。
어제 또 새 학우들이 왔다, 이는 이미 4번째이다.

0538 > > > > >

★

偏 piān

부 기어코. 꼭. (상반된 상황을 요구하는 경우에 쓰임)

我对法律感兴趣, 我爸爸＿＿＿不准我念。
나는 법률에 흥미가 있지만, 우리 아버지는 한사코 내가 법률 공부하는 것을 허락
지 않는다.

为了证实我们的实力, 我们＿＿＿要做出点成绩给他们看看。
우리의 실력을 증명하기 위하여, 우리는 기어코 좋은 성적을 내어서 그들에게 보
여 주어야 한다.

0539 > > > > >

**

偏偏
piānpiān

(부) 기어코. 굳이. 꼭. = 偏

我急于想知道结果，可他＿＿＿不告诉我。
나는 급히 결과를 알고 싶은데, 그는 한사코 나에게 알려 주지 않는다.

大家都去长城，＿＿＿她一个人在旅店休息。
다들 만리장성에 가는데, 그녀 혼자 굳이 여관에서 쉬겠단다.

我们这次见面的机会很难得，可他＿＿＿出差了。
우리가 이번에 만날 기회도 참 어려운데, 그는 굳이 출장을 갔다.

我们希望他跟大家一起去郊游，可他＿＿＿不和我们一起去。
우리는 그가 모두들과 함께 소풍가기를 바랬지만, 그는 한사코 우리와 함께 가지 않는다.

0540 > > > > >

★

篇
piān

(양) 〈수사 + 篇 + 명사〉 편. (일정한 형식을 갖춘 글을 세는 단위)

관련예문
- 一篇文章 (한 편의 문장)
- 一句话 (말 한 마디.)
- 一首歌 (노래 한 곡.)

假期时，老师要求我们每天写一＿＿＿作文。
방학기간에, 선생님은 우리에게 매일 한편의 작문을 쓰라고 요구했다.

0541 > > > > >

★

片
piàn

(양) ① 〈一 + 片 + 명사〉 온통. 모두. (경치·소리·언어·마음 등에 쓰임)
② 〈수사 + 片 + 명사〉 조각. 편. (나뭇잎·구름·고기 편 등을 조각으로 이루진 것에 쓰임)

관련예문 · 一片云 (구름 한 조각)

他的表演赢得了一＿＿＿掌声。
그의 공연은 한바탕 박수를 끌어냈다.

他唱完这首歌后，台下响起一＿＿＿热烈的掌声。
그가 이 노래를 다 부른 후, 무대 아래에서 한바탕 열렬한 박수 소리가 일었다.

0542 > > > > >

★

漂亮
piàoliang

형 아름답다. 예쁘다. 멋지다. = 好看

관련예문 • 美丽 ([여성의 용모나 자태·경치 등이] 아름답다.)

他专门练过书法，能写一手_____的字。
그가 서예를 전문적으로 익혀서, 멋진 글자를 쓸 수 있었다.

0543 > > > > >

漂漂亮亮(的)
piàopiàoliàngliàng

형 – 중첩형 예쁘다. 멋지다. 아름답다. ⇒ 漂漂亮亮地(시원스럽게. 깔끔하게.)
☞ 干干净净

今天有约会，她打扮得_____的。
오늘 약속이 있어서, 그녀는 아름답게 치장했다.

今天要照毕业照，同学们都打扮得_____的。
오늘 졸업 사진을 찍어야 하기에, 급우들은 모두 아름답게 치장했다.

0544 > > > > >

★

瓶
píng

양 〈수사 + 瓶 + 명사〉 병. (술병·꽃병 등 병을 세는 단위)

昨天你们喝了两_____二锅头吧?
어제 너희들은 二锅头주 두 병을 마셨지?

0545 > > > > >

平静
píngjìng

형 ① (상황·환경 따위가) 평온하다.
② (태도·감정 따위가) 침착하다. = 平心静气, 차분하다. = 平定

在场的人都着急极了，可总工程师的心情还是那么_____。
그 자리에 있는 사람들 모두 조급해 하지만, 수석 엔지니어의 마음은 여전히 그리도 침착하다.

0546 > > > > >

☆

平时
píngshí

명 보통 때. 평소. 평상시. ▶时常 = 经常 (종종. 자주)

她和崔明_____几乎没有见过面，只是偶尔通通电话。
그녀와 崔明은 평소엔 거의 만난 적이 없고, 단지 가끔 전화 통화만 한다.

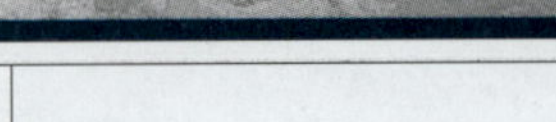

0547 > > > > >

凭
píng

동 …에 의지하여. …을 근거로.

관련예문 • 你凭什么打我? (뭘 믿고 날 치는 거야?)

我＿＿＿自己的能力, 找到了好工作。
나는 스스로의 능력에 근거하여, 좋은 일자릴 찾았다.

我们＿＿＿本事吃饭, 有什么不好意思的!
우리가 우리 재주로 먹고사는데, 뭐가 부끄러울 게 있나요!

＿＿＿他的社会关系, 很快给公司找到了大客户。
그의 대인관계를 근거로 빠른 시간에 회사를 위해 우수 고객을 찾아 냈다.

＿＿＿他的英语水平, 根本不配在这么大型的会议上当翻译。
그의 영어 수준으로는, 이런 큰 회의의 통역으론 어울리지 않는다.

0548 > > > > >

凭着
píngzhe

동 …에 근거하여. …을 근거로. (동작의 지속을 나타냄)
☞ 趁着 ; 冲着 ; 等着 ; 跟着 ; 怀着

＿＿＿这本菜谱, 她做出了几个非常好吃的菜。
이 메뉴판을 근거로 그녀는 몇 가지 맛있는 음식을 해 냈다.

＿＿＿一股拼劲, 他硬是在一星期内完成了这项艰巨的任务。
대단한 힘으로, 그는 실로 한 주 내에 이 어렵고 큰 임무를 완수했다.

0549 > > > > >

普及
pǔjí

동 보급하다. 퍼지다.

관련예문 • 遍及 (두루 미치다.)

家庭装修已由过去＿＿＿型发展到现在的豪华型。
홈 인테리어는 과거의 보급형에서 현재의 호화형으로 발전했다.

시험에 꼭 나오는 HSK 단어 · 숙어

0550 > > > > >

七……八……
qī……bā……

〈成〉〈七 + 동사 + 八 + 동사〉:〈七 + 명사 + 八 + 명사〉(많거나 어지러운 것을 나타냄)

관련예문
- 七上八下 (가슴이 두근거리다. 안절부절못하다.)
- 七颠八倒 (뒤죽박죽이다. 두서가 없다.)

研讨会上, 大家＿＿＿嘴＿＿＿舌地议论着。
학술회의에서, 모두들 실전을 펼치며 논의하고 있다.

0551 > > > > >

*
齐全
qíquán

(동) 완비하다. 완전히 갖추다. = 齐备

관련예문
- 完备 (완비되어 있다.)

虽然她常说没钱, 可结婚时各种电器准备得非常＿＿＿。
그녀는 비록 항상 돈이 없다 말하지만, 결혼할 때 각종 전자제품을 빠짐없이 마련했다.

0552 > > > > >

**
其实
qíshí

(부) 사실은. 실제는.

看起来好像是真的, ＿＿＿是假的。
보기엔 진짜 같지만, 사실은 가짜이다.

这楼房看上去不错, ＿＿＿有质量问题。
이 건물은 보기엔 괜찮아 보이지만, 사실은 부실공사의 문제점을 안고 있다.

许多人认为多吃水果有益健康, ＿＿＿这种说法也不完全正确。
많은 사람들은 과일을 많이 먹으면 건강에 유익하다고 생각하지만, 사실은 이런 견해도 완전히 정확한 건 아니다.

0553 > > > > >

☆

其中
qízhōng

그 중에. 그 안에.

中国的传统节日很多，_____人们最重视的是春节。
중국의 전통 명절은 많지만, 그 중 사람들이 가장 중시하는 것은 구정 설이다.

吸烟对身体没有好处，_____的尼古丁尤其对身体有害。
흡연은 몸에 이로울 것이 없는데, 그 중에 니코틴이 특이나 몸에 해롭다.

0554 > > > > >

★

起
qǐ

보어 ① 〈동사 + 起 + (来)〉：〈동사 + 起 + 목적어 + 来 + (了)〉…하기 시작하다. ▶ 起来(일어나다, 기상하다.) = 起床
② 〈동사 + 不 + 起〉비싸서 …할 수 없다. ⇔ 〈동사 + 得 + 起〉
《固定式》 ① 〈从 + 명사(시점) + 起〉…때부터. ☞ 从
② 〈从 + 명사(시점) + 동사 + 起〉…하는 것으로부터 …하기 시작하다.

관련예문 • 唱起 (노래를 부른다.)

• 唱起来 (노래를 부르기 시작한다.)

• 唱起歌来了 (노래를 부르기 시작했다.)

• 看不起 (ⓐ 비싸서 볼 수 없다. ⓑ 무시하다. 깔보다.)

• 买不起 (비싸서 살 수 없다.)

• 吃不起 (비싸서 먹을 수 없다.)

这家饭店的菜太贵了，我可吃不_____！
이 식당의 음식은 너무 비싸서, 나는 먹을 수 없다!

我知道吃甲鱼能补身体，可甲鱼比较贵，补得_____吗？
나는 자라를 먹으면 몸에 좋다는 건 안다, 그러나 자라는 비싼 편이라, 몸 보신할 수 있겠는가?

为了扩大在年轻人中的影响，应该从办学生场做_____。
젊은이들 가운데에서의 영향을 확대시키기 위해서, 마땅히 학생판부터 실행해야 한다.

我不知怎么对法律感_____兴趣来，因此买了不少这方面的书。
나는 어떻게 법률에 흥미가 생겼는지 모르지만, 이로 인해 이 방면의 책을 많이 샀다.

现在的电影票越来越贵，我看不_____了。
지금 영화표는 갈수록 비싸지고 있어, 나는 볼 수 없게 되었다.

0555 > > > > >

★

起……来
qǐ……lái

= 起① ↑

刚升了局长，他就摆＿＿＿架子＿＿＿了。
막 국장으로 승진하여, 그는 폼부터 잡기 시작했다.

0556 > > > > >

★

起来
qǐlái

동 일어나다. 기상하다. = 起床

보어 ① 〈동사[형용사] + 起来〉…하기 시작하다. (동작이 위쪽으로 진행되거나,
시작하는 동작 그리고 계속되는 상황에 쓰임)
② 〈동사 + 起来〉…하니. …하자니.
③ 〈동사1 + 起来 + 형용사〉…하기는 …하다.
④ 〈동사[형용사] + 不 + 起来〉…할 수 없다.

관련예문 • 站起来 (일어서다.)

• 热起来 (더워지기 시작하다.) ☞ 起

• 听起来 (들어보니)

• 看起来 (보아하니)

• 做起来很难。 (하기는 매우 어렵다.)

• 起不来 (일어날 수 없다.) = 起不了床

• 想不起来 (생각이 나지 않는다.)

• 好不起来 (나아질 수 없다.)

天气一天比一天暖和＿＿＿了。
날씨가 나날이 따듯해지기 시작했다.

我突然想＿＿＿我忘带钱包了。
나는 갑자기 지갑을 잊고 안갖고 온 것이 생각났다.

责任这么重大，我怕担不＿＿＿。
책임이 이리 막중한데, 나는 감당하지 못할까 걱정된다.

老师的脸色难看＿＿＿，显然生他的气了。
선생님의 안색이 안 좋아지시며, 화가 났음이 확연히 나타났다.

想了半天，我也没想＿＿＿在哪儿见过他。
한참 생각해도, 그를 어디에서 만났는지 생각나지 않았다.

在她的照顾下，我的身体一天天好_____了。
그녀의 보살핌 아래, 나의 몸은 하루하루 좋아지기 시작했다.

他朝我点了点头，然后从沙发上站_____就走了。
그는 나를 향해 끄덕이더니, 소파에서 일어나 갔다.

谁也想不到，奶奶的病竟然一天比一天好_____了。
할머니의 병이 나날이 좋아 지리라곤 누구도 생각지 못했다.

在这件事上，他不守信用，于是我们俩争论_____。
이 일에서, 그가 신용을 지키지 않아, 그래서 우리 둘 사이에 논쟁이 일었다.

这么难的应用题换一种思路做_____就显得很简单。
이렇게 어려운 응용문제는 사고를 바꾸어 해 보면 간단해 보인다.

看到了他滑稽的样子，大家忍不住哈哈大笑_____。
그의 익살스런 모습을 보고, 모두 참지 못하고 크게 웃기 시작했다.

先别说大话，这件事说_____容易，做的时候就难了。
먼저 큰소리치지 마라, 이 일은 말로 하긴 쉬우나, 막상 하면 어렵다.

还能想_____我是谁吗?上次同学会我们见过一次面。
내가 누군지 생각나느냐? 지난 동창회 때 우린 한번 만났었는데.

这次节假日，哥哥、姐姐都不回来，我想热闹不_____了。
이번 명절 휴가에는 오빠, 언니가 모두 돌아오지 않아서, 집안이 썰렁하겠구나 생각했다.

她还为考试不及格而难过，不管我们怎么劝她，她也高兴不_____。
그녀는 아직도 시험에 합격하지 못해 괴로워한다, 우리가 어떻게 달래봐도, 그녀는 기분이 나지 않는다.

她是在银河艺术团里成长_____的舞蹈演员，因而对 "银河" 很有感情。
그녀는 银河예술단에서 자란 무용단원이다, 이 때문에 '银河'에 대해 애착을 갖고 있다.

0557 > > > > >

**
气氛
qìfēn

명 분위기.

在聚会上，友好温馨的_____包围着我们。
집회에서, 우호적이고 따뜻한 분위기가 우리를 감싸고 있다.

0558 > > > > >

☆

千万
qiānwàn

부 부디. 제발. 절대로. **중첩형** 千千万万 ☞ 万万

《固定式》〈千万+别[要/不要/不能] + 동사〉(제발 …하지 마라[해야 한다/하지마라/해서는 안 된다].)

路上人多, ＿＿＿别走散了。
길에 사람이 많으니, 제발 흩어지지 마라.

你一个人在国外, ＿＿＿要保重身体。
너 혼자 외국에 있으니, 제발 몸조심해라.

你＿＿＿不能因为这件事而责怪她。
너는 결코 이일로 인해 그녀를 탓해서는 안 된다.

开车要小心, ＿＿＿别出交通事故呀。
운전할 때 조심해라, 제발 교통사고 내지 말고.

你＿＿＿要记住, 一到目的地就给我来电话。
너 제발 기억해라, 목적지에 도착하자 말자 내게 전화하는 거 말이야.

明天早上咱们提前出发, 你可＿＿＿别睡过了。
내일 아침 우린 앞당겨 출발하니, 너는 제발 늦잠자지 마라.

年轻人现在正是有精力的时候, ＿＿＿不要虚度光阴。
젊은이는 지금이 한창 혈기왕성할 때이니, 제발 허송세월 보내지 말게.

听我一句话, 你们别冒险, ＿＿＿不要拿生命来开玩笑。
내 말 좀 들어, 너희들은 모험하지 말고, 제발 생명 가지고 장난치지 마라.

0559 > > > > >

**

前后
qiánhòu

명 ① 〈명절·행사 + 前后〉전후. 내내. 전 기간. ② 〈장소 + 前后〉앞과 뒤.

관련예문 • 学校前后各有一条路。

(학교 앞뒤로 각각 도로가 하나씩 있다.) ☞ 先后

春节＿＿＿, 火车票很难买到。
설을 전후해선 기차표를 사기가 어렵다.

他们是在新年＿＿＿旅行结婚的。
그들은 신년을 전후해 여행가와 결혼했다.

0560 > > > > >

前些
qiánxiē

〈前些 + 时候〉얼마 전에. = 不久之前

_____时候, 他还说要去看望您呢。
앞전에 만해도, 그는 너를 보러 가겠다고 했는데.

_____时候, 我在图书馆看书时见过她。
얼마 전에, 나는 도서관에서 책을 볼 때 그녀를 만난 적이 있다.

_____年他当过电器修理工, 修电视有一定经验。
몇 년 전에 그는 전기수리공이었는데, TV수리에 어느 정도 경험이 있다.

0561 > > > > >

强壮
qiángzhuàng

형 건장하다. 튼튼하다. = 结实 = 强健 = 健壮

他身体_____, 一个人能抬起一百公斤重的东西。
그는 신체 건장하여, 혼자서도 100kg 의 물건을 들어 올릴 수 있다.

0562 > > > > >

墙上
qiángshàng

명 〈명사 + 上〉벽 위(에). 벽에. 담장 위(에). 담장에. ('上'은 장소를 나타내는 말)
《固定式》〈在 + 명사 + 上〉(…에서) ⇒ 在足球比赛上 (축구 경기에서)

관련예문
- 地上 (땅에)
- 街上 (거리에)
- 上边 (위쪽)
- 世界上 (세계에서)
- 基本上 (기본적으로)
- 事实上 (사실상)

_____挂着 的照片是他一岁时照的。
벽에 걸린 사진은 그가 한살 때 찍은 것이다.

0563 > > > > >

☆

悄悄(地)
qiǎoqiǎo(de)

부 조용히. 은밀히. 살며시.

관련예문
- 暗暗 (암암리에. 몰래.[심리활동을 나타냄])
- 偷偷地 (몰래.[행위활동을 나타냄])

上一次我考试不及格, 经常一个人躲起来_____落泪。
지난 번 내가 시험에 불합격했을 때, 항상 혼자 숨어서 몰래 눈물 흘렸다.

0564 > > > > >

亲手
qīnshǒu

부 손수. 직접.

后院里的小桃树是我去年＿＿＿栽下的。
뒤뜰의 작은 복숭아나무는 내가 작년에 직접 심은 것이다.

0565 > > > > >

**

亲眼
qīnyǎn

부 직접. 제 눈으로.

我在上海工作过五年, ＿＿＿看到了上海浦东的发展变化。
내가 상해에서 5년 동안 일했는데, 上海浦东의 발전 변화를 내 눈으로 직접 보았
다.

0566 > > > > >

☆

亲自
qīnzì

부 친히. 직접. 몸소. (직접적인 행위 표현에 쓰임)

관련예문 • 亲身 (친히. 몸소. [경험 · 느낌 등에 쓰임])

这件工作很有意思, 只有＿＿＿动手, 才能发现其中的乐趣。
이 일은 재미있지만, 직접 해야만, 그 속의 즐거움을 발견할 수 있다.

0567 > > > > >

轻轻(地)
qīngqīng(de)

부 가볍게. 살며시.

春风＿＿＿吹拂着 水面, 水面荡起一阵阵波澜。
봄바람이 가볍게 수면을 스치면 수면에 잔잔한 파문이 인다.

0568 > > > > >

**

轻易
qīngyì

① (轻易地)간단하게. 쉽게.
② 〈轻易 + 동사〉 쉽사리. 좀체. 함부로. = 轻率 = 不尽考虑

我恨自己那么＿＿＿地就上当了。
나는 내가 그렇게 간단히 속은 게 원망스럽다.

王玲恨自己就那么_____地相信了他。
王玲은 자신이 그렇게 쉽게 그를 믿은 게 후회스럽다.

我想, 他绝不会是个_____说谎的人。
내 생각에, 그는 절대 쉽게 거짓말 할 사람이 아닐 것이다.

他的想法一旦确定, 就不会_____改变的。
그는 생각을 일단 확정하면, 쉽게 바꾸지 않을 것이다.

在这么关键的时候, 不要_____发表意见。
이렇게 중요한 시기에, 함부로 의견을 발표하지 마라.

别再说服我了, 反正我是不会_____相信你的。
더 이상 나를 설득하지 마라, 어쨌든 나는 너를 쉽게 믿지 않을 것이다.

0569 > > > > >

☆

清
qīng

형 〈동사 + 清〉 똑똑히[분명히] …하다. ('清'은 결과보어의 역할을 함)

离得太远, 他的表情我没有看_____。
너무 멀리 떨어져 있어서, 그의 표정을 나는 똑똑히 보지 못했다.

0570 > > > > >

★

清楚
qīngchu

형 (보이는 물체·소리·언어가) 분명하다. 뚜렷하다.

관련예문
- 清楚得很 (매우 뚜렷하다.)
- 清晰 ([윤곽·선·화면 등이] 뚜렷하다. 분명하다. 선명하다.)

他们怎么相识, 怎么相互了解, 怎么决定结婚, 我都知道得很_____。
그들이 어떻게 서로 알게 되고, 서로 이해하고, 결혼을 결정했는지, 나는 모두 분명하게 안다.

0571 > > > > >

清清楚楚的
qīngqīngchǔchǔde

형 - 중첩형 〈동사 + 得 + 清清楚楚的〉 분명하게. 똑똑하게.
☞ 干干净净 ; 漂漂亮亮

他在公司里说得_____, 你怎么会忘掉呢?
그가 회사에서 분명하게 말했는데, 너는 어째서 잊어버린 거냐?

虽然天黑下来了, 可是四周的画在他眼里仍然_____。
날이 비록 어두워졌지만, 사방의 그림은 그의 눈 안에 여전히 선명했다.

0572 > > > > >

☆

情景
qíngjǐng

명 장면. 정경. 광경. (감동적인 상황에 쓰임) = 情形

관련예문 • 情境 (광경. 처지. [상황·처지·경우 등에 쓰임])

和他第一次见面的＿＿＿，又浮现在我的眼前。
그와 처음 만났던 정경이, 다시 또 내 눈앞에 떠오른다.

0573 > > > > >

★

去
qù

동 ① 〈口〉입 닥쳐! 그만둬! 저리가! 꺼져! (단독사용)
  ◉ [走와 去의 비교] ▶ 走(가다. 걷다. 떠나다. 달아나다.) // 走!(가
    라!) // 快走!(빨리 가라. 빨리 달아나.) // 我们走吧。(우리 그만
    가자!) // 走去(걸어가다.) // 我们去。(우리는 간다.)
② 〈去 + 장소〉: 〈到 + 장소 + 去〉…에 가다.
③ 〈去 + 동사 + 목적어〉 = 〈동사 + 목적어 + 去〉…하러가다.[중국어의 동
    사 표현에서 두 개의 동사가 연동되어 있는 경우 특히 '去'가 있을 때는
    발생하는 순서에 따라 배열한다.] ('동사 + 목적어 + 去'의 형식은 구어
    체[대화체]에서 습관적으로 통용되고는 있음.)
    * 吃去饭[×]   * 买去东西[×]
④ 〈동사 + 목적어(구체적인 사물·사람) + 去〉 = 〈동사 + 去 + 목적어(구
    체적인 사물)〉 = 〈把 + 목적어(구체적인 사물·사람) + 동사 + 去〉 ⇒
    拿照相机去=拿去一台照相机(카메라를 가지고 가다)
    * 去带你[×]   * 带去你[×]
⑤ 〈동사 + 목적어(교통수단) + 去〉…하고 가다.
⑥ 〈동사 + 到 + 장소 + 去〉…로 …해 가다. …에 …해 가다.
⑦ 〈去 + 장소 + 동사〉 = 〈到 + 장소 + 去 + 동사〉…하러 장소에 가다.

《固定式》① 〈上[下/进/出/过/回] + 去〉(올라[내려/들어/나/지나/돌아]가
          다.) ☞ 来
        ② 〈上[下/进/出/过/回] + 장소 + 去〉(…에 올라[내려/들어/나/
          지나/돌아]가다.) ⇒ 走进教室去(교실로 걸어 들어가다.)
          *走进去教室 [×] ☞ 来
        ③ 〈上[下/进/出/过/回] + 목적어(사물) + 去〉 = 〈上[下/进/出/
          过/回] + 去 + 목적어(사물)〉 = 〈把 + 목적어(사물) + 上[下/
          进/出/过/回]+去〉

관련예문

- 去公园(공원에 가다.) = 我到公园去。 ☞ 来去
- 买去 (사러간다.) = 去买 (사러간다.) ⇒ 买去了。(사러 갔다.)
- 去吃饭。(밥 먹으러 간다.) = 吃饭去。(밥 먹으러 간다.)
  ⇒ 吃饭去了(밥 먹으러 갔다.)
- 去买东西。(물건을 사러간다.) = 买东西去。(물건을 사러간다.)
  ⇒ 买东西去了。(물건을 사러갔다)
- 去帮助他。(그를 도와주러 간다.) = 帮助他去。(그를 도와주러 간다.) ⇒ 帮助他去了(그를 도와주러 갔다.)
- 去找他吃饭。(그를 찾아 밥 먹으러 간다.)
  = 找他去吃饭。(그를 찾아 밥 먹으러 간다.)
  ⇒ 去找他吃饭去了。(그를 찾아 밥 먹으러 갔다.)
- 把这台照相机拿去。(이 카메라를 가지고 가다.)
- 去拿照相机。(카메라를 가지러 간다.) ☞ 去②
- 带你去。(너를 데리고 간다.)
- 开车来带你。(차가지고 너를 데리러 온다.)
- 坐火车去。(기차를 타고 간다.)
- 走到教室去。(교실로 걸어가다.)
  ⇒ 往教室走去。(교실 쪽으로 걸어가다.)
- 跑到医院去。(병원으로 뛰어가다.)
  ⇒ 往医院跑去。(병원 쪽으로 달려가다.) ☞ 来
- 去商店买东西。(물건을 사러 상점에 가다.) = 到商店去买东西。
- 拿出照相机去 = 拿出去一台照相机。(카메라를 가지고 나가다.)
- 把这台照相机拿出去。(이 카메라를 가지고 나가다.) ☞ 来

他们决定坐飞机_____北京旅游。
그들은 비행기를 타고 북경에 여행 가기로 결정했다.

你的箱子已经被拿进屋里_____了。
너의 트렁크는 이미 방안에 들여갔다.

这事不急, 咱们明天再_____找他吧。
이 일은 급하지 않으니, 우리 내일 다시 그를 찾으러 가자.

好容易他才取得了_____日本留学的资格。
그는 가까스로 일본 유학 가는 자격을 얻었다.

你是她的好朋友, 你_____安慰安慰她吧。
너는 그녀의 친한 친구이니, 네가 가서 그녀를 위로 좀 해 주렴.

再回宿舍_____的时候, 我一定去拜访你。

다시 숙소에 돌아 갈 때, 내가 반드시 너를 방문할 게.

晚自习以后, 大家都各自回宿舍_____了。
늦게 자습한 후, 모두 각자 숙소로 돌아갔다.

小张的商店明天开张, 我_____给他帮忙。
小张의 상점이 내일 개장하는데, 나는 그를 도우러 간다.

吃完晚饭后, 他开车把朋友送回家_____了。
저녁 식사 후, 그는 차를 몰고 친구를 집에 데려다 주었다.

真抱歉, 我的钱包忘带了, 现在回家_____拿。
정말 미안한데, 내 지갑을 잊고 안 갖고 왔어, 지금 집에 가서 가져올게.

我的腰带忘带了, 现在回宿舍_____拿, 来得及吗?
허리띠 차는 걸 잊었네, 지금 숙소에 가서 가져와도 시간이 되겠니?

他只稍微地休息了一会儿, 随后又慢慢地朝前走_____。
그는 단지 잠깐 휴식을 한 후, 그 다음에 또 다시 천천히 앞쪽으로 걸어간다.

0574 > > > > >

★

全
quán

부 전부. 완전히. = 全部 = 完全 = 均

他很喜欢写作, 几乎把课外时间_____用在写小说上了。
그는 글쓰기를 좋아해서, 수업 외 시간을 거의 전부 소설을 쓰는데 사용한다.

0575 > > > > >

★

全部
quánbù

명 **부** 전부(의). 모두. ☞ 部分 : 局部

他很聪明, 这种技术他_____掌握了。
그는 총명해서, 이런 기술은 전부 파악했다.

0576 > > > > >

★

全体
quántǐ

명 전체.

관련예문
- 全部 (전부. 모두.)
- 整个儿 (전부. 모든. …내내.)
- 整个儿上午 (오전 내내.)

升国旗时应该＿＿＿起立。
국기 게양 시엔 전체가 기립해야 한다.

＿＿＿同学都要参加这次郊游。
전체 학생이 모두 이번 소풍에 참석해야 한다.

请你广播一下，请＿＿＿人员马上到操场集合。
전체 인원은 지금 곧 운동장에 집합하라고 방송 좀 해 주세요.

请＿＿＿留学生明天下午两点到会议室开会。
전체 유학생은 내일 오후 2시에 회의실에 와서 회의를 하세요.

0577 > > > > >

☆

却
què

부 도리어. 오히려. 반대로. (완곡한 어기를 나타냄) ＝ 倒

他是班里最小的，学习＿＿＿是班里最好的。
그는 반에서 제일 어리지만, 공부는 반에서 제일 잘한다.

尽管伤很厉害，他＿＿＿没喊过一声疼。
상처가 깊은데도, 그는 오히려 아프다고 소리 한번 지르지 않았다.

这没什么好笑的，他＿＿＿哈哈大笑起来。
별 우스울 것도 없는데, 그는 오히려 하하하고 크게 웃기 시작했다.

我太激动了，想好的话，一时＿＿＿说不出来。
나는 너무 흥분하면, 잘 생각해 놓은 말도 순간 나오질 않는다.

这么简单的饭菜，没想到他＿＿＿吃得有滋有味。
이렇게 소박한 음식을, 그가 맛있게 먹을 줄은 생각지도 못했다.

尽管已经走了两天两夜，人们的精神＿＿＿很饱满。
비록 이미 며칠 밤낮을 걸었어도, 사람들의 정신은 오히려 넘쳐난다.

他喜欢热闹的舞厅，可我＿＿＿喜欢安静的咖啡屋。
그는 시끌벅적한 무도장을 좋아한다지만, 나는 오히려 조용한 커피숍을 좋아한다.

尽管我们做了三年同学，可我对她的了解_____不多。
비록 우리는 3년 동안 동급생으로 지냈지만, 나는 그녀에 대해 아는 것이 많지 않다.

信誉的建立是艰难的，而想毁掉它_____再容易不过了。
신용과 명예를 세우는 것은 어려운 것이다, 그러나 그것을 깨고자 한다면 더 이상 쉬운 것은 없다.

新鲜的鸡蛋在水中会沉底，坏了的鸡蛋_____不会沉底。
신선한 계란은 물 속에 가라앉지만, 상한 계란은 오히려 가라앉지 않는다.

一个人认为重要的事，另一个人_____不一定觉得重要。
어떤 한 사람이 중요하다고 여기는 일이라도, 오히려 다른 사람은 꼭 중요하다고 여기지 않을 수 있다.

0578 > > > > >

★
确确实实
què què shí shí

부 확실히. 정말로.

관련예문
- 说得确确实实的 (확실하게 말했다.)
- 确实 (확실히. 정말로. 확실하다.)
- 确实的消息 (확실한 소식.) ☞ 的确

我可以证明这件事_____和他无关。
나는 이 일이 확실히 그와는 무관하다는 것을 증명할 수 있다.

这件事我_____不知道，你不要再逼问我了。
확실히 나는 이 일을 모르니, 너는 더 이상 내게 추궁하지 마라.

시험에 꼭 나오는 HSK 단어 · 숙어

R

0579 > > > > >

☆
然而
rán'ér

접 그렇지만. 그러나. = 但是 = 可是 = 不过

他虽然看了报纸，_____却没有找到有价值的新闻。
그가 비록 신문을 봤지만, 가치 있는 뉴스를 찾을 수 없었다.

0580 > > > > >

★

然后
ránhòu

접 …한 후에. 그러한 후에. 그리고 나서. = 之后 = 以后
《固定式》〈先……然后[再/又/还]……〉(먼저 …하고 나서 …하다.)

他先去图书馆借了书，＿＿＿＿又去了趟超市买日用品。
그는 먼저 도서관에 가서 책을 빌리고 나서, 슈퍼에 일용품을 사러 갔다.

0581 > > > > >

★

让
ràng

전 〈주어 + 让 + 목적어 + 기타성분〉…에게 …당하다. = 被 ; 叫 ; 给
동 ① …에게 양보하다.
② 〈주어(사람) + 让 + 사역대상 + 동사 + 기타성분〉…에게 …하게 하다.
　☞ 使 ; 令

관련예문 ・ 把这个位子让给你。(이 자리를 양보해 드립니다.)

张老师＿＿＿＿他写一篇作文。
张선생은 그에게 작문을 짓게 했다.

邮 票＿＿＿＿我贴在信封上了。
우표는 나에 의해 편지 봉투에 붙여졌다.

怎么好事都＿＿＿＿你碰上了呢?
어찌 된게 좋은 일은 모두 너에게 생기는 거야?

今天我又＿＿＿＿老师批评了一节课。
오늘 나는 또 선생님께 수업 내내 야단 맞았다.

这件事最好还是＿＿＿＿她自己决定吧。
이 일은 아무래도 그녀 스스로가 결정하게 하는 게 제일 좋겠다.

这本书一定能＿＿＿＿你明白很多事情。
이 책은 틀림없이 너로 하여금 많은 것을 알게 할 수 있다.

对不起, 这都是误会, ＿＿＿＿你受委屈了。
죄송해요, 이 모든 게 오해예요, 당신을 어렵게 했군요.

我＿＿＿＿妹妹告诉他今天的约会已经取消了。
나는 여동생으로 하여금 그에게 오늘 약속이 이미 취소되었다고 알리게 했다.

她这个人很热情, 我们一到她家, 她立刻拿出点心＿＿＿＿我们吃。
그녀는 매우 친절하여, 우리가 그녀의 집에 도착하자마자, 그녀는 즉시 과자를 내어와 우리로 하여금 먹게 했다.

0582 > > > > >

☆

热闹
rènao

형 ① 왁자지껄하다. 번화하다. 붐비다. ② 떠들썩하게 놀다. 신나게 놀다.

这里是市中心, 到了晚上也很_____。
이곳은 시 중심이라, 밤이 되어도 매우 번화하다.

0583 > > > > >

**

人家
rénjia

대 ① 다른 사람. 남. = 别人 ② 그 사람. = 他 ③ 나. 사람. = 我

咱们先别那么早做决定, _____肯不肯还不知道。
우리 일단 그렇게 일찍 결정 내리지 말아요, 그가 승낙할지는 아직 모르잖아요.

_____王国明下海挣大钱啦! 现在回老家也办希望小学了!
王国明 그분은 사업을 해서 큰돈을 벌었다! 이제 고향에 돌아가 희망 프로젝트인 초등학교를 세우게 되었다.

0584 > > > > >

**

忍不住
rěnbuzhù

동 참을 수 없다. …하지 않을 수 없다. = 不禁 = 禁不住

看到他那滑稽的样子, 大家_____哈哈大笑起来。
그의 그런 유머러스한 모양새를 보고, 모두 박장대소하지 않을 수 없다.

0585 > > > > >

★

认识
rènshi

동 (사람을) 알다. 인식하다. ☞ 明白 ; 理解 ; 了解

我和他是在一次演讲比赛上_____的。
나와 그는 한 웅변대회 상에서 알게 된 것이다.

0586 > > > > >

★

认为
rènwéi

동 (확실히) …라고 생각하다. = 觉得(…라고 느끼다. …하고 생각하다. [대개 감각기관의 느낌을 표현함])

관련예문 • 以为 (…인 줄 알았다.)

在穿衣吃饭这类问题上, 我_____不要对别人妄加评论。
옷을 입고 밥을 먹는 이런 문제에서, 나는 다른 사람에게 함부로 비평을 해서는 안 된다고 생각한다.

0587 > > > > >

☆

仍
réng

부 아직도. 여전히. 변함없이. = 仍然

这种思想在当时是先进的, 在今天＿＿＿不算过时。
이러한 사상은 당시에는 선진적이었다, 오늘날에도 여전히 시대에 뒤떨어진 편은
아니다.

0588 > > > > >

☆

仍然
réngrán

부 아직도. 여전히. 변함없이. = 仍旧 = 照旧

他又学英语, 又学日语, 学了半天, ＿＿＿是无一精通。
그는 영어도 배우고, 일어도 배운다, 한참을 배웠지만 여전히 어느 한 가지도 정
통한 게 없다.

0589 > > > > >

☆

日常
rìcháng

형 일상의. 일상적인.

他的家中很简陋, 连最起码的＿＿＿用品都不全。
그의 집 안은 너무 초라하여, 심지어는 가장 기본적인 생필품까지도 갖추어져 있
지 않다.

0590 > > > > >

**

日益
rìyì

부 나날이. 갈수록. (정도가 심하거나 일정한 시간적인 요소를 나타냄)
☞ 越来越

随着我和韩国人接触的越来越多, 我们对韩国的了解也＿＿＿加深。
나와 한국인의 접촉이 갈수록 많아짐에 따라 우리가 한국에 대한 이해도 갈수록
깊어졌다.

0591 > > > > >

★

日子
rìzi

명 ① (작정한) 날. 날짜.　② 생활. 삶.

관련예문　•　过日子 (살아가다. 생활하다.)

我想问一下, 这里哪些＿＿＿不接待客人?
뭐 하나 묻겠습니다, 여기는 어느 날에 손님을 받지 않습니까?

0592 > > > > >

荣耀
róngyào

형 영광스럽다. = 荣光 = 光荣

这次作文竞赛，我获一等奖，我深感高兴和＿＿＿＿。
이번 작문 대회에서 나는 일등상을 받고, 큰 기쁨과 영광스러움을 느꼈다.

0593 > > > > >

★
容易一些
róngyì yìxiē

조금 쉽다. = 容易一点 ☞ 有些；那些

我觉得学英语比学汉语＿＿＿＿。
나는 영어를 배우는 것이 중국어를 배우는 것 보다 조금 쉽다고 느낀다.

我觉得日语的发音比韩语＿＿＿＿。
나는 일어 발음이 한국어 발음 보다 조금 쉽다고 생각한다.

0594 > > > > >

*
融洽
róngqià

형 사이가 좋다. 무난하다. 융화하다.

自从女儿考上大学后，他们父女俩的关系越来越＿＿＿＿了。
딸이 대학에 합격한 후로부터, 그들 부녀의 관계는 날이 갈수록 좋아졌다.

0595 > > > > >

☆
如果
rúguǒ

접 〈如果……(的话)〉 만일[만약]……한다면[이라면]. = 假若 = 要是……(的话)

＿＿＿＿经理片面地解决这个问题，一定会给公司带来损失。
만약 사장이 이 문제를 단면적으로 해결한다면, 반드시 회사에 손실을 가져 올 것이다.

0596 > > > > >

☆
如果……就……
rúguǒ……jiù……

접 만일[만약] …한다면[이라면], 바로 …한다.

____没有他的鼓励，我____不会有今天的成就。
만약 그의 격려가 없었다면, 나는 오늘의 성취를 가질 수 없었을 것이다.

____不太多地追求物质利益，生活____会轻松快乐。
만약 물질적 이익을 그다지 많이 추구하지 않는다면 생활은 여유롭고 행복할 것이다.

____课堂纪律不好，____会影响到老师上课的心情。
만약 수업 태도가 좋지 않으면, 선생님의 강의 분위기에 영향을 미칠 것이다.

____没有李局长的赏识，我____不会有今天的成就。
李국장이 인정해 주지 않았다면, 나는 오늘날의 성취를 갖지 못했을 것이다.

这次考试我____考不好，放假后妈妈____不会带我出去玩了。
이번 시험에 내가 만약 시험을 잘 못 친다면, 방학하고 나서 엄마는 나를 데리고 나가서 놀지 않을 것이다.

0597 > > > > >

☆
如果……那么……
rúguǒ……nàme……

접 만약[만일] …한다면[이라면], 그러면 …한다.

____谁侵犯我们的祖国，____我们就会和他们抗争到底。
누구든지 우리 조국을 침범한다면, 우리들은 그들과 끝까지 항전할 것이다.

0598 > > > > >

软绵绵
ruǎnmiánmián

형 부드럽다. 폭신폭신하다.(ABB형 중첩형용사) = 很软 ☞ 黑糊糊

已经是深秋了，地上积满了落叶，踩上去____。
벌써 깊은 가을이 되었다, 땅 위에는 낙엽이 가득 쌓여 밟으면 폭신폭신하다.

시험에 꼭 나오는 HSK 단어·숙어

0599 > > > > >

☆

扫
sǎo

① 훑어보다.　② (비로) 쓸다.

관련예문 • 扫一眼 = 看一眼 (한번 훑어보다.)

她＿＿＿一眼试卷，就看到了分数，"59"分。
그녀는 시험지를 한번 훑어보고 점수를 보니, 59점이었다.

0600 > > > > >

扇
shàn

양 〈수사 + 扇 + 명사〉 짝. 장. (문짝·유리창 등을 세는 단위)

관련예문 • 扇子 (부채)　　　• 电扇 (선풍기)

透过两＿＿＿玻璃窗，我们可以看到对面大学的篮球场。
두 장의 유리창을 통해서 우리들은 건너편 대학의 농구장을 볼 수 있다.

0601 > > > > >

*

擅长
shàncháng

동 〈擅长 + 명사〉 (기술·기교·학과목 및 체육방면에) 능하다. 뛰어나다. = 长于

관련예문 • 善于 ([행위·작업 활동 등을] 잘한다.)

小李＿＿＿英语曾获过英语竞赛的冠军。
小李는 영어에 능통해서 일찍이 영어 경연에서 우승을 획득한 적이 있다.

0602 > > > > >

★

上
shàng

형 〈上 + 명사[주 · 요일 · 양사]〉 지난.

명 ① 〈사물 + 上〉…위. ② 〈在 + 장소 + 上〉…(위) 에서.

전 〈上 + 장소 + 去〉 = 〈到 + 장소 + 去〉…에 가다.

보어 ① 〈동사 + 上〉

ⓐ (동작이 위로 행해지는 경우에 쓰임) ⇒ 飞上(날아오르다.)

ⓑ (목적의 달성) ⇒ 考上(시험에 합격하다.)

ⓒ (동작의 시작) ⇒ 爱上(사랑하게 되다.)

② 〈동사 + 不 + 上〉(동작이 위에서 행해지거나 또는 능력이나 조건이 안 돼서) …할 수 없다. ⇔ 〈동사 + 得 + 上〉

관련예문
- 上次 (지난 번)
- 上星期 (지난 주) ☞ 下
- 书上 (책 위) ☞ 墙上
- 坐在椅子上 (의자에 앉다.)
- 上公园去 (공원에 가다.) = 去公园
- 赶上 (쫓아가다.)
- 穿上 (옷을 입다.)
- 关上 (문을 닫다.)
- 说不上 (…라고 할 정도는 아니다. 단언할 수 없다.)

他在大会＿＿＿发表了精彩的演讲。
그는 대회에서 훌륭한 연설을 발표했다.

她第一次看到他的照片就爱＿＿＿他了。
그녀는 처음 그의 사진을 보고 그를 사랑하게 되었다.

外面下雨了, 你穿＿＿＿我的雨衣再走吧!
밖에 비가 내리네, 너는 나의 비옷을 입고 가거라.

方便食品在国内市场＿＿＿越来越受欢迎。
인스턴트식품은 국내시장에서 갈수록 환영받고 있다.

我＿＿＿星期给你买的小说, 你看过了吗?
내가 지난주에 너에게 사준 소설책을 너는 보았니?

我虽然喝过不少好茶, 却绝谈不＿＿＿懂茶。
나는 비록 좋은 차를 많이 마셔 봤지만, 결코 차를 이해한다고 할 수는 없다.

听说分了新房, 他高兴得嘴都合不＿＿＿了。
듣기에 신혼집으로 분가한다하여, 그는 입이 닫히지 않을 정도로 기뻤다.

椅子＿＿＿放着几本书, 一会儿你别忘了把书带走!

의자 위에는 몇 권의 책이 놓여져 있으니, 조금 있다가 책을 가져오는 것을 잊지 마라.

招待会上和他聊天的人太多了，我根本就说不＿＿＿话。
초청회에서 그와 얘기하는 사람이 너무 많아, 나는 전혀 말을 붙여 보지도 못했다.

儿子功课很好，只要他考得＿＿＿，我就一直供他上学。
아들은 공부를 매우 잘한다, 그가 시험에 합격하기만 하면, 나는 계속해서 그가 진학하는데 보조할 것이다.

经过大家的努力，我们班在这次运动会＿＿＿夺取了金牌。
모두들 열심히 해서, 우리 반은 이번 운동회에서 금메달을 땄다.

我本来不想当教师，谁知教了几年书以后，我竟爱＿＿＿了这个工作。
나는 원래 교사가 되고 싶지 않았다, 몇 년간 가르친 이후 내가 결국 이 일을 좋아하게 될 것을 누가 알았겠는가?

在中国诗歌发展史＿＿＿，杜甫的诗贴近现实，朴实无华，占有特殊的地位。
중국 시가 발전사에서, 杜甫의 시는 현실에 접근하고 질박하고 순수해서 특별한 위치를 차지하고 있다.

0603 > > > > >

上成
shàngchéng

〈上成 + 课〉수업을 하게 되다. ('成'은 결과보어임)

관련예문	• 去成 (가게 되다.)
	• 去不成 (못 가게 되었다.)

我们的讲师生病了，今天的课没有＿＿＿。
우리들 강사가 병이 나서, 오늘의 수업은 할 수가 없다.

0604 > > > > >

上去
shàngqù

동 올라가다.
보어 〈동사 + 上去〉① …하니. ② …올라가다. (동작이 높은 곳으로 향함을 나타냄)

관련예문	• 看上去 (보아하니.) = 看起来
	• 走上去 (걸어 올라가다.)

这件衣服看＿＿＿不错, 穿上试试吧。
이 옷 괜찮아 보이네요, 입어 보세요.

不把产品质量搞＿＿＿, 我们企业就不可能有出路。
제품의 질을 향상시키지 못하면, 우리 기업은 판로가 불가능하다.

他说自己将近五十了, 但看＿＿＿比实际年龄年轻得多。
그는 스스로 50살에 가깝다고 말했지만, 실제 나이 보다 젊어 보인다.

0605 > > > > >

上上
shàngshàng

형 〈上上 ＋ (个) ＋ 월[요일]〉 지지난. 전전. ⇔〈下下 ＋ (个) ＋ 명사〉

관련예문
- 上上个星期二 (지지난주 화요일)
- 下下个月 (다다음달)

爸爸还记得, ＿＿＿个月小明来过一封信。
아버지는 지지난 달 小明에게서 편지 한 통이 온 것을 아직 기억하고 있다.

0606 > > > > >

`**`
上下
shàngxià

명 ① 〈수사 ＋ 양사 ＋ 上下〉 안팎. 내외. 쯤. 가량. (시간과 거리를 나타내는 경우에는 쓰지 못함.) ☞ 左右
② 위아래. 아래위.

看上去他很年轻, 也就30＿＿＿。
보아하니 그는 매우 젊은데, 30살쯤으로 보인다.

学校篮球队员的身高都在一米八零＿＿＿。
학교 농구부원의 키는 모두 180cm정도다.

如果不闹虫灾, 一亩地能有500公斤＿＿＿的收成。
만약에 병충해가 없다면, 한 묘에 500kg정도를 수확할 수 있다.

全院＿＿＿一致认为, 他是下一任局长的最佳人选。
원내 상하 모두들 그가 후임 국장에 가장 걸맞는 인물이라 여긴다.

0607 > > > > >

稍稍
shāoshāo

부 조금. 약간. 잠시. 잠깐. ＝ 稍微 ＝ 略略 ☞ 略微

听医生说他脱离了危险期, 我的心情才＿＿＿轻松了一些。
의사 말에 따르면 그는 위험한 고비를 넘겼다니, 나의 마음은 그제야 좀 가벼워졌다.

0608 > > > > >

☆

稍微
shāowēi

부 조금. 약간. 다소. 잠깐. (일반적으로 2음절을 수식하지만, 1음절을 수식하는 경우에는 뒤에 '一下', '一点'등과 함께 사용함) = 稍稍

他特别怕酸, ＿＿＿酸一点就受不了。
그는 신 것을 특이나 싫어하여 조금만 시어도 참을 수 없다.

0609 > > > > >

少来点
shǎo lái diǎn

(술을) 조금 따르다. ('来'는 구체적인 동사 대신 사용한 말) = 少倒点酒
☞ 来④

관련예문　• 少来。(그만두다. 걷어치우다.)
　　　　　　• 少来骗我。(나를 속이려 들지 마라.)

最近身体不太好, 酒是不是＿＿＿?
요즘 몸이 안 좋으니, 술은 조금만 하지?

0610 > > > > >

少说
shǎoshuō

동 ① 적게 말하다. ② 말을 삼가다. 작작 말하다. = 不用说

这条街上＿＿＿也有十几家服装店, 人总是特别多。
이 거리엔 적게 잡아도 십여 개의 옷가게가 있는데, 사람은 항상 특히 많다.

0611 > > > > >

**

舍不得
shěbude

동 ① (헤어지기) 섭섭하다. 아쉽다. ② (물건 등의 사용을) 아까워하다.

관련예문　• 舍不得花你的钱！(네 돈을 쓰는 게 그렇게 아깝니.)

这里的人太好了, 我真＿＿＿离开呀!
여기 사람들은 너무 좋아서, 나는 정말 헤어지기 아쉽다.

这儿有我那么多的好朋友, 一下子真有点＿＿＿离开。
나는 여기에 친한 친구가 너무 많아, 갑자기 떠나기가 정말 아쉬웠다.

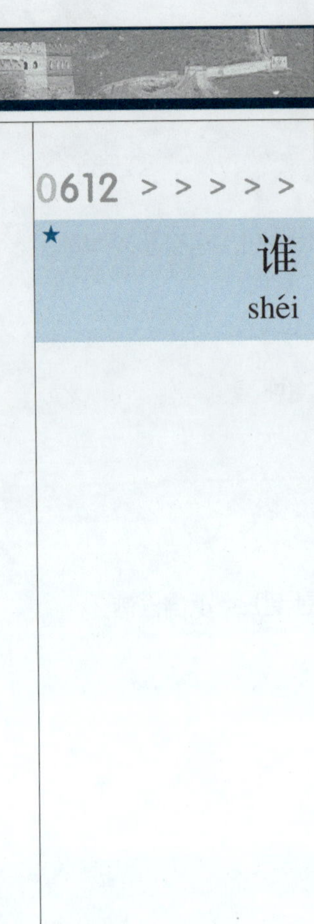

0612 > > > > >

★

谁
shéi

대 ① 누구.
② 〈谁都[也]……〉: 〈谁……都[也]〉 누구든지. 누구라도. (의문문이 아님.)

他们_____也不清楚这是什么地方。
그들 누구도 이곳이 어떤 곳인지 잘 알지 못한다.

_____见了我，都说我长漂亮了。
누구나 나를 만나면 모두 내가 예쁘게 컸다고 말한다.

他的父母离婚了，_____都想要他。
그의 부모는 이혼했는데, 양쪽이 다 그를 원한다.

天下的人，_____不爱自己的母亲呢?
세상사람, 누가 자신의 어머니를 사랑하지 않겠는가?

台下有三千多名观众，_____也不能说出去。
무대 아래에 삼천 여명의 관중이 있어서 누구도 말할 수가 없었다.

_____去也安慰不了他，看来他是太难过了。
그 누가 가도 그를 위로할 수 없다, 보아하니 그는 무척 괴로워 보인다.

难怪他肚子疼，_____让他吃那么多冰淇淋呢?
어쩐지 그가 배가 아프다더니, 누가 그에게 그렇게 많은 아이스크림을 먹였니?

这个计划暂时不能公开，_____也不能说出去。
이 계획은 일단은 공개할 수 없으니, 누구라도 말해서는 안 된다.

0613 > > > > >

谁知
shéi zhī

누가 알겠는가? = 谁知道

我以为他听到这消息会难过，_____他倒笑了起来。
나는 그가 이 소식을 듣고 괴로워 할 줄 알았는데, 오히려 웃고 있을 줄 누가 알았겠는가?

0614 > > > > >

☆

深刻
shēnkè

형 (인상·내용·견해·느낌 등이) 깊다. 깊이 있다. 철저하다.　☞ 深入

上海浦东的变化给人们留下了_____的印象。
상해 포동의 변화는 사람들에게 깊은 인상을 남겨 주었다.

这个城市两年来的变化，给贵宾们留下了_____的印象。
이 도시의 몇 년간의 변화는 손님들에게 깊은 인상을 남겨 주었다.

0615 > > > > >

*****

深浅
shēnqiǎn

명 ① 깊이. ② 분별. 분수.

他这个人说话没个_____，咱们别和他计较。
그가 말하는 것은 내용의 깊이가 없으니, 우리는 그와 실랑이를 하지 말자.

0616 > > > > >

☆

深入
shēnrù

부 〈深入地〉깊게. 깊이 있게. 철저하게.
형 (조사연구나 혁명운동 방면에) 깊이 파고들다. ☞ 深刻

这个总是需要更_____地了解对方。
이 것에는 더욱 깊이 있게 상대방을 이해하는 것이 언제나 필요하다.

0617 > > > > >

深深地
shēnshēnde

부 매우 깊게. 깊숙이.

很小的时候，我就被舞蹈_____迷住了。
아주 어릴 때, 나는 댄스에 깊이 심취했었다.

0618 > > > > >

★

什么
shénme

대 ① 무엇.
② 〈什么 + 명사〉무슨. 어떤.
③ 〈有 + 什么 + 명사〉…할 무엇이 있다. ⇔ 〈没有 + 什么 + 명사〉.
④ 〈什么都[也]……〉아무것도. ☞ 都 ▶ 没什么(괜찮아요.)
⑤ 〈有什么 + 형용사〉⇒ 有什么好?(좋긴 뭐가 좋아!) ☞ 有
⑥ 〈동사 + 点儿 + 什么〉뭐 좀 …하다.(불확실한 것을 나타냄)

관련예문 • 你想喝点儿什么吗? (뭐 좀 드시겠습니까?)

对他这种人我没_____可说的。
그런 류의 사람에게는 나는 무슨 할 말이 없다.

无论有_____困难, 也要把任务完成。
어떠한 어려움이 있더라도 임무를 완수해야 한다.

只要能得到她, _____要求都可以满足。
그녀를 얻을 수만 있다면, 어떠한 요구도 만족시킬 수 있다.

她虽然有很多钱, 但也没_____了不起了。
그녀는 비록 돈은 많지만, 아무 대단할 것도 없다.

没_____要紧事, 你就别专程来一趟了!
별 중요한 일이 없으면, 일부러 왔다가진 마세요.

你已经不是领导了, 有_____资格教训别人?
너는 이미 지도자도 아닌데, 무슨 자격으로 다른 사람을 훈계하느냐?

_____唱歌、跳舞、影视表演等等, 我都感兴趣。
무슨 노래를 부르기, 춤추기, 영화, TV, 공연 등등에 나는 다 흥미가 있다.

今天晚上正好没_____事儿, 咱们一起去歌厅吧。
오는 저녁에 마침 할 일이 없으니, 우리 같이 노래방에 가자.

我只是谱过一两首曲子, 说不上是_____作曲家。
나는 단지 한두 곡을 작곡했을 뿐이라서, 무슨 작곡가라고 까지는 말할 수 없다.

你们以前没有_____来往, 怎么突然成了好朋友了?
너희들 이전에는 아무런 왕래가 없었는데, 어떻게 갑자기 친한 친구가 됐지?

如果您有_____好的意见和建议, 请随时给我打电话。
만약에 당신이 어떤 좋은 아이디어나 의견이 있으면, 수시로 저에게 전화를 주십시오.

她到现在还不给咱们答复, 总不会发生_____问题吧。
그녀는 지금까지도 아직 우리에게 회답하지 않는데, 어떤 문제가 생긴 건 아니겠지.

做_____事情都要提前计划好, 否则, 只能是多花力气。
무슨 일을 하던지 사전에 미리 계획을 세워야 한다, 그렇지 않으면 단지 힘만 많이 들 뿐이다.

他心里一定有_____事儿, 不然他情绪不会这么低落的。
그의 마음속에는 반드시 무슨 고민이 있다, 그렇지 않고서 그의 기분이 이렇게까지 축처지지는 않을 것이다.

几千块钱对于他这样的有钱人来说, 应该不成_____问题。
몇 천 원이라는 돈은 그와 같은 부자들에게 있어서는, 결코 문제가 되지 않는다.

工作中出了困难, 没_____了不起的, 谁的工作能没有困难呢?
작업 중에 어려움이 발생하는 것은 별 대단한 것도 아니다, 그 누구나 일에 어려움이 없을 수가 있겠는가?

张教授会好几种外语，＿＿＿英语·法语·意大利语……都说得不错。

张교수는 몇 종류의 외국어를 할 수 있다. 영어, 불어, 이태리어, ……모두 잘한다.

0619 > > > > >

什么……什么……
shénme……shénme……

① …하는 대로 …하다.
② 〈什么都……什么都〉 무엇이든 …하고, 무엇이든 …하다.
　☞ 〈……哪儿……哪儿〉；〈怎么……怎么……〉

你＿＿＿时候来，我们就＿＿＿时候去接你。
네가 올 때 그때, 우리는 너를 마중 간다.

＿＿＿都可以有，＿＿＿都可以没有。
무엇이든지 있을 수도 있고, 무엇이든지 없을 수도 있다.

0620 > > > > >

☆
什么的
shénmede

…등등. 따위. ＝ 等等

业余时间我喜欢钓钓鱼、看看书、听听音乐＿＿＿。
여가시간에 나는 낚시를 하거나, 책을 보거나, 음악 듣는 것 등을 좋아한다.

我喜欢在家里养花儿、鸟儿、鱼＿＿＿，不愿意出去旅游。
나는 집에서 꽃, 새, 물고기 따위를 기르는 것을 좋아하지, 밖에 나가 여행을 하는 것은 바라지 않는다.

0621 > > > > >

**
甚至
shènzhì

부 심지어. …마저도. …조차도. ＝ 甚至于　**접** 더욱이. 더 나아가서는.

她对于父亲的再婚感到不解，＿＿＿感到愤怒。
그녀는 아버지의 재혼에 대해 이해하지 못할뿐더러, 심지어 분노를 느꼈다.

住在河边的人都喜欢在河里游泳，＿＿＿连小孩老人也不例外。
강가에 거주하는 사람들은 모두 강에서 수영하는 것을 좋아하는데, 어린이, 노인도 예외는 아니다.

0622 > > > > >

**
省得
shěngde

접 …하지 않도록. = 免得

你出去找点事干，_____在家呆着没意思。
너는 집에서 처박혀 있으면 재미없으니 그러지 않도록, 밖에 나가서 할만한 일을 찾아라.

0623 > > > > >

☆
十分
shífēn

부 매우. 몹시.

관련예문 · 十分高兴 (매우 기쁘다.)

婚姻介绍所是社会上一种_____有利可图的中介机构。
결혼소개소는 사회에서 매우 돈벌이가 될만한 중개 기관이다.

0624 > > > > >

时不时(地)
shíbushí(de)

부 종종. 자주. = 经常 = 时常 = 不时地

小张最近身体虚弱，_____就休几天病假。
小张은 최근에 몸이 약해서, 자주 며칠씩 병가를 낸다.

小李过去脾气不好，_____就跟人吵架，得罪了不少人。
小李는 과거에 성격이 좋지 않아서, 자주 사람들과 말다툼을 하여 많은 사람들에게 밉보였다.

0625 > > > > >

☆
时期
shíqī

명 시기. 특정한 때. ('时代'가 '时期'보다 시간적으로 약간 길다.)

관련예문 · 青年时代 (청년시절)
· 20世纪90年代 (1990년 – 1999년)

人生旅途中最有朝气的一个_____大概要算是青年时期了。
인생의 여정에서 가장 활기찬 시기는 아마도 청년 시기라 칠 수 있을 것이다.

0626 > > > > >

☆

实实在在
shíshízàizài

형 – 중첩형 진실하다. 거짓이 없다. = 实际 = 不虚幻 = 真实 ☞ 干干净净

学一点儿_____的东西, 对你找工作很有好处。
실재적인 것을 좀 배우는 것은, 네가 직업을 구하는데 아주 유리하다.

0627 > > > > >

★

实现
shíxiàn

동 이룩하다. 실현하다.

관련예문 • 发现 (발견하다.)

他想当一名教师, 可是谁知道他这个愿望会不会_____?
그는 교사가 되고 싶어 하지만, 그의 이러한 희망이 실현될지 안 될지 그 누가 알겠는가?

张老师时刻教育学生为_____个人的价值而努力学习。
张선생님은 시시각각 학생들을 개인의 가치 실현을 위해 열심히 공부하도록 교육시킨다.

李明太高兴了, 他想成为一名军人的理想终于_____了。
李明은 그가 군인이 되기를 바랐던 이상이 마침내 실현되어 너무 기뻤다.

大学毕业以后, 他终于_____了自己的愿望, 成为了一名外科医生。
대학 졸업 이후에, 그는 마침내 그의 희망을 실현하여 외과의사가 되었다.

0628 > > > > >

☆

实在
shízài

부 확실히. 참으로. 정말. = 实在是 **형** 진실하다. 실속있다. 알차다.

我_____是坚持不下去了。
나는 정말로 버틸래야 버틸 수가 없었다.

虽然那件衣服很漂亮, 可_____是太贵了。
비록 그 옷이 예쁘기는 하지만, 정말 너무 비싸다.

听他讲话_____没什么意思, 他讲的内容我们全都懂!
그의 강의를 듣는 것은 정말로 재미없다, 그가 강의 하는 내용을 우리는 전부 알아!

0629 > > > > >

☆

使
shǐ

동 〈주어 + 使 + 사역대상 + 동사 + 기타성분〉 …에게 …하게 하다.
(부정부사 '不'나 '没有'가 있는 경우에는 대개 〈使 + 사역대상 + 不[没有] + 동사〉와 같이 '使' 앞에 두지 않고 다음에 놓는다.) = 让 = 令 = 叫
☞ 让 ; 令

这个悲惨的消息＿＿＿他震惊。
이 비참한 소식은 그를 놀라게 했다.

电磁波能＿＿＿人患上各种疾病。
전자파는 사람을 각종 질병에 걸리게 한다.

沉重的负担＿＿＿他过早的衰老了。
무거운 부담은 그를 너무 빨리 노쇠하게 했다.

他突然变得很严肃，＿＿＿我很不理解。
그가 갑자기 진지하게 변한 것이, 나를 어리둥절하게 했다.

孩子的哭声，＿＿＿他从睡梦中醒了过来。
아이의 우는 소리는 그를 꿈에서 깨어나게 했다.

他在这次事件中的表现＿＿＿我非常感动。
그의 이번 일에서의 행동은 나를 매우 감동케 했다.

我最近经济紧张，他来借钱，＿＿＿我很为难。
나는 최근에 경제적으로 힘에 부쳤는데, 그가 돈을 빌리러 와서, 나를 난감하게 했다.

她的到来，＿＿＿这个宁静的小镇变得热闹起来。
그녀의 출현은 이 조용한 고장을 떠들썩하게 했다.

新婚姻法的实行＿＿＿人们的婚姻有了更多的保障。
새 혼인법의 실행은 사람들의 혼인으로 하여금 더 많은 보장을 가져오게 했다.

为了＿＿＿自己的汉语水平尽快提高，她报了两个补习班。
자신의 중국어 실력을 빨리 높이기 위해, 그녀는 두 개 학원에 등록했다.

许多人由于吃热量高的食品而＿＿＿身体积累了过多的脂肪。
많은 사람들이 열량이 높은 음식을 먹기 때문에 신체에 과도한 지방을 쌓이게 한다.

先进的技术和设备＿＿＿这家工厂在国内外都享有很高的声誉。
선진 기술과 설비는 이 공장으로 하여금 국내외에서 모두 높은 명성을 얻게 했다.

0630 > > > > >

**

使得
shǐde

동 (의도 · 계획 · 사물 따위가)…한 결과를 가져오다.

金秋, 微风吹过稻田, _____ 田野上泛起一阵阵 的麦浪。
황금빛 가을, 미풍이 논밭에 불고, 들판에는 보리의 물결이 잔잔히 일었다.

0631 > > > > >

☆

始终
shǐzhōng

부 ① 시종일관. 처음부터 한결같이. 언제나. = 自始至终 ☞ 一直
② 결국. 끝내. (끝까지 상황의 변화가 없음.) ☞ 到底 ; 终于

我_____认为这个主意不是他出的。
나는 처음부터 이 의견은 그가 내지 않았다고 여겼다.

你这么聪明却没考大学, 我_____为你感到遗憾。
너는 이렇게 총명한데 대학에 합격하지 못했다니, 나는 줄곧 유감스러웠다.

他张着嘴好像要说话的样子, 却_____没有说出来。
그가 입을 벌린 것이 마치 무언가 말하려는 것 같았지만, 아무 말도 하지 않았다.

演唱会进行了四个小时, 歌迷们_____热情洋溢地听着。
콘서트는 4시간 동안 진행되었는데, 팬들은 시종일관 열정이 넘치게 듣고 있었다.

0632 > > > > >

☆

事实上
shìshíshàng

명 사실상.

관련예문 • 基本上 (기본적으로)
• 世界上 (세계에)

有些事情看起来很简单, _____并非如此。
어떤 일은 아주 간단하게 보이나, 사실상 결코 그렇지만은 않다.

0633 > > > > >

★

是
shì

동 ① 〈주어 + 是 + 명사(어)〉…이다.
② 〈동사1 + 是 + 동사1, 可是 [但是]……〉:〈형용사1 + 是 + 형용사1,
可是 [但是]……〉…하기는 …하지만. (양보표현)
③ 〈주어 + 是 + 강조대상 + 的。〉…한 것이다. …했다. (강조표현) ☞
的⑤
④ 〈是……还是……?〉…인가 또는[아니면]…인가?(둘 중에 한가지의 선택
을 기대함) ☞ 还是
⑤ 〈……就是了。〉…하면 된다.

관련예문　• 去是去可是现在不去。(가기는 가는데, 그러나 지금은 안간다.)
　• 好是好，但是价格太贵了。(좋기는 좋은데, 그러나 가격이 너무 비싸다.)

每天记日记＿＿＿我的习惯。
매일 일기를 쓰는 것은 나의 습관이다.

他们第一次见面＿＿＿电影院门口。
그들이 처음으로 만난 것은 영화관 입구이다.

人民，只有人民，才＿＿＿创造历史的动力。
인민, 오직 인민만이 역사를 창조하는 원동력이다.

学汉语难＿＿＿难，但是我觉得非常有意思。
중국어를 배우는 것이 어렵기는 어려운데, 나는 매우 재미있다고 느낀다.

天已经黑了，你＿＿＿无论如何不能出去的！
이미 날이 저물었다, 너는 어찌 되었긴 밖으로 나갈 수가 없다!

这件事＿＿＿我不对，我已经意识到这一点了。
이 일은 내가 잘못한 것이다, 나는 이미 이점을 의식했다.

这些银币都＿＿＿16世纪至18世纪的中国古币。
이 은화는 16세기부터 18세기까지의 중국의 옛날 화폐다.

我们俩人吵架＿＿＿吵架，但从来没伤过感情。
우리 둘은 싸우긴 싸우나, 여태껏 한번도 감정 싸움한 적은 없다.

这件事＿＿＿你一手操办的，你怎么装起糊涂来了？
이 일을 네가 단독으로 처리해 놓고, 어떻게 그렇게 모르는 척 하느냐?

什么时候都应该记住，＿＿＿金子在哪里都会闪光。
언제라도 기억해야 한다, 금이라면 어디서든 빛을 발한다는 것을.

我＿＿＿在商场买东西的时候偶然发现有人偷东西的。
나는 상가에서 물건을 살 때 우연히 누군가가 도둑질하는 것을 발견했다.

你出国的消息我早知道了，＿＿＿你的妹妹告诉我的。
네가 출국한다는 소식을 나는 이미 알고 있었는데, 너의 여동생이 알려준 것이었다.

21世纪＿＿＿信息时代，我们应该学习获取信息的方法。
21세기는 정보화 시대이다, 우리들은 정보를 수집하는 방법을 배워야 한다.

0634 > > > > >

★

是不是
shìbushì

…하는 것이 어떠하냐? (반복의문문)
《固定式》 ① 〈是不是 + 주어 + 동사 + 기타성분?〉
② 〈주어 + 是不是 + 동사 + 기타성분?〉
③ 〈주어 + 동사 + 기타성분 + 是不是?〉

这件事事关重大, _____ 我们应该先考虑一下儿然后再决定?
이일은 사안이 중대하니, 우리들은 일단 한번 생각한 후에 결정하는 것이 어떻겠니?

0635 > > > > >

★

手
shǒu

양 〈一 + 手 + 명사〉 (손과 관련한 기능이나 능력에 쓰임)

관련예문 • 一手菜 (훌륭한 요리솜씨) ☞ 口

他很佩服自己的老师能写_____好字。
그는 자신의 선생님이 글씨를 잘 쓸 수 있다는데 존경해 마지 않는다.

0636 > > > > >

☆

首
shǒu

양 〈수사 + 首 + 명사〉(시 · 노래 따위의) 수. 곡.

관련예문 • 一首歌 (노래 한 곡) = 一支歌

张教授会用四种语言朗读这_____诗。
张교수님은 네 가지 언어로 이 시를 읽을 수 있다.

0637 > > > > >

收到
shōudào

동 (교육 · 칭찬 등 추상적인 것을) 받다.

관련예문 • 收到 ([편지 · 선물 등 구체적인 것을] 받다.) ☞ 接受

他在工作中作出了突出的贡献, _____领导的奖励。
그는 업무 중에 뛰어난 공헌을 하여, 지도자의 격려를 받았다.

0638 > > > > >

熟熟的
shúshúde

부 〈동사 + 得 + 熟熟的〉숙달되게[익숙하게] (…하다).

发言以前, 他把稿子背得_____。
발언하기 전에, 그는 원고를 숙달되게 외웠다.

0639 > > > > >

★

数
shǔ, shù

동 (shù) ① 손꼽다. ② 세다. 계산하다. **명** (shù) 수

관련예문 • 要数 ([다른 것과 비교하여] 손꼽는다.)

我们班里要_____小王功课最好。
우리 반에서 小王이 공부를 제일 잘한다고 손꼽는다.

政府了解到，老百姓最关心的要_____住房问题。
정부는 백성들의 가장 큰 관심사는 주택문제가 손꼽힌다는 것을 이해했다.

在这一带，最具特色的餐馆要_____这家名叫"百饺园"的饺子馆。
이 일대에서, 가장 특색 있는 음식점은 "百饺园"이라 불리는 만두집을 손꼽는다.

0640 > > > > >

★

双
shuāng

양 〈수사 + 双 + 명사〉쌍. 켤레.(짝을 이루는 물건에 대하여 씀.)

관련예문 • 一对夫妻 (한 쌍의 부부)

你瞧，我这_____手又大又厚。
보세요, 내 이 두 손은 크기도 크고 두껍기도 두꺼워요.

昨天我在百货商店买了_____鞋。
어제 나는 백화점에서 신발을 한 켤레 샀다.

0641 > > > > >

☆

顺便
shùnbiàn

부 …하는 김에.

你去书店时，请_____替我买本新华字典。
당신이 서점에 가는 김에 나대신 新华字典을 한 권 사다주세요.

你去书店的时候，_____替我看看我要的书来了没有。
당신이 서점에 가는 김에 나대신 내가 원하는 책이 들어왔는지 알아봐 주세요.

0642 > > > > >

★

说
shuō

（동） ① 말하다. = 讲　② …라고 생각하다. = 看　③ 야단치다. 비평하다.

관련예문
- 我跟你说 (내가 너에게 말하는데.)
- 我告诉你 (내가 너한테 알려주겠다.)
- 谈 (이야기 나누다. 토론하다.)
- 妈妈说了我几句。(엄마가 내게 몇 마디 야단을 쳤다.)

放了假, 咱们得轻松一下儿, 你＿＿＿咱们去什么地方郊游啊?
휴일인데, 우리들은 기분도 좀 풀어야지, 당신은 우리가 어디로 소풍을 가는 것이
좋아?

0643 > > > > >

说不定
shuōbudìng

（동） …일지도 모른다. 단언하기 어렵다. = 不一定 = 不见得

天又阴了, ＿＿＿马上就下雨。
날씨가 또 흐려지는 것을 보니, 곧 비가 올지도 모르겠다.

0644 > > > > >

说不上
shuōbushàng

（동） …하다고 말할 정도는 아니다. = 谈不上

关于唐宋文学, 我＿＿＿精通, 只是稍有研究吧。
唐宋문학에 관해서, 나는 정통하다고 말할 정도는 아니고, 책을 좀 봤을 뿐이다.

0645 > > > > >

说着说着
shuōzhe shuōzhe

（동） 말하다가. 말하다 보니. (지속을 나타냄) ☞ 着

你瞧你, ＿＿＿就急了, 你的脾气怎么这么不好?
너 자신을 좀 봐, 말하다가도 화를 내니, 너의 성격은 어쩜 이리도 나쁘니?

0646 > > > > >

死活
sǐhuó

（부） 〈口〉 한사코. 기어이.

小红＿＿＿不参加劳动, 大家怎么劝她都没用!
小红은 한사코 노동에 참가하지 않겠단다. 모두가 아무리 그녀에게 권해도 소용
이 없었다.

0647 > > > > >

似
sì

동 …인 것 같다. ▶ 似信非信(반신반의하다.)

관련예문 • 似笑非笑 (웃는 듯 마는 듯하다.)

看看他那＿＿＿笑非笑的样子, 真叫人难受。
그가 웃는 듯 마는 듯 하는 것을 봐라. 정말로 사람을 난감하게 한다.

我给他说了好几次, 他才＿＿＿懂非懂地点了点头。
나는 그에게 여러 번 얘기를 했는데, 그는 그제야 아는 듯 마는 듯 고개를 끄덕였다.

0648 > > > > >

似的
sìde

형 …같은. ▶ 好像……似的(마치…와 같다.)

公园＿＿＿老年人活动中心代替了街道两旁原来的平房。
공원 같은 노인 활동센터가 거리 양측에 원래 있던 건물을 대신했다.

0649 > > > > >

似乎
sìhū

부 마치 …인 것 같다. ☞ 好像[仿佛]……一样[一般/似的]

那个人我＿＿＿在哪儿见过, 可一时半会儿想不起来。
그 사람을 나는 어디선가 만나 것 같은데, 순간적으로 기억이 나지 않는다.

有些东西, ＿＿＿没有什么用处, 关键时缺了它还真不行。
어떤 물건들은 어떠한 쓸모도 없는 것 같은데, 결정적인 순간에는 그것이 없으면 정말 안 된다.

0650 > > > > >

松
sōng

형 기분이 가볍다. 긴장이 풀리다. = 轻松

관련예문 • 松一口气 (한 숨 돌리다. 한시름 놓다.)

这个秘密没有人发现, 她暗暗＿＿＿了一口气。
이 비밀을 어떤 사람도 발견해 내지 못하자, 그녀는 몰래 한숨 돌렸다.

0651 > > > > >

★ 酸
suān

형 (맛·냄새 따위가) 시다. 시큼하다.

관련예문 • 发酸 (시큰거리다. 몸이 나른하다. 상심하다. 난처해하다.) ☞ 发青

他的心里不由得一阵发＿＿＿＿。
그는 마음속으로 자기도 모르게 일순간 상심이 일었다.

0652 > > > > >

☆ 算了
suànle

그만두다. 관두다. 됐다. ＝ 行了 ＝ 好了

既然你们总是吵架, 那就分手＿＿＿＿。
너희들이 항상 싸울 바에는, 그냥 헤어져 버리고 말아라.

0653 > > > > >

** 算是
suànshì

동 …인 셈이다. …으로 치다.

我问他同意吗, 他点点头, ＿＿＿＿告诉我了。
나는 그가 동의하는지를 물었더니, 그는 고개짓으로, 나에게 알려준 셈이 되었다.

0654 > > > > >

** 虽……但……
suī……dàn……

접 비록 …이지만 …이다. ＝ 虽然……但是……

这篇评论＿＿＿＿短, ＿＿＿＿反映的问题却很深刻。
이 평론은 비록 짧지만, 반영하는 문제는 오히려 깊다.

0655 > > > > >

★ 虽然
suīrán

접 비록 …이지만.
《固定式》 ① 〈虽然……但是[可是/不过/然而]……〉
② 〈虽然……还是[却/总是/仍然]……〉

＿＿＿＿发生了这种事, 我还是原谅了他。
비록 이런 일이 일어났지만, 나는 그래도 그를 용서했다.

_____他遇到过许多挫折，但始终很坚强。
비록 그는 많은 좌절을 겪었지만, 시종일관 꿋꿋하다.

我心里_____很紧张，但脸上的表情很从容。
나는 비록 속으로 긴장을 했으나, 얼굴의 표정은 침착했다.

汉语_____很难，但是学习汉语的人越来越多。
중국어가 비록 어렵기는 하지만, 중국어를 배우는 사람은 나날이 많아진다.

这个问题_____比较复杂，但是我们齐心协力把它解决了。
이 문제는 비록 비교적 복잡하지만, 우리들은 마음을 모아 협력하여 그것을 해결했다.

0656 > > > > >

★
**虽然……但
(是)……**
suīrán…dàn(shì)…

접 비록 …이지만, (그러나) …하다.

锻炼_____有益，_____过度了也不好。
단련하는 것은 비록 유익하기는 하나, 지나치면 또한 좋지 않다.

_____他是我的弟弟，_____我也不会特殊照顾他的。
비록 그가 나의 동생이기는 하나, 나 또한 특별히 그를 보살피지는 않는다.

你_____说得滔滔不绝，_____我们一点也不感兴趣。
너는 비록 유창하게 말하지만, 우리들은 조금도 흥미가 없다.

住在这儿_____很安静，_____买东西要走很远的路。
이곳에 사는 것은 비록 조용하기는 하나, 물건을 사려면 먼 길을 가야한다.

我们_____都在一个大学读书，_____并不能经常碰见。
우리들은 비록 모두 같은 대학에서 공부를 하지만, 결코 자주 만날 수 없다.

_____他讲得不清楚，_____我们已经了解了他的意思。
비록 그는 정확하게 말하지는 않았으나, 우리는 이미 그의 뜻을 이해했다.

大家约他去吃饭，_____他不想去，_____也没有拒绝。
모두가 그에게 밥 먹으러 가자고 약속했는데, 그는 비록 가고 싶지 않았지만, 거절하지도 않았다.

我和李雪怡_____是同事，_____从来没有说过一句话。
나와 李雪怡는 비록 동료이기는 하나, 여태껏 한마디도 해보지 않았다.

_____家里有车了，_____他还保持着以前走路上班的习惯。
비록 집에 차가 있으나, 그는 여전히 이전에 걸어서 출근하는 습관을 유지하고 있다.

_____我们的国籍不同，肤色不同，_____我们在一起相处得非常融洽。
비록 우리들의 국적이 다르고, 피부색이 달라도, 우리들은 함께 매우 잘 어울린다.

0657 > > > > >

★
虽然……可是……
suīrán ……kěshì……

= 〈虽然……但是……〉

时间_____紧张, _____我们会按时到达的。
시간이 비록 촉박하지만, 우리들은 제시간에 도착할 것입니다.

0658 > > > > >

★
虽然……却……
suīrán…… què……

접 비록 …이지만, 오히려 …하다.

_____大家都说这次考题简单, 我_____没有及格。
비록 모두가 이번 시험문제가 간단하다고 했지만, 나는 합격하지 못했다.

0659 > > > > >

★
虽说……不过……
suīshuō…… búguò……

= 〈虽然……但是……〉

_____我没参加这次会议, _____已经知道了会议的内容。
비록 나는 이번 회의에 참여하지 않았지만, 이미 이 회의의 내용을 알고 있었다.

0660 > > > > >

★
虽说……但……
suīshuō……dàn

= 〈虽然……但是……〉

管理方法_____严格了一些, _____都很有成效。
관리방법이 비록 좀 엄격하지만, 정말로 효과가 있었다.

0661 > > > > >

☆
随便
suíbiàn

동 마음대로[좋을 대로 · 편한대로] …하다.

관련예문 • 随你的便。(네 마음대로 해라.) ▶顺便 (…하는 김에)

大家别拘谨, _____聊吧。
모두들 너무 조심스럽게 굴 것 없이, 편하게 얘기합시다.

我只是_____栽了几棵小树, 没想到竟都活了。
나는 단지 마음대로 몇 그루의 묘목을 심었을 뿐인데, 뜻밖에 모두 살 줄은 생각지도 못했다.

0662 > > > > >

☆

随时
suíshí

부 수시로. 아무 때나.

多带点衣服吧，这儿的温度＿＿＿都可能变冷。
옷을 많이 가져가도록 해라, 이 곳의 온도는 수시로 변할지도 몰라.

0663 > > > > >

*

随着
suízhe

동 〈随着 + 명사(비교적 긴 시간을 나타냄)〉…을 따라서.
▶ 〈随 + 명사(대개 1음절이 오며, 짧은 시간을 나타냄) + 동사〉

관련예문
* 随着季节变化 (계절이 변함에 따라서)
* 随水漂流。(물을 따라 흘러가다)
* 随你挑。(네 마음대로 골라라.)

＿＿＿人们生活水平的提高，患肥胖病的人越来越多。
사람들의 생활수준이 높아짐에 따라서, 비만환자가 나날이 증가한다.
＿＿＿人们的文化水平的提高，人们越来越注重生活的质量了。
사람들의 문화수준이 높아짐에 따라서, 사람들은 갈수록 생활의 질을 중시한다.

0664 > > > > >

★

岁
suì

양 〈수사 + 岁〉세. 살.

我们两个一块儿入学，可他比我大三＿＿＿。
우리 둘은 함께 입학했지만, 그는 나보다 세 살이 많다.

0665 > > > > >

☆

所
suǒ

양 〈수사 + 所 + 명사〉동. 채. (학교·병원·가옥 등을 세는 단위) ☞ 本
조 〈(대)명사 + 所 + 동사 + 的 + 명사〉…하는 바의 (명사). (행위자와 동작의 관계를 강조함.)

你在哪＿＿＿中学教书?
당신은 어느 중학교에서 가르치십니까?

这些就是我＿＿＿了解的他的全部材料。
이것들은 내가 이해하는 바의 그에 관한 모든 자료이다.

这样严重的后果，是他们＿＿＿没有意料到的。
이런 심각한 결과는 그들의 예상 밖의 일이었다.

她是这么多年来我＿＿＿接触到的人中给我帮助最大的一个。
그녀는 이렇게 오랫동안에 내가 접촉한 사람들 중에서 내게 도움이 가장 컸던 한 사람이다.

整篇作品＿＿＿反映的社会生活都是以二三十年代为背景的。
이 작품 전체가 반영하는 바의 사회생활은 모두 2,30년대를 배경으로 한 것이다.

流行歌是指在一定时间、一定地区被大多数人＿＿＿喜欢的歌曲。
유행가는 일정시간, 일정지역에서 대다수 사람들에게 사랑을 받는 노래를 말한다.

0666 > > > > >

☆

所谓
suǒwèi

명 ① 소위. 이른바.　② …라는 것은. …란.

관련예문　• 无所谓 (상관없다. 괜찮다.) = 不在乎 = 不重视

＿＿＿ "送君千里，终须一别"，讲的就是再依依不舍，最终也要道别。
소위「送君千里，终须一别」이란 말이 뜻하는 것은, 아무리 헤어지기 아쉬워도 결국은 작별해야 한다는 것이다.

＿＿＿母子作用就是母亲和婴儿通过触觉、视觉和嗅觉等感觉相互影响。
소위 모자의 역할은 어머니와 유아 간에 촉각, 시각, 후각 등의 감각을 통해서, 서로 영향을 주는 것이다.

0667 > > > > >

★

所以
suǒyǐ

접 ① ⟨因为[由于]……所以……⟩ …하기 때문에 그래서 …하다. (결과나 결론을 나타냄)
② ⟨주어 + (之)所以 + 술어, 是(因为[由于])……⟩ …한 까닭은[이유는] …했기 때문이다. (원인이나 이유를 설명함)

관련예문　• 我们所以没有去，是因为得到通知太晚了。(우리가 가지 못한 이유는 우리가 통지를 너무 늦게 받았기 때문이다.)

他这个人非常骄傲, _____没有好朋友。
그 사람은 너무 교만해서, 친한 친구가 없다.

我的房间很小, _____不能两个人一起住。
나의 방은 작아서, 두 사람이 같이 살수 없다.

他_____获得第一名, 是他努力学习的结果。
그가 일등을 한 까닭은, 그가 열심히 공부한 결과이다.

我担心他耽误学习, _____尽量不安排他参加课外活动。
나는 그가 공부를 그르칠까봐 염려가 되어, 그를 가능한 과외활동에서 빼버렸다.

服装给人的第一感觉就是色彩, _____色彩的搭配至关重要。
복장이 사람에게 주는 첫인상은 색채이기 때문에, 색채의 배합은 지극히 중요하다.

0668 > > > > >

★

所有
suǒyǒu

형 〈所有 + (的) + 명사〉 모든. 일체의. ☞ 〈一切 + 명사〉

我们厂里的_____设备都应该检修。
우리 공장의 모든 설비는 모두 점검해야 한다.

我们这里_____的办公器材你都可以使用。
우리가 있는 이곳의 모든 사무기자재를 당신은 모두 사용해도 된다.

冰淇淋的美味, 几乎得到_____孩子的认同。
아이스크림의 달콤한 맛은, 거의 모든 아이들의 인정을 받은 것 같다.

시험에 꼭 나오는 HSK 단어·숙어

T

0669 > > > > >

★
她
tā

대 그 여자. 그녀.

관련예문 · 她们 (그녀들.)

_____太好动而且总是弄坏东西。
그녀는 가만히 있지 못할 뿐만 아니라 항상 물건을 망가뜨린다.

获救后的_____握着他的手，说了很多感激的话。
구조 후에 그녀는 그의 손을 잡고, 감사의 인사를 수차례 했다.

0670 > > > > >

★
他们
tāmen

대 그들. 그[저] 사람들.

李明_____学校现在有300多留学生，比我校多。
李明 그들의 학교는 현재 300여명의 유학생이 있는데, 우리 학교보다 많다.

0671 > > > > >

★
太
tài

부 ① 〈太 + 형용사 + 了〉아주. 극히. (감탄이나 강조를 나타냄)
② 〈不 + 太 + 형용사〉 그다지[별로/그리] …하지 않다.(부분부정을 나타냄)
  ＝〈不 + 怎么 + 형용사〉 ☞ 了

我嫌他头发_____长。
나는 그의 머리가 너무 긴 것이 싫다.

我嫌妈妈_____唠叨了。
나는 엄마가 너무 많은 잔소리를 하는 게 싫다.

我的菜炒得不_____好，你别笑话我。
나는 요리하는 실력이 그다지 좋지 않으니, 비웃지 마세요.

骑车去＿＿＿慢了, 我们改坐火车行吗?
자전거로 가는 것은 너무 느리니, 우리들은 기차로 바꿔 타고 가는 것은 어때?

干这么点活就叫累, 你也＿＿＿娇气了。
이 정도 일을 가지고 피곤하다니, 넌 정말로 나약하구나.

能考上名牌大学, 真是让我＿＿＿兴奋了!
명문대학에 합격할 수 있다니, 정말로 너무 흥분된다!

我＿＿＿不乐观了, 我老觉得做人真难哪!
나는 너무 낙관적이지 않아서, 늘 사람노릇 하는 것이 정말로 힘들다고 느낀다.

这么多车都堵在十字路口, ＿＿＿阻碍交通了。
이렇게 많은 차들이 사거리에서 정체되어, 너무 교통에 방해가 된다.

0672 > > > > >

谈不上
tánbushàng

동 …하다고 말할 정도는 아니다. = 说不上

只不过稍微点拨你一下, ＿＿＿什么指导。
단지 약간 너를 밀어준 것뿐인데, 무슨 지도라고까지 할 건 없어.

0673 > > > > >

**
倘若……就……**
tǎngruò……jiù…

접 만약[만일] …한다면. ☞ 假若 = 如果

＿＿＿每个人都像他那么爱国, 那我们的国家＿＿＿有希望了。
만일에 사람마다 모두 그와 같이 애국한다면, 우리들의 국가는 희망이 있다.

0674 > > > > >

☆

趟
tàng

양 〈동사 + 수사 + 趟〉 차례. 번. (왕복의 횟수를 나타냄) ☞ 次
《固定式》 ① 〈동사 + 목적어(대명사 · 사람) + 수사 + 趟〉 ⇒ 我见了他两次。(나는 그를 두 번 만났다.)
② 〈동사 + 수사 + 趟 + 목적어(일반명사)〉 ⇒ 我看了两次中国电影。(나는 중국영화를 두 번 봤다.)

让我回＿＿＿家, 和妈妈告别一下吧。
집으로 돌아가서, 어머니와 작별인사를 하게 해 주세요.

今天我来找了你三＿＿＿, 你都不见我。
오늘 나는 너를 찾으러 세 번이나 왔는데, 너는 다 나를 만나주질 않았다.

我没赶上九点的火车，下一_____去郑州的火车几点开？
나는 9시 기차를 놓쳤다, 다음 번 郑州행 기차는 몇 시 출발이지?

今天早上你如果有时间的话，请你到我宿舍来一_____。
우늘 아침에 네가 만일 시간이 있으면, 나의 숙소로 한번 들려줘요.

这么晚了他还不回来，我找了他几_____，他都不在家。
이렇게 늦었는데 그는 아직도 안돌아오다니, 나는 그를 몇 번이나 찾았으나 그는 집에 없었다.

0675 > > > > >

★ 讨论
tǎolùn

(동) 토론하다. (문제에 대해 의견을 교환하거나 변론을 진행하는 경우에 쓰임.)

관련예문
- 商量 (상의하다.)
- 探讨 (연구토론하다.)

我想跟你_____一个问题，你现在有时间吗？
나는 너와 상의할 문제가 있는데, 너 지금 시간 있니?

我们班的同学正_____这些问题的时候，门被推开了。
우리 반의 급우들이 이 문제들을 막 토론하려고 할 때, 문이 열렸다.

0676 > > > > >

★ 特别
tèbié

(부) ① 특히. ② 각별히. ③ 일부러. = 特地 = 专程

관련예문
- 特殊 (특수하다. 특별하다.)
- 特殊的地位 (특별한 지위)
- 特殊的情况 (특수한 상황)

他非常喜欢文学作品，_____是老舍的作品。
그는 문학작품을 매우 좋아하는데, 특히 老舍의 작품을 좋아한다.

这儿的老师，_____是王老师，对学生非常严格。
이곳의 선생님, 특히 王선생님은 학생들에게 매우 엄격하시다.

应当_____指出的是，没有他的帮助，我们不能顺利完成任务。
특별히 지적해야만 할바는, 그의 도움이 없었다면, 우리들은 임무를 순조롭게 완성하지 못했을 것이라는 것이다.

为配合对少年儿童的爱国主义，光明影院_____播放了抗日战争的教育片。
소년과 어린이들에게 애국주의를 불어넣기 위하여, 광명극장은 특별히 항일 전쟁의 교육영화를 상영했다.

0677 > > > > >

*
特地
tèdi

부 특별히. 일부러. = 专程 = 特别 = 特意

관련예문 · 专门 (전문적으로. 특별히. 일부러.)

为了让她放松放松，父母＿＿＿带她去看电影。
그녀의 긴장을 풀기 위해, 부모님은 일부러 그를 영화관에 데리고 갔다.

会议地点变了，我怕你不知道，＿＿＿赶来通知你。
회의장소가 바뀌었는데, 나는 네가 모를까봐 일부러 너에게 알려주려고 달려왔다.

这酒是你的老同学＿＿＿给你送来的，别忘了写信谢谢人家。
이 술은 너의 옛 동창이 특별히 네게 보내온 것인데, 그에게 감사편지 쓰는 것을 잊지 말아라.

0678 > > > > >

★
提高
tígāo

동 (사상·인식·기술·수준 등을) 향상시키다. 높이다. 제고하다.

관련예문 · 进步(jìnbù)
([지식. 제도. 경제. 문화 등이] 진보하다. 향상하다. 발전하다.)

人民的受教育水平在不断＿＿＿。
인민들의 피교육 수준이 부단히 향상되고 있다.

0679 > > > > >

**
提醒
tíxǐng

동 일깨우다. 주의를 환기시키다. (의식적으로) 깨우쳐 알게 하다.
▶ 〈唤醒 + 사람〉(…을 각성시키다. …를 불러 깨우다.)

买东西的时候，我常常＿＿＿自己需要什么买什么，不要买不用的东西。
물건을 살 때, 나는 항상 내가 필요한 것만 사고 필요 없는 물건은 사지 않도록 주의를 기울인다.

0680 > > > > >

**
提议
tíyì

동 (토론이나 모임에서 의견을) 제의하다. 의견을 내다. = 提出意见

관련예문 · 建议 ([회사나 상사에게] 건의하다. 제안하다.)

我＿＿＿，这周末来我们家聚会。
나는 이번 주말에 우리 집에 와서 모이자고 제의했다.

代表们＿＿＿就道路拓宽的问题展开讨论。
대표들은 도로 확장하는 문제에 대해 토론을 전개하자고 제의했다.

0681 > > > > >

☆

替 tì

동 〈替 + 명사(사람) + 동사〉…를 대신하여.

전 〈替 + 명사(사람) + 동사〉…를 위하여. …때문에. = 为 = 帮

请＿＿＿我向你父母转达问候。
나를 대신해서 당신의 부모님께 안부전해 주세요.

你经过书店时, 请顺便＿＿＿我买一张地图。
네가 서점을 지날 때, 나 대신에 지도 한 장을 사다 주세요.

哪有父母不＿＿＿儿女着想的? 他们这么说, 都是为了你好。
부모가 자식을 위해 생각하지 않는 사람이 어디 있겠는가? 그들이 이렇게 말하는 것은, 모두가 너 잘되라고 하는 것이다.

0682 > > > > >

★

条 tiáo

양 〈수사 + 条 + 명〉
① 개. 마리. 벌. 장. (길·강·담요·목도리·바지·개·비누·목숨·사나이 등 대개 가늘고 긴 것을 세는 단위)
② 가지. (소식·뉴스 등 여러 항목으로 나누어진 것을 세는 단위)
③ 보루. (담배 등 일정한 수량이 갖추어진 것을 세는 단위)

最近这里新建了两＿＿＿高速公路。
최근 이곳에 두 곳의 고속도로를 새로이 건설했다.

老同学要结婚了, 我送给他一＿＿＿毛毯。
옛 동창이 결혼을 하는데, 나는 그에게 양탄자를 선물했다.

你这件上衣的领口太低了, 应该买一＿＿＿围巾。
당신 이 상의의 목둘레가 너무 파졌으니, 스카프 한 장을 사야겠다.

我被《北京青年报》上的一＿＿＿新闻吸引住了。
나는 《北京青年报》상의 한 소식에 정신이 쏙 빠져들었다.

上星期, 妈妈一口气在百货商店买了三＿＿＿裤子。
지난 주, 엄마는 백화점에서 단숨에 3벌의 바지를 샀다.

邻居家的那＿＿＿狗每次都在半夜里叫, 吵得我睡不好觉。
이웃집의 그 개는 매번 한밤에 짖어대니, 나는 시끄러워서 잠을 잘 수가 없다.

高明真是一＿＿＿汉子, 非常吃苦耐劳, 是县里的农民企业家。
高明은 진짜 사나이로, 고생을 마다 않고 열심히 노력하는 현의 농민기업가이다.

0683 > > > > >

听不懂
tīngbudǒng

동 알아들을 수 없다. ⇔ 听得懂

我的讲解你听得懂_____?
내가 설명한 것을 너는 알아듣겠니 못 알아듣겠니?

你只学了两个月汉语，当然_____我们的谈话。
너는 겨우 두 달간 중국어를 배웠으니, 당연히 우리들의 대화를 알아들을 수 없지.

0684 > > > > >

听不清楚
tīngbuqīngchu

동 똑똑히[분명히] 들을 수 없다. ⇔ 听得清楚

관련예문 • 听得很清楚 (아주 똑똑히 들었다.)
⇔ 听得不清楚 (분명히 듣지 못했다.)

我坐在后面，_____老师讲课。
나는 뒤쪽에 앉아서, 선생님의 강의를 똑똑히 알아들을 수 없다.

你们说话的声音太小了，我们_____。
너희들이 말하는 소리가 너무 작아서, 우리들은 분명히 들을 수가 없다.

0685 > > > > >

听起来
tīngqǐlái

동 들어보니. ☞ 看起来

他的口气_____让人觉得他好像生气了。
그의 말투를 들어보니 그가 화가 난 것 같이 느껴진다.

0686 > > > > >

★
听说
tīngshuō

동 듣자하니[듣건대] …라 하더라. ☞ 据说

我从没_____这么离奇的事情。
나는 여태껏 이렇게 이상한 일을 들어보지 못했다.

那个消息是从我朋友那儿_____的。
그 소식은 내 친구한테서 들은 것이다.

我_____他的女朋友最近和他分手了。
내가 듣기에 그의 여자친구는 최근에 그와 헤어졌다고 한다.

他_____我们一天没吃东西，马上带我们去了附近的饭馆。
그는 우리가 종일 아무것도 안 먹었다는 얘기를 듣더니, 즉각 우리를 데리고 근처의 식당에 갔다.

0687 > > > > >

★

挺
tǐng

부 매우. 아주. 대단히. = 很 = 非常
《固定式》〈挺 + 형용사 + 的〉

下了雨以后，外边＿＿＿凉快的，咱们出去散散步吧。
비가 내린 후에, 밖은 정말로 시원하니, 우리 나가서 산책을 좀 하자.

0688 > > > > >

★

通过
tōngguò

동 ① 통과하다. 가결되다.
② 〈通过 + 명사 + 동사〉…을 통하여. (사람이나 일을 매개로 하거나 수단을 통해 목적을 달성하는 경우에 쓰임) ☞ 经过

这个决议已经＿＿＿了，你们就不要再争论了。
이 결의는 이미 통과되었으니, 너희들은 더 이상 논쟁하지 마라.

＿＿＿语言实践活动，同学们的汉语水平有了很大提高。
언어 실습활동을 통하여, 학우들의 중국어 실력은 큰 진보가 있었다.

0689 > > > > >

*

通红通红
tōnghóngtōnghóng

동 - 중첩형 새빨개지다.(원래는 형용사임.) ⇒ 通红通红的(새빨게 졌다.)
☞ 冰凉冰凉

她的脸＿＿＿的，不知道是什么原因。
그녀의 얼굴은 새빨개졌는데, 무슨 이유인지 모르겠다.

0690 > > > > >

★

同意
tóngyì

동 (의견에) 동의하다. 찬성하다.

관련예문 • 赞成 ([다른 사람의 주장이나 행위에] 찬성하다.)

妈妈不＿＿＿我踢足球，怕我耽误学习。
엄마는 내가 축구하는 것에 동의하지 않는데, 내가 공부를 그르칠까봐 걱정하신다.

我要求调走，但经理没＿＿＿，我非常沮丧。
나는 전근되기를 요구했으나, 사장이 동의하지 않아서 나는 정말로 실망했다.

0691 > > > > >

童话
tónghuà

명 동화.

관련예문 • 传说 (전설)

《安徒生童话》是世界儿童都喜欢的_____故事。
《안델센동화》는 세계의 어린이들이 모두 좋아하는 동화이야기이다.

0692 > > > > >

★

通
tōng

양 〈동사 + 수사 + 通〉번. 차례. (동작의 횟수를 나타냄)

文章被乱改了一_____, 现在已经"面目全非"了。
문장을 엉망으로 고쳐서, 지금은 이미 "본래의 모습을 찾을 수 없게"되었다.

0693 > > > > >

痛痛快快地
tòngtòngkuàikuàide

부 ① 통쾌하게. 기분 좋게. ② 시원스럽게. 솔직하게.

咱们俩今天到俱乐部_____玩一个晚上吧。
우리 둘은 오늘 클럽에 가서 통쾌하게 하룻밤을 놀아보자.

0694 > > > > >

★

头
tóu

접미 〈동사 + 头〉…할 가치.
양 〈수사 + 头 + 명사〉마리. (가축을 세는 단위) ☞ 只

관련예문 • 看头 (볼만한 가치)

这一场比赛有看_____了。
이 경기는 볼만한 가치가 있다.

他们还进口了一_____黑白相间的奶牛。
그들은 또한 점박이 젖소를 한 마리 수입했다.

0695 > > > > >

☆

透
tòu

형 〈동사 + 透 + 了〉철저히[완전히] …했다. ('透'는 결과보어이다.)

관련예문 • 看透了 (간파했다. 꿰뚫어 봤다.)

今天上学迟到了, 考试又不及格真是倒霉_____了。
오늘 학교에 지각했는데, 시험 또한 불합격되어 정말 재수 옴 붙었다.

HSK ★(甲) **(丙) ☆(乙) *(丁)

0696 > > > > >

★

突然
tūrán

형 갑작스럽다. 의외다.　부 갑자기. 별안간.

관련예문
- 忽然 (갑자기. 별안간.)
- 忽而 (느닷없이. 갑자기.)

我认为你的决定太＿＿＿了。
나는 너의 결심이 너무 의외라고 느꼈다.

他走得这么＿＿＿, 连声招呼也没打。
그가 이렇게 갑자기 가다니, 인사도 한마디 없이 말이야.

事情发生得太＿＿＿, 我们都不敢相信这是真的。
사건 발생이 너무나 의외여서, 우리들은 모두 이것이 사실인지 믿으려하지 않았다.

人生的一些＿＿＿变化, 往往是我们意料不到的。
인생의 어떤 갑작스런 변화는 종종 우리들이 예상치 못하는 것이다.

0697 > > > > >

**

推迟
tuīchí

동 미루다. 연기하다. = 误 = 推延 = 延迟

飞机＿＿＿到四点半起飞。
비행기는 4시 반 이륙하는 것으로 연기됐다.

■ 아래의 각 단문 중 빈 칸에 들어갈 적합한 한자를 보기에서 골라 써 넣어보세요.

보기

□ 偏	□ 凭	□ 偶尔	□ 偏偏	□ 随着	□ 舍不得	□ 起
□ 怕	□ 谁	□ 起来	□ 轻易	□ 其实	□ 说不定	□ 却
□ 全	□ 太	□ 随便	□ 仍然	□ 稍微	□ 如果, 就	□ 上
□ 去	□ 千万	□ 前后	□ 甚至	□ 实在	□ 时不时(地)	□ 使
□ 趟	□ 顺便	□ 然而	□ 什么	□ 似乎	□ 虽然, 但(是)	□ 让
□ 所	□ 所以	□ 所有	□ 然后	□ 始终		

1 我平时不吸烟，除非有应酬时，________也吸两支。

2 委员会___老人家这两天太累了，就叫了辆出租汽车去接他。

3 为了证实我们的实力，我们___要做出点成绩给他们看看。

4 我们这次见面的机会很难得，可他________出差了。

5 ___他的社会关系，很快给公司找到了大客户。

6 许多人认为多吃水果有益健康，________这种说法也不完全正确。

7 我不知怎么对法律感___兴趣来，因此买了不少这方面的书。

8 老师的脸色难看________，显然生他的气了。

9 明天早上咱们提前出发，你可________别睡过了。

10 他们是在新年________旅行结婚的。

11 我恨自己那么________地就上当了。

12 我的腰带忘带了，现在回宿舍___拿，来得及吗？

13 他很喜欢写作，几乎把课外时间___用在写小说上了。

14 尽管已经走了两天两夜，人们的精神___很饱满。

15 他虽然看了报纸，________却没有找到有价值的新闻。

16 他先去图书馆借了书，________又去了趟超市买日用品。

17　她这个人很热情，我们一到她家，她立刻拿出点心□我们吃。

18　他又学英语，又学日语，学了半天，□□□□是无一精通。

19　□□□□没有李局长的赏识，我□不会有今天的成就。

20　听说分了新房，他高兴得嘴都合不□了。

21　他特别怕酸，□□□酸一点就受不了。

22　这儿有我那么多的好朋友，一下子真有点□□□离开。

23　难怪他肚子疼，□让他吃那么多冰淇淋呢？

24　她到现在还不给咱们答复，总不会发生□□□问题吧。

25　住在河边的人都喜欢在河里游泳，□□□□连小孩老人也不例外。

26　小李过去脾气不好，□□□□就跟人吵架，得罪了不少人。

27　听他讲话□□□没什么意思，他讲的内容我们全都懂！

28　许多人由于吃热量高的食品而□□□身体积累了过多的脂肪。

29　他张着嘴好像要说话的样子，却□□□没有说出来。

30　你去书店的时候，□□□□替我看看我要的书来了没有。

31　天又阴了，□□□马上就下雨。

32　有些东西，□□□没有什么用处，关键时缺了它还真不行。

33　大家约他去吃饭，□□□他不想去，□也没有拒绝。

34　我只是□□□栽了几棵小树，没想到竟都活了。

35　□□□□人们的文化水平的提高，人们越来越注重生活的质量了。

36　整篇作品□反映的社会生活都是以二三十年代为背景的。

37　服装给人的第一感觉就是色彩，□□□□色彩的搭配至关重要。

38　我们这里□□□□的办公器材你都可以使用。

39　我的菜炒得不□好，你别笑话我。

40　今天早上你如果有时间的话，请你到我宿舍来一□。

W

0698 > > > > >

哇哇
wāwā

의성 앙앙. 엉엉. (울음소리)

孩子吓 得_____大哭，一定是看到了什么可怕的事情。
아이가 놀래서 큰 소리로 우는 것은, 반드시 어떤 무서운 일을 보았기 때문이다.

0699 > > > > >
★

完
wán

동 〈동사 + 完 + (了)〉 다 …하다[했다]. = 好

관련예문
- 看完了 (다 보았다.)
- 吃好了 (다 먹었다.)

小李三天就看_____了那本书。
小李는 3일 만에 그 책을 다 보았다.

她编毛衣的速度很快，一天就能织_____一件背心。
그녀는 스웨터 짜는 속도가 무척 빨라서 하루 새에 조끼 한 벌을 짜낼 수 있다.

0700 > > > > >
★

完成
wánchéng

동 완성하다. 끝내다.

관련예문 • 完成任务 (임무를 완성하다.)

金总告诉他的部下_____了工作才能发薪水。
金사장은 그의 부하에게 일을 끝내야만 임금을 줄 수 있다고 말했다.

0701 > > > > >

★

完全
wánquán

부 완전히. 전혀. 전적으로.

관련예문 · 完整 (완전하게 갖추어져 있다. 완벽하다.)

我喜欢学汉语，_____是因为汉语很好听。
나는 중국어 배우는 것을 좋아하는데 순전히 중국어가 듣기 좋기 때문이다.

他的病虽然不再恶化，但是不可能_____恢复健康。
그의 병은 비록 다시는 악화되진 않겠지만, 그렇다고 완전히 건강을 회복할 수 있
는 것은 아니다.

这个单位职工住房困难的问题，现在还没有_____解决。
이 회사의 직원들의 주거 곤란의 문제는, 지금도 완전히 해결된 것은 아니다.

0702 > > > > >

*

惋惜地
wǎnxīde

부 애석하게. 안타깝게.

관련예문 · 惋惜 (애석하다. 안타깝다.)
· 可惜 ([의외의 사고나 상황에 대해] 애석하다. 아쉽다. 섭섭하다.)
· 遗憾 (유감스럽게도. 유감스럽다.)

她_____将枯萎的花扔掉了。
그녀는 애석하게도 시들은 꽃을 버려 버렸다.

0703 > > > > >

**

万分
wànfēn

부 매우. 극히. = 十分

他对在他求学过程中帮助过他的那些人_____感激。
그는 그가 수학하는 과정 중에 자기를 도운 적이 있는 그 사람들에 대해 매우 감
격해 했다.

0704 > > > > >

☆

万万
wànwàn

부 결코. 절대로. ☞ 绝对 ; 千万
《固定式》〈万万 + 想不到[没想到/不要/不能/不可] + 동사〉

_____没有想到，他今天来了!
결코 생각지도 못했다, 그가 오늘 오다니!

_____没有料到，他竟然欺骗自己的亲人。
전혀 예상도 못했다, 그가 뜻밖에도 자기의 친척을 속이다니

0705 > > > > >

******

万一
wànyī

📖 만에 하나. 만일. 뜻밖의 일.　📑 혹시. 만약. = 如果 = 假若

관련예문　• 不怕一万，只怕万一
　　　　　　　（만가지 일은 두렵지 않으나 다만 만일이 걱정이다.）

小张＿＿＿有病，这件事不就麻烦了！
小张이 만일에 병이 나면, 이 일은 골치 아파지는데!

你又不认识别人，＿＿＿迷了路，怎么办？
너는 또 다른 사람을 알지도 모르는데, 만일에 길을 잃으면 어떻게 하지?

还是打电话问问他吧，＿＿＿他没接到通知呢？
아무래도 전화로 그에게 물어 보아라, 만일에 그가 통지를 받지 않았다면 어떡해?

你的伤不轻，交通又不方便，＿＿＿病情恶化了怎么办？
너의 상처는 가볍지 않고, 교통도 불편한데, 만일에 병세가 악화되면 어떻게 하지?

0706 > > > > >

★

往
wǎng

📑 …쪽으로. = 向
《固定式》〈往 + 前[后/左/右/东/西/南/北/上/下] + 走[看/拐]〉（앞[뒤/왼/오른/동/서/남/북/위/아래]쪽으로 가다[보다/돌다]）

관련예문　• 往上看 （위쪽으로 보다.）
　　　　　　　• 往东走 （동쪽으로 가다.）
　　　　　　　• 往右拐 （오른쪽으로 돌다.）
　　　　　　　• 开往 （…을 향하여 출발하다.）　☞ 向 ; 朝

＿＿＿国外寄信，要到那家邮局。
외국으로 편지를 부치려면, 저 우체국에 가야한다.

您＿＿＿哪儿开呀？前面没有路了。
너는 어느 쪽으로 운전을 하니? 앞쪽에는 길이 없잖아.

从这么高的地方＿＿＿下跳会没命的。
이렇게 높은 곳에서 아래쪽으로 뛰어 내리면 죽을 것이다.

你不要天天＿＿＿这里跑了，有事我打电话给你。
너는 매일매일 이쪽으로 오지 말아라, 일이 있으면 내가 너에게 전화를 할테니.

0707 > > > > >

☆ 往往
wǎngwǎng

부 흔히. 늘. 곧잘. (비 규칙적인 상황에 쓰임) ☞ 常常 ; 通常

夏季昼长夜短, 睡眠时间＿＿＿＿不足, 人很容易疲倦。
여름에는 낮이 길고 밤이 짧아, 수면시간이 늘 부족해서, 사람이 쉽게 피로해 진다.

0708 > > > > >

忘不了
wàngbuliǎo

동 잊을 수 없다. 잊혀지지 않는다. = 忘不掉

他给我的记忆太深刻了, 一辈子也＿＿＿＿。
그가 나에게 남긴 인상은 정말로 강해서, 평생 잊을 수가 없다.

0709 > > > > >

＊ 唯一
wéiyī

형 유일한. 오직 하나뿐인. = 惟一

관련예문 • 唯一一个人 (유일한 한 사람.)

人们以为他是＿＿＿＿一个在这次事故中幸存的人。
사람들은 그가 유일하게 이번 사고에서 생존한 사람이라고 생각한다.

0710 > > > > >

唯一的
wéiyīde

형 유일한. 오직 하나뿐인. = 惟一的

她是医药行业中＿＿＿＿获此殊荣的女性。
그녀는 의약계에서 유일하게 특별한 영예를 차지한 여성이다.

0711 > > > > >

＊＊ 维持
wéichí

동 〈维持 + 명사(질서 · 치안 · 목숨)〉 유지하다.

관련예문 • 维持秩序 (질서를 유지하다.)
• 维持治安 (치안을 유지하다.) ☞ 保持

奶奶躺在医院的病床上靠输液＿＿＿＿着生命。
할머니는 병원 침상에 누워서 닝거에 의지해서 생명을 유지하고 있다.

0712 > > > > >

☆

围绕
wéirào

동 ① (시간·일·문제를 중심으로) 둘러싸다. …을 중심에 놓다.　② 주위를 돌다.

_____女人的出路问题, 女同志们展开了激烈的讨论。
여성의 사회진출에 대한 문제를 둘러싸고, 여성동지들은 열띤 토론을 전개했다.

0713 > > > > >

★

位
wèi

양 〈수사 + 位 + 명사〉 분. 명.

관련예문　• 各位 (여러분)

　　　　　• 哪位 (어느 분. 누구) = 谁

　　　　　• 这两位老师 (이 두 분의 선생님)

高尔基是一_____在世界上很有影响的文学家。
고르키는 세계적으로 매우 영향력 있는 문학가이다.

0714 > > > > >

★

为
wèi, wéi

전 wèi 〈为 + "동작의 혜택을 받는 대상"+동사〉 …을 위하여. …때문에. = 为了☞ 替 ; 因

동 wéi ① …이 되다. = 成为 ; 作为　② …이다. = 是
《固定式》 ① 〈为 wèi ……而……〉(…때문에[위하여] …하다.) = 〈因……而……〉　② 〈주어 + 为 wéi + 목적어 + 所 + 동사 + 기타성분〉(…에 의해 …되다.) = 被

관련예문　• 作为外国人 (외국인으로써)

　　　　　• 她为北京人。 (그녀는 북경사람이다.)

我在这儿一切都好, 不用_____我担心。
나는 여기서 모든 것이 다 잘되고 있으니, 나를 위해 걱정할 필요 없다.

你要趁年轻多_____公司做些贡献。
너는 젊었을 때 회사를 위해 많은 공헌을 해야 한다.

他们都在_____考上好大学而努力学习。
그들은 모두 좋은 대학에 입학하기 위해 열심히 공부한다.

她正在_____参加世界杯足球赛做各种准备。
그녀는 월드컵 축구대회에 참여하기 위해 각종 준비를 하고 있다.

妈妈已经_____我做好饭菜, 咱们快回去吃吧!
엄마는 이미 나를 위해 음식을 준비하셨으니, 우리는 빨리 집에 가서 먹자.

以金东明_____首的技术考察组一行六人, 昨天抵达上海。
金东明을 대표로 하는 엔지니어 시찰단 일행 6명은, 어제 상해에 도착했다.

只确定远大的目标不行, 还要_____实现这一目标而奋斗。
원대한 목표를 확정하는 것만으로는 안 된다, 또한 이 목표를 실현하기 위해 분투해야 한다.

我妈妈老了, 身体还不太好, 不应再_____儿女的事操心了。
나의 어머니는 나이가 많아, 건강도 그다지 좋지 않으니, 다시는 자식들 일로 걱정해서는 안 된다.

我们的公司时时处处_____顾客的利益考虑, 所以声誉越来越好。
우리들 회사는 언제 어디서나 고객들의 이익을 먼저 고려하여, 명성이 나날이 좋아졌다.

小周一辈子也没闹清楚应该怎么和别人相处, _____这个她一直很烦恼。
小周는 평생 다른 사람과 어떻게 지내야 하는가를 잘 몰라서, 이 때문에 그녀는 줄곧 골치가 아팠다.

0715 > > > > >

★

为了
wèile

전 〈为了 + '동작행위의 목적이나 동기'〉 …를 위하여. …때문에.

_____掌握中文, 我决心努力学习。
중국어를 통달하기 위해서, 나는 열심히 공부하리라 마음먹었다.

_____生活, 我不得不做艰苦的工作。
생활을 위해서, 나는 힘든 일을 할 수밖에 없었다.

_____学好外语, 他又买了几盘录音带。
외국어를 잘 배우기 위해, 그녀는 또 몇 개의 카세트테이프를 샀다.

_____多挣钱, 他一个人做了好几份兼职工作。
돈을 많이 벌기 위해, 그는 혼자서 여러 개의 일을 겸직했다.

他们_____完成规定的任务, 没日没夜地努力工作。
그들은 부여된 임무를 완수하기 위해 밤낮 없이 열심히 일한다.

我这么没日没夜地拼命苦干, 还不是_____多挣点钱!
내가 이렇게 밤낮 없이 죽도록 일을 하는 것이 다 돈을 더 벌기 위해서 아닌가!

他是一个孝顺的儿子, _____母亲什么事都可以放弃!
그는 효심이 있는 아들인지라, 어머니를 위해서는 어떤 일이든지 포기할 수 있다.

他天天故意和我吵架, 就是_____ 不跟我住一个房间。
그는 매일 고의로 나와 말싸움하는 것은 나와 같은 방을 쓰지 않기 위해서이다.

在现阶段, 我们实行的一切方针、政策, 都是_____一个目的, 即建设一个富强、民主、文明的新中国。

현단계에서, 우리가 실행하는 일체의 방침, 정책은 모두가 한 가지 목적, 즉 부강하고 민주적이며 현대적인 신중국을 건설하기 위해서 이다.

0716 > > > > >

★

为什么
wèishénme

대 왜. 무엇 때문에. (원인 또는 목적을 나타냄)

관련예문 • 怎么 (어째서. 왜. [상황 · 방식 · 원인 · 이유 등을 나타냄])

谁都希望知道答案, 有些人知道就完了, 有些人却还要再问一个_____。

누구든지 답을 알고 싶어 한다. 어떤 사람은 알면 그만이고, 어떤 사람은 왜 그런지 또 묻고자 한다.

0717 > > > > >

******

未必
wèibì

부 반드시 …한 것은 아니다. 꼭 …라고 할 수 없다. = 不一定 = 不见得

现在是公休日, 那家商店_____开门。
지금은 공휴일이자, 그 상점이 꼭 문을 열었을 것이라고 할 수 없다.

我的这些意见_____对, 只是我不成熟的考虑。
나의 이러한 의견이 반드시 맞다고는 할 수 없고, 다만 나의 미숙한 생각일 뿐이다.

0718 > > > > >

未尝
wèicháng

부 ① 결코 …이 아니다. = 并不是 ② 일찍이 …한 적이 없다. = 未曾

他_____没有这种想法, 只是没有信心说出来。
그는 결코 이런 생각이 없었던 것이 아니라, 다만 말을 꺼낼 자신이 없었을 뿐이다.

0719 > > > > >

******

闻名
wénmíng

형 유명하다. = 出名

관련예문 • 举世闻名 (세상에 널리 이름 날리다.)
• 有名的诗人 (유명한 시인) ▶ 有名 (유명하다.)
• 著名的画家 (저명한 화가) ▶ 著名 (저명하다. 유명하다.)

中国的故宫举世_____。
중국의 고궁은 온 세상에 이름이 나있다.

0720 > > > > >

★ **我** wǒ

대 나. 저.

请你把＿＿＿的嘱托记在心里。
나의 당부를 마음속에 새겨 놓으세요.

＿＿＿作为一名学生，一定要听老师的话。
나는 한명의 학생으로서, 반드시 선생님의 말씀을 들어야 한다.

高高兴兴的＿＿＿加入了他们的队伍，一起向体育场走去。
신이난 나는 그들의 대오에 가입했으며 함께 운동장으로 걸어갔다.

0721 > > > > >

★ **我们** wǒmen

대 우리(들). (말하는 쪽만 포함)

관련예문 • 咱们 (우리들. [말하는 쪽과 듣는 쪽 양쪽을 모두 포함함])

张小明送给＿＿＿老师一本书。
张小明은 우리 선생님에게 책 한권을 주었다.

我不知道，＿＿＿是怎么成为好朋友的。
나는 우리가 어떻게 친한 친구가 되었는지 모르겠다.

0722 > > > > >

명 **屋里** wūli

명 방안. 실내. ▶ 屋子(방) ▶ 房子(집) ▶ 房间(방) ▶ 这间房子(이 방)

外边太冷了，快进＿＿＿来吧。
밖이 너무 추우니, 빨리 실내로 들어오너라.

0723 > > > > >

* **无非** wúfēi

부 단지 …에 불과하다. 고작 …이다. ＝ 只不过

没有什么可表扬的，我＿＿＿是帮了一个小忙而已。
뭐 그렇게 칭찬할 것까지는 없고, 나는 단지 작은 일을 도왔을 뿐이다.

他这样做，＿＿＿是为你着想，你怎么能误会他呢？
그가 이렇게 한 것은, 단지 널 생각해서인데, 너는 어떻게 그를 오해할 수 있니？

0724 > > > > >

☆

无论
wúlùn

[접] …을 막론하고. …든지 간에. ☞ 不管；不论

_____你说得多么好，我们也不会上当的。
네가 말을 얼마나 잘 하든지 간에, 우리들은 속지 않을 것이다.

_____是谁，只要跟她打过交道，都对她有深刻的印象。
누구든지 그녀와 교제한 적이 있다면 그녀에 대해 강한 인상을 가지고 있을 것이다.

_____什么战争都会伤害人民的利益，所以，我们应该维护世界和平。
어떠한 전쟁이든지 간에 사람들의 이익에 해를 입히게 되므로, 그렇기 때문에 우리는 세계평화를 지켜야 한다.

0725 > > > > >

☆

无论……都……
wúlùn……dōu……

…든지 간에 모두 …하다.

_____是谁，_____不能违反法律。
누구든지, 법를 위반해서는 안 된다.

_____我怎么解释，他_____不能原谅我。
내가 어떤 변명을 하든지 간에, 그는 나를 용서할 수 없다.

_____在什么情况下，我们_____应该保持警惕性。
어떤 상황 아래서든지 간에, 우리는 경계심을 유지해야 한다.

_____遇到什么紧急情况，他_____非常沉着冷静。
어떤 위급한 상황에 부딪치더라도, 그는 매우 침착하고 냉철하다.

在今春的服装市场上，_____是男装还是女装，价格_____比去年有所上涨。
올 봄의 의류시장에서는, 남성의류든 여성의류든지 간에, 가격이 작년에 비해 올랐다.

0726 > > > > >

☆

无论如何
wúlùn rúhé

어떻게 해서든지, 어찌 되었든간에.

一年之内，_____也要把这本小说翻译完。
1년 내에 어쨌든 이 소설을 다 번역해야 한다.

0727 > > > > >

☆
无论……也……
wúlùn……yě……

…하더라도 …하다.

_____ 你说什么, _____ 不能动摇我的决心。
네가 뭐라고 말하든지 간에, 나의 결심을 흔들 수는 없을 것이다.

0728 > > > > >

无须
wúxū

부 …할 필요가 없다. = 不用

火车票昨天就买好了, 你们_____发愁。
기차표는 어제 샀으니, 너희들은 걱정할 필요가 없다.

我都成家立业了, 能照顾好自己, 你们_____再为我操这么多心了。
나는 이미 가정과 사업을 이루었고, 스스로를 돌볼 수 있으니, 너희들은 나 때문
에 더 이상 걱정 할 필요가 없다.

시험에 꼭 나오는 HSK 단어 · 숙어

0729 > > > > >

☆
吸引
xīyǐn

동 (관심을) 끌다. 매료시키다.

관련예문
- 引起 (사건을 일으키다. …일을 야기하다.)
- 招引 (유혹하다. 꾀다.)

这次国际会议_____了众多海外投资者。
이번 국제회의는 많은 외국투자자들의 관심을 끌었다.

0730 > > > > >

★

希望
xīwàng

동 바라다. 희망하다.

관련예문
- 愿望 (바람. 소망.)
- 期望 (남에게 바라다.) = 期待 (기대하다.)

明天的活动很重要, ＿＿＿同学们能按老师的要求去做。
내일의 행사가 중요하니, 학우들은 선생님의 지시에 따라서 행동하기를 바란다.

我方强烈地＿＿＿我们两国能互惠互利, 尤其是在关税方面。
우리측은 특히 관계 방면에서 양국이 대등한 입장에서 서로 이득이 될 수 있기를 간절히 바랍니다.

0731 > > > > >

习
xí

동 ① 익숙하다. 능하다. ② 배우다. 익히다.

관련예문
- 习以为常 (습관이 되다.)
- 习题 (연습문제)

有一天, 他和别人合住, 仍然＿＿＿以为常在屋里大声唱歌。
어느 날, 그와 다른 사람이 함께 거주하는데, 여전히 방안에서 큰소리로 노래 부르는 것이 습관이 되었다.

0732 > > > > >

★

习惯
xíguàn

동 습관이 되다. 익숙해지다. 명 습관. 버릇.

관련예문
- 养成习惯 (좋은 습관을 기르다.)

吸烟真是一个不好的＿＿＿。
흡연은 정말 좋지 않은 습관이다.

0733 > > > > >

★

喜欢
xǐhuan

동 좋아하다. 애호하다.

관련예문
- 喜爱 (취미로서 좋아하다.)
- 喜悦 (즐겁다. 유쾌하다.)

他＿＿＿别人夸她长得漂亮。
그는 다른 사람이 그녀가 예쁘다고 칭찬하는 것을 좋아한다.

0734 > > > > >

**

细致
xìzhì

형 ① 정교하다.　② (일처리 · 태도 · 작품 등이) 섬세하다. 치밀하다.

관련예문
- 细密 ([하는 일이] 세밀하다. 치밀하다.)
- 细腻 ([묘사나 표현이] 섬세하다.)

这间老房子建造时很考究，门框上雕刻着_____的花纹。
이 낡은 방은 건축할 때 매우 신경을 써서, 문 주위에 정교한 무늬가 조각되어 있다.

0735 > > > > >

★

下
xià

양 〈동사 + 수사 + 下〉 번.

형 다음의. 〈下 + 명사[주 · 요일 · 양사]〉 지난.

보어 ① 〈동사 + 下(결과보어)〉 (동작이 위에서 아래로 움직이거나 또는 동작의 완성이나 결과를 나타냄)
② 〈동사 + 得[不] + 下〉…할 수 있다[없다]. (공간의 수용능력을 나타냄)

관련예문
- 一下 (한 번.)
- 看一下 (좀 보다. 한 번 보다. 잠시 보다.) = 看看 = 看一看
- 下次 (다음 번)
- 下一个 (다음. 다음 사람)
- 下月 (다음 달.)　☞ 上
- 坐下 (앉다.)
- 放下 (내려놓다.)
- 坐得下 (자리가 많아서 다 앉을 수 있다.)
- 吃不下 (배가 불러서 더는 먹을 수 없다.)

教室里坐不_____四十个人。
교실 안에는 40명이 앉을 수가 없다.

这个礼堂太小，估计坐不_____。
이 강당은 너무 작아서, 앉을 수가 없을 것 같다.

这种牛奶在常温_____只能保鲜两天。
이런 우유는 상온에서 단지 이틀 정도만 신선함을 유지할 수 있다.

在丈夫的影响_____，我也每天早睡早起了。
남편의 영향 하에, 나 또한 매일 일찍 자고 일찍 일어난다.

在老师的严格要求_____，我期末考出了好成绩。
선생님의 엄격한 지도 하에, 나는 기말고사에서 좋은 성적을 냈다.

在大家的帮助和照顾_____，我顺利地通过这次考试。
여러분들의 도움과 보살핌 속에서, 나는 순탄하게 이번 시험에 통과했다.

0736 > > > > >

★
下来
xiàlái

[동] 내려오다. ☞ 下去↓ // 下不来(내려 올 수 없다.)
[보어] 〈동사 + 下来〉 ① (동작이 위에서 아래로 행해지는 것을 나타냄) ② (동작이 계속됨을 나타냄) ③ (동작의 완료 또는 결과를 나타냄)

관련예문
- 批下来 (결재가 나다.)
- 记下来 (기록하다. 써내려가다.)
- 坚持下来 (끝까지 버텨내다.)
- 停下来 (멈추다.)

夜深了，校园里安静_____了。
밤이 되자 교정은 평온을 되찾았다.

发疯的公牛慢慢地停_____了。
미친 숫소는 천천히 멈추었다.

这道题要考你们最好记_____。
이 문제는 시험에 낼 것이니 너희들은 기억해 두는 게 좋을 거야.

上边还没批_____呢，用不着提前做准备。
상부에서 아직 결제가 나지 않았으니, 미리 준비할 필요는 없다.

老师把今天旷课的学生的名字都记_____了。
선생님은 오늘 무단결석한 학생들의 이름을 모두 기록했다.

如果能把这感人的场面画_____，那该多好啊!
만약 이 감동스런 장면을 그려낼 수만 있다면, 얼마나 좋을까!

这么艰巨的任务，没想到他却一口答应了_____。
이렇게 어렵고 큰 임무를, 그가 순순히 승낙할 줄은 몰랐다.

这篇文章是从报上抄_____的，根本不是她创作的。
이 문장은 신문에서 베껴온 것으로, 근본적으로 그가 창조한 것이 아니다.

他一人挣钱全家花，每月余_____的钱也就是一百多块。
그 혼자 돈을 벌어서 전 가족이 쓰니, 매달 남는 돈이라고 해봐야 백 원 뿐이다.

0737 > > > > >

下起雨来
xià qǐ yǔ lái

비가 내리기 시작하다.

관련예문 • 唱起歌来 (노래 부르기 시작하다.) ☞ 起来:操起心来

我刚把雨伞放在家中，怎么又＿＿＿了？
나는 막 우산을 집에 두었는데, 어찌 또 비가 내리기 시작하는가?

0738 > > > > >

★

下去
xiàqù

동 내려가다. ☞ 下来↑

보어 〈동사 + 下去〉 ① (동작이 위에서 아래로 행해지는 것을 나타냄.) ② (상황이 계속됨을 나타냄.) ③ (동작이 가까운 곳에서 먼 곳으로 행해지는 것을 나타냄.)

관련예문 • 喝下去 (마시다.)

• 坚持下去 (계속해 나가다. 버텨나가다.)

• 发扬下去 (발휘해 나가다. 고취해 나가다.)

她把最后一口汤喝＿＿＿了。
그녀는 마지막 남은 한 모금의 국물을 마셔 버렸다.

有了政府的关照，日子还算过得＿＿＿。
정부의 보살핌이 있었기에 그나마 생활을 영위해 나갈 수 있었다.

你再这样看＿＿＿，早晚会戴上眼镜的。
너는 계속 이렇게 본다면, 조만간에 안경을 쓰게 될 것이다.

让他讲＿＿＿，我想听听他到底要说什么。
그가 얘기하게 두어라, 나는 그가 도대체 무슨 말을 하려고 하는지 듣고 싶다.

你这种任性的脾气，不能任其发展＿＿＿。
너의 이런 제멋대로인 성질을 마구 부리도록 방치해 둘 수 없다.

哪怕我们遇到再大的困难，也要坚持＿＿＿。
설령 우리가 더 큰 어려움이 닥치더라도, 계속 해 나갈 것이다.

良药苦口利于病，再苦也得把这药吃＿＿＿。
좋은 약이 입에 쓰고 병에도 잘 들으니, 아무리 쓰더라도 이 약을 먹어라.

今天下午一定要把老师留的作业布置＿＿＿。
오늘 오후에 선생님이 내주신 숙제를 반드시 해야 한다.

全靠她的开导，我才有了生活＿＿＿的勇气。
순전히 그녀의 계도 덕분에, 나는 비로소 살아나갈 용기가 생겼다.

门门功课都不及格, 再这样＿＿＿＿, 就肯定考不上大学!
매 학과목 모두 불합격이다, 계속 이런 식이면, 틀림없이 대학에 들어가지 못할 것이다.

善良、勤劳是中国人的美德, 我们这一代人要把它发扬＿＿＿＿。
선량과 근로는 중국인의 미덕인데, 우리 세대의 사람들이 그 정신을 받들어 나아가야 할 것이다.

0739 > > > > >

★
下午
xiàwǔ

명 오후. ⇔ 上午

办公室的电话＿＿＿＿就能打国际长途了。
사무실 전화는 오후에 국제전화를 할 수 있다.

0740 > > > > >

下雨了
xià yǔ le

비가 내린다.

관련예문
- 刮风 (바람이 불다.)
- 打雷 (천둥치다)
- 打闪 (번개가 번쩍이다.)
- 下雪 (눈이 내리다.)

因为＿＿＿＿, 所以我们半路就返回了。
비가 와서, 우리들은 도중에 되돌아갔다.

0741 > > > > >

★
先
xiān

부 우선. 먼저.

你离开之前, 要＿＿＿＿跟他说再见。
너는 떠나기 전에, 먼저 그와 작별인사를 해야 한다.

0742 > > > > >

先……然后……
xiān……ránhòu……

먼저 …하고 나서 …하다. ☞ 然后

我们＿＿＿＿找个旅馆住下, ＿＿＿＿再考虑以后几天的行程。
우리들은 먼저 머물 호텔을 잡은 후에, 앞으로 며칠간의 여정을 다시 생각하자.

0743 > > > > >

☆ **先后**
xiānhòu

부 뒤이어. 계속. 연이어. 잇따라. (일정한 시간 내에 일이 발생하는 순서를 나타냄.) ☞ 前后 ; 继续

他们_____私奔了七次，都没有成功
그들은 연이어 일곱 번이나 사랑의 줄행랑을 쳤지만, 모두 성공하지 못했다.

0744 > > > > >

先天地
xiāntiānde

부 선천적으로. ⇔ 后天地

小孩子和动物一样，_____不会撒谎，撒谎是一个学习的过程。
어린아이와 동물은 똑같이, 선천적으로 거짓말을 할 줄 모른다. 거짓말은 남이 하는 것을 보고 배우는 과정이다.

0745 > > > > >

☆ **显然**
xiǎnrán

형 틀림없다. 분명하다. ☞ 明显 ; 分明

你看，他自行车在这儿，_____比咱们先到了。
보세요, 그의 자전거가 여기 있으니, 틀림없이 우리보다 먼저 도착했어요.

朴老师不停地摇头，_____对你的回答不太满意。
朴선생님은 계속 고개를 저으시는데, 틀림없이 너의 대답에 그다지 만족하지 않은 것 같다.

0746 > > > > >

** **显示**
xiǎnshì

동 (결과·효과 등이) 분명하게 나타나다. 보이다.

今天我吃了三付药，药的作用已经_____出来了。
오늘 나는 세 봉지의 약을 먹었는데, 약의 효과가 벌써 분명하게 나타났다.

据全国人口普查统计数字_____，中国的人口数已经突破13亿了。
전국인구조사 통계자료 숫자가 나타내는 바에 따르면, 중국인구수는 이미 13억을 돌파했다.

0747 > > > > >

☆ **显著**
xiǎnzhù

형 (변화가) 현저하다. 뚜렷하다. 두드러지다. ☞ 明显

实践证明她减肥的效果十分_____。
그녀의 다이어트 효과가 두드러짐이 실제로 증명되었다.

0748 > > > > >

☆

限制
xiànzhì

(동) 제한하다. 한정하다.

学院的图书馆＿＿＿每人一次只能借五本书。
대학 도서관은 한 명당 한번에 다섯 권만 빌릴 수 있도록 제한한다.

0749 > > > > >

☆

相似
xiāngsì

(동) 닮다.

这姐妹俩是双胞胎，长得很＿＿＿，很难区分的。
이 두 자매는 쌍둥이라서, 비슷하게 생겨 구별하기 힘들다.

0750 > > > > >

☆

想
xiǎng

(조동) 〈想 + 동사〉 …하고 싶다.
(동) …라고 생각하다. = 看 = 觉得 = 认为
《固定式》〈주어 + 想 + 전치사[把/给/跟/和] + 명사 + 동사 + 기타성분〉
　　　　(조동사와 부정부사 '不'나 '没有'는 일반적으로 전치사 앞에 놓는
　　　　다.) ☞ 没有 ; 能

我很＿＿＿去医院当实习医生。
나는 병원에 인턴으로 가고 싶다.

人们都＿＿＿把自己的快乐分享给别人。
사람들은 모두 자기의 기쁨을 다른 사람에게 나누어주고 싶어한다.

0751 > > > > >

★

向
xiàng

(전) …을 향하여. …에게. (동작의 방향을 나타냄.) = 跟.
(동) …쪽으로 향하다. = 往

관련예문
- 向我跑过来 (내 쪽을 향하여 달려오다.)
- 向我借钱 (나에게 돈을 빌리다.) ☞ 往 ; 冲 ; 对 ; 给 ; 朝
- 面向 (…쪽으로 향하다.)
- 开向 (차를 …쪽으로 몰다[간다].)

45次火车是开＿＿＿上海的。
45호 열차는 상해행이다.

你一直＿＿＿右走就是邮局。
당신은 오른쪽으로 쭉 걸어가면 바로 우체국이 있어요.

他热情地＿＿＿客人问好。
그는 친절하게 손님에게 안부를 물었다.

我＿＿＿她提出了借钱请求。
나는 그녀에게 대출청구를 제출했다.

会后, 他＿＿＿我们表示了欢迎。
회의 후에, 그는 우리에게 환영을 표시했다.

这次活动主要面＿＿＿工薪阶层。
이번 행사는 주로 임금계층을 향한 것이다.

请替我＿＿＿以前的同事们转达问候。
나 대신 이전의 동료들에게 안부를 전해 주세요.

那本书＿＿＿她展现了当代军人的风采。
그 책은 그녀에게 당대군인의 풍모를 펼쳐 보였다.

李明同学很细心, 大家应该＿＿＿他学习。
李明학우는 정말 세심한데, 모두들 그를 본 받아야 할 것이다.

他们应当把当时的情况＿＿＿大家讲清楚。
그들은 마땅히 당시의 정황을 모두에게 정확하게 얘기해야 할 것이다.

上一次照顾得不周到, 首先让我＿＿＿你道歉。
먼저 번 제대로 보살펴 주지 못한데 대해, 먼저 너에게 사과할게.

那个年轻人年轻有为, 每个人都该＿＿＿他学习。
그 젊은이는 젊고 장래성이 있어, 사람마다 그를 본받아야 한다.

你如果真的喜欢她, 就应该勇敢地＿＿＿她表白。
네가 만약 그녀를 진심으로 좋아한다면, 용기를 내어서 그녀에게 고백해야 할 것이다.

中国的经济要逐渐从计划经济＿＿＿市场经济过渡。
중국의 경제는 점차 계획경제에서 시장경제로 넘어가려 한다.

小陈一时先买不了房子, 只好先＿＿＿别人租房子住。
小陈은 당분간 집을 사지 못하니, 일단 다른 사람 집에 세들어 사는 수밖에 없었다.

0752 > > > > >

**

向来
xiànglái

부 이제까지. 여태까지. (행위나 상태가 과거에서 현재까지 변함없음을 나타냄.)
＝ 一向　☞ 本来 ; 后来 ; 原来

我知道他＿＿＿是言行一致, 值得信任的。
나는 그가 이제껏 언행일치한 것을 알고 있기에 신임할 수 있다.

他胆子小得出奇, ＿＿＿都是忍气吞声, 受他人欺负。
그는 유별나게 담이 작아, 항상 끽소리도 못해, 남들에게 괴롭힘을 받았다.

0753 > > > > >

☆ 项 xiàng

양 〈수사 + 项 + 명사〉 가지. (항목·조목 등을 세는 단위) ☞ 本

经过反复的讨论, 政府决定颁布一_____新政策。
반복된 토론을 거쳐, 정부는 새로운 정책을 선포할 것을 결정했다.

这_____出色的工作不但展现了她个人的才华, 也体现了这个工作室的团结。
능력을 펼쳐 보일수 있는 이 일에 그녀는 개인의 재능을 드러내었을 뿐 아니라, 이 작업실의 단결도 이루어냈다.

0754 > > > > >

★ 像 xiàng

동 ① 〈像 + 명사〉 닮다. 비슷하다.
② 〈(好)像……似的[一样/一般]〉 마치…와 같다. ☞ 好像

_____王晓红这样的好妻子, 怎么也被丈夫抛弃？
王晓红 같이 이렇게 좋은 아내가, 어찌하여 남편에게 버림 받았을까?

这几天的天气就_____娃娃的脸, 有时阴, 有时晴。
요 며칠간의 날씨는 아기 얼굴과 같아서, 한땐 흐렸다가, 한땐 맑았다 한다.

他虽然三十多岁了, 但保养得很好, _____二十岁似的。
그는 비록 30대 이지만, 피부 관리를 잘해서, 20세처럼 보인다.

0755 > > > > >

★ 小 xiǎo

형 작다. (나이가) 어리다. ⇔ 大

관련예문 • 你大我小。 (너는 나이가 많고, 나는 어리다.)

今年举办的联欢会规模_____, 不如往年来的人多。
올해 거행된 환영회의 규모가 작아서, 왕년에 왔던 사람들 수 보다 못했다.

0756 > > > > >

★ 小时 xiǎoshí

명 〈수사 + (个) + 小时〉 시간. = 钟头
《固定式》 ① 〈동사 + 시간보어 + (的) + 목적어(일반명사)〉 ☞ 趟；次
② 〈동사 + 목적어(대명사·사람) + 시간보어〉 ☞ 趟；次

관련예문 • 两小时=两个钟头 (두 시간)
* ('小时' 는 양사 '个' 를 생략해도 되지만, '钟头' 는 양사 '个' 를 반드시 함께 써야 한다.) ☞ 趟；次

昨天我游泳游了两个半_____。
어제 나는 수영을 2시간 반동안 했다.

每天上下班要坐两个_____地铁。
매일 출퇴근 시 2시간동안 지하철을 타야 한다.

我和小林谈了两个_____的话, 使他的顾虑消除了。
나와 小林은 2시간동안 대화를 하여, 그의 걱정을 사라지게 했다.

等我赶到汽车站, 汽车已经开走两个多_____了。
내가 정거장에 서둘러 도착해 보니, 버스가 떠난지 이미 2시간이 넘었다.

0757 > > > > >

小时候
xiǎo shíhou

명 어렸을 때.

관련예문　• 长大以后 (이 다음에 크면.)
　　　　　• 人老的时候 (사람이 늙었을 때)

我_____常跟爸爸去公园滑旱冰。
내가 어렸을 때 자주 아빠와 공원에 롤러 스케이트 타러 갔다.

0758 > > > > >

写不好
xiěbuhǎo

동 잘 쓸 수 없다. ⇔ 写得好

관련예문　• 写得很好 (아주 잘 썼다.)
　　　　　• 写不完 = 写不了 (너무 많아서 다 쓸 수 없다.)

这个题目太深奥了, 我也没怎么准备, 这文章恐怕_____。
이 제목은 너무 심오하다, 나 또한 별 준비가 없어서, 이 문장은 아마도 잘 쓸 수 없을 것 같다.

0759 > > > > >

★

新的
xīnde

형 새. 새로운. 명 새 것. ⇔ 旧的

我昨天借的那本_____语文书不见了。
내가 어제 빌린 그 새 국어책이 없어졌다.

0760 > > > > >

☆

新鲜
xīnxiān

형 ① 신선하다. 싱싱하다.　② (사물이) 새롭다. 신기하다. = 新奇 ⇔ 普通

这篇文章老生常谈, 没有一点_____的东西。
이 문장은 그저 상투적인 말로 조금도 신선한 느낌이 없다.

0761 > > > > >

*
新颖
xīnyǐng

형 (디자인이) 참신하다. 기발하다. ⇔ 古板(고루하고 딱딱하다.)

관련예문 · 别致 ([외관이] 색다르다.)

这件衣服的样式很＿＿＿，可是价钱太贵了。
이 옷의 스타일은 참신하나, 가격이 너무 비싸다.

0762 > > > > >

☆
心情
xīnqíng

명 기분. 마음. ▶ 心事(걱정거리) ▶ 心思(① [하고 싶은]생각. 심정. ② 신경.) ▶ 心头(마음속) = 心中 = 心里 ▶ 心眼儿(마음씨) ▶ 心意(성의)

阴雨天里，人们的＿＿＿也容易不好。
흐리고 비가 오는 날씨에는, 사람들의 기분도 나빠지기 쉽다.

0763 > > > > >

☆
兴趣
xìngqù

명 흥미. 관심. 취미. (어떤 활동에 대해 좋아하는 것.)

관련예문 · 趣味 (재미. 흥미. [사람을 유쾌하게 하는 것])

学生们怀着极大的＿＿＿参观了海洋馆。
학생들은 특별한 관심을 갖고 해양관을 견학했다.

0764 > > > > >

☆
形象
xíngxiàng

명 ① (인물의 모습·성격 등) 형상. 이미지. ② (구체적인) 형상. 형태.

관련예문 · 形态 (①[사물의] 형태. ② [생물의] 형태.)
· 形状 (물체의 외관. 형태.모습)

他们是一个理想化了的文学＿＿＿。
그들은 이상화된 문학형상이다.

0765 > > > > >

★
幸福
xìngfú

명 형 행복(하다). ⇔ 痛苦

人一生的＿＿＿生活，是来之不易的。
사람에게 있어서 일생의 행복한 생활이란, 쉽게 찾아오는 것이 아니다.

0766 > > > > >

******

幸亏
xìngkuī

부 다행히도. 운 좋게. = 幸而 = 幸好 = 好在
《固定式》〈幸亏……要不然[不然/否则/要不]……〉(…해서 다행이었지, 그
렇지 않았다면….)

_____那时候你听了你父亲的话，要不然肯定会后悔的。
그때 네가 아버지의 말을 들어서 다행이었지, 그렇지 않았더라면 분명히 후회했
을 것이다.

0767 > > > > >

幸亏……才……
xìngkuī……cái……

부 다행히 …해서 …하다.
《固定式》〈幸亏…… 才[总算]……〉(다행히 …해서야 [겨우/간신히]…한 셈
이다.)

_____我坚持自己的主张，_____没有上他们的当！
다행히 나는 나의 주장을 밀고 나가, 그들의 꾐에 빠지지 않았다.

0768 > > > > >

☆

性格
xìnggé

명 성격. ▶ 品格(성품. 품행)

他为人善良，童年时母亲的去世造就了他，自立、坚强的_____。
그는 사람됨이 선량하고, 어린 시절 어머니의 죽음이 그를 자립적이고 강인한 성
격으로 만들었다.

0769 > > > > >

休
xiū

동 쉬다. 휴식하다. = 休息
부 〈休 + 동사〉…하지마라.(금지나 만류를 나타냄.)

관련예문 • 休想 (꿈도 꾸지 마라.)   • 休假 (휴가를 보내다.)

小李病了，在家_____了一个星期的病假。
小李는 병이 나서, 일주일간 병가를 내고 집에서 쉬었다.

0770 > > > > >

★

休息休息
xiūxixiuxi

동 - 중첩형 잠시 쉬다. = 休息一会儿 = 休息一下 = 好好儿休息

看了半天书了，_____再学吧！
한참 책을 보았으니, 잠시 쉬었다가 공부하자!

0771 > > > > >

******

修建
xiūjiàn

동 (교량이나 도로 등을) 부설하다. 건설하다. = 建设 ▶ 〈建筑 + 명사(집 · 도로 · 교량)〉(건설하다. 짓다.)

北京至天津在＿＿＿一条高速公路。
북경에서 천진까지 고속도로를 건설하고 있다.

0772 > > > > >

*****

虚
xū

형 ① 자신이 없다. 조마조마하다. ② 겸허하다. 자기를 낮추다.

관련예문 • 心虚 (ⓐ 자신이 없다. ⓑ 마음이 켕기다. 제발이 저리다.)

一说到工资方面的事，她就心＿＿＿，她挣的钱实在是太少了。
임금에 관한 이야기만 하면, 그녀는 자신이 없어지는데, 정말이지 그녀가 번 돈은 너무 적다.

시험에 꼭 나오는 HSK 단어 · 숙어

0773 > > > > >

*****

呀
ya

조 ① (문 중간에 화제를 제시할 때 쓰임) …말이야. = 啊
② (서술문. 의문문. 감탄문 등에 쓰임) = 哪 = 哇 ▶ 〈모두 '啊'의 변음〉
  = 呀 = 哪 = 哇

旅行才刚刚开始＿＿＿，怎么就生病了呢？
이제 막 여행을 시작했는데, 어찌된 게 병이 나느냐 말이야?

下个星期就要考试了，我哪有逛街的时间＿＿＿？
다음 주에 시험이 있는데, 내가 어찌 나다닐 시간이 있겠느냐 말이야.

0774 > > > > >

*

严峻
yánjùn

형 ① 가혹하다. 모질다. ② 엄숙하다. 준엄하다. ▶ 严厉(엄하다. 무섭다.)
▶ 严肃(말없이 엄숙하다.)

每个到西藏的官兵都经历了_____的考验。
西藏(티베트)에 오는 관병들은 모두 모진 시련을 겪었다.

0775 > > > > >

★

颜色
yánsè

명 ① 본때. 무서운 기색. ② 얼굴의 표정. 용모. ③ 색채. 색깔.

我在这个关键时刻要给他们一点_____看看。
나는 이 중요한 때에 그들에게 본때를 좀 보여 줘야겠다.

0776 > > > > >

☆

眼
yǎn

양 〈동사 + 수사 + 眼〉번. ☞ 一眼

她回过头来看了我一_____, 没说话就走了。
그녀는 고개를 돌려서 나를 한번 보고는 말도 없이 가버렸다.

0777 > > > > >

**

眼光
yǎnguāng

명 ① 눈길. 시선. = 眼神 ② 안목. 식견.

관련예문 • 有眼光 (안목이 있다.) ▶ 目光 (시선. 안목. 식견. 눈빛.)

请你不要拿这种_____看我。
제발 당신은 그런 눈빛으로 나를 보지 마세요.

0778 > > > > >

*

要
yào

동 ① 〈要 + 명사〉…을 원하다.
② 〈要 + 사람 + 동사〉…해 주기를 원[요구]하다.
조동 〈要 + 동사〉 ① …하려고 하다. ② …해야 한다. …해야 겠다.
▶ 〈不要 + 동사〉 = 〈别 + 동사〉(…하지 마라.)
접 〈주어 + 要 + 有 + 명사〉 만약 …이 있다면. = 要是
《固定式》 ① 〈要[快/就] + 동사[형용사] + 了〉(막 …하려 하다.) → 要下雨
了。(비가 내리겠다.)
② 〈주어 + 要 + 전치사[把/给/跟/和] + 명사 + 동사 + 기타성
분〉 ☞ 想；能
③ 〈想要 + 동사〉무척…하고 싶어 한다.

관련예문
관련예문
 • 我要这个。 (나는 이것을 원한다.)
 • 你要有二心, 我就和你离婚。
  (네가 만약 딴마음이 있다면, 나는 곧 너와 이혼하겠다.)

父亲＿＿＿把她培养成钢琴家。
아버지는 그녀를 피아니스트로 키우려고 한다.

你应该继续坚持下去, ＿＿＿有信心呀!
너는 당연히 계속해서 밀고 나가라. 자신을 갖고 말이야!

你＿＿＿常给父母写信, 省得他们担心。
너는 부모님께 자주 편지를 쓰도록 하여라, 그들이 걱정하시지 않게 말이야.

孩子想＿＿＿跟我一起去百货公司买东西。
아이는 나와 함께 백화점에 가서 물건을 사고 싶어 한다.

我＿＿＿买一条跟你那条裙子一种款式的。
나는 너의 치마와 같은 스타일의 것을 한 벌 사고 싶다.

从我家到张伟家很远, 步行大概＿＿＿走两个小时。
우리 집에서 张伟 집까지는 아주 멀어서, 걸으면 약 2시간을 걸어야 한다.

这一带的地形非常复杂, ＿＿＿走出去非大家一起互相帮助不可。
이 일대의 지형은 매우 복잡해서, 밖에 나가려고 한다면 모두 같이 서로 도와야만
한다.

0779 > > > > >

******

要不是
yàobúshì

접 〈要不是……, ……〉만약 …이 아니었다면.
 ▶ 〈……, 要不[要不然/否则/不然]……〉(만일 그렇지 않으면.)

＿＿＿火车误了点, 我两个小时前就到家了。
만약에 기차가 연착하지 않았다면, 나는 두 시간 전에 집에 도착했을 것이다.

0780 > > > > >

☆

要紧
yàojǐn

형 ① 중요하다. 긴요하다. (중요하고 절박함을 나타냄) ② 심하다.

관련예문
 • 不要紧 (괜찮다. 별것 아니다.)
 • 重要 (중요하다.)

妈, 我就顺路经过这里, 没有什么＿＿＿事。
엄마, 나는 그냥 여기를 지나가는 길이었어요, 뭐 별다른 일은 없어요.

0781 > > > > >

* **要命**
yàomìng

형 심하다. 죽을 지경이다. = 要死 동 애태우게 하다. 난처하게 하다.

这么晚了你也不给家里来个电话，把人急得_____。
이렇게 늦은 시각에 너는 집으로 전화도 하지 않아서 초조해 죽는 줄 알았다.

了解北京气候的人都知道，春天的沙尘暴可怕得_____ 。
북경 날씨를 이해하는 사람은 모두, 봄의 황사현상이 심할 정도로 무섭다는 것을 알고 있다.

最近我忙得_____，连给你发信的工夫都没有。
최근에 나는 너무나 바빠서, 너에게 편지 보낼 시간조차도 없다.

0782 > > > > >

★ **要是**
yàoshì

접 만일 …이라면. 만약 …하면. =〈要是[如果]……的话〉 ☞ 如果；假若

_____明天下雨，我就不去公园了。
만일에 내일 비가 오면, 나는 공원에 가지 않을 것이다.

_____让我做这笔买卖，肯定能赚大钱。
만약에 내가 이 장사를 한다면, 반드시 큰돈을 벌 수 있을 것이다.

0783 > > > > >

★ **要是……就……**
yàoshì……jiù……

접 만약 …한다면 …하다.

你_____身体不太好，今天_____回家休息吧。
당신이 만약 몸이 별로 좋지 않으면, 오늘은 집에 가서 쉬도록 하세요.

0784 > > > > >

★ **要想……就……**
yàoxiǎng……jiù……

…하고 싶다면 …하다.

_____了解一个人，最可靠的办法_____是和他多接触。
한 사람을 이해하고 싶다면, 제일 확실한 방법은 그와 많은 접촉을 하는 것이다.

0785 > > > > >

★

也
yě

부 …도. (…해)도. (…한다) 해도.
《固定式》　① 〈……也就……〉(…도 바로 …하다.)
② 〈(也)……也……〉(…도 하고, …도 하다.) ⇒ (也)不太近, 也不太远。(그다지 가깝지도 않고 그다지 멀지도 않다.) ☞ 也好
③ 〈동사1 + 也 + 不 + 동사1〉⇒ 看也不看他(그를 쳐다보지도 않는다.)
④ 〈连……也……〉☞ 连
⑤ 〈即使……也……〉☞ 即使
⑥ 〈虽然……也……〉☞ 虽然
⑦ 〈再……也……〉☞ 再
⑧ 〈再 + 也 + 不[没] + 동사〉☞ 再
⑨ 〈동사 + 得 + 也 + 부사 + 형용사〉☞ 得
⑩ 〈一点儿 + 也 + 不[没] + 동사〉(조금도…않다[않았다].)
　　☞ 一点儿 ; 有点儿

你＿＿＿理解理解父母的难处吧。
너도 부모님의 고충을 좀 이해해 봐라.

她的父亲一句话＿＿＿没有留下。
그녀의 아버지는 한 마디도 남기지 않으셨다.

过去的事情我一点儿＿＿＿记不住了。
과거의 일을 나는 조금도 기억할 수 없다.

感动得他连一句话＿＿＿说不出来。
감동하여 그는 한 마디 말도 하지 못했다.

即使他道歉了, 我＿＿＿不原谅他。
설사 그가 사과하더라도, 나는 그를 용서하지 않을 것이다.

再好的机器, ＿＿＿需要按时检修。
제아무리 좋은 기계라도, 기간에 맞추어 점검 받아야 한다.

即使条件再差, 他们＿＿＿能完成任务。
설사 조건이 아무리 나쁘더라도 그들은 임무를 완성할 수 있다.

你的汉语水平挺高, 字写得＿＿＿挺漂亮。
너의 중국어 수준이 매우 높고, 글자 또한 예쁘게 쓴다.

如何解决这个难题, 你＿＿＿考虑考虑吧。
이 어려운 문제를 어떻게 해결할건지, 너도 잘 생각해 보도록 해라.

你没理解过别人，别人＿＿＿＿不会理解你。
네가 다른 사람을 이해해 본적이 없으면, 다른 사람도 너를 이해하지 못할 것이다.

初次见面，他很紧张，一句话＿＿＿＿不说。
처음 만나면, 그는 긴장해서 한 마디도 못했다.

今天早上我＿＿＿＿没吃早饭，现在觉得真饿。
오늘 아침에 나는 아침밥을 먹지 않아서, 지금 배가 무지 고프다.

当然有失望的时候，但这样的时候＿＿＿＿不多。
당연히 실망할 때도 있지만, 이런 경우가 또한 많지는 않다.

几个小时后，暴雨终于不下了，天气＿＿＿＿晴了。
몇 시간 후에, 폭우는 결국 그치고, 날씨도 맑아졌다.

这件衣服洗了后就缩水了，以后再＿＿＿＿没穿过。
이 옷은 세탁 후에 줄어들어서 결코 입어 본 적이 없다.

就算是他们的错误，你说话＿＿＿＿应该客气点儿呀！
그들의 실수였다 하더라도, 너는 친절하게 말해야 한다.

我们在发展经济的同时，＿＿＿＿要注重法制建设。
우리들은 경제발전과 동시에 법제정도 중시해야 한다.

他是一个作家，＿＿＿＿是一位优秀的小提琴演奏家。
그는 작가이기도 하고 우수한 바이올린 연주자이기도 하다.

他头朝窗外看着，看＿＿＿＿不看她，好像还在生她的气。
그의 고개는 창밖을 향하고 있었는데, 그녀에게 눈길 한번 주지 않는 것이 아마도 아직도 그녀에게 화나 있는 것 같았다.

这些学生不太活泼，很有意思的问题＿＿＿＿争论不起来。
이 학생들은 그다지 활달하지 않아서, 재미있는 문제도 논쟁을 하지 않는다.

我劝她别去冒险，可她不相信我的话，我＿＿＿＿无可奈何。
나는 그녀에게 위험을 무릅쓰지 말라고 하였으나 그녀는 내 말을 믿지 않으니, 나도 별도리가 없다.

她在好几个摊位挑选了半天，＿＿＿＿没买到一件中意的裙子。
그녀는 여러 개의 점포에서 한참을 골라봤지만, 마음에 드는 치마를 사지 못했다.

任何事物都是发展变化的，文学作品更是如此，脱离了生活＿＿＿＿就失去了生命力。
어떠한 사물이든 모두 발전하고 변화한다. 문학작품은 더욱더 이러해서, 현실 생활에서 괴리되면 곧 생명력을 잃게 된다.

0786 > > > > >

也好……也好……
yěhǎo……yěhǎo……

…이든[하든] …이든[하든]…하다.

蔬菜＿＿＿, 水果＿＿＿, 她都不爱吃。
야채이든, 과일이든지, 그녀는 모두 먹기 싫어한다.

0787 > > > > >

★

也许
yěxǔ

부 아마. 혹시. = 可能 ☞ 恐怕

这些东西现在用不着, 将来＿＿＿有用得着的时候。
이 물건들은 지금은 쓸모가 없지만, 나중에 아마도 쓸모가 있을 때가 있을 것이다.

0788 > > > > >

★

一
yī

수 ① 〈一 + 동사〉 = 〈동사1 + 一 + 동사1〉 = 〈동사 + 一下〉한번. 좀. 잠시.
② 〈一 + 명사(시간)〉 모든. 내내. 온.
③ 〈동사 + 一 + 양사(신체일부)〉(횟수를 나타냄.)
④ 〈一 + 양사(신체일부) + 명사〉 ☞ 口 ; 手
《固定式》 ① 〈一……就[便]……〉 ☞ 便 ; 就
② 〈这样一来〉(일이 이렇게 되어. 이런 식으로 나간다면)

관련예문 • 一晚上 (저녁 내내.)
• 一上午 (오전 내내.)
• 看一眼 (한번 보다.)
• 吃一口 (한입 먹다.) ☞ 口 ; 手

他推门＿＿＿看, 不禁吓了一跳。
그가 문을 열고서 보고는, 깜짝 놀라지 않을 수 없었다.

找到他＿＿＿问, 才知道真相。
그를 찾아서 한번 물어보고 나서야 진상을 알았다.

我们＿＿＿下汽车就赶上下大雨了。
우리들이 차에서 내리자마자 큰비가 내렸다.

＿＿＿放寒假, 马上就去公司打工。
겨울방학이 되자마자, 바로 회사에 아르바이트하러 갔다.

大多数人大学＿＿＿＿毕业就参加工作。
대다수 대학생들은 졸업하자마자 직장에 들어간다.

他＿＿＿＿接电话就来精神了, 话也多了。
그는 전화를 받자마자 힘이 났는지, 말도 많아졌다.

多数人大学＿＿＿＿毕业就离开父母自己住。
대다수 사람들은 대학을 졸업하자마자 부모를 떠나서 따로 산다.

他看了＿＿＿＿下午球赛, 早忘了约会的事。
그는 오후 내내 구기경기를 보느라, 약속을 까맣게 잊어버렸다.

他还在生你的气, 你去跟他谈＿＿＿＿谈吧。
그는 아직 너한테 화가 나 있으니, 너는 가서 그와 이야기를 좀 해 보아라.

打开门, 我＿＿＿＿眼就看见了桌上的蛋糕。
문을 열고, 나는 한눈에 책상 위의 케이크를 보았다.

你先耐心等待, 等我＿＿＿＿回来就接你回去。
너는 일단 끈기 있게 기다려라, 내가 돌아와서 너를 데리고 갈테니.

真是半转星移, 五年的时间＿＿＿＿晃就过去了。
정말 세월은 빠르구나, 오년의 시간이 순식간에 지나가버리다니.

她出国前和我在咖啡厅, 说了＿＿＿＿下午的话。
그녀는 출국 전에 나와 커피숍에서 오후 내내 이야기를 했다.

这台"破"收音机, ＿＿＿＿买回来就接收不到信号。
이놈의 '고물' 라디오는 사 오자마자 신호를 잡지 못한다.

王玲, 你先坐在那听听歌, 妈妈＿＿＿＿回来我们就出发。
王玲, 너는 일단 저기 앉아서 노래를 듣고 있어라, 엄마가 돌아 오시면 우리들은 바로 출발한다.

这个客户很难缠, 磨了＿＿＿＿下午嘴皮才勉强把他打发走。
이 고객은 정말 성가셔서, 오후 내내 입이 닳도록 이야기하고서야 억지로 그를 쫓아버렸다.

老李这次不知为什么, ＿＿＿＿走一个多月没打一个电话回来。
老李는 이번에 어찌된 영문인지, 한 달이 넘게 한 통의 전화도 주지 않았다.

去年10月＿＿＿＿个星期天的上午, 我接到了大学录取通知书。
작년 10월 어느 일요일 오전에, 나는 대학합격통지서를 받았다.

显然你违反了这个协定, 这样＿＿＿＿来, 我们就不能不坐下来谈谈。
분명히 당신이 이 협정을 위반한 것이다. 이런 식으로 나간다면, 우리는 앉아서 얘기를 할 수밖에 없다.

0789 > > > > >

★ 一……就……
yī……jiù……

…(하기만) 하면[하자마자] 곧 …하다. = 〈一……便……〉

学习惯了的人, _____不学习, _____会感到无聊。
공부가 습관이 된 사람은, 공부를 하지 않으면, 곧 무료함을 느낀다.

火车_____过, 那小车站_____和市场一样热闹起来。
기차가 지나가기만 하면, 그 간이역은 시장처럼 시끌벅적거린다.

这些普通的农家子弟, _____掌握了知识, _____开始新的人生了。
이 보통의 농가 자녀들은, 지식에 정통하기만 하면, 새로운 인생을 시작한다.

0790 > > > > >

☆ 一边……一边……
yībiān……yībiān……

🔵접 (한편으로) …하면서 (한편으로) …하다. = 〈一面……一面……〉

관련예문 • 边走边唱 = 走着唱 (걸어가면서 노래를 부르다.)

他_____看着电视, _____吃着饭。
그는 한편으로 TV를 보면서, 한편으로는 밥을 먹고 있다.

0791 > > > > >

＊ 一旦
yīdàn

🔵명 일단. 하루아침. 어느 때. 어느 날. (가정의 조건을 나타냄) ☞ 如果

这一内幕_____公之于众, 将会引起很大反响。
이 내막은 일단 대중 앞에 공개되면 큰 반향을 불러일으킬 것이다.

他在北京生活了十年, _____离开, 还真难过呢!
그는 북경에서 10년을 살았는데, 일단 떠난다면 정말로 힘들거야!

请您把地址告诉我, 我们_____到达目的地, 会马上通知您。
당신의 주소를 나에게 알려 주세요, 우리들이 일단 목적지에 도착하면, 바로 당신에게 알려 드리겠습니다.

0792 > > > > >

★ 一点儿
yīdiǎnr

🔵수량 ① 〈동사[형용사] + 一点儿[点/点儿]〉조금. 좀. = 一点 = 点儿 = 一些
② 〈동사 + 형용사 + 一点儿〉⇒ 走快点儿!(빨리 좀 걷자.)
③ 〈형용사 + 一点儿 + 동사〉⇒ 快点儿走!(좀 서둘러 가자.)
④ 〈동사 + 一点儿[点儿/点] + 명사〉좀. 조금. 약간의.
《固定式》 ① 〈多 + 동사 + 一点儿〉좀 더 …하다.
② 〈一点儿 + 不 + 동사[형용사]〉전혀 …하지 못하다. = 〈完全不 + 동사[형용사]〉

③ 〈一点儿 + 没有 + 동사〉전혀 …못했다. = 〈完全没有 + 동사〉
④ 〈一点儿 + 也 + 不 + 동사〉조금도[하나도] …않다. ⇒ 一点儿
也不知道(조금도 모른다.)

관련예문
- 吃一点儿 (조금 먹다.)
- 快一点儿 (좀 서두르다.)
- 我会说一点儿英语。 (나는 영어를 조금 할 줄 안다.) ☞ 有点儿
- 多吃一点儿 (좀 더 먹어라.)
- 一点儿也不漂亮 (하나도 예쁘지 않다.)

我这话说得＿＿＿不过分。
나의 이 말은 조금도 지나치지 않다.

这个地方的衣服便宜＿＿＿。
이곳의 옷은 좀 싸다.

今天比昨天稍微暖和＿＿＿。
오늘은 어제보다 조금 따뜻하다.

以后小心＿＿＿，类似的事情别再发生了!
다음에는 좀 조심하세요, 비슷한 일이 다시는 일어나지 않도록 말이에요.

再吃＿＿＿吧，把菜吃光了主人会高兴的。
좀 더 드세요, 요리를 깨끗이 먹어 치우면 주인도 기뻐할 것입니다.

你早＿＿＿回家吃晚饭，省得全家人等你。
너는 좀 일찍 집으로 돌아와 저녁을 먹어라, 온 집안사람이 널 기다리지 않도록
말이야.

天气预报说今天刮风，你多穿＿＿＿衣服才好。
일기예보에 오늘 바람이 분다고 했으니, 너는 옷을 좀 두껍게 입어야 할 것이다.

恰好子弹打偏了＿＿＿，否则他早就没命了。
운 좋게도 총알이 빗나갔어, 그렇지 않았다면 그는 벌써 죽었을 것이다.

这次的期末考试难＿＿＿，但我们都通过了。
이번 기말고사는 좀 어려웠으나, 우리들 모두는 통과했다.

这女人没有＿＿＿出息，家里家外都指不上她。
이 여자는 전혀 싹수가 없어, 집 안밖으로 모두 그녀를 손가락질한다.

上一次你向我借钱，我就借给你，＿＿＿没有为难你。
저번에 네가 돈을 꿔달래서 빌려줬으니 조금도 너를 어렵게 하지 않았다.

我什么事都想了解，知识丰富＿＿＿有什么不好呢?
나는 어떤 일이든 알려고 하는데, 지식이 풍부한 것이 뭐 나쁠 거라도 있니?

昨天的气温7℃, 今天的气温4℃, 今天比昨天冷＿＿＿。
어제의 기온은 7℃, 오늘은 4℃로, 오늘이 어제보다 좀 춥다.

真危险, 如果司机开得快＿＿＿的话, 一定发生交通事故了。
정말 위험했다, 만일에 운전기사가 운전을 좀 빨리 했더라면, 반드시 교통사고가
났을 것이다.

服务员, 这件T恤的号码大了一点儿, 我不喜欢, 有小＿＿＿的吗?
여기요, 이 T셔츠의 치수가 좀 커서, 나는 마음에 들지 않는데, 좀 작은 것 있나요?

0794 > > > > >

★

一定
yídìng

🔵 부 반드시. 꼭. (1인칭과 2인칭에 많이 씀)
▶ 必定(꼭. 반드시. 틀림없이.[3인칭에 많이 쓰임])

我＿＿＿把这封信交给他本人。
나는 반드시 이 편지를 그 당사자에게 전해 줄 것이다.

我相信你＿＿＿会实现自己的理想。
나는 네가 반드시 자기의 이상을 실현시킬 것이라 믿는다.

有时间＿＿＿到你们公司去参观参观。
시간이 있으면 반드시 너희 회사에 참관하러 가겠다.

他这几天总是闷闷不乐, ＿＿＿心里有事。
그는 요 며칠간 계속해서 울적해 하는 것이 틀림없이 걱정되는 일이 있어.

我们＿＿＿要保质保量完成大桥通车的工程。
우리는 반드시 부실공사없이 교량의 개통공사를 완성해야 한다.

我休学的事, 请学校＿＿＿不要告诉我父母。
내가 휴학한 일을, 학교 측에서 우리 부모님께 제발 알리지 않기를 부탁합니다.

如果缺钱尽管说好了, 大家＿＿＿会帮助你的。
만일에 돈이 모자라면 언제든지 말해라, 모두가 너에게 꼭 도움을 줄 것이다.

相信那天看到场面的群众＿＿＿和我一样, 被这样的场面感动了。
그날 그 장면을 본 군중들은 틀림없이 나와 똑같이 그 장면에 감동을 받았을 것으
로 믿는다.

0794 > > > > >

★

一定的
yídìng de

🔵 형 어느 정도의. 상당한. 꽤.

来北京后, 我们的汉语水平都有了＿＿＿提高。
북경에 온 이후에, 우리들의 중국어 수준은 어느 정도 향상되었다.

0795 > > > > >

***一个劲儿(地)**
yīgejìnr(de)

부 끊임없이. 상당한. 꽤.

姐夫好像有什么心事，坐在那儿＿＿＿＿地抽烟。
형부가 무슨 고민이 있는 것 같아, 저쪽에 앉아서 계속해서 담배를 피우니 말이야.

0796 > > > > >

一个人
yī ge rén

명 한 사람. 혼자.

《固定式》　① 〈没有一个人 + 동사〉＝〈没有人 + 동사〉(어느 누구 한사람도 …않다. 어느 누구도 …않다.)

② 〈有人 + 동사〉(어떤 사람이 …하다.)

③ 〈有的…… 有的……〉(어떤 사람[것]은 …하고, 어떤 사람[것]은 …하다.)

当他决定自费出国时，他周围的朋友没有＿＿＿＿支持他。
그가 자비로 출국하기를 결정했을 때, 그 주변의 친구 어느 누구도 그를 지지하지 않았다.

0797 > > > > >

★

一共
yīgòng

명 **부** 합계. 전부. 모두. ＝ 总共

参加拍卖会的人，＿＿＿＿有200人。
경매에 참가한 사람은 모두 합해서 200명이다.

0798 > > > > >

★

一会儿
yīhuìr

① 〈一会儿,……〉조금 있으면. 조금 있다가. (단독 사용하는 경우) ＝ 过一会儿 ＝ 待一会儿 ＝ 呆一会儿

② 〈동사 ＋ 一会儿 ＋ 목적어(일반명사)〉⇒ 散了一会儿步。(잠시 산보를 했다.)
☞ 的 ; 次 ; 趟

③ 〈동사 ＋ 목적어(사람·대명사) ＋ 一会儿〉⇒ 我见了他一会儿。(나는 잠시 그를 만났다.) ☞ 的 ; 次 ; 趟

관련예문 • 不一会儿 (곧. 이윽고. 머지않아.)

周末的时间，我在公园散了＿＿＿＿步。
주말시간에 나는 공원에서 잠시 산보를 했다.

大会＿＿＿就完, 耽误不了你今晚的约会。
대회는 잠시 후면 끝나는데, 당신의 오늘 밤 약속에 영향을 주지 않을 것이다.

他的球技的确很好, ＿＿＿的工夫就进了两个球。
그의 공 다루는 기술은 확실히 뛰어나, 잠깐사이에 두골을 넣었다.

他来到车站后, 在第一次见面的地方坐了＿＿＿。
그는 역에 도착한 후, 처음으로 만났던 장소에 잠시 앉았다.

快去把会议厅打扫干净, ＿＿＿校长要在那儿讲话。
빨리 가서 회의실을 깨끗하게 청소해 놓아라, 잠시 후에 교장이 그곳에서 강연할
것이다.

0799 > > > > >

一家人
yì jiā rén

명 한 집안 식구. = 全家 ▶ 家人(가족. 집안사람.)

晚上, 我们＿＿＿也常常边吃水果边看电视。
저녁에, 우리 집 식구도 종종 과일을 먹으면서 TV를 본다.

0800 > > > > >

******

一口气
yì kǒu qì

부 ① 〈一口气 + 동사〉 단숨에. ② 〈수사 + 양사 + 명사〉 한숨.

관련예문 • 松一口气 (한숨을 돌리다.)

他＿＿＿把满满一大碗冰面都吃光了。
그는 단숨에 한 그릇 가득한 냉면을 다 먹어 치웠다.

他渴坏了, ＿＿＿把两大瓶水都喝光了。
그는 목이 타서, 두 병의 물을 단숨에 마셔 버렸다.

自从那次犯了脑溢血以后, 他不敢＿＿＿做剧烈运动了, 而是偶尔散
散步。
그때 뇌출혈이 발생한 후로, 그는 숨차는 격렬한 운동은 하지 못하고 가끔 산보나
한다.

0801 > > > > >

一来……二来……
yìlái…… èrlái……

첫째로는 …이고, 둘째로는 …이다.

暑假要去哈尔滨, ＿＿＿我想观赏一下儿冰灯, ＿＿＿想拜访拜访朋友。
여름 방학 때 하얼빈에 가고 싶은데, 첫째로 나는 冰灯(얼음등)을 감상하고 싶고,
둘째로는 친구를 방문하고 싶다.

0802 > > > > >

**

一连
yīlián

(부) 계속해서. 연이어. 잇따라. ☞ 继续 ; 连接 ; 先后

这几天天气不好, ＿＿＿＿好几天阴天。
요 며칠 날씨가 좋지 않아, 며칠 계속해서 흐린 날이다.

为了解决资金问题, 他＿＿＿＿几天奔走于十几家银行。
자금문제를 해결하기 위해서, 그는 며칠 계속해서 10여 개의 은행에 쫓아 다녔다.

＿＿＿＿遇到了几件不顺心的事儿, 他的心情糟透了。
계속해서 몇 건의 여의치 않은 일이 생겨서, 그의 심정은 엉망이 되었다.

为了筹备这次演唱会, 大家＿＿＿＿好几天没有按时下班了。
이번 콘서트를 준비하느라, 모두들 계속해서 며칠동안 정시에 퇴근하지 못했다.

王红看了电影《我的兄弟姐妹》, 感动得＿＿＿＿哭了好几天。
왕홍은 영화 《我的兄弟姐妹》를 보고서 감동하여 여러 날 계속 울었다.

0803 > > > > >

*

一律
yīlǜ

(부) 일률적으로. 한가지로. (예외가 없음을 나타냄) = 没有例外 ▶ 一概(전부. 모두. 일률적으로. [전부 똑같음을 나타냄])

他来的时候单位里的同事们＿＿＿＿叫他老张。
그가 왔을 때 부서 안의 동료들은 일률적으로 그를 老张이라 불렀다.

0804 > > > > >

一年
yīnián

일년. ▶ 一年比一年(해마다)

관련예문 • 一年到头 (일년 내내.)

我在广播学院上过＿＿＿＿课, 在那里认识不少同学了。
나는 广播대학에서 일년간 수업을 들었는데, 그곳에서 많은 학우를 알게 되었다.

0805 > > > > >

☆

一齐
yīqí

(부) 일제히. 동시에.

全场观众随着音乐的节奏＿＿＿＿鼓起掌来。
전체 관중들은 음악의 리듬에 맞추어 일제히 박수를 치기 시작했다.

0806 > > > > >

☆ **一起** yīqǐ

부 ① 같이. 함께. = 一块儿 = 一同　② 한 곳. 같은 곳. 함께. = 在一起
▶ 一齐 (일제히. 동시에. [같은 시간을 가리킴])
《固定式》〈跟……一起 + 동사〉=〈和……一起 + 동사〉(…와 함께)

관련예문
- 坐在一起 (같이 앉아있다.)
- 我和她在一起。 (나는 그녀와 함께 있다.)
- 他们在一起吃午饭。 (그들은 함께 점심을 먹는다.)

参观访问结束后, 她们＿＿＿来到座谈室。
참관방문이 끝난 후에, 그녀들은 함께 좌담실에 왔다.

我们曾经是同事, 他跟我＿＿＿工作了三年多。
우리들은 한때 동료였는데, 그는 나와 함께 3년 넘게 일했다.

三个人＿＿＿到老师那里打听他们的期末成绩。
세 명은 같이 선생님한테 가서 그들의 기말성적을 알아보았다.

凡跟他在＿＿＿工作过的人没有说他不认真的。
무릇 그와 함께 일한 적이 있는 사람은 그가 열심히 하지 않는다고 말하는 사람이 없다.

他们俩开始＿＿＿工作, 相互支持着维持公司的运转。
그들 둘은 함께 일하기 시작했는데, 서로 지지하며 회사의 운영을 유지한다.

0807 > > > > >

★ **一切** yīqiè

명 일체. 모든 것. **형** 〈一切 + 명사〉일체의. 모든. = 所有

관련예문
- 一切行动 (모든 행동)

这里的＿＿＿我都非常熟悉。
이곳의 모든 것을 나는 다 익히 잘 알고 있다.

在这所大学生活的时间越长, 就越喜爱这里的＿＿＿。
여기 대학에서의 생활하는 시간이 길어질수록 이곳의 모든 것이 점차 마음에 든다.

0808 > > > > >

一天 yītiān

하루. 1일. ▶ 有一天(어느 날.)　▶ 两天(이틀.)　▶ 天天 = 一天天 = 一天一天 = 每天(매일. 날마다.)

因为人太多, 我们只好把面试的时间延长了＿＿＿。
사람이 너무 많기 때문에, 우리들은 면접시간을 하루 연장하는 수밖에 없었다.

0809 > > > > >

一天不如一天
yītiān bùrú yītiān

날이 갈수록 못해간다. ▶ 一天比一天(나날이.)

관련예문 · 一天比一天好 (나날이 좋아진다.)

自从他迷上游戏后, 学习成绩＿＿＿。
그는 오락에 빠진 이후로, 학업성적이 나날이 나빠진다.

0810 > > > > >

一天天
yītiāntiān

하루하루. ▶ 天天 = 每天(매일. 날마다.)

日子＿＿＿过去了, 可他的工作毫无进展。
날이 하루하루 지나는데도, 그의 일은 조금도 진전이 없다.

0811 > > > > >

一晚上
yīwǎnshang

밤새. 저녁 내내. ▶ 一上午(오전 내내.) ☞ 一

我做了＿＿＿梦, 梦见这次考试不及格。
나는 밤새 꿈을 꾸었는데, 이번 시험에 불합격하는 꿈을 꾸었다.

我做了＿＿＿梦, 梦见一堆乱七八糟的东西。
나는 밤새 꿈을 꾸었는데, 꿈에 엉망진창인 것들을 보았다.

0812 > > > > >

******

一下(儿)
yīxià(r)

〈동사 + 一下儿〉 잠시. 잠깐. 한번. 좀.

初次见面, 我先自我介绍＿＿＿。
초면에 제가 먼저 소개를 올리겠습니다.

如果不放心就打个长途电话问＿＿＿。
만일에 마음이 놓이지 않으면 장거리 전화를 해서 좀 물어 보세요.

小李, 把你的字典借我用＿＿＿可以吗?
小李, 너의 자전을 좀 보게 내게 빌려 줄 수 있겠니?

小王, 请你帮忙把办公室打扫＿＿＿。
小王, 사무실 청소를 좀 도와주겠니.

他整整干了十个小时, ＿＿＿也没休息。
그는 10시간 내내 일만하고, 잠시도 쉬지 않았다.

今天太晚了, 咱们暂时找个旅馆休息＿＿＿吧。
오늘은 너무 늦었으니, 우리들은 일단 여관을 찾아서 잠시 쉬도록 합시다.

请你帮＿＿＿我女儿，她在北京转乘去西藏的火车。
당신이 나의 딸을 좀 도와주세요, 그녀는 北京에서 西藏가는 기차를 갈아탑니다.

到中国旅行，要是不去游览＿＿＿故宫长城，那太遗憾了。
중국에 가서 여행을 하면서, 만약 고궁, 만리장성을 유람하지 않는다면 그야말로 너무 유감스럽다.

0813 > > > > >

☆

一下子
yīxiàzi

부 당장. 갑자기. 단번에. 일시에. 한순간

她的微笑＿＿＿吸引住了我。
그녀의 미소는 단번에 나를 매료시켰다.

小明＿＿＿从楼梯上摔下来。
小明은 갑자기 계단에서 굴러 떨어졌다.

今天的作业太多，我恨不得＿＿＿都解决了。
오늘 숙제가 너무 많아서, 나는 당장 다 해결하고 싶은 마음이 간절했다.

七月的天气说变就变，暴雨过后天＿＿＿就晴了。
7월의 기온은 변덕쟁이라서 폭우가 지나가고 갑자기 날씨가 맑아졌다.

看着屋里乱成一团，她＿＿＿还不明白到底发生了什么事情。
실내가 엉망이 된 것을 보고, 그녀는 한순간 도대체 무슨 일이 일어났는지를 알지 못했다.

0814 > > > > >

★

一些
yīxiē

수량 ① 〈一些 + 명사〉약간의. 몇 가지.　② 〈형용사 + 一些〉약간 = 一点
▶ 这些人(이 사람들.)　▶ 那些书(저 책들.)　☞ 些：那些：有些

大家对你的印象比他深刻＿＿＿。
모두들 너에 대한 인상이 그에 비해서 좀 강했다.

我们再去书店看看，尽量多找＿＿＿这方面的资料。
우리들은 다시 서점에 가 보자, 가능한 한 이 방면의 자료들을 많이 찾아보는 거야.

地铁上，我碰到＿＿＿人去运动场为足球队员们助威。
지하철에서, 나는 경기장에 축구선수들을 응원가는 사람들을 만났다.

0815 > > > > >

一眼
yīyǎn

수량 〈동사 + 一眼〉한번.

관련예문 • 看一眼 (한번 보다.) ▶ 亲眼(제 눈으로. 직접.) ☞ 一

老板冲他瞪了_____, 话也不说就走了。
사장은 그에게 눈을 부릅뜨고서는 말도 않고 가버렸다.

老李只看_____, 就能知道你的车出了什么毛病。
老李는 그냥 한번 보고서, 너의 차가 어디가 고장이 났는지를 알 수 있었다.

这么简单的骗局, 我_____就能看出来, 你怎么就不明白呢?
이렇게 간단한 속임수를 나는 한눈에 알아챘는데, 너는 어찌 알지 못하니?

0816 > > > > >

★

一样
yīyàng

부 〈一样 + 형용사〉똑같이. // 一样大。(똑같이 크다.)
형 (똑)같다. 흡사하다. 비슷하다. = 一般
《《固定式》》 ① 〈跟[和]……一样〉(…와 똑같다.)
　　　　　　② 〈像[好像]……一样〉(마치[흡사] …같다.)

她们两个人长得_____漂亮。
그녀 둘은 똑같이 예쁘게 생겼다.

0817 > > > > >

一夜
yīyè

밤새. = 一晚上 ▶ 夜晚(밤. 야간.)

咖啡喝得太多了, 她被刺激得_____没睡着觉。
커피를 너무 많이 마셔서, 그녀는 자극을 받아 밤새 잠들지 못했다.

他外出_____没回来, 一定是出事了。
그가 외출해서 밤새 돌아오지 않은 것을 보니, 분명히 사고가 난거야.

0818 > > > > >

一阵(子)
yīzhèn(zi)

① 한번. 잠시. = 一会儿 ② 한바탕.

_____暴雨过后, 感觉凉快了许多。
폭우가 한 바탕 내린 후, 많이 시원해졌음을 느꼈다.

因为被解雇, 他的情绪低落过_____。
해고를 당해서 그의 심정은 축 가라앉았다.

这么多的工作都没有完成, 也够你对付_____了。
일이 너무 많아서 다 끝내지 못했지만, 당신이 하기에는 충분할 거야.

他仔细辨认了＿＿＿＿，终于认出这就是他失散多年的女儿。
그는 자세하게 판별하고서, 결국은 그녀가 헤어진 지 오래된 딸이라는 것을 알아냈다.

0819 > > > > >

一整天
yīzhěngtiān

명 하루꼬박. 온종일.

运动会后, 他昨天睡了＿＿＿＿觉。
운동회 후에, 그는 어제 하루 종일 잠을 잤다.

0820 > > > > >

★

一直
yīzhí

부 ① 계속해서. 내리. 줄곧. ▶ 一向(줄곧. 내내. [이전부터 오늘까지]) ☞ 从来
② 똑바로. 곧바로.

관련예문 • 一直走 (똑바로 쭉 가라.)
• 一直往前走。(앞쪽으로 똑바로 가라)
• 从去年一直到现在。(작년부터 지금까지 계속)

梅雨天气, 雨＿＿＿＿下了好几天。
장마 날씨에, 비는 여러날 계속해서 내렸다.

这场暴雨从昨晚＿＿＿＿下到现在没停过。
이 폭우는 어젯밤부터 지금까지 그치지 않고 계속해서 내렸다.

这本小说我从晚上七点＿＿＿＿看到凌晨两点。
이 소설을 나는 저녁 7시부터 새벽 2시까지 줄곧 봤다.

这几天我＿＿＿＿在考虑着如何向他坦白这件事。
요 며칠간 나는 어떻게 그에게 이일을 솔직하게 말할 것인지를 계속 고민하고 있다.

这本书昨天我从早上七点＿＿＿＿看到晚上十一点。
이 책을 어제 나는 아침 7시부터 저녁 10시까지 계속 봤다.

我家过去＿＿＿＿很困难, 现在这种状况已经改变了。
우리 집은 과거에 줄곧 어려웠으나, 지금은 이런 상황이 이미 개선되었다.

我＿＿＿＿在候车室等他, 可连个人影也没看到。
나는 줄곧 대합실에서 그를 기다렸으나, 사람의 그림자조차 보지 못했다.

我的衣服＿＿＿＿在那儿放着, 不知怎么就不见了。
나의 옷은 줄곧 그곳에다 두었는데 어찌 된 건지 사라졌다.

本来我想开公司，可是＿＿＿没找到合适的合作伙伴。
본래 나는 회사를 설립하려고 하였으나, 여태껏 적합한 합작 파트너를 찾지 못했다.

因为最近很忙，所以＿＿＿到晚上十二点我才停止工作。
최근에 나는 너무나 바빠서, 밤 12시까지 계속하고 있는 일을 마친다.

我＿＿＿想知道她的年龄，可我知道，她不愿意我打听这件事。
나는 줄곧 그녀의 나이를 알고 싶었지만, 그녀는 내가 이일을 알아보는 것을 원치 않는다는 것을 알고 있다.

母爱是世界上最伟大的情感，多少年来，人们＿＿＿歌颂她。
어머니의 사랑은 세상에서 가장 위대하다, 수많은 세월동안 사람들은 줄곧 어머니를 칭송해 왔다.

0821 > > > > >

☆
一致
yīzhì

형 일치하다.

在汉语教学的方法上，我们的看法有＿＿＿的地方。
중국어 교수 방법에 있어서 우리들의 견해는 일치되는 점이 있다.

0822 > > > > >

**
依然
yīrán

형 예전 그대로다. 이전과 다름이 없다. ▶ 照样(예전대로 …하다. [원래의 행위나 방법을 나타냄]) = 照旧(예전대로 …하다. [이전의 습관이나 행위를 나타냄])

他喜欢林美美，可她已经结婚了，所以他至今＿＿＿孤身一人。
그는 林美美를 좋아했지만, 그녀는 이미 결혼을 해 버려서, 그는 지금까지도 여전히 독신이다.

0823 > > > > >

★
已
yǐ

부 〈已……了〉이미[벌써]…(했다). =〈已经……了〉

转眼，他教书＿＿＿是九个年头了。
어느 덧, 그가 교편을 잡은 지 9년째가 되었다.

0824 > > > > >

★ **已经** yǐjīng

부 〈已经……了〉이미[벌써] …(했다). ⇔〈还没有 + 동사〉 ☞ 曾经

我们＿＿＿有五年没有通信了。
우리가 편지 왕래를 못한 지가 이미 5년 되었다.

我们转眼之间＿＿＿分离两年半了。
우리는 눈 깜짝할 사이에 벌써 헤어진 지 벌써 2년 반이 되었다.

现在我＿＿＿习惯了这里的生活。
현재 나는 벌써 이곳의 생활에 익숙해졌다.

他的想法＿＿＿为越来越多的人所接受。
그의 생각은 이미 갈수록 많은 사람들에 의해 받아 들여졌다.

你耽误大家的时间＿＿＿是第四次了。
당신이 모두의 시간을 허비한 지가 벌써 4번째이다.

事情＿＿＿办砸了, 有什么好方法补救吗?
일은 벌써 그르쳐졌는데, 무슨 좋은 고칠 방법이 있습니까?

小王＿＿＿知道自己错了, 我们就别再指责他了。
小王은 이미 자신이 잘못했다는 것을 알았으니, 우리들은 그를 더 이상 비난하지 맙시다.

这件事情的重要性, 他＿＿＿重复讲了多次了。
이 일의 중요성을, 그가 벌써 몇 번이나 반복하여 이야기했다.

大家＿＿＿很厌烦他了, 他却以为自己很受欢迎。
모두들 벌써 그를 싫어하는데, 그는 자신이 인기 있다고 여기고 있다.

由于他的错误严重, 他的威信＿＿＿树立不起来了。
그의 심각한 잘 못으로 인하여, 그의 위신은 이미 땅에 떨어졌다.

他＿＿＿安全行车十多年了, 是一个有经验的老司机。
그는 안전운행을 한지 벌써 10여 년이 된, 경험이 풍부한 원로 기사이다.

0825 > > > > >

☆ **以** yǐ

전 〈以 + 명사 + 동사〉…로(써) …하다.
《固定式》〈以…… 为……〉(…로써 …을 삼다.) ▶ 以为(…인 줄 알았다.)

我＿＿＿自己的人格向你保证。
나는 나의 인격으로써 당신에게 보증합니다.

两年前, 她_____优异的成绩考上了清华大学。
몇 해 전에, 그녀는 우수한 성적으로서 清华대학에 합격했다.

这次乒乓球比赛是_____切磋技艺为主要目的。
이번 탁구시합은 기술을 연마하는 것을 주요목적으로 삼았다.

这次篮球比赛, 我们队_____1分的优势获得了冠军。
이번 농구시합은, 우리 팀이 1점차의 우세로 우승을 차지했다.

0826 > > > > >
**

以便
yǐbiàn

…(하기에) 편리하도록.

请把地址留下来, _____今后联系。
주소를 남겨주세요, 앞으로 연락하기 편하게요.

0827 > > > > >
★

以后
yǐhòu

명 그 후. 다음에. = 此后
접 …한 후에. = 之后 ▶ 后来(나중에. [과거의 한 시점을 기점으로 이후의 시간]) ▶ 以来(…이래로. …동안.)

관련예문 • 建国以来 (건국 이래로.)

这件事不急于解决, _____我们再商量吧。
이 일을 급하게 해결하려고 하지 말고, 다음에 우리 다시 의논합시다.

接受你的批评, _____我再不粗心大意了。
당신에게 야단을 듣고, 그 후에 나는 다시는 데면데면하지 않게 되었다.

这些问题不是一两个人说了算的, _____我们再讨论吧。
이 문제들은 한두 사람이 말한다고 될 일이 아니니, 우리 다음에 또 토론합시다.

在中国的这段日子, 是她大学毕业_____过得最开心的日子。
중국에 있던 얼마동안이 그녀가 대학 졸업한 후로 가장 즐겁게 지낸 날들이었다.

0828 > > > > >
★

以前
yǐqián

접 …하기 전에. = 之前 명 이전에. ▶ 从前(예전에. 옛날에.)

他没来_____, 学校里没有发生过一起打架事件。
그가 오기 전에는, 학교 내에서 폭력 사건이 한 건도 발생한 적이 없었다.

小赵调到我们单位来才一个月, _____我不认识他。
小赵가 우리 부서로 온지 한달 밖에 안 되었는데, 이전에 나는 그를 몰랐다.

0829 > > > > >

☆

以上
yǐshàng

명 〈수사 + 以上〉 이상. ⇔ 以下

今天观看这场歌剧的人很多，至少在五千人_____。
오늘 이 오페라를 관람한 사람은 매우 많았는데, 적어도 5천명 이상이었다.

0830 > > > > >

★

以为
yǐwéi

동 …인 줄 알았다. ☞ 认为；觉得

你怎么迟到了？我_____你早来了呢。
너 왜 늦게 왔니? 난 네가 일찍 올 줄 알았지.

我_____他是日本人呢，原来他是新加坡人。
나는 그가 일본사람인줄 알았는데, 알고 보니 그는 싱가포르 사람이었다.

你这种态度让大家_____你是同意这个计划的，谁知道你还有那么多自己的想法。
너의 그런 태도가 모두로 하여금 네가 이 계획에 동의한 줄 알았지, 네가 나름대로 딴 생각이 그렇게 많은지 누가 알았겠느냐?

0831 > > > > >

**

以致
yǐzhì

(결국) …이[으로] 되다. …을 초래하다.(주로 나쁜 결과에 쓰임.)

在比赛中，守门员的腿受了重伤，_____几个月都起不来了。
경기 도중에, 골키퍼가 다리에 중상을 입어서, 결국은 몇 개월 간 일어날 수 없게 되었다.

0832 > > > > >

**

义务
yìwù

명 ① 의무. ② 무보수. 봉사.

관련예문 • 义务劳动 (노동봉사) ▶ 责任 (책임) ▶ 任务 (임무)

每个人都能享受法律赋予的权利，但同时也要履行_____。
매 사람들이 모두 법률이 부여하는 권리를 누릴 수 있지만, 동시에 또한 그에 따르는 의무를 이행해야 한다.

0833 > > > > >

☆
议论 yìlùn

(동) 수군거리다. 이러쿵저러쿵 말하다. ▶ 讨论(토론하다.)

有的人喜欢背后_____人, 我对这种人很反感。
어떤 사람은 등 뒤에서 사람을 이러쿵저러쿵 말하기를 좋아하는데, 나는 이런 사람에게 매우 반감을 가진다.

0834 > > > > >

**
意味着 yìwèizhe

(동) …을 의미하고 있다.

我爱春天, 因为春天是播种的季节, 它_____希望。
내가 봄을 좋아하는 이유는, 봄은 파종하는 계절이기 때문이다, 그것은 희망을 의미한다.

0835 > > > > >

★
意义 yìyì

(명) 가치. 의미. 의의. (언어문자로 표현한 내용을 나타냄) ▶ 意思 ① (문자가 갖고 있는)의미. 뜻. ② 성의표시. ③ 재미. 흥미.

관련예문
• 什么意思? (무슨 뜻이냐?)
• 小意思！(작은 성의표시입니다.)
• 很有意思！(아주 재미있다.)

每个人都应该多做对国家对人民都有_____的事。
사람마다 모두 마땅히 국가에 대해서 국민에 대해서 다 가치 있는 일을 많이 해야만 한다.

0836 > > > > >

☆
因此 yīncǐ

(접) 〈……, 因此……〉 그러므로. 이 때문에.(판단에 따른 결과를 이끌어냄)

苏格兰地处高原, 苏格兰人又体格健壮, 酷爱运动, _____胃口特别好。
스코틀랜드 땅은 고원에 있으며, 스코틀랜드 사람은 체격 또한 건장하고, 운동을 몹시 사랑하므로, 그래서 식성이 특히 좋다.

居里夫人的成就丝毫不逊于任何男科学家, _____她是很多人崇拜的对象。
퀴리 부인의 성취는 어떠한 남성과학자들에게도 조금도 뒤지지 않으며, 이 때문에 그녀는 많은 사람들이 흠모하는 대상이다.

0837 > > > > >

☆

因而
yīn'ér

접 〈……, 因而……〉 그러므로. 그 때문에. (원인에 따른 결과를 나타냄)

中国是儒家文化的发祥地，_____中国的儒教在亚洲有举足轻重的地位。
중국은 유가문화의 발상지이다, 그러므로 중국의 유교는 아시아에서 막강한 영향력을 행사하는 위치에 있다.

0838 > > > > >

★

因为
yīnwèi

접 ① 〈因为 + 명사〉 …때문에.
② 〈……, 因为……〉 왜냐하면(…때문이다.) ☞ 所以；由于

这次失败是必然的，_____他准备的不充分。
이번 실패는 필연적인데, 그의 준비가 불충분했기 때문이다.

这个国家很富有，_____它的矿产资源很丰富。
이 나라는 매우 부유한데, 그것은 광산자원이 풍부하기 때문이다.

我这样做并不是_____想要赚钱，而是为了帮助你。
내가 이렇게 하는 것은 결코 돈을 벌기 위한 것 때문은 아니라, 당신을 돕기 위한 것 입니다.

_____天气的关系，明天的运动会改到下星期举行了。
날씨의 관계로, 내일 운동회는 시간을 다음 주로 바꾸어 거행하기로 했다.

他还不一定到你们学校去工作，_____他的父亲反对他当老师。
그가 당신들의 학교에 가서 일 할지가 아직 확실하지 않다. 그의 부친이 그가 선생님이 되는 것을 반대하기 때문이다.

我不同意结婚后和老人分开过，_____我是独生子，有照顾父母的义务。
나는 결혼 후 노인들과 떨어져 사는 것에 동의하지 않는다, 나는 독자이기 때문에 부모님을 돌볼 의무가 있다.

成人在日常的饮食中应限制脂肪的摄取量，_____这是导致肥胖的原因之一。
성인은 평소의 음식 중에서 지방의 섭취량을 제한해야만 하는데, 이것은 비만을 일으키는 원인 중의 하나 이기 때문이다.

一个每天只想着自己的人难以得到真正的快乐，他会永远生活在孤独之中，_____这样的人缺少真正的朋友。
매일 오로지 자신만을 생각하는 사람은 진정한 즐거움을 얻기 어렵고, 그는 또한 영원히 고독 속에서 살게 될 것이다. 왜냐하면 이러한 사람은 진정한 친구가 없기 때문이다.

0839 > > > > >

★
因为……而……
yīnwèi……ér……

접 …때문에 …하다.

哥哥_____要按时交学费_____不得不每天去打工。
오빠는 학비를 제때에 납부해야 하기 때문에 하는 수 없이 매일 아르바이트하러 가야한다.

0840 > > > > >

★
因为……就……
yīnwèi……jiù

접 …때문에 바로 …하다.

_____不愿跟你吵, _____忍住气离开了。
당신과 다투기를 원하지 않기 때문에 바로 화를 참고 떠났다.

0841 > > > > >

★
因为……所以……
yīnwèi……suǒyǐ……

접 …때문에 그래서 …하다.

_____学习很努力, _____他有了很大的进步。
열심히 공부하였기 때문에 그는 많은 발전이 있었다.

李莉莉_____身体不舒服, _____昨天他没来上课。
李莉莉는 몸이 불편해서 어제 수업에도 오지 않았다.

0842 > > > > >

☆
印象
yìnxiàng

명 인상.

如果不注意礼节, 就会给人一种没有教养的_____。
만약에 예절에 신경 쓰지 않으면, 사람들에게 교양 없다는 인상을 주게 된다.

0843 > > > > >

★
应不应该
yīngbuyīnggāi

(긍정부정형 의문문) 마땅히…해야 하나 하지 말아야 하나? = 〈应该不应该……?〉 = 〈应该……吗?〉

你说, 我_____答应和他约会?
당신 생각에, 내가 당연히 그와의 약속을 허락해야 합니까, 말아야 합니까?

0844 > > > > >

★

应该
yīnggāi

조동 〈应该 + 동사〉당연히[응당] …해야 한다. = 应当 = 该
《固定式》〈应该 + 전치사[给/跟/和/把] + 명사 + 동사 + 기타성분〉
☞ 想；能

관련예문 • 应当 (…해야 마땅하다.)

今晚我＿＿＿给同桌打个电话。
오늘 저녁 나는 짝꿍에게 반드시 전화를 해야 한다.

国家的法律每个人都＿＿＿遵守。
국가의 법률은 개개인 모두가 당연히 준수해야 합니다.

已经晚上八点了，火车＿＿＿到了。
벌써 저녁 8시가 되었으니, 기차는 당연히 도착했다.

你的生活习惯＿＿＿好好转变一下。
당신의 생활습관은 잘 좀 개선해야 합니다.

你不能按时来，起码＿＿＿提前通知我们。
당신이 제때 올 수 없다면, 적어도 사전에 우리들에게 알려 주어야 합니다.

＿＿＿选那些能代表人民利益的人做人大代表。
그러한 인민의 이익을 대표할 수 있는 사람을 인민대회의 대표로 선출해야 한다.

老师说留学生＿＿＿多和中国人多交流，不敢说话是学不好语言的。
선생님께서는 유학생들이 당연히 많은 중국 사람과 많은 교류를 해야 하며, 용감하기 말하지 않으면 언어를 제대로 배울 수 없다고 말씀하신다.

作家和读者应该是朋友的关系，＿＿＿平等地和读者一起探讨问题。
작가와 독자는 응당히 친구 관계이며, 마땅히 평등하게 독자와 함께 문제를 토론 연구해야 한다.

0845 > > > > >

应有
yīngyǒu

마땅히[당연히] …있어야 한다.

관련예문 • 具有 ([의미·권리·자신감 등을]갖추고 있다.)
• 带有 (dàiyǒu) ([색채·성향 등을] 지니고 있다. 띠고 있다.)

由于保护区内的防护设施不配套，加上保护区管理人员本身的不重
视，使天鹅洲保持区难以起到＿＿＿的保护作用。
보호구역 내의 방호시설이 갖추어져 있지 않은데다, 보호구 관리원 스스로도 중요시하지 않음으로 말미암아, 天鹅洲(백조주) 보호구에 취했어야 할 마땅한 보호 작용이 일기 어렵게 했다.

0846 > > > > >

营造
yíngzào

동 의도적으로[계획적으로] 만들다. 조성하다. = 造就

我和先生在家里只说中国话, 在家里_____了一个浓浓的中国氛围。为了不让女儿忘了中国话, 可谓费尽心机。

나와 남편은 집에서 중국어로만 이야기하며, 집 안에 짙은 중국분위기를 조성했다. 딸아이가 중국어를 잊어버리지 않게 하기 위해서 심혈을 기울인다고 말할 수 있다.

0847 > > > > >

★

赢
yíng

동 ① 이익을 보다. 이득을 보다. ② 이기다. 승리하다. ⇔ 输

관련예문 · 赢得 (신임 등을 받다. 획득하다.)

辛苦的汗水换来了丰硕的成果, 只两年的工夫, 这个不起眼的商店_____得了声誉, 回头客越来越多。

고생한 땀방울은 풍성한 성과로 바뀌었다. 불과 몇 년만에, 이 볼품없는 상점이 명성을 얻어, 나중에는 손님이 갈수록 많아졌다.

0848 > > > > >

☆

应用
yìngyòng

명 응용. 활용.

计算机在人们的工作中得到了广泛的_____。

컴퓨터는 사람들의 업무상에서 광범위하게 활용되고 있다.

0849 > > > > >

☆

硬
yìng

부 억지로. 간신히. 형 딱딱하다. ⇔ 软

王乡长, 我有事找你, 可门卫_____不让我来见你。

王향장님, 제가 일이 있어서 당신을 찾았는데, 그러나 경비원이 억지로 제가 당신을 뵙지 못하게 합니다.

0850 > > > > >

☆

拥护
yōnghù

동 옹호하다. 지지하다. ⇔ 反对

我不会改变自己的观点, 我将始终_____这一政策。

나는 나의 관점을 바꾸지 않을 것이다, 나는 계속해서 이 정책을 지지합니다.

0851 > > > > >

★

永远
yǒngyuǎn

부 영원히. 언제까지나.

관련예문
- 永久 (오래되다. 영구하다.)
- 永久会员 (평생회원)

我保证，从现在起＿＿＿＿不再说谎了。
저는 보장합니다, 지금부터 시작해서 영원히 다시는 거짓말을 하지 않겠습니다.

0852 > > > > >

优秀的
yōuxiùde

형 우수한. 뛰어난.

관련예문
- 优秀 (우수하다. 뛰어나다.)
- 优异 (빼어나다. 특히 우수하다.)

她是我们公司去年评选出的＿＿＿＿服务人员。
그녀는 우리 회사에서 작년에 선정한 우수 사원이다.

0853 > > > > >

★

尤其
yóuqí

부 특히. 그 중에서도. ☞ 特别

她喜欢吃面食，＿＿＿＿喜欢吃面条。
그녀는 면 음식 먹기를 좋아하는데, 특히 국수 먹기를 좋아한다.

这个人是个戏迷，＿＿＿＿喜欢听越剧。
이 사람은 연극광인데, 그 중에서도 월극(越剧) 듣기를 좋아한다.

0854 > > > > >

☆

由
yóu

전 ① 〈由 + 명사(사람) + (来) + 동사〉 …이[가] …에 의해서 …되다. …가 주관해서 …한다. …으로 …되다.
② 〈由 + 장소1 + 去 + 장소2〉 장소1에서 장소2로 가다.

这件事＿＿＿＿你来决定吧。
이 일은 당신이 결정하세요.

这篇文章＿＿＿＿他一个人修改而成。
이 문장은 그 사람 혼자 수정해서 완성한 것이다.

这个青年代表团_____12个人组成。
이 청년대표단은 12사람으로 구성된다.

这部电影是_____著名演员做主角的。
이 영화는 유명 배우가 주연한 것이다.

午饭问题_____孩子们的家长自己解决。
점심 문제는 아이들의 학부모가 직접 해결합니다.

上月代表团_____广州去桂林参加访问了。
지난 달 대표단은 광주에서 계림으로 방문 활동에 참가하였다.

臭氧分子是一种_____三个氧原子组成的分子。
오존분자는 3개의 산소원자로 구성된 분자이다.

经理出差了，这段时间的工作_____副经理负责。
사장님께서 출장을 가셔서, 이 기간동안의 업무는 부사장님이 책임진다.

听说，今天的文艺晚会可能_____他们单位来赞助的。
듣자하니, 오늘의 문예 파티는 아마 그들 부서가 주관해서 후원할 것이랍니다.

我整天在外面忙，家务活_____我妻子一个人承担。
나는 하루 종일 밖에서 바빠서, 집안일은 내 아내 혼자서 책임진다.

0855 > > > > >

☆
由于
yóuyú

전 ① 〈由于 + 명사〉…로 말미암아.
② 〈由于……，……〉…때문에 …하다. (원인을 나타냄) ☞ 因为

这次演出成功是_____大家的努力。
이번 공연의 성공은 여러분의 노력으로 인한 것입니다.

_____用词不当，我误会了他的意思。
단어 사용이 적당하지 않았기 때문에, 나는 그의 뜻을 오해했다.

_____老师的耐心帮助，他补上了落下的课，取得了好成绩。
선생님의 끈기 있는 도움 때문에, 그는 낙제한 과목을 보충하여 좋은 성적을 얻었다.

0856 > > > > >

☆
由于……才……
yóuyú……cái……

…때문에 …하다.

_____你的大意，_____使没有顺利完成。
당신의 부주의 때문에, 순조롭게 완성하지 못하게 되었다.

_____天气好，_____使决定今天去郊游。
좋은 날씨 때문에, 오늘 소풍가기로 결정하게 되었다.

0857 > > > > >

☆

由于……所以……
yóuyú……suǒyǐ……

…때문에 그래서 …하다.

_____你说的意见我不赞同, _____我投了反对票。
당신이 말한 의견에 나는 찬성하지 못하기 때문에, 나는 반대표를 던졌다.

_____发现得及时, _____没有造成环境污染。
때 맞춰 발견하였기 때문에, 환경오염을 초래하지 않았다.

_____他平时不注意身体, _____不到50岁就去世了, 可见锻炼身体是多么重要。
그는 평상시에 건강에 주의하지 않았기 때문에, 50세도 안 되어서 죽었다. 신체 단련이 얼마나 중요한 것인지를 알 수 있다.

0858 > > > > >

由于……因此……
yóuyú……yīncǐ……

…때문에 그러므로 …하다.

_____他是个富有男子汉气概的人, _____他的作品风格很有阳刚之气。
그는 남성적인 기개가 풍부한 사람이기 때문에, 그러므로 그의 작품 풍격은 강렬한 기운이 넘쳐난다.

0859 > > > > >

☆

游览
yóulǎn

🔵동 (명승지나 경치를) 관광하다. 유람하다.

관련예문 • 观光 (관광하다.)

在北京, 我们_____了天坛、故宫和北海。
북경에서, 우리들은 천단, 고궁과 북해를 관광하였다.

0860 > > > > >

★

友谊
yǒuyì

🔵명 우정. 우의. = 友情

관련예문 • 友好 (우호적이다.)
• 友爱 (우애하다.)

愿我们两个学校的_____永远继续下去。
우리 두 학교의 우정이 영원히 이어져 가기를 바랍니다.

0861 > > > > >

★ 有 yǒu

동 ① 〈有 + 명사〉…이 있다. …을 가지고 있다. ⇔ 没有
② 〈有 + 기간 + 没(有) + 동사〉…동안 (…않았다). (기간 앞의 '有'는 시간과 거리가 일정한 정도에 이르렀음을 나타냄)
③ 〈有 + (一) + 양사 + (명사) + 동사〉 어떤.
④ 〈有什么 + 형용사〉 = 〈형용사 + 什么〉 ☞ 什么
⑤ 〈A + 有 + B + (那么) + 형용사〉(A는 B만큼 형용사하다.) = 〈A + 和 [跟] + B + 差不多 + 형용사〉(A와 B는 비슷하게 형용사하다.) ⇒ 她有你漂亮。(그녀는 너만큼 아름답다.) = 她和你差不多漂亮。

관련예문
• 有些日子 (며칠 동안.)
• 有一天 (어느 날.)
• 〈有些 + 동사〉 (어떤 것들. 어떤 사람들. 일부.)
• 〈有些 + 명사〉 (어떤…들) // 有些书 (어떤 책들)
• 〈有人 + 동사〉 (어떤 사람.)
• 〈有的 + 동사〉 (어떤 것. 어떤 사람)
• 北京有汉城冷。(북경은 서울만큼 춥다.)
  = 北京和韩国差不多冷。 ☞ 没有

我＿＿＿几个问题要向你问清楚。
나는 당신에게 정확하게 물어 보고 싶은 질문이 몇 가지 있다.

王静已＿＿＿些日子没进舞厅跳舞了。
王静은 이미 며칠 동안 무도장에 춤추러 가지 않았다.

＿＿＿位姓朱的老大爷在学院门口等你。
어떤 朱씨 영감님이란 분이 대학 정문에서 당신을 기다립니다.

我和哥哥＿＿＿五年没见了，有很多话要说。
나와 오빠는 5년 동안 만나지 못해서, 할 말이 매우 많다.

我们学校＿＿＿很多来自不同地方的外地学生。
우리학교는 다른 곳에서 온 외지학생들이 많이 있다.

这种工作没有保障，随时都＿＿＿生命的危险。
이런 일은 안전장치가 없어서, 언제든지 생명의 위험이 있다.

我真的不知道天下还＿＿＿什么比读书更快乐的事。
나는 정말 천하에 독서 보다 더 즐거운 일이 무엇이 있는지 모르겠다.

0862 > > > > >

★
有的……有的……
yǒude……yǒude……

어떤 사람[것]은 …하고, 어떤 사람[것]은 …하다. = 〈有的人……　有的人……〉
☞ 有

据了解, 这些学生＿＿＿是来打工赚钱的, ＿＿＿只是想来体验生活。
아는 바에 근거하면, 이 학생들 중 어떤 사람은 돈 벌려고 아르바이트하러 왔고,
어떤 사람은 단지 생활체험을 하고 싶어 왔다.

0863 > > > > >

★
有点(儿)
yǒudiǎn(r)

부 〈有点儿 + 형용사〉조금. 약간. (대개 여의치 않은 일에 쓰임)　☞ 一点儿

관련예문
• 有点儿难 (약간 어렵다.)
• 一点儿不好 (전혀 좋지 않다.) = 完全不好
* 一点儿不太好[×]

现在我也许＿＿＿感冒。
지금 나 아무래도 감기가 좀 걸린 것 같다.

明天的天气可能会＿＿＿热。
내일 날씨는 아마도 약간 더울 것이다.

我穿这条裤子是不是＿＿＿瘦?
내가 이 바지를 입으니 좀 끼지 않습니까?

我穿的这件衣服是不是＿＿＿肥?
내가 입은 이 옷이 조금 헐렁하지 않습니까?

今天的天气还算不错, 就是＿＿＿冷。
오늘 날씨는 약간 추울 뿐 그런 대로 괜찮다고 할 수 있습니다.

这条裤子颜色对你合适, 就是＿＿＿肥。
이 바지는 당신에게 조금 헐렁할 뿐 색깔이 잘 어울립니다.

这两天天气＿＿＿不太好, 请多保重身体。
요 며칠 날씨가 좀 그다지 좋지 않으니, 건강 조심하세요.

刚才吃的西瓜太凉了, 现在＿＿＿肚子疼。
방금 먹은 수박이 굉장히 차더니, 지금 배가 약간 아프다.

儿子失踪后, 她的精神好像＿＿＿不正常。
아들이 실종된 후에 그녀의 정신이 약간 정상이 아닌 것 같다.

他已基本上康复了，只是脸色＿＿＿苍白。
그는 이미 기본적으로 건강을 회복했는데, 다만 안색이 약간 창백하다.

看他不慌不忙的样子，她心里＿＿＿着急。
그의 당황하거나 서두르지 않는 모습을 보고서 그녀의 마음은 약간 초조했다.

生气倒不生气，不过心里总觉得＿＿＿不是滋味。
화는 나지 않는데, 그러나 마음 속은 영 기분이 아니라고 생각했다.

她那脸，＿＿＿焦黄，一看就知道身体不健康。
그녀의 그 얼굴이, 약간 누르스름한데, 딱 보면 몸이 건강하지 않다는 걸 알 수 있다.

这两天天气＿＿＿不大好，大家外出要记住带雨伞。
요 며칠 날씨가 약간 좋지 않으니, 여러분 외출할 때 우산 가져가는 것 기억하셔
야 합니다.

这本书虽然＿＿＿贵，但毕竟是本有价值的书，值得买。
이 책은 비록 약간 비싸지만, 그러나 필경 가치 있는 책이니, 살만한 가치가 있다.

0864 > > > > >

有几个人
yǒu jǐ ge rén

어떤 몇 사람.

这次作文比赛，＿＿＿得了一等奖，获奖名单早就贴出来了。
이번 작문 대회에서, 어떤 몇 사람이 일등을 했는데, 수상 명단이 일찍이 나 붙었다.

0865 > > > > >

有时间
yǒu shíjiān

시간이 있다. 틈이 있다. 한가하다. = 有空 = 有工夫

明天＿＿＿到我家里，咱们好好地聊一聊。
내일 한가하면 우리 집에 와서, 우리 얘기나 좀 합시다.

这几天我不忙，＿＿＿就练练钢琴。
요 며칠 나는 바쁘지 않아서, 틈나면 피아노 연습을 한다.

0866 > > > > >

有事
yǒushì

〈有时间 + 동사〉…할 일이 있다. ⇔ 没有事(일이 없다)

관련예문 • 没事 (괜찮다. 별 탈 없다. 직업이 없다.)

你不要天天往这里跑了，＿＿＿我打电话给你。
당신 매일 여기로 뛰어 올 필요 없어요, 일이 있으면 제가 당신에게 전화하겠습니다.

0867 > > > > >

★

有些
yǒuxiē

🔵 부 〈有些 + 형용사〉 조금. 약간.

관련예문 • 有些人 (일부 사람들. 어떤 사람들) ☞ 一些

这孩子还不到 8 岁, 看这种电视片他＿＿＿＿害怕。
이 아이는 아직 8살이 되지 않아서, 이런 TV프로그램을 보면 그는 약간 무서워한다.

0868 > > > > >

有着
yǒuzhe

🔵 동 가지고 있다. (동작의 지속을 나타냄)

관련예문 • 拥有 ([많은 토지·인구·재산을] 보유하다. 가지다. 소유하다.)
• 具有 (구비하다. 갖추다.)
• 带有 (지니고 있다. 띄고 있다.) ☞ 应有

这个＿＿＿＿天使般笑容的小姑娘, 经常扶老人、盲人过马路。
이 천사와 같은 미소를 가진 꼬마 아가씨는 늘 노인, 맹인을 부축해서 길을 건넌다.

0869 > > > > >

★

又
yòu

🔵 부 ① 〈又 + 동사〉 또. 다시. (과거에 했던 행위가 현재에 다시 반복되는 경우에 사용함.)
② 〈又 + 형용사 + 又 + 형용사〉…하기도 하고 …하기도 하다.
《固定式》 ① 〈一遍又一遍〉(한번 또 한번)
② 〈一次又一次〉(한차례 또 한 차례)
③ 〈既……又……〉(…할 뿐만 아니라 …이기도 하다. …이기도 하고 …이기도 하다.)

관련예문 • 你今天又来了。 (오늘 또 왔어.)
• 你也来了。 (너도 왔구나.)
• 你明天再来吧。 (너 내일 다시 와라.) ☞ 再；还
• 又好又便宜。 (좋기도 하고 싸기도 하다.) ☞ 〈既……又……〉

昨天我＿＿＿＿见到了老同学。
어제 나는 또 옛 동창을 만났다.

我的房间又宽敞＿＿＿＿＿明亮。
나의 방은 넓기도 하고 밝기도 하다.

这是一项复杂而＿＿＿＿＿十分费时的工程。
이것은 복잡하고도 또 대단히 시간이 걸리는 공사이다.

她把男朋友的照片看了一遍＿＿＿＿＿一遍。
그녀는 남자친구의 사진을 보고 또 봤다.

他们＿＿＿＿＿吵起来了，邻居们都被吵醒了。
그들은 또 싸우기 시작해서, 이웃사람들 모두가 시끄러워 깼다.

长时间的寂寞＿＿＿＿＿会使她的性格发生变化。
오랜 시간의 적막은 또 그녀의 성격에 변화를 일으킬 것입니다.

这次我没完成作业，老师＿＿＿＿＿该批评我了。
이번에 나는 숙제를 다 하지 못하여서 선생님이 또 나를 야단치시겠다.

老师＿＿＿＿＿给我讲了一遍，我这次终于明白了。
선생님께서 나에게 다시 한번 설명해 주셨는데, 나는 이번에는 드디어 알게 되었다.

海啸过后，大海＿＿＿＿＿恢复了它往日的平静。
해일이 지나 간 후, 대양은 다시 이전의 평정을 회복했다.

经过多方联系，今天我们终于＿＿＿＿＿见面了。
갖은 방법의 연락을 통하여, 오늘 우리들은 마침내 또 만나게 되었다.

那场话剧我＿＿＿＿＿去看了一遍，可还是没有看懂。
그 연극은 내가 또 한번 가서 봤는데, 그런데도 여전히 모르겠다.

杨柳绿了，桃花红了，＿＿＿＿＿是一年的春天来到了。
버드나무는 푸르러졌고, 복숭아꽃은 붉어졌으니, 또 한해의 봄이 왔구나.

那个瘦得让人可怜的孩子＿＿＿＿＿出现在公园门前。
가련할 정도로 마른 그 아이가 또 공원 문 앞에 나타났다.

她特别喜欢这部电视剧，这次重播＿＿＿＿＿看了一遍。
그녀는 특히 이 TV드라마를 좋아해서, 이번 재방송을 또 한번 봤다.

这一次他＿＿＿＿＿独自作主，大家的意见，他完全不听。
이번에 그가 또 단독으로 일 처리를 하는데, 모두들의 의견을 그는 전혀 듣지 않는다.

周末他们＿＿＿＿＿聚在酒吧里又唱又跳，真是快乐极了。
주말에 그들은 또 술집에 모여서 노래 부르고 춤도 추고, 재미가 끝내줬다.

我一次＿＿＿＿＿一次地给她打电话，她都不接我的电话。
나는 한 차례 또 한 차례 그녀에게 전화했는데도, 그녀는 나의 전화를 받지 않았다.

想到母亲还在家里等他，＿＿＿＿唤起了他求生的欲望。
어머니께서 아직 집에서 그를 기다린다는 생각이 들자, 그의 살아야겠다는 욕망이 다시금 일었다.

是你提议去旅行，现在＿＿＿＿是你反对，这真是不可理解。
바로 당신이 여행 가기를 건의 했는데, 지금은 또 당신이 반대를 하니, 이거 정말이지 이해가 안 된다.

他成天既不干活，＿＿＿＿这儿转转，那儿瞧瞧，逛来逛去。
그는 하루 종일 밥벌이를 하지 않을 뿐만 아니라, 여길 돌아다니고, 저기를 보기도 하면서, 왔다 갔다 한다.

0870 > > > > >

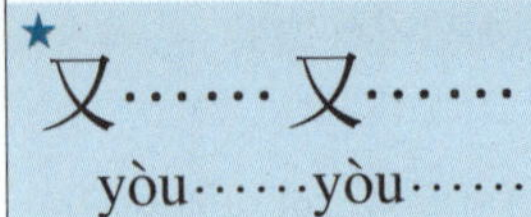

★

又⋯⋯ 又⋯⋯
yòu⋯⋯yòu⋯⋯

〈又 + 술어[형용사] + 又 + 술어[형용사]〉 ⋯하기도 하고 ⋯하기도 하다.
☞ 〈既⋯⋯ 又⋯⋯〉

我的同屋＿＿＿＿高＿＿＿＿瘦。
나의 룸메이트는 키도 크고 말랐다.

小王把宿舍收拾得＿＿＿＿干净＿＿＿＿整齐。
小王은 숙소를 깨끗하고 가지런하게 정리했다.

这个运动员，左手持拍，发球＿＿＿＿狠＿＿＿＿刁。
이 운동선수는 왼손에 라켓을 쥐는데, 서브가 강하고도 예리하다.

他们的女儿今年3岁，长得＿＿＿＿天真＿＿＿＿可爱。
그들의 딸은 올해 3살인데, 천진하고도 귀엽게 생겼다.

主人＿＿＿＿是倒茶，＿＿＿＿是上烟，对我们照顾得很周到。
주인은 차를 따르기도 하고 담배를 내놓기도 하면서 우리들에게 매우 세심하게 배려해 주셨다.

虽然是刚认识的朋友，但大家＿＿＿＿话家常＿＿＿＿谈论国家大事，聊得很起劲儿。
비록 방금 알게 된 친구이지만, 모두들 일상적인 일을 얘기하기도 하고 국가대사를 토론하기도 하면서, 매우 신나게 이야기를 나누었다.

0871 > > > > >

＊

又一次
yòu yícì

또 한번.

一年以后我＿＿＿＿看到了她，她的变化可真大。
일년 후 나는 또 한번 그녀를 보았는데, 그녀의 변화는 정말 컸다.

0872 > > > > >

☆

于
yú

전 〈동사 + 于 + 명사[장소·시간]〉…에. …에서. ▶〈生于 + 년도〉(…에 태어나다.) ▶ 过于(지나치게. 매우.)

관련예문　•　过于小心 (지나치게 소심하다.)

淄博风筝以美丽闻名＿＿＿全世界。
치박의 연은 아름다움으로서 전 세계에 이름이 알려져 있다.

这份晚报创办＿＿＿1952年。
이 석간신문은 1952년에 창간하였다.

人体必须的各种维生素大量地存在＿＿＿蔬菜、水果和粗粮中。
인체가 반드시 필요로 하는 각종 비타민은 채소, 과일과 잡곡 중에 대량으로 들어 있다.

0873 > > > > >

☆

于是
yúshì

접 그래서. 그리하여. (시간의 전후 관계를 나타냄.) ☞ 因此

公说公有理，婆说婆有理，＿＿＿争吵是不可避免的。
영감이 말하면 영감이 맞고, 할머니가 말하면 할머니 말이 맞으니, 말다툼은 피할 수가 없다.

0874 > > > > >

☆

与
yǔ

전 〈与 + 대(명사)〉…와[과]. ＝ 跟 ＝ 和

我家＿＿＿电影院就相距五十米。
우리 집과 영화관은 50m거리를 두고 있다.

重要关头应该＿＿＿大家多商量，不要乱了手脚。
중요한 시기에는 마땅히 모두와 많이 의논해서 허둥대지 않도록 해야 한다.

随着我国对外开放的步伐加快，世界各国＿＿＿中国的贸易越来越多。

우리나라의 외국에 대한 개방의 발걸음이 빨라짐에 따라 세계 각국은 중국과의 무역이 갈수록 늘어나고 있다.

0875 > > > > >

与其
yǔqí

접 〈与其…… 倒不如……〉 …하느니 (차라리) …하는 것이 낫다. = 〈与其……不如……〉 ☞ 宁可

_____在这里傻等, 倒不如先打个电话问问情况。
여기서 미련하게 기다리느니, 먼저 전화를 걸어서 상황을 물어 보는 게 낫겠다.

0876 > > > > >

与其……不如……
yǔqí……bùrú……

접 …하느니 차라리 …하는 것이 낫다.

_____送给别人, _____卖掉算了。
다른 사람한테 주느니, 차라리 팔아 버리는 것이 낫겠다.

这把伞_____扔掉, _____留着应急。
이 우산을 버리느니, 차라리 남겨 놓았다가 절박하게 필요할 때를 대비하는 것이 낫겠다.

_____说我们帮助了你, _____说你的运气好。
우리들이 당신을 도왔다고 말하느니, 차라리 당신의 운이 좋았다고 하는 것이 낫다.

_____匆匆忙忙地开始干, _____提前做好调查工作。
서둘러서 일을 시작하느니, 차라리 앞당겨서 조사 작업을 하는 것이 낫다.

只是查找资料, _____买一本, 还_____去图书馆借着看。
단지 자료를 찾는 것이면, 한 권 사느니, 차라리 도서관에 가서 빌려 보는 것이 낫다.

我们_____在房间里闲聊, _____抓紧时间开始下面的工作。
우리가 방안에서 잡담하느니, 차라리 시간을 아껴서 다음 일을 시작하는 것이 낫습니다.

这么多学生都不懂, _____说学生没学会, 倒_____说老师没教好。
이렇게 많은 학생들이 모두 이해를 못하니, 학생들이 제대로 배우지 않아서라고 말하느니, 차라리 선생님이 잘 가르치지 못했다고 말하는 것이 낫습니다.

0877 > > > > >

预计
yùjì

동 예상하다. 전망하다.

관련예문 • 估计 (평가하다. 추정하다.)

这座大桥的主体工程已经完工, _____今年底可以全线通车。
이 대교의 주 공정은 이미 완공되었으니, 올해 하반기에는 전 노선 차량통행이 가능할 것이라 예상된다.

0878 > > > > >

渊博
yuānbó

형 (학식이) 해박하다.

你虽然知识很______，可就是缺乏实践经验，对事物的判断脱离实际。

당신이 비록 지식은 해박하지만, 그러나 실제 경험이 부족하여, 사물에 대한 판단이 실상을 벗어납니다.

0879 > > > > >

原本
yuánběn

부 원래. 본래. = 本来

관련예문 • 原来 (① 본디. 본래. ② 알고 보니 …이었구나.) ☞ 怪不得

几年前的一场车祸使一个______幸福的家庭变得支离破碎。
몇 년 전의 한번의 교통사고가 본래 행복하였던 가정을 산산조각이 나게끔 하였다.

0880 > > > > >

☆

愿望
yuànwàng

명 소망. 소원. 바람.

관련예문 • 希望 (희망하다. 바라다.)

这是爸爸有生之年唯一的______。
이것은 아버지 살아생전의 유일한 소망입니다.

0881 > > > > >

☆

约
yuē

부 대략. 대체로. 약. = 大约 = 大概

据有关部门统计，______有20%以上的难民还没有得到妥善安置。
관계부처의 통계에 의하면, 대략 20%이상의 난민이 아직 적당한 자리를 얻지 못했다고 한다.

0882 > > > > >

约定
yuēdìng

동 약정하다. 동의하다.

관련예문 • 约会 (약속. 데이트.)

同学们______明天在颐和园门口见面。
학우들은 내일 이화원 입구에서 만나기로 약속하였다.

0883 > > > > >

**

越
yuè

부 ① 점점. 더욱 더. (어떤 상황이나 시간의 추이에 따라 정도가 깊어짐을 나타냄) ☞ 更 ; 更加
② 〈越 + 술어[형용사] + 越 + 술어[형용사]〉 …하면 할수록 …하다.

你越不让他参加, 他＿＿＿要参加。
당신이 그를 참가하지 못하게 하면 할수록 그는 더욱더 참가하려고 한다.

大多数明星都说自己喜欢平常人的生活, 是否越这样说, ＿＿＿＿能引起人们对他们的注意?
대다수 스타는 모두 자신이 평범한 사람의 생활을 좋아한다고 말하는데, 이렇게 말하면 할수록 사람들이 그들에 대한 관심을 더욱더 불러일으킬 수 있는 것이 아닌가?

0884 > > > > >

**

越……越……
yuè……yuè……

= 〈愈……愈……(주로 문장에서 쓰임)〉 ☞ 越②↓

我看这样的好人好事＿＿＿多＿＿＿好。
나는 이렇게 좋은 사람, 좋은 일은 많아지면 많아질수록 좋다고 생각한다.

那是有名的高丽人参茶, 你一定＿＿＿喝＿＿＿爱喝。
그것은 유명한 '고려인삼차' 인데, 넌 틀림없이 마시면 마실수록 좋아하게 될 것이다.

一般来说, 智商＿＿＿高的孩子语言能力＿＿＿强。
일반적으로 말하자면, 아이큐가 높은 아이일수록 언어능력이 강하다.

我＿＿＿说不要钱, 他们＿＿＿坚持要给钱, 说亲兄弟也要明算帐。
내가 돈이 필요 없다고 말하면 할수록 그들은 끝까지 돈을 주려고 한다. 친형제간에도 돈 계산은 분명하게 해야 한다고 말하면서.

0885 > > > > >

越发
yuèfā

부 ① 더욱. 한층. = 更加 ② …할수록 …하다.

这个小男孩在她的精心哺育下, 一天天长大, ＿＿＿聪明伶俐了。
이 남자아이는 그녀의 정성어린 양육 하에서, 하루하루 자라서 한층 더 총명하고 영리해졌다.

0886 > > > > >

☆

越来越
yuèláiyuè

부 〈越来越 + 술어[형용사]〉 점점. 더욱 더. (성질 · 상태 · 정도가 점점 심해짐을 나타냄)

我们认为这孩子_____出息了。
우리는 이 아이가 갈수록 장래성이 있을 것이라고 생각했다.

冬天过去了, 天气_____暖和了。
겨울이 지나고 날씨는 점점 따뜻해졌다.

我和她的思维方式的差异_____大。
나와 그녀의 사유방식 차이는 점점 커진다.

我发现自己对他的了解_____少了。
나는 스스로 그에 대한 이해가 점점 줄어드는 것을 발견했다.

改进学习方法以后, 他学习_____好了。
학습방법을 개선한 이후, 그의 학습이 더욱더 좋아졌다.

随着生活水平的提高, 人们_____讲究营养搭配了。
생활수준이 높아짐에 따라서 사람들은 갈수록 영향 배합을 따지게 되었다.

"民主" 这个字眼已经_____深刻地渗透到当代人的生活当中。
"민주"라는 이 글자는 이미 더욱더 깊이 당대 사람의 생활 속에 스며들었다.

0887 > > > > >

☆

越是……越是……
yuèshì……yuèshì……

…이면 일수록 더욱 더 …하다.

大多数人在生活中都经历过各种磨难, _____成功者, _____如此。
대다수 사람들이 생활 속에서 갖가지 고생을 경험한 적이 있는데 성공한 사람이면 일수록 더욱더 이러하다.

■ 아래의 각 단문 중 빈 칸에 들어갈 적합한 한자를 **보기**에서 골라 써 넣어보세요.

<table>
<tr><td rowspan="6">보기</td><td>□ 于</td><td>□ 下去</td><td>□ 已经</td><td>□ 为了</td><td>□ 又，又</td><td>□ 先，然后</td><td>□ 下</td></tr>
<tr><td>□ 往</td><td>□ 一起</td><td>□ 下来</td><td>□ 向来</td><td>□ 一，就</td><td>□ 要是，就</td><td>□ 要</td></tr>
<tr><td>□ 一</td><td>□ 一连</td><td>□ 也许</td><td>□ 幸亏</td><td>□ 一会儿</td><td>□ 无论，都</td><td>□ 也</td></tr>
<tr><td>□ 向</td><td>□ 一样</td><td>□ 因而</td><td>□ 一些</td><td>□ 越来越</td><td>□ 与其，不如</td><td>□ 为</td></tr>
<tr><td>□ 以</td><td>□ 以便</td><td>□ 以致</td><td>□ 因此</td><td>□ 一下子</td><td>□ 一边，一边</td><td>□ 由</td></tr>
<tr><td>□ 万一</td><td>□ 因为</td><td>□ 一直</td><td>□ 越，越</td><td>□ 一下(儿)</td><td></td><td></td></tr>
</table>

1 你的伤不轻，交通又不方便，　　　　病情恶化了怎么办？

2 你不要天天　这里跑了，有事我打电话给你。

3 我妈妈老了，身体还不太好，不应再　儿女的事操心了。

4 他是一个孝顺的儿子，　　　　母亲什么事都可以放弃！

5 在今春的服装市场上，　　　　是男装还是女装，价格　比去年有所上涨。

6 在老师的严格要求　，我期末考出了好成绩。

7 这篇文章是从报上抄　　　　的，根本不是她创作的。

8 门门功课都不及格，再这样　　　　，就肯定考不上大学！

9 我们　找个旅馆住下，　　　　再考虑以后几天的行程。

10 中国的经济要逐渐从计划经济　市场经济过渡。

11 他胆子小得出奇，　　　都是忍气吞声，受他人欺负。

12 　　　　那时候你听了你父亲的话，要不然肯定会后悔的。

13 这一带的地形非常复杂，　走出去非大家一起互相帮助不可。

14 你　　　　身体不太好，今天　回家休息吧。

15 这些学生不太活泼，很有意思的问题　争论不起来。

16 这些东西现在用不着，将来　　　　有用得着 的时候。

17　老李这次不知为什么，█走一个多月没打一个电话回来。

18　火车█过，那小车站█和市场一样热闹起来。

19　他█████看着 电视，█████吃着 饭。

20　他来到车站后，在第一次见面的地方坐了█████。

21　为了筹备这次演唱会，大家█████好几天没有按时下班了。

22　凡跟他在█████工作过的人没有说他不认真的。

23　请你帮█████我女儿，她在北京转乘去西藏的火车。

24　七月的天气说变就变，暴雨过后天█████就晴了。

25　我们再去书店看看，尽量多找█████这方面的资料。

26　她们两个人长得█████漂亮。

27　本来我想开公司，可是█████没找到合适的合作伙伴。

28　小王█████知道自己错了，我们就别再指责他了。

29　两年前，她█优异的成绩考上了清华大学。

30　请把地址留下来，█████今后联系。

31　在比赛中，守门员的腿受了重伤，█████几个月都起不来了。

32　居里夫人的成就丝毫不逊于任何男科学家，█████她是很多人崇拜的对象。

33　中国是儒家文化的发祥地，█████中国的儒教在亚洲有举足轻重的地位。

34　他还不一定到你们学校去工作，█████他的父亲反对他当老师。

35　听说，今天的文艺晚会可能█他们单位来赞助的

36　主人█是倒茶，█是上烟，对我们照顾得很周到。

37　人体必须的各种维生素大量地存在█蔬菜、水果和粗粮中。

38　我们█████在房间里闲聊，█████抓紧时间开始下面的工作。

39　我█说不要钱，他们█坚持要给钱，说亲兄弟也要明算帐。

40　随着 生活水平的提高，人们█████讲究营养搭配了。

0888 > > > > > >

★

再
zài

부 ① 〈조동사 + 再 + 동사〉다시. 또. 더. (미래에 어떤 행위나 동작이 확실하게 다시 반복되는 경우에 쓰임) ☞ 还 ; 又

② 〈……, 再……〉 ⓐ 게다가. 그 밖에. ⓑ …하고 나서. ⓒ 그 다음. (순서를 나타냄)

《固定式》 ① 〈(先)……, 再……〉([먼저] …하고 나서 …하다.)↓

② 〈再 + 不 + 동사, ……〉(더 …하지 않으면, …하다.) (no more)

③ 〈再 + 不 + 동사〉더는 …않는다.(no more : 현재상태를 나타내고 있음.)

④ 〈不 + 再 + 동사 + 了〉더 이상은 …않을 것이다.(no longer: 미래상태를 나타내고 있음.)

⑤ 〈再也 + 不 + 동사〉다시는[결코] …않을 것이다.(nevr again: 미래상태를 나타내고 있음.)

⑥ 〈再 + 형용사 + 也……〉 아무리 …해도 …하다. ↓

⑦ 〈不要[不能] + 再 + 동사〉 더 이상은[더는] …하지 마라[할 수 없다].

⑧ 〈再 + 전치사[跟/和/给/把] + 명사 + 동사 + 기타성분〉(일반적으로 '再'는 전치사 앞에 놓는다) ☞ 能 ; 应该 ; 被

⑨ 〈再进一步 + 동사〉한걸음 더 나아가 …하다.

관련예문
* 再不努力, 就考不上了。(더 노력하지 않으면, 합격할 수 없다.)
* 我再不爱她。(더는 그녀를 사랑하지 않는다.)
* 我不再爱她了。(더 이상 그녀를 사랑하지 않을 것이다.)
* 再也不要回来。(다시는 돌아오지 마라.)

她已决定不＿＿＿＿回家住了。

그녀는 이미 더 이상은 집으로 돌아가서 살지 않기로 결정했다.

你去喝茶吧, 有事我＿＿＿＿叫你。

당신은 가서 차 마시세요, 일이 있으면 제가 당신을 다시 부르겠습니다.

_____争论下去, 就要吵起来了。
더 이상 논쟁해 나가면, 싸우게 될 것입니다.

今天他太忙, 明天你_____来吧。
오늘은 그가 너무 바쁘니, 내일 당신이 다시 오세요.

我希望以后能有机会_____来中国。
나는 다음에 기회가 있으면 다시 중국에 올수 있기를 바랍니다.

从那时候起, 我_____没跟他见过面。
그때로부터 나는 다시는 그와 만난 적이 없다.

这儿的饭真好吃, 以后我会_____来。
여기 음식은 정말 맛있어요, 다음에 저는 또 올 겁니다.

从那以后, 罗莉_____也没缺过一次课。
그 이후부터, 罗莉는 다시는 한번도 수업에 결석하지 않았다.

你_____不努力学习, 可能就要留级了。
당신이 더 이상 열심히 공부하지 않으면, 아마도 낙제하게 될 것입니다.

我们先听戏, 工作的事一会儿_____说。
우리 우선 연극부터 보고, 업무는 조금 있다가 얘기합시다.

哪怕天气_____不好, 也要坚持去上课。
설사 날씨가 아무리 좋지 않더라도, 굳건히 수업하러 가야 합니다.

时间_____耽误下去, 就没有获救的希望了。
시간을 더 이상 끌게 되면, 구조될 희망은 없어지게 된다.

你别太急躁, 先冷静下来, 咱们_____谈。
당신은 너무 조급하게 서두르지 마시고, 우선 진정하고 나서, 우리 얘기합시다.

这道题你不要_____问了, 总之不会考的。
이 문제를 당신은 더 이상은 묻지 마세요, 어쨌든 시험 치지는 않을 것입니다.

调动工作的事, 你_____跟小张商量商量。
전근하는 일은, 당신이 다시 小张과 상의를 하세요.

现在还有时间, 我_____给大家读一遍课文。
지금 아직 시간이 있으니, 제가 다시 여러분께 본문을 한번 읽어 드리겠습니다.

马上就要成功了, 我干脆干完_____休息吧。
곧 성공하게 될 것이니, 저는 깨끗하게 일을 끝내고 나서 쉬겠습니다.

妈妈, 别抛弃我, 我_____也不会让您伤心了。
어머니, 저를 버리지 마세요, 제가 다시는 당신을 상심하게 하지 않겠습니다.

她的病不好_____拖下去了, 一定要抓紧时间治疗。
그녀의 병세가 좋지 않고 또 시간을 끌었으니, 반드시 시간 맞추어 치료해야 한다.

你一会儿_____来，她刚睡下，这几天她太累了。
당신 조금 있다 다시 오세요, 그녀가 막 잠들었는데, 요 며칠 그녀가 너무 피곤하거든요.

我的羽毛球拍送给同事了，我想_____去买一副。
나의 배드민턴 라켓을 동료에게 줘서, 나는 다시 하나를 사고싶다.

为了取得更大进步，我决定_____继续学习一年。
더 큰 발전을 이루기 위해서, 나는 계속해서 1년을 더 공부하기를 결정했다.

我后边是文艳，_____后边是志武，最后是戴军。
내 뒤는 文艳, 그 뒤에는 志武, 마지막이 戴军이다.

只花这么点时间学习，_____好的老师也教不会你。
겨우 이 정도 시간을 들여서 공부해서야, 아무리 좋은 선생님이라도 너를 제대로 가르칠수가 없다.

这个问题我还不明白，希望你_____给我讲解一遍。
이 문제를 저는 아직 모르겠으니, 당신이 다시 저에게 설명 한번 해 주기 바랍니다.

你们俩的意见我都不赞成，说服了他，_____说服你。
당신 둘의 의견에 나는 모두 찬성하지 않으니, 그를 설득하고 나서, 당신을 설득하겠다.

暂时保留保留你们的意见，下次开会_____进一步讨论。
당신들의 의견을 잠시 보류했다가, 다음 회의를 열 때 더 나아가 토론합시다.

这台收音机已经破得不能_____破了，已经收不到任何信号了。
이 라디오는 이미 더 이상 망가질 수 없을 정도로 망가져서, 이미 어떤 신호도 수신할 수 없게 되었다.

_____恶劣的天气，他都能按时上课，今天这么晴朗的天气他一定不会来晚。
아무리 열악한 날씨에도, 그는 제 시간을 지켜 수업하는데, 오늘 이렇게 맑은 날씨에 그는 분명히 늦게 오지 않을 것입니다.

0889 > > > > >

**
再……也……
zài……yě……

아무리 …해도 …하다.　☞ 再

咖啡都煮好了，_____忙_____得喝几口呀!
커피가 다 끓었으니, 아무리 바쁘더라도 몇 모금 마시세요.

0890

再三
zàisān

부 재삼. 거듭. 몇 번이고

관련예문
- 反复 (반복하다.)
- 屡次 (누차. 여러 차례.)

我们经过＿＿＿考虑, 决定由你接替张经理的工作。
우리는 심사숙고 끝에, 당신이 张지배인의 일을 이어 받도록 결정했습니다.

我们经过＿＿＿研究, 决定免去小李副经理的职务。
우리는 몇 번의 연구를 거쳐, 小李의 부지배인 직무를 해임하기로 결정했습니다.

0891

**

再说
zàishuō

접 게다가. 또한. ＝况且

这件事就不要麻烦他了, ＿＿＿他也没有什么办法。
이 일로 그를 귀찮게 하지 말아요, 게다가 그도 별 방법이 없습니다.

0892

再也
zàiyě

부 〈再也 + 不 + 동사〉 다시는[영원히. 더 이상은] …않다.

我本来不想买电视, 没想到买了以后, ＿＿＿离不开它了。
나는 원래는 TV를 살 생각이 아니었는데, 사고 난 후에 다시는 그것에서 떨어지지 못하게 될 줄은 생각지도 못했다.

0893 > > > > >

★

在 zài

동 〈대명사[사람] + 在 + 장소(표시)〉 …에 있다. …에 계시다.

전 〈在 + 장소(표시) + 동사〉 …에서.

부 〈在 + 동사〉 …하고 있는 중이다[중이었다]. …하고 있다[있었다]. (동작이 진행되고 있음을 나타냄) = 〈(正)在 + 동사……(呢)〉([마침]…하고 있는 중이다[중이었다].) ⇔ 〈没在 + 동사〉(…하고 있지 않았다.) ☞ 着

보어 ① 〈동사 + 在 + 장소(표시)+(了)〉 …에서 …한다[했다]. // 住在(…에 살다.)

② 〈동사1 + 在 + 장소 + 동사2 + 목적어〉 …장소에서 …을 하다.

③ 〈好在 + 동사 [명사]〉 좋은 점은 …하는 데 있다.

《固定式》 ① 〈在一起〉↓ ☞ 一起

② 〈在…… 里[上/下/中/前/后]〉(…안[위/아래/중(가운데)/앞/뒤]에.)

③ 〈在…… 之前[之后/之内/]〉(…전[후/안]에.)

④ 〈在…… 的时候[时]〉(…할 때.) ☞ 的时候

⑤ 〈一直在 + 동사〉(줄곧 …하고 있다.)

⑥ 〈经常在 + 동사〉(늘 …하고 있었다.)

관련예문
- 我在家里。(나는 집에 있다.)
- 我在家里看电视。(나는 집에서 텔레비전을 보고 있다.)
- 他在看书呢。(그는 책을 보고 있다[있었다].)
- 他正在看书呢。(그는 마침 책을 보고 있는 중이다.)
- 我没在看书。(나는 책을 보고 있지 않았다.) ☞ 着
- 我出生在2002年。(나는 2002년에 출생했다.)[在 = 于]
- 把书放在桌子上。(책을 테이블 위에 놓아라.)
- 好在哪里? (어떤 점이 좋다는 거죠?)

我住的房间_____顶层。
내가 사는 방은 꼭대기 층에 있다.

她安静地坐_____图书馆看杂志。
그녀는 조용히 도서관에 앉아서 잡지를 본다.

我打算_____南大读三年研究生。
나는 남경대학에서 3년간 대학원을 다닐 계획이다.

他站_____月台的对面向她招手。
그는 플랫폼의 맞은편에 서서 그녀를 향해서 손을 흔들었다.

新买的花瓶被她摆_____冰箱上。
새로 산 화병은 그녀에 의해 냉장고 위에 놓여졌다.

昨天_____街上我遇到了你的老师。
어제 길에서 나는 당신의 선생님을 만났습니다.

他每天都是_____早晨的六点起床。
그는 매일 항상 아침 6시에 기상한다.

大家的注意力正集中_____主持人身上。
모두의 주의력은 사회자의 몸에 집중되고 있다.

煎之前, 要把鱼先_____面粉里蘸一下。
기름에 지지기 전에, 생선을 먼저 밀가루에 좀 재어야 합니다.

你的裙子真时髦, 是_____哪儿买的?
네 치마 진짜 최신유행이다, 어디에서 산거니?

这种新的产品好就好_____节约能源。
이런 신제품이 좋은 점은 에너지를 절약하는데 있다.

我的文章是_____他的帮助下完成的。
나의 문장은 그의 도움 하에서 완성된 것이다.

我一直梦想能_____有生之年去欧洲旅行。
나는 줄곧 살아생전에 유럽에 여행 갈 수 있기를 꿈꾼다.

我已经告诉他六点半_____医院入口处等我。
나는 이미 그에게 6시 30분에 극장 입구에서 나를 기다리라고 말했다.

明天请_____宿舍等我, 咱们一起去吃午饭。
내일 기숙사에서 나를 기다리세요, 우리 함께 점심 먹으러 갑시다.

大家安静地坐_____教室里, 等着上课的铃响。
모두들 조용하게 교실에 앉아서, 수업 종소리를 기다리고 있다.

50多个学生一个不差地静静地坐_____教室里。
50여명의 학생들이 한 명도 빠짐없이 조용히 교실 안에 앉아있다.

他上班的时间, 城市里的绝大多数人还_____酣睡。
그가 출근하는 시간에 도시 안 대다수의 사람들은 아직도 깊은 잠에 빠져있었다.

他和朋友_____街上随便吃了点东西, 就进了电影院。
그와 친구는 길거리에서 되는 대로 먹을 것을 좀 먹고, 극장에 들어갔다.

我们提前约定好了, 明天上午八点_____学校门口见面。
우리들은 내일 오전 8시에 학교 정문에서 만나기로 사전에 약속을 다 했다.

_____同一行业, 女性工作者的年薪平均比男性低20%到30%。
같은 업계에서 여성근로자의 평균 연봉은 남성에 비해서 20%에서 30%낮다.

最近几年大家都_____经商, 我就做过一次商人, 还赚了不少钱。
최근에 몇 년에 모두들 다 장사를 하는데, 나는 장사를 단 한번 해 봤고, 또 많은 돈을 벌었다.

人的健康状况_____很大程度上受心情、饮食和居住环境的影响。
사람의 건강상태는 마음, 음식과 주거 환경의 영향을 크게 받는다.

0894 > > > > >

*****

在乎
zàihu

동 마음에 두다. 문제 삼다.

관련예문 • 不在乎 = 无所谓 (개의치 않는다. 상관없다.) ☞ 在于

只要衣服款式好，贵一点儿也没关系，我不_____多花钱。
단지 옷 스타일이 좋기만 하면, 좀 비싸도 상관없습니다, 저는 돈을 많이 들이는
건 신경 쓰지 않습니다.

0895 > > > > >

★

在一起
zàiyīqǐ

① 〈在一起 + 동사〉 한곳에서. 같은 곳에서. 함께. ☞ 在
② 〈동사 + 在一起〉 ☞ 在
③ 〈동사1 + 在一起 + 동사2〉 한곳에서[함께] …해서 …하다. ☞ 一起

每逢周末退休的老人就聚集_____唱歌跳舞。
매번 주말이 되면 퇴직한 노인들이 모여서 함께 노래 부르고 춤춘다.

看了这部小说后，同学们_____谈了一节课。
이 소설을 본 후에, 학우들은 함께 토론으로 1시간 수업했다.

张明和李刚是好朋友，整天看见他们俩_____学习。
张明과 李刚은 친한 친구라서, 하루 종일 그 두 사람이 함께 공부하는 것을 볼
수 있다.

0896 > > > > >

******

在于
zàiyú

동 ① …하는 데에 있다. ② …에 달려있다. ☞ 在乎

出现这种故障的原因_____审查不严格。
이런 고장이 생기는 원인은 심사를 엄격하게 하지 않아서이다.

0897 > > > > >

☆

遭到
zāodào

동 (불리하거나 좋지 않은 일을) 만나다. 당하다.

관련예문 • 遇到 (우연히 만나다. 마주치다.)

他的主意_____大家的一致反对。
당신의 아이디어는 모두의 일관된 반대에 부딪쳤다.

0898 > > > > >

★

早
zǎo

부 〈早(已)[就] + 동사 + 了〉 벌써[일찌감치 · 일찍이] (…했다).

관련예문 • 早已 (이미. 벌써.) = 早已经

• 早就 (벌써. 일찌감치.)

每逢星期一他都_____来。
매번 월요일이 되면 그는 일찍 온다.

为了她的生日, 他_____把礼物准备好的。
그녀의 생일을 위해서, 그는 일찌감치 선물을 준비했다.

染发在今天_____已不是什么时髦事儿了。
오늘날에 있어서 머리 염색은 이미 무슨 유행을 따르는 일 따위가 아니다.

那篇作文我_____想好了, 就是没有时间动笔。
그 작문은 제가 벌써 생각 다 해 놓은 것인데, 글 쓸 시간이 없습니다.

0899 > > > > >

早点儿
zǎodiǎnr

부 좀. 일찍. = 早一点儿 ⇔ 晚一点儿

관련예문 • 快点儿 (서둘러. 빨리 좀.)

• 来得很早。(아주 일찍 왔다.)

• 来早了。(일찍 왔다.) = 早到了

• 早点儿来。(좀 일찍 와라.)

你要_____到学校去, 今天有考试。
당신은 좀 일찍 학교에 가야 합니다, 오늘 시험이 있잖아요.

0900 > > > > >

造就
zàojiù

동 만들어 내다. 육성하다. = 营造 = 造成

灾难＿＿＿了他百折不挠的性格。
재난은 그의 백절불굴의 성품을 만들어 냈다.

0901 > > > > >

☆

则
zé

양 〈수사 + 则 + 명사〉 편. 토막. (문장·시험문제·일기·뉴스·소식 등을 세는 단위)

今天的报纸上报道了两＿＿＿喜汛。
오늘 신문지상에 두 편의 희소식이 보도되었다.

0902 > > > > >

★

则已
zéyǐ

조 …일 따름이다. …일 뿐이다. = 而已 ☞〈不过……而已〉

他不说话＿＿＿, 一说话就闯祸。
그는 말을 하지 않을 따름입니다, 말만 했다하면 화를 자초하거든요.

0903 > > > > >

★

怎么
zěnme

대 어째서. 어떻게. 왜.
《固定式》 ①〈怎么也……〉 ⓐ 아무래도. 어떻게 해도. ⓑ 어떻게…도…하느냐?(반문)
②〈怎么 + 동사[형용사] + 也……〉 아무리 …해도.
③〈怎么…… 才……〉 어떻게 …해야.
④〈不[没] + 怎么 + 형용사〉 그다지[별로·그리] …않다[않았다].
⑤〈怎么 + 还 + 不[没有] + 동사〉 어째서 아직 …않다[않았다].
⑥〈怎么…… 怎么……〉 …하는대로…하다. ⇒ 你想怎么玩, 就怎么玩。 (네가 놀고 싶은대로 놀아라.)

电话占线, ＿＿＿也打不通。
전화가 통화 중이라, 아무리 해도 통화할 수가 없다.

你＿＿＿买了这么多水果回来?
너는 왜 이렇게 많은 과일을 사 가지고 왔니?

这么简单的问题＿＿＿还出错呢?
이렇게 간단한 문제를 어째서 여전히 실수하는 거야?

_____说才能让同学们喜欢我呢?
어떻게 말해야지 급우들이 나를 좋아하게 할 수 있을까?

这首歌他刚学, 还不_____熟练。
이 노래는 그가 이제 막 배운 거라서, 아직 그다지 잘 능숙하지 않다.

别人不理解我, 你_____也不理解?
다른 사람이 나를 이해 못하는건 그렇다 치고 어떻게 당신도 이해 못하냐?

汉语可真难, 我_____学也学不好。
중국어는 정말 어려워서, 나는 아무리 배워도 잘 배울 수 없다.

前天你对老师说话_____那么不客气。
그저께 네가 선생님께 말하는 게 어떻게 그렇게 무례하니.

我们没_____争论, 意见很快就统一了。
우리들은 별로 논쟁하지 않고서, 의견이 곧 바로 통일이 되었다.

你_____买了这么多水果回来? 吃不了会坏的。
당신은 왜 이렇게 많은 과일을 사 왔어요? 못 먹어서 상할 겁니다.

人老了_____可能再重新回到年轻的时候呢?
사람이 늙으면 어떻게 다시 젊은 시절로 되돌아 갈 수 있겠는가?

你们俩好像亲姐妹一样, _____也斗起嘴来了?
당신 둘은 마치 친 자매 같은데, 왜 또 말다툼을 했나요?

时间已经过去两年了, 可我_____也忘不了他。
시간이 이미 2년이 지났지만, 나는 아무리 해도 그가 잊혀지지 않는다.

星期六下午找几个干部商讨商讨联谊会_____开。
토요일 오후 몇 명의 간부를 찾아서 친목회를 어떻게 열 것인가를 토의한다.

她给了我这么多帮助, 我真不知_____感谢她才好。
그녀가 나에게 이렇게 많은 도움을 주었는데, 나는 정말 그녀에게 어떻게 감사해야 좋을지 모르겠습니다.

这道题太深奥, 同学_____给我解释, 我也不明白。
이 문제는 너무 심오해서, 급우가 아무리 나에게 설명해 주어도 나는 모르겠다.

我们好容易才买到音乐会入场券, _____能让给他们呢?
우리가 가까스로 음악회 입장권을 샀는데, 어떻게 그들에게 양보할 수 있겠니?

已经在国外生活一年多了, 你_____还不服这里的水土呢?
이미 국외에서의 생활이 일년 정도 되었는데, 너는 어째서 아직 여기의 기후풍토에 적응을 못하느냐?

飞机就要起飞了, 可他的机票_____也找不到了, 急得他直跳。
비행기가 곧 이륙하려고 하는데, 그러나 그는 비행기표를 아무래도 찾을 수 없어서 조급하여 계속 발을 동동 굴었다.

刚才她还好好的，_____一下子就哭起来了，真让人摸不着头脑。
방금까지만 해도 그녀가 괜찮았는데, 어째서 갑자기 울기 시작했는지, 정말 사람이 갈피를 잡지 못하게 한다.

这个地区风力太大，山上不_____长树，多是些低矮的灌木和草丛。
이 지역은 풍력이 너무 세서, 산 위에 별로 나무가 없고, 대부분 나지막한 관목과 풀숲이다.

0904 > > > > >

**** 怎么……怎么……
zěnme……zěnme……**

…하는 대로 …하다.　☞ 〈……什么……什么〉；〈……哪里……哪里〉

学扇子舞的时候，老师_____做，我也_____做。
부채춤을 배울 때, 선생님이 하는대로 나는 그대로 한다.

0905 > > > > >

★ 怎么样
zěnmeyàng

대 어떻습니까? = 怎样 = 好不好

관련예문 • 什么样的颜色 (어떠한 색깔)

你和他多接触几次就知道这个人_____了。
당신은 그와 몇 차례 더 접촉해 보면 이 사람이 어떻다는 것을 알게 된다.

0906 > > > > >

★ 怎样
zěnyàng

대 ① 어떠하냐. = 怎么样
② 〈怎样 + 동사〉 어떻게.

관련예문 • 怎样一个人 (어떠한 사람? [성격·성품 등을 나타냄])
• 什么样的人 (어떠한 사람. [생김새를 나타냄])

他的老师是_____一个人？
그의 선생님은 어떤 사람입니까?

重要的不是学了多少，而是_____把学过的内容全都应用上。
중요한 것은 얼마나 배웠냐가 아니고, 어떻게 배운 내용을 전부 다 응용해 내느냐이다.

0907 > > > > >

☆

摘
zhāi

동 ① 따다. 꺾다. 뜯다.
② 뽑아내다. 발췌하다.

公园里都有这样的警示牌：请勿＿＿花。
공원 안에는 모두 이런 경고판이 있다: 꽃을 꺾지 마세요.

0908 > > > > >

**

盏
zhǎn

양 〈수사 + 盏 + 명사〉 개. (등 따위를 세는 양사)

我想送给她一＿＿台灯。
나는 그녀에게 스탠드를 하나 주고 싶다.

0909 > > > > >

★

占
zhàn

동 차지하다. 점령하다. ▶ 沾光(덕을 보다.)

관련예문 • 占便宜 ([정당치 못한 방법으로] 이익을 보다. 재미를 보다.)

我们人多，你也＿＿＿不了便宜的。
우리가 사람이 많아서, 당신도 이익을 보진 못할 것입니다.

在中国诗歌发展史上，杜甫的诗贴近现实，朴实无华，＿＿＿＿有特殊的地位。
중국 시가 발전사에서, 두보의 시는 현실에 가깝고, 소박하고 꾸임이 없어서 특수한 지위를 차지하고 있다.

0910 > > > > >

占据
zhànjù

동 (지역·장소 따위를) 점거하다. 차지하다.

관련예문 • 占有 ([재산·토지·사람 등을] 차지하다. 점유하다.)

友谊在每个人的生活中都＿＿＿着重要的地位。
우정은 개개인의 생활 중에서 모두 중요한 지위를 차지하고 있다.

0911 > > > > >

站台
zhàntái

명 플랫폼. = 月台

火车开过＿＿＿去了。
기차가 플랫폼을 지나갔다.

0912 > > > > >

★
掌握
zhǎngwò

동 ① 장악하다. 파악하다.
② 숙달하다. 정통하다.

目前, 人们已经＿＿＿了大量哈雷慧星的资料。
현재, 사람들은 이미 대량으로 핼리혜성의 자료를 파악했다.

＿＿＿正确的学习方法是保证学习质量的有效途径。
정확한 학습 방법을 파악하는 것은 학습의 질을 보장하는 효과적인 지름길이다.

0913 > > > > >

★
着急
zháojí

동 조급해하다. 초조해하다. = 焦急

她＿＿＿地说：“我的钥匙不见了, 大家帮我找一下！”
그녀는 조급하게 말했다: “저의 열쇠가 보이지 않습니다! 모두들 저를 도와 찾아 주십시오.”

小明急得不得了, 我只好安慰她说：“别＿＿＿, 你妈妈会来的。”
小明은 초조하기가 이루 말할 수가 없어서, 나는 단지 그녀를 위로하여 말하는 수밖에 없었다: “초조해 하지 마라, 너의 어머니는 오실 거야.”

0914 > > > > >

★
找
zhǎo

동 ① 찾다.
② (잔돈을) 거슬러주다.

관련예문
- 找到了 (찾았다.)
- 找着了 (찾아내었다.)
- 我找你五十块钱。 (당신에게 50원을 거슬러 드립니다.)

班主任准备＿＿＿你了解一下儿班里的情况。
담임이 너를 찾아서 반의 상황을 이해하려고 한다.

出发以前, 我想多带几卷胶卷, 但＿＿＿了半天也没找到。
출발 전에, 나는 필름을 몇 개 더 가져갈 생각이었는데, 한참을 찾았는데도 찾지 못했다.

0915 > > > > >

☆
照
zhào

전 ① 〈照 + 명사 + 동사〉 …대로. …에 따라.
② 〈照 + 동사〉 그대로. 말하던 대로. 지시하던 대로. ☞ 按 ; 按照

她是你的朋友, 你＿＿＿她说的办。
그녀는 당신의 친구이니, 당신은 그녀가 말하는 대로 해야 합니다.

我很看重一个人的诚实, 有什么情况要反映＿＿＿直说。
나는 사람의 성실성을 매우 중요하게 봐서, 말해 줘야 할 상황이다 싶으면 그대로 말합니다.

0916 > > > > >

☆
照片
zhàopiàn

명 사진 = 相片

관련예문
• 拍照=照相 (사진을 찍다.)
• 照相机=相机 (카메라. 사진기.)

我在北海公园照了很多＿＿＿。
나는 북해공원에서 많은 사진을 찍었다.

0917 > > > > >

**
照样
zhàoyàng

동 그대로. 여전히. 변함없이. 같은 방법으로. ☞ 依然

离开我们, 树木＿＿＿都生存下去, 可是我们却无法离开树木。
우리를 떠나서도 나무는 변함없이 모두 생존해 가지만, 그러나 우리는 나무를 떠날 수가 없다.

0918 > > > > >

★
这儿
zhèr

대 ① 〈口〉 이곳. 여기. = 这里
② 이때. 지금.
③ 〈대명사 + 这儿〉 …있는 곳. …있는 데.

관련예문
• 打这儿起 (이때부터.)
• 我这儿 (있는 [이곳.)
• 我们这儿 (우리가 있는 [이곳.)
• 你们这儿 (당신들이 있는 [이곳.) ☞ 那儿

打＿＿＿以后, 他再也不说谎了, 变得诚实可靠了。
이때 이후로, 그는 다신 거짓말을 하지 않게 되었고, 성실하고 믿음직하게 변했다.

讲相貌, 她是我们＿＿＿最漂亮的姑娘, 讲人品, 也是个好人。
생김새를 따지자면, 그녀는 우리 여기서 제일 예쁜 아가씨이고, 인품을 따져서도 좋은 사람이다.

0919 > > > > >

★

这么
zhème

대 ① 〈这么 + 동사[형용사]〉 이렇게. 이처럼. 이만큼.
　② 〈这么 + 多 + 명사〉 이렇게 (많은). ☞ 那么
《固定式》 ① 〈这么个人〉 (이러한 사람.[내면을 가리킴]) ☞ 这样
　　　　② 〈这么一来〉 (이런 이유로. 이렇게 되면.) ☞ 这样

吃_____多水果, 容易撑出病来。
이렇게 많은 과일을 먹으면, 병이 나기 쉽다.

他不能_____说, 一说损失惨重。
그는 이렇게 말할 수는 없다, 말하면 손실이 크다.

这对我是很容易的事, 不必_____客气。
이건 나에게 쉬운 일이니, 이렇게 사양할 필요 없습니다.

还是你聪明, _____快就把问题解决了。
역시 당신이 총명하군, 이렇게 빨리 문제를 해결하다니.

我望着她奇怪地问：“怎么_____晚才回来？”
나는 그녀를 바라보며 의아하게 물었다: “어쩜 이렇게 늦게야 돌아오는 겁니까?”

他就是_____个要强的人, 不管干什么都要争第一。
그는 이처럼 승부욕이 강한 사람인지라, 그 무엇을 해도 일등을 하려고 애쓴다.

听到_____感人的故事, 泪水慢慢模糊了她的眼睛。
이처럼 감동적인 이야기를 듣고, 눈물이 천천히 그녀의 눈을 흐리게 했다.

大冷天儿你就穿_____薄的衣服, 你是爱美呢, 还是真的不怕冷？
엄청 추운 날에 너는 이렇게 얇은 옷을 입다니, 너는 예뻐 보이려는 거야, 아니면 정말 추위가 두렵지 않은 거니?

有_____好的语言环境不用, 怎么能提高自己的口语水平呢？ (有 = 某个)
이 만큼 좋은 언어 환경을 이용하지 않으니, 어떻게 자신의 구어실력을 높일 수가 있겠는가?

0920 > > > > >

这是
zhè shì

이것[여기·이사람]은…이다.

_____他们搬起石头砸自己的脚！
이것은 그들이 돌을 옮겨 자기 발을 찧은 것이다.

0921 > > > > >

★ **这样**
zhèyàng

대 ① 이렇다. 이와 같다.
② 〈这样 + 동사〉 이렇게.
③ 〈……, 这样……〉 이러면. 이렇게 하면.
《固定式》 ① 〈这样一个人〉 = 〈这样的人〉(이러한 사람.[외면을 가리킴])
　　　　　☞ 一；这么
　　　　② 〈这样一来〉(일이 이렇게 되어. 이런 식으로 나간다면)
　　　　　☞ 一；这么

他到底怎么了? 总是_____没精打采的!
그는 도대체 어떻게 된 거니? 늘 이렇게 맥이 풀려있으니!

0922 > > > > >

这种
zhèzhǒng

〈这 + 种 + 명사〉 이러한. 이런 종류의. // 这种人(이런 종류의 사람)

你吃过哈蜜瓜吗? _____瓜, 出奇的香甜, 做水果沙拉很合适!
너는 哈蜜瓜를 먹어 본 적 있니? 이런 종류의 박과 식물은 달콤함이 특별나서, 과일 샐러드를 만들면 적당하다.

0923 > > > > >

★ **着**
zháo

보어 [zhao] 〈동사 + 着 + 了〉 …하게 되었다. (목적이 달성되었거나 결과가 있음을 나타냄) ⇔ 〈没 + 동사 + 着〉

조 [zhe]
① 〈동사 + 着〉 …하고 있다. …한 채로 있다. (동작이 지속되고 있음을 나타냄) ⇔ 〈没 + 동사 + 着〉
② 〈동사1 + 着 + 동사2〉 …하면서 …하다.
③ 〈동사1 + 着 + 동사1 + 着〉 …하다가. …하다 보니. ☞ 说着 说着
④ 〈동사1 + 着 + 목적어 + 동사2〉 …하면서 …하다.
《固定式》 대개 진행태와 지속태가 함께 쓰이기도 한다. ☞ 正；在
　　　　① 〈正 + 동사 + 着 + 기타성분 + 呢〉(마침 …하고 있다[있었다].)
　　　　② 〈正 + 在 + 동사 + 着 + 기타성분 + 呢〉(마침 …하고 있다[있었다].)
　　　　③ 〈在 + 동사 + 着 + 기타성분 + 呢〉(…하고 있다[있었다].)

관련예문　• 找着 了 (찾아 손에 넣었다.)
　　　　　　• 睡着 了 (잠이 들었다.)

- 走着 说 (걸으면서 말하다.)
- 吃着 饭看报 (밥을 먹으면서 신문을 본다.)

外边停_____的自行车是谁的?
밖에 세워져 있는 자전거는 누구 거니?

他顶_____大风把快餐送到订户家里。
그는 거센 바람을 무릅쓰고서 페스트 푸드를 주문한 집으로 배달했다.

大家围绕_____注意事项展开了讨论。
모두들 주의사항을 둘러싸고서 토론을 전개했다.

他微笑_____说, 出院后就能上班了。
그는 미소를 띠고서 퇴원 후 바로 출근할 수 있다고 말했다.

只见他抬_____头, 高傲地走进了教室。
그가 고개를 쳐들고서, 거만하게 교실로 걸어 들어가는 것이 보일 뿐이었다.

星期天休息, 他陪_____妻子去商场买首饰。
일요일은 쉬는 날이라, 그는 부인을 데리고 백화점에 액세서리를 사러 갔다.

钱包就在你口袋里装_____, 你还找什么?
지갑을 네 주머니 안에 넣어 두고서, 넌 또 뭘 찾는 거니?

这个月没有空, 我正给朋友帮_____忙呢。
이번 달에는 시간이 없어, 내가 마침 친구를 돕고 있거든.

妈妈发现儿子脸上带_____喜悦的表情回到家。
엄마는 아들이 얼굴에 기쁜 표정을 띠고서 집에 돌아 온 것을 발견했다.

孩子站在门口, 期待_____爸爸早点儿出现。
아이가 입구에 서서, 아빠가 빨리 좀 나타나기를 기대하고 있다.

大家可以坐_____发言, 不必太拘于礼节了。
여러분은 앉은 채로 발언해도 되니까, 너무 예절에 얽매일 필요 없습니다.

他热情地握_____我的手跟我说: "见到你很高兴。"
그는 열정적으로 나의 손을 잡고서 말했다 : "당신을 만나게 되어 기쁩니다."

由于管理不善, 这家企业面临_____破产的危险。
관리를 잘못하여서, 이 기업은 파산의 위기에 직면해 있다.

她拿_____录取通知书欢天喜地到单位报到去了。
그녀는 합격통지서를 들고서 몹시 기뻐하며 회사에 알리러 갔다.

等了大概半个小时, 就看见小徐开_____车过来了。
대략 30분 정도 기다렸더니, 小徐가 차를 몰고 오는 것이 보였다.

我看见他的时候, 他正在路边站_____等人呢。

내가 그를 봤을 때, 그는 마침 길가에 서서 사람을 기다리고 있었다.

已经这么晚了, 他俩为这件小事还在争＿＿＿。
시간이 벌써 이렇게 늦었는데, 그들 둘은 이 사소한 일로 아직 다투고 있다.

进城十年了, 张大妈仍保留＿＿＿乡下的生活习惯。
도시에 온지 10년이 되었는데, 张씨 아줌마는 여전히 시골의 생활 습관이 남아 있다.

我觉得学机械学没有前途, 就硬逼＿＿＿他学了计算机。
내 생각에는 기계학을 배우는 것이 전망이 없을 것 같아서, 억지로 그에게 컴퓨터를 배우게 하였다.

让音乐伴随＿＿＿青少年成长, 这是多好的教育方式呀!
음악과 함께 하며 청소년을 성장하게 하는 것은, 이 얼마나 좋은 교육방법인가!

她正唱＿＿＿歌, 忽然发现不远的地方有一个人盯着她看。
그녀가 한창 노래를 부르고 있는데, 갑자기 멀지 않은 곳에서 어떤 사람이 그녀를 응시하고 있는 것을 발견했다.

同学们好奇的目光不住地打量那个新同学, 猜测＿＿＿他的来历。
학우들은 호기심 어린 눈빛으로 그 새 학우를 계속해서 관찰하며, 그의 경력을 추측하고들 있었다.

0924 > > > > >

★
着……了……
zhe……le……

〈동사 + 着 + 목적어 + 동사 + 了〉…하면서 …했다.　☞ 带着 ; 凭着 ; 怀着 ; 冲着

士兵们迈＿＿＿整齐的步子通过＿＿＿主席台。
사병들은 정연하게 큰 걸음으로 걸으면서 주석 단상을 통과했다.

0925 > > > > >

真不容易
zhēn bù róngyì

정말 쉽지 않다. = 真不简单

创作一部好的作品, 那可＿＿＿。
좋은 작품 하나를 창작하는 건, 정말 쉽지 않다.

0926 > > > > >

真不知道
zhēn bù zhīdào

정말 모르겠다. 정말 모른다.　☞ 明白

要不是他及时赶到, ＿＿＿还要出什么大乱子。
그가 시간 맞춰서 도착하지 않았다면, 또 어떤 큰 혼란이 일어났을지 정말 모르겠다.

0927 > > > > >

******

整天
zhěngtiān

명 온종일.

王燕和李芳是好朋友，_____看见她们俩在一起吃午饭。
王燕과 李芳은 좋은 친구라서, 허구한 날 그녀들 둘이서 함께 점심 먹는 것이 보인다.

0928 > > > > >

******

整整
zhěngzhěng

형 〈整整 + 시간〉 꼭. 꼬박. ☞ 足足

관련예문　• 短短几十年 (짧은 몇 십 년.)

他们在一起相依为命，一起生活了_____十几年。
그들은 서로 의지하며, 함께 생활한지 꼬박 10년이 되었다.

他站在画像前一动不动地观赏了_____一个小时。
그가 초상화 앞에 서서 꼼짝도 하지 않고 꼬박 1시간을 감상했다.

0929 > > > > >

★

正
zhèng

부 ① 마침. 바로.
② 〈正 + 동사 + 着 + 기타성분 + 呢〉 = 〈正 + 在 + 동사 + 着 + 기타성분 + 呢〉 마침[한창]…하고 있다[있었다]. (동작의 진행이나 지속의 상태를 나타냄) ☞ 在 ; 着
《固定式》　① 〈正 + 전치사구 + 동사〉
　　　　　　② 〈正在 + 전치사구 + 동사〉

관련예문　• 他正从教室里走出来。 (그는 마침 교실에서 걸어 나오고 있다.)
　　　　　• 他正在从教室里走出来。
　　　　　　(그는 마침 교실에서 걸어 나오고 있는 중이다.)

你说的_____是我想的。
네가 말한 것이 바로 내가 생각하고 있던 것이다.

现在妹妹_____在外语学院学英语。
현재 여동생이 마침 외국어대학에서 영어를 배우고 있습니다.

我走进宿舍时，张明_____迷迷糊糊地躺在床上。
내가 기숙사에 걸어 들어갔을 때, 张明이 마침 정신없이 침대 위에 누워 있었다.

从深海处, 一只海豚______从不远处向我们游来。
깊은 바다에서, 한 마리의 돌고래가 마침 멀지 않은 곳으로부터 우리들을 향해서 헤엄쳐왔다.

前天晚上, 同学们去找他玩时, 他______写家庭作业呢。
그저께 저녁에, 학우들이 그를 찾아 놀러 갔을 때, 그는 마침 숙제를 하고 있는 중이었다.

这才发现, 原来会场外面也很热闹, 讨论的______是场内的事情。
그제야 알게 된 건데, 알고 보니 회의장 밖도 굉장히 시끄러웠는데, 토론하는 것은 바로 회의장 안의 일에 관해서였다.

0930 > > > > >

☆

正常
zhèngcháng

동 정상적이다. ⇔ 反常

如果作息没有规律, 或经常熬夜, 都会影响人体生物钟的______运转。
만약에 일과 휴식에 규칙이 없거나 혹은 늘 밤을 샌다면, 인체생리 주기적 리듬의 정상적인 흐름에 영향을 미칠 것이다.

0931 > > > > >

**

正当
zhèngdāng

동 〈正当……〉: 〈正当……的时候〉 마침 …할 때에. 바야흐로 …할 때에.

관련예문 • 〈正……〉: 〈当……的时候〉 (…할 때에.)

______大家唱歌唱得尽兴的时候, 音乐突然停了。
모두가 노래를 마음껏 부를 때, 음악이 갑자기 멈췄다.

学生______要出发的时候, 天忽然下起雨来了。
학생이 마침 출발하려고 할 때에, 하늘에서 갑자기 비가 내리기 시작했다.

0932 > > > > >.>

★

正在
zhèngzài

부 〈正 + 在 + 동사 + 着 + 呢〉 마침…하고 있는 중이다[중이었다].
☞ 在：着：正↑

我们与邻邦国家______发展友好关系。
우리와 이웃 국가는 마침 우호 관계를 발전시키고 있는 중이다.

0933 > > > > >

★

之间
zhījiān

…의 사이(에).

元旦和除夕＿＿＿＿我们俩打算到桂林去一趟。
설날과 섣달 그믐날 밤사이에 우리 둘은 桂林에 한번 갔다 올 예정입니다.

0934 > > > > >

★★

之内
zhīnèi

…의 안(에).

这件事在我预料＿＿＿＿，不大会有什么问题。
이 일은 내가 예상했던 바이니, 무슨 큰 문제는 없을 것이다.

0935 > > > > >

☆

之中
zhīzhōng

…의 중(에). …의 안(에).

这些学生＿＿＿＿只有两个人去过日本。
이 학생들 중에서 단지 두 사람만이 일본에 가 보았다.

0936 > > > > >

之所以……
是因为……
zhī suǒyǐ……shì
yīnwèi……

〈주어 + 之所以……, 是因为 ……〉…한 이유는 …때문이다.　☞ 所以

医学界＿＿＿＿能够有新疗法，＿＿＿＿某些研究取得了突破性进展。
의학계에 새로운 치료법이 나올 수 있는 이유는, 일단의 연구들이 획기적 진전을
보였기 때문이다.

0937 > > > > >

☆

支持
zhīchí

동 ① 지지하다. 후원하다.　② 참고 견디다. 버티다.

我们非常感谢您关心并＿＿＿＿我的工作!
우리들은 당신이 우리 일에 관심을 보이고 후원해 주는 것에 대단히 감사합니다.

0938 > > > > >

直不起腰来
zhí bu qǐ yāo lái

허리를 곧게[똑바로] 펼 수 없다. ☞ 起来

관련예문 • 直腰 (허리를 똑바로 펴다.)

张小华平时很严肃, 偶尔扮个鬼脸, 却能让同事们笑得_____。
张小华는 평상시에는 매우 진지한데, 이따금 익살스러운 표정을 지어서 동료들을 배꼽잡고 웃게 한다.

0939 > > > > >

☆
直到
zhídào

동 〈直到 + 명사(시간)〉…에 이르기까지. …에 이르러.

관련예문 • 直到现在才…… (지금에 이르러서야…)

我_____现在才真正看透了他。
나는 이제 와서야 진정으로 그를 파악했다.

0940 > > > > >

☆
值得
zhíde

동 ① 수지맞다. ② …할 가치가 있다. = 犯得上

관련예문 • 不值得 (…할 가치가 없다.) = 犯不上

这双鞋90多元, 我觉得_____。
이 신발은 90원 정도인데, 나는 그만한 가치가 있다고 생각한다.

这出京剧有很多角色, _____一看。
이 경극은 배역이 다양하여, 한번 볼만한 가치가 있다.

0941 > > > > >

★
只
zhǐ, zhī

부 (zhǐ) 다만. 단지. 오직. = 仅 = 净 ☞ 只管 ; 尽管 **양** (zhī) 마리. (동물을 세는 단위) // 一只鸡(닭 한 마리)

我_____用了三个晚上就把稿件批改完了。
나는 단지 사흘 밤 만에 원고를 다 고쳐서 바로 잡았다.

0942 > > > > >

只好
zhǐhǎo

부 할 수 없이[부득이] …하는 수밖에 없다. = 只得 = 不得不 ☞ 只有

他不给我开门, 我＿＿＿回去了。
그가 나에게 문을 열어 주지 않아서, 나는 할 수 없이 돌아가는 수밖에 없었다.

李小春找不出反驳的理由, ＿＿＿接受了。
李小春은 반박할 이유를 찾아내지 못해서, 할 수 없이 받아들일 수밖에 없었다.

暴雨使山体滑坡了, 我们＿＿＿取消登山计划。
폭우가 산체를 무너뜨려, 우리들은 할 수 없이 등산계획을 취소하는 수밖에 없다.

除了我以外, 大家都不关心这件事, 我＿＿＿自己来。
나를 제외하고서는 모두 다 이 일에는 관심이 없어서, 나는 부득이 혼자 하는 수밖에 없었다.

走到半路, 下起了冰雹, 也不见停, ＿＿＿又返回来了。
반쯤 갔는데, 우박이 내리기 시작하더니, 멈출 기미도 보이지 않아 할 수 없이 되돌아오는 수밖에 없었다.

公司本来计划在春节左右推出新产品, 因资金不到位, 这一计划
＿＿＿推迟到明年5月了。
회사의 원래 계획은 설쯤에 신제품을 출시하는 것 이였는데, 자금이 부족해서 이 계획을 부득이 내년 5월로 미루는 수밖에 없었다.

0943 > > > > >

只见
zhǐjiàn

다만[오직] …만이 보이다.

我们挤进人群, ＿＿＿一老人抱着一个婴儿倒在汽车旁边。
우리들이 군중을 비집고 들어가니, 한 노인이 애기를 안고 차 옆에 쓰러져 있는 것이 보일 뿐이었다.

0944 > > > > >

只能
zhǐnéng

다만[겨우, 기껏해야] …할 수 있을 뿐이다.

人的行为、语言和感情＿＿＿在团体生活中得到锻炼。
사람의 행동, 언어와 감정은 단체 생활 중에서만 훈련할 수 있을 뿐이다.

0945 > > > > .>

☆ **只是**
zhǐshì

접 〈……, 只是 + 주어 + 술어〉 그러나. 그런데. = 但是 = 可是 = 不过 = 然而
《固定式》〈주어 + 只是 + 술어 + 而已[罢了]〉 (다만 …일 뿐이다.)

不是我不愿意去上班, ＿＿＿这孩子离不开我。
내가 출근하려 하지 않는 것이 아니라, 이 아이가 나를 떠나려고 하지 않아서 이다.

他常说头昏, 其实没病, ＿＿＿工作太辛苦了。
그는 종종 머리가 어지럽다고 말하는데, 사실은 병이 아니라, 단지 일이 너무 힘들어서이다.

这件事我肯定会考虑的, ＿＿＿我还需要时间。
이 일은 내가 반드시 고려해 볼 것입니다, 그러나 나는 시간이 필요합니다.

送给你这件小小的礼物, ＿＿＿表示我的祝福而已。
당신에게 이 자그마한 선물을 드리는 것은 다만 나의 축하 표시일 뿐입니다.

每个人都有不足之处, ＿＿＿有人多一些, 有人少一些。
매 사람마다 다 부족한 점이 있는데, 다만 어떤 사람은 좀 많고, 어떤 사람은 좀 적을 뿐이다.

这种抗生素并非没有副作用, ＿＿＿稍微小一点儿罢了。
이런 항생물질은 결코 부작용이 없는 것이 아니고, 다만 좀 작을 뿐이다.

天下没有不爱子女的双亲, ＿＿＿用不同的方式来表达这种爱。
세상에 자식 사랑하지 않는 부모님은 없습니다, 단지 다른 방식으로 이런 사랑을 표현할 뿐이죠.

0946 > > > > >

☆ **只要**
zhǐyào

접 다만 …하기만 하면. 만약 …하면. (필요한 조건을 나타냄)
☞ 〈只有…… 才……〉
《固定式》 〈只要…… 就[便]……〉↓

＿＿＿你放宽一点要求, 事就办成了。
만약 당신이 요구를 조금만 낮추면, 일이 곧 이루어질 겁니다.

我妈妈很会做菜, 你要吃什么＿＿＿跟她说一声就行了。
우리 엄마는 요리를 잘 하시니깐, 당신이 뭔가 먹고 싶으면 다만 엄마에게 한마디 하기만 하면 됩니다.

不管有多大困难, 我们＿＿＿刻苦学习, 就一定能提高成绩。
아무리 큰 어려움이 있더라도, 우리들이 다만 열심히 공부하기만 하면, 반드시 성적을 끌어 올릴 수 있습니다.

0947 > > > > >

☆
只要……就……
zhǐyào……jiù……

다만 …하기만 하면 (바로) …하다. = 〈只要……便……〉 ☞ 只要

＿＿＿周末不下雨, 我们＿＿＿去远游。
만약 주말에 비가 오지만 않으면, 우리들은 소풍갈 것입니다.

＿＿＿我有钱, 我＿＿＿买一套大房子。
만약 내가 돈만 있다면, 나는 큰 집을 하나 사겠다.

＿＿＿你肯出钱, ＿＿＿没有办不到的事。
당신이 기꺼이 돈을 내기만 하면, 처리 못할 일은 없다.

＿＿＿我们都守口如瓶, 这个秘密＿＿＿不会泄露。
만약 우리 모두가 입단속만 잘 한다면, 이 비밀은 누설되지 않을 것입니다.

有困难＿＿＿给我打个电话, 我＿＿＿马上赶到你这儿来。
어려움이 있을 때 나한테 전화 한 통하기만 하면, 내가 즉각 너한테 올께.

世上怕就怕"认真"二字, ＿＿＿认真, ＿＿＿没有做不成的事。
세상에서 '성실'이라는 두 글자가 무섭긴 무서워, 성실하기만 하면 이루지 못할
일이 없으니까.

0948 > > > > >

☆
只要……也……
zhǐyào……yě……

만약 …하면 …해도 …하다.

这一点你放心, ＿＿＿你一句话, 倾家荡产我＿＿＿心甘情愿。
이 점은 염려 마세요, 당신이 한 마디만 하면, 패가망신도 저는 기꺼이 감수하지요.

0949 > > > > >

☆
只有
zhǐyǒu

접 ① 〈只有……才……〉 …해야만 …하다. ('是' 앞에는 오지 못함)
② 하는 수 없이. 할 수 없이. = 只好 = 只得 ☞ 只是；除非

人们＿＿＿在失去健康之后, 才懂得它的珍贵。
　사람들은 건강을 잃어버린 후에야 비로소 건강의 소중함을 알게 된다.

＿＿＿跌倒后自己站起来的人, 才是真正的强者。
넘어진 뒤 스스로 일어나는 사람만이 진정한 강자이다.

＿＿＿做了母亲的人, 才能体会到母爱的无私。
어머니가 된 사람만이 사심 없는 모성애를 직접 느낄 수 있습니다.

劳动者＿＿＿具备较高的科学文化水平、丰富的生产经验、先进的劳
动技能, 才能更好地推动生产力的发展。
근로자는 비교적 높은 과학문화 수준, 풍부한 생산 경험, 선진 노동기술을 갖추어
야 만이 더 좋은 생산력의 발전을 추진시킬 수 있다.

0950 > > > > >

☆
只有……才……
zhǐyǒu……cái……

☞ 只有

_____努力学习, _____能取得好成绩。
열심히 공부해야만, 좋은 성적을 얻을 수 있다.

我觉得_____多读多写_____能学好汉语。
나는 많이 읽고 많이 써야만 중국어를 잘 배울 수 있다고 생각합니다.

中国有句俗话, _____有深水里_____有大鱼。
중국에 깊은 물이 있어야 큰 물고기가 있다는 속담이 있다.

我觉得_____好好学习_____考取好的大学。
나는 열심히 공부해야만, 좋은 대학에 합격할 수 있다고 생각합니다.

_____经历过苦难的人, _____会珍惜今天幸福的生活。
고난을 겪어 본 사람만이 오늘의 행복한 생활을 소중하게 여길 수 있습니다.

0951 > > > > >

☆
至少
zhìshǎo

부 최소한. 적어도.

관련예문　•　至多 (많아야. 고작해야.)

他这次外出考查, 估计_____要三个月才能回来。
그는 이번 출장조사에 최소한 3개월이 되어야 돌아 올 것으로 예상한다.

别人是不是去过我不知道, _____我是去过好几次了。
다른 사람이 가 보았는지 아닌지 저는 모르지만, 적어도 저는 여러 번 가 봤습니다.

老师要求我们在两个小时之内写一篇_____1000字的记叙文。
선생님께서 우리들에게 두 시간 내에 최소한 1,000자의 서술문을 한편 쓸 것을 요구하셨다.

要对全部直升飞机的发运机进行检修, _____也得需要十天。
전체 헬리콥터의 엔진에 대해 점검 수리를 진행하려면, 적어도 열흘은 걸립니다.

0952 > > > > >

******

至于
zhìyú

접 ① 〈……, 至于 + (주어) + 술어, ……〉 …에 관해서는. …으로 말하면. (의견을 제시하거나 화제를 바꿀 때 씀) ☞ 关于 ; 对于
② 〈至于 + 시간〉 …때에 이르러.

동 〈不至于……〉 …의 정도는 아니다. …할 지경에 이르지 않다.

_____这样做好不好, 请你们再考虑一下。
이렇게 하는 게 좋은지 아닌지에 관해서는, 당신들이 다시 생각 좀 해보세요.

我虽然记性不好, 也不_____忘记自己的生日。
내가 비록 기억력이 좋지 않지만, 그렇다고 내 생일을 잊어버릴 정도는 아니다.

这是我的计划, _____大家能不能同意, 我没有把握。
이것은 나의 계획인데, 여러분이 동의할지 하지 않을 지에 관해서는, 저도 자신이 없습니다.

现在我只想认真学习, _____将来做什么, 我先不去想。
지금 나는 다만 성실하게 공부할 생각이지, 장래 무엇을 할 것인지에 관해서는, 나는 일단은 생각 안 할 겁니다.

我只知道他会打乒乓球, _____会不会打网球就不太清楚了。
나는 그가 탁구를 칠 줄 안다는 것만 알지, 테니스를 칠 줄 아는지 모르는지는 잘 모릅니다.

我知道中国茶叶的品种很多, _____具体有多少种, 我还真不清楚。
나는 중국 찻잎의 종류가 매우 많다는 것은 알지만, 구체적으로 종류가 얼마나 있는지에 관해서는 난 정말 잘 모릅니다.

晚会肯定是要举行的, _____什么时间举行, 以后要专门开会商量。
연회는 틀림없이 거행 될 것이지만, 언제 거행 될 것인지에 관해서는, 앞으로 회의를 열어서 의논해야 합니다.

我认为怎么做对就怎么做, _____别人对我有意见, 我才不介意呢!
나는 옳은 데로 해야 한다고 생각한다, 남들이 나에게 불만을 품는 건 신경 쓰지 않습니다.

这只是我个人的一点儿意见, _____这样做好不好, 请大家多提宝贵的意见。
이건 단지 저 개인의 의견이니, 이렇게 하면 어떨 지에 관해서는 여러분들께서 귀중한 의견을 많이 제시하여 주십시오.

0953 > > > > >

☆

制订
zhìdìng

동 (창안하여 계획·방안 등을) 제정하다. (새로) 만들어 정하다.

관련예문 ·制定(zhìdìng) ([정책·법령·규정 등을] 제정하다.)

厂里正在＿＿严格的管理条例，力图加强企业管理的力度。
공장 안에서 엄격한 관리규정을 제정하고 있는 중인데, 기업관리의 역량을 강화하려고 애쓰고 있습니다.

0954 > > > > >

*

致使
zhìshǐ

동 …했기 때문에 …되었다. (부정적인 결과에 도달함을 나타냄)

由于准备工作没做好，＿＿试验无法进行。
준비 작업이 다 되지 않았기 때문에, 테스트를 진행할 방법이 없게 되었다.

由于诊断有误，＿＿病人没有得到及时治疗。
진단에 착오가 있었기 때문에 환자는 적절한 시기에 치료를 받을 수 없었다.

0955 > > > > >

★

中
zhōng

명 ① 〈명사 + 中〉 중(에). 가운데(에). (대개 이 형식은 주어 위치에 옴)
② 〈在 + 명사 + 中〉 …중에. …가운데에.
③ 〈从 + 명사 + 中〉 …중에서. …로부터. (②, ③ 모두 동작이 진행 중임을 나타냄)

관련예문 · 比赛中 (경기 중에)

比赛＿＿球员和裁判发生了冲突。
시합 중에 선수와 심판 사이에 충돌이 생겼다.

她这才发现他从她的视线＿＿消失了。
그녀는 그제야 비로소 그가 그녀의 시선으로부터 사라진 것을 발견했다.

电影＿＿那些生动的画面，我都记住了。
영화 중의 그 생생한 화면들을, 나는 모두 기억하고 있다.

这个浪漫的故事，很快就在青年＿＿流传开了。
이 낭만적인 이야기는 매우 빨리 젊은이들 사이에서 퍼지기 시작했다.

由于路滑，自行车比赛＿＿发生了一些伤害事故。
길이 미끄러움으로 말미암아, 자전거 시합 중에 부상사고들이 발생했다.

在完成这项任务的过程＿＿，老张发挥了重要的作用。
이 임무를 완성하는 과정 중에, 老张은 중요한 역할을 했다.

如今小家电商品已涉及到人们日常生活_____的方方面面。
오늘날 소형 가전제품은 이미 사람들의 일상생활 속의 곳곳에 보급되었다.
在我的印象_____，她是一个非常时髦，同时也很有品味的女人。
내 인상 중에, 그녀는 매우 유행에 민감하고, 또한 아주 품격 있는 여자이다.

0956 > > > > >

******
中断
zhōngduàn

🔵 (동) 중단되다. 끊기다.

관련예문 • 中止 (중지하다. 중단하다.)

电视节目突然_____了，一定是传播信号有问题。
TV프로그램이 갑자기 중단되었는데, 틀림없이 중계 신호에 문제가 생겼다.

0957 > > > > >

★
中间
zhōngjiān

🔵 (명) 중간. 가운데.

食堂在图书馆和植物园_____。
식당은 도서관과 식물원 중간에 있다.
_____的那幅油画是阿明画的。
가운데의 그 유화는 阿明이 그린 것이다.

0958 > > > > >

☆
终于
zhōngyú

🔵 (부) 마침내. 결국. 드디어. (의문문에 쓰이지 못함) = 始终 = 到底

经过大家努力，_____按时完成了任务。
모두의 노력을 통하여, 드디어 시간에 맞춰서 임무를 완수했다。

他端详了半天，_____把这对双胞胎辨别出来了。
그가 한참이나 자세히 보고서야, 마침내 이 쌍둥이를 구별해 냈다.

经过医生们的全力抢救，病人_____脱离危险了。
의사들이 온 힘을 기울여서 치료를 하여 환자는 마침내 위험에서 벗어났다.

0959 > > > > >

☆
种
zhǒng, zhòng

🔵 (양) (zhǒng) 〈수사 + 种 + 명사〉 종. 종류. 가지. ☞ 这种
🔵 (동) (zhòng) (씨를) 뿌리다, 심다, 재배하다.

没想到他会说四_____外语。
그가 네 가지 외국어를 말할 줄 알 거라고는 생각도 못했다.

0960 > > > > >

★

重
zhòng, chóng

형 (zhòng) ① (정도가) 심하다. 깊다. ② 무겁다. ③ 중요하다.
부 (chóng) 재차, 다시, 거듭. 동 (chóng) 겹치다. 중복하다.

他的病不但没有好转，反而越来越＿＿＿了。
그의 병세는 호전이 없을 뿐 아니라, 오히려 갈수록 심해졌다.

他的病拖延的时间太久了，现在是越来越＿＿＿了。
그의 병은 너무나 오랜 기간을 끌어 왔고, 지금은 갈수록 심해지고 있다.

0961 > > > > >

★

重要的
zhòngyào de

명 중요한 것.
형 〈重要的 + 명사〉 중요한. 주요한.

别人怎么说都不重要，＿＿＿是自己要充满信心。
다른 사람이 어떻게 말하는가는 중요하지 않다, 중요한 것은 스스로가 믿음이 넘쳐야 한다.

0962 > > > > >

☆

周到
zhōudào

형 주도면밀하다. 빈틈이 없다.

관련예문 • 周全 (빈틈없다. 완전하다.)

我认为他考虑得很＿＿＿，也就不再反对了。
나는 그가 주도면밀하게 생각했다고 여겼기에, 더 이상 반대하지 않기로 했다.

0963 > > > > >

★

主要
zhǔyào

부 주로.
형 주요하다. 중요하다.

관련예문 • 主要演员 (중요한 배우)
• 主要作品 (주요 작품) ☞ 重要

今天把大家请来，＿＿＿是想听听你的意见。
오늘 여러분들을 오시라고 했는데, 주로 당신의 의견을 듣고 싶어서 입니다.

0964 > > > > >

☆

主张
zhǔzhāng

명 동 주장(하다).

관련예문
· 意见 (의견. 의의. 불만.)

不给他派助手, 是我的_____。
그에게 조수를 보내지 않은 것은 내가 주장한 것입니다.

0965 > > > > >

★

住
zhù

동 살다. 거주하다.
보어 ① 〈동사 + 住〉 (동작의 고정·정지·견고·안정감 등을 나타냄)
② 〈동사 + 得[不] + 住〉 (견디어 낼 수 있는[해낼 수 있는] 능력의 여부를 나타냄)

관련예문
· 站住! (멈춰 서.) = 别动! (꼼짝마!)
· 记得住 (기억할 수 있다.)
· 把握不住 ([기회를] 잡을 수 없다.)

我听见有人叫我, 就站_____了。
나는 어떤 사람이 나를 부르는 것을 듣고서 멈췄다.

天气逐渐冷了, 衬衫穿不_____了。
날씨가 점점 추워져, 와이셔츠를 입고 있을 수 없게 되었다.

这个动画片把孩子们吸引_____了。
이 만화영화는 어린이들을 매료 시켰다.

他被电视剧的情节给吸引_____了。
그는 TV연속극의 줄거리에 매료되었다.

这篇课文讲得太快了, 怎能记得_____。
이 본문을 너무 빨리 강의해서, 어떻게 기억할 수 있겠는가.

你一定要把握_____这次机会, 把汉语学好。
너는 꼭 이번 기회를 잡아서, 중국어를 잘 배워라.

7岁的李义终于回到了自己的家, 抱_____妈妈就痛哭起来。
7살의 李义는 마침내 자기 집으로 돌아와서, 엄마를 안고서 통곡하기 시작했다.

这些蔬菜已经放很长时间了, 再也放不_____了, 快点吃了吧。
이 채소들은 이미 오랫동안 놔 둬서, 더 이상 둘 수 없으니, 빨리 먹도록 하세요.

0966 > > > > >

★

住着
zhùzhe

동 살고 있다. 거주하고 있다. (지속을 나타냄)
▶ 존재문 = 〈장소 + 동사 + 着 + 주어。(지속태)〉

관련예문
• 活着 (무사하다. 생존하다. 살다.)
• 前边来了一个人。 (앞쪽에서 한 사람이 왔다.)

这么大的房子只＿＿＿＿你一个人, 你不孤单吗?
이렇게 큰집에 오직 당신 혼자만 사는데, 당신은 외롭지 않습니까?

0967 > > > > >

★★

桩
zhuāng

양 〈수사 + 桩 + 명사〉건. 가지. (정신적으로나 심리적으로 다소 번거로운 사건이나 일의 양사) = 件

这的确是＿＿＿＿让人头疼的事。
이는 확실히 골치 아프게 하는 일이다.

忙碌了一天了, 他渴望早早结束这＿＿＿＿婚礼。
하루 종일 바빠서, 그는 빨리 이 결혼식이 끝나기만을 간절히 갈망했다.

0968 > > > > >

★

装得下
zhuāngdexià

동 수용할 수 있다. 들어갈 수 있다. (짐을) 실을 수 있다. ('下'는 보어임)
⇔ 装不下　☞ 下

这个教室可大了, 别说100人, 就是200人也＿＿＿＿。
이 교실은 상당히 커서, 100명은 말할 것도 없고, 200명도 수용할 수 있다.

0969 > > > > >

装修
zhuāngxiū

동 (집 따위의) 내장공사를 하다. 수리하다.

관련예문　• 装潢 (집을 예쁘게 꾸미다.)

总是说自己没有钱, 房子＿＿＿＿了一次又一次, 哪来的钱?
늘 자기는 돈이 없다고 말하면서, 집수리는 하고 또 하고 말이야, 어디서 난 돈이지?

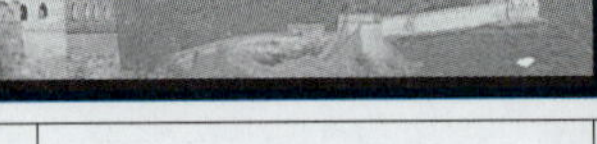

0970 > > > > >

☆

准
zhǔn

부 꼭. 반드시. 틀림없이. = 肯定 = 一定

你派给他的工作，他＿＿＿能完成。
당신이 그에게 맡긴 일을 그는 반드시 해낼 수 있습니다.

不了解情况的，看到他们夏天穿皮袄，＿＿＿会认为他们是神经有了问题。
상황을 이해하지 못하는 사람은, 그들이 여름에 누비옷을 입고 있는 것을 보면, 틀림없이 그들 정신에 문제가 생겼다고 생각할 것이다.

0971 > > > > >

桌
zhuō

양 〈수사 + 桌 + 명사〉 상. 테이블. (요리상의 수를 세는 단위)

他的妻子，给我们准备了一＿＿＿丰盛的晚餐。
그의 아내는 우리들에게 풍성한 저녁밥을 한 상 준비해 주었다.

0972 > > > > >

☆

自
zì

전 〈自 + 시간 + 起〉 …에서. …로부터. = 从 = 打

관련예문
• 〈来自 + 장소〉 (…에서 왔다.)
• 发自内心 (내심으로부터 드러나다.) ☞ 来
• 〈发自 + 장소〉 (…에서 발산하다.)

这项法律＿＿＿五月一日起生效。
이 법률은 5월 1일로부터 효력을 가진다.

电话中他流露了发＿＿＿内心的喜悦。
전화통화 중에 그는 내심으로부터의 희열을 드러냈다.

0973 > > > > >

★

自己
zìjǐ

대 자기. 자신.   부 직접. 스스로.

관련예문
- 我自己办。 (내가 직접 처리하겠다.)
- 亲自 (몸소. 직접.)
- 本人 (본인. 당사자.)
- 本身 (그 자체.)
- 生活本身 (생활 그 자체.)
- 自我 (자기 자신.)
- 自我介绍。 (자기 자신을 소개하다.)

她不是不高兴了, 只是想＿＿＿出去走一走。
그녀는 기분 나쁜 것이 아니고, 단지 자신이 나가서 좀 걷고 싶을 뿐이다.

以前在这个地方, 都是由父母决定＿＿＿子女的婚姻。
이전에 이 곳에서는 모두 부모가 자기자녀의 혼인을 결정했다.

0974 > > > > >

**

总
zǒng

부 ① 아무튼. 아무래도. 결국.   ② 반드시.   ③ 늘. 줄곧. 언제나. = 总是

我们大家都想想办法, ＿＿＿会想出办法的。
우리들 모두가 다 방법을 생각해 보면 반드시 방법을 생각해 낼 수 있을 것이다.

每次我看见她, 她＿＿＿是一闪身就跑开了。
매번 내가 그녀를 보면, 그녀는 늘 몸을 피해서 도망쳤다.

0975 > > > > >

★

总是
zǒngshì

부 늘. 줄곧. 언제나. = 老是 ☞ 一直

上个月, 他上班＿＿＿迟到。
지난달에 그는 줄곧 늦게 출근했다.

路上碰见熟人, 他＿＿＿热情地上前说话。
길에서 아는 사람을 만나면, 그는 언제나 친절하게 다가가서 이야기를 한다.

人＿＿＿要死的, 这是自然规律, 无法抗拒的。
사람은 결국 죽는 것이다, 이것은 자연의 법칙이며, 저항할 방법이 없는 것이다.

他_____消极地对待生活，所以朋友们渐渐远离他。
그가 늘 소극적으로 생활을 대처하여, 친구들이 점점 그를 멀리한다.

我工作太忙，孩子们_____抱怨我没和他们去公园玩。
나는 일이 너무 바빠서, 아이들은 내가 그들과 공원에 놀러가지 않았다고 늘 원망했다.

玛丽的学习_____很被动的，只要不考试，从来不复习。
玛丽의 공부는 언제나 피동적 이여서, 시험만 안치면, 복습하는 적이 없다.

人在心情不好时得到他人的安慰，心里_____很感激的。
사람은 기분이 좋지 않을 때 타인의 위로를 받게 되면, 마음으로 항상 감격하게 된다.

讲演的人_____希望有人回应自己，于是他总是向观众提问。
강연하는 사람은 늘 누군가가 자신에게 반응을 보이기를 바란다, 그래서 그는 항상 관중에게 질문을 던지는 것이다.

0976 > > > > >

**
总算
zǒngsuàn

부 ① 다행히. = 幸亏　② 간신히. 겨우. 마침내. = 终于　③ 대체로 …한 편이다.

我们说了半天好话，这次她_____没拒绝。
우리들이 한참동안 좋은 말을 했더니, 이번에는 그녀가 마침내 거절하지 않았다.

0977 > > > > >

**
总之
zǒngzhī

접 ① 요컨대. 한마디로 말해서. = 总而言之　② 결국.　③ 어쨌든. 어차피. = 反正

_____，这事就这么决定了。
어쨌든, 이 일은 이렇게 결정합시다.

我已经想不起他的名字了，_____她是我大学时候的同学。
나는 이미 그의 이름이 생각나지 않지만, 어쨌든 그녀는 내 대학시절의 학우이다.

学习语言，要注重听、说、读、写，_____要下苦功夫才能学好。
언어를 공부하는 데는 듣기, 말하기, 읽기, 쓰기를 중시해야 한다, 즉 한 마디로 말해서 각고의 노력을 해야만 잘 배울 수 있는 것이다.

0978 > > > > >

走来走去
zǒuláizǒuqù

동 왔다 갔다 하다.　서성거리다.

관련예문　•　想来想去 (이리저리 생각해 보다.)

他的工作遇到了很大的麻烦, 急得他在房间里＿＿＿＿。
그의 일이 큰 어려움에 부딪히게 되자, 그는 걱정이 되어 방안에서 왔다 갔다 하였다.

他一直在屋里＿＿＿＿, 不知道在考虑什么问题。
그는 줄곧 집안에서 왔다 갔다 하고 있는데, 무슨 문제를 생각하고 있는지 모르겠다.

0979 > > > > >

走起路来
zǒu qǐ lù lái

동 걸어보니. 걷기 시작하다.　☞ 操起心来 ; 下起雨来

这种旅游鞋底很软, ＿＿＿＿可舒服了。
이런 여행용 신발 밑창은 부드러워서 걸어 보니 참 편안하다.

0980 > > > > >

**

足
zú

부 〈足 + 有 + 명사(시간)〉 족히. 충분히.

这名篮球运动员很壮实, 块头＿＿＿＿有一米九。
이 농구선수는 매우 건장하여 덩치가 족히 1m90은 된다.

0981 > > > > >

足足
zúzú

부 ① 충분히. 족히.　② 〈足足 + 명사(시간)〉 꼬박. 족히.　☞ 整整

他那双可怕的眼睛＿＿＿＿盯了我10秒钟。
그는 그 무시무시한 두 눈으로 나를 족히 10초 동안이나 노려보았다.

0982 > > > > >

组成
zǔchéng

동 (어떤 사람들)…로 구성되어 있다. …로 조직되어 있다.

관련예문 • 构成 ([어떤 재료로] 구성되어 있다.)

这个班主要是由留学生＿＿＿的。
이 반은 주로 유학생으로 구성되어 있다.

0983 > > > > >

最大
zuìdà

형 가장 큰. 최대의.

太阳能电池板的＿＿＿优点是它节约能源。
태양 에너지 전자판의 최대 장점은 에너지 절약이다.

我们已尽了＿＿＿努力，至于结果怎么样，我会正确对待的。
우리들은 이미 최대의 노력을 다 하였으니, 결과가 어떠하든 나는 정확하게 대처할 것이다.

0984 > > > > >
☆

最好
zuìhǎo

부 〈最好 + 동사〉…하는 것이 가장 좋다. 가장 좋기로는 …하는 것이다.

路很远，＿＿＿坐地铁去。
길이 머니, 지하철을 타고 가는 것이 가장 좋겠다.

下午可能要降温，你＿＿＿多穿件衣服。
오후에 기온이 내려 갈 것이니, 당신은 옷을 좀 많이 입는 게 좋겠다.

他的脾气不太好，你＿＿＿别和他接触太频繁。
그의 성격은 그다지 좋지 않아요, 당신은 그와 너무 빈번하게 접촉하지 않는 게 가장 좋습니다.

0985 > > > > >
★

最近
zuìjìn

명 최근. 요즈음. (과거의 시점도 포함함) = 新近 ▶ 这两天(요즈음)

관련예문 • 近来 (최근. 요즈음. [과거의 시점은 포함하지 않음])
• 近期 (가까운 장래.)

故宫博物院＿＿＿新摆出来一些珍贵文物，吸引了不少游客。
고궁박물관은 최근 진귀한 문물들을 새로 진열해 놓아, 많은 여행객들을 매료시켰다.

0986 > > > > >

最少
zuìshǎo

부 가장 적게는. 최소한.

每天＿＿＿要睡上七个小时才能保证精力充沛。
매일 최소한 7시간은 자야지 만이 왕성한 체력을 보장할 수 있다.

0987 > > > > >
☆

左右
zuǒyòu

명 〈명사 [수사 · 수량사 · 나이 · 시간 · 거리 · 무게] + 左右〉 가량. 안팎. 내외.
＝ 上下. ☞前后；来；多

动物园距这里5公里＿＿＿。
동물원은 여기서 5km가량 떨어져 있다.

这台仪器有两千五百公斤＿＿＿。
이 계기는 2,500kg 내외입니다.

我们中文系大概有留学生100名＿＿＿。
우리 중문과는 대략 100명가량의 유학생이 있다.

昨晚来参加生日宴会的有三十人＿＿＿。
어제 저녁 생일 파티에 참석한 사람은 30명가량이다.

我记不太清楚了，大概是二百三十本＿＿＿。
나는 잘 기억이 안 나지만, 대략 230권 내외 입니다.

我们学校的师生大概有两千五百人＿＿＿。
우리 학교의 선생님과 학생은 대략 2,500명가량 있습니다.

上午九点钟＿＿＿，这家饭店几乎没有什么客人。
오전 9시쯤에, 이 호텔은 거의 손님이 없다.

这种化妆品一旦打开，约六个月后便会变质，密封时则可保存一年
＿＿＿。
이런 화장품은 일단 열었다하면, 약 6개월 후에는 변질될 수 있고, 밀봉 시에는 1년 정도 보존할 수 있다.

0988 > > > > >

☆

作为
zuòwéi

동 ① …의 신분[자격]으로써. ② …으로 삼다. ▶ 成为(…이 되다.)

_____一名学生, 我最害怕老师问我问题。
학생으로서, 나는 선생님께서 나에게 질문을 하는 것이 제일 겁난다.

唱片_____一种文化产品, 早已经被大家所接受。
음반은 일종의 문화 상품으로 , 일찍이 사람들에게 받아 들여졌다.

0989 > > > > >

★

坐
zuò

동 (차 · 기차 · 배 · 비행기 등을) 타다. = 搭

관련예문
- 坐火车 (기차를 타다.)
- 打的(士) dí(shì) (택시를 타다.) = 坐出租汽车
- 骑马 (말을 타다.)
- 骑自行车 (자전거를 타다.)

从这儿到火车站有30多公里, _____出租车半个多小时就能到。
여기서 기차역까지는 30km쯤 되는데, 택시를 타면 30분쯤이면 도착할 수 있다.

0990 > > > > >

坐下来
zuòxiàlái

동 ①〈坐下来 + 동사〉앉아서…하다. ② 앉다. = 坐下

张先生今天走了那么多路, 真想_____歇会儿 。
장선생은 오늘 그렇게나 많이 걸어서 앉아서 좀 쉬고 싶은 생각이 간절하다.

0991 > > > > >

坐在
zuòzài

동 〈坐在 + 장소 + (了)〉…에 앉다[앉았다]. ('在'는 결과보어임)
▶ 〈住在 + 장소〉(…에 살고 있다[살았다].)

朱丽华笑眯眯地_____沙发上。
朱丽华는 미소를 띠고 소파에 앉아 있다.

0992 > > > > >

★

做
zuò

동 ① …을 하다. = 作　② …이 되다.　③ …을 만들다.

관련예문
- 做梦 (꿈을 꾸다.)
- 干 (일을 하다.)
- 干活 (일을 하다.)
- 搞 ([머리로 하는 일을] 하다.)
- 搞革命 (혁명을 하다.)
- 弄 (하다. 만들다.)
- 弄坏 (일을 망치다. 망가뜨리다.)
- 做客 = 作客 (초대를 받다.)
- 做人 (사람이 되다.)
- 做衣服 (옷을 만들다.)
- 造 ([배ㆍ집ㆍ다리 등을] 만들다.)
- 制造 ([비행기ㆍ로켓ㆍ무기 등을] 제조하다.)

这天晚上我＿＿＿了一个梦, 梦见自己回到了故乡。
그날 밤 나는 꿈을 꾸었는데, 내가 고향에 가는 꿈을 꾸었다.

0993 > > > > >

做得完
zuòdewán

동 끝낼 수 있다. 해낼 수 있다. = 做得了 ↔ 做不完 = 做不了

这项任务太繁重了, 一下子哪能＿＿＿?
이 임무는 너무나 힘들어서, 단번에 어찌 끝낼 수 있겠는가?

■ 아래의 각 단문 중 빈 칸에 들어갈 적합한 한자를 **보기**에서 골라 써 넣어보세요.

□ 再	□ 在于	□ 再三	□ 再说	□ 再也	□ 再，也	□ 在
□ 中	□ 怎么	□ 只是	□ 这儿	□ 这么	□ 只有，才	□ 着
□ 准	□ 之中	□ 正当	□ 正在	□ 之间	□ 只要，就	□ 正
□ 总	□ 值得	□ 之内	□ 只好	□ 只能	□ 怎么，怎么	□ 只
□ 这样	□ 至少	□ 至于	□ 左右	□ 终于	□ 之所以，是因为	□ 自
□ 整整	□ 总是	□ 总之	□ 最好	□ 早点儿		

1 调动工作的事，你　跟小张商量商量。

2 咖啡都煮好了，　忙　得喝几口呀！

3 我们经过　　　研究，决定免去小李副经理的职务。

4 这件事就不要麻烦他了，　　　他也没有什么办法。

5 我本来不想买电视，没想到买了以后，　　　离不开它了。

6 他上班的时间，城市里的绝大多数人还　酣睡。

7 出现这种故障的原因　　　审查不严格。

8 你要　　　到学校去，今天有考试。

9 飞机就要起飞了，可他的机票　　　也找不到了，急得他直跳。

10 学扇子舞的时候，老师　　　做，我也　　　做。

11 讲相貌，她是我们　　　最漂亮的姑娘，讲人品，也是个好人。

12 大冷天儿你就穿　　　薄的衣服，你是爱美呢，还是真的不怕冷？

13 他到底怎么了？总是　　　没精打采的！

14 大家可以坐　发言，不必太拘于礼节了。

15 他站在画像前一动不动地观赏了　　　一个小时。

16 现在妹妹　在外语学院学英语。

17 学生   要出发的时候，天忽然下起雨来了。

18 我们与邻邦国家   发展友好关系。

19 元旦和除夕   我们俩打算到桂林去一趟。

20 这件事在我预料   ，不大会有什么问题。

21 这些学生   只有两个人去过日本。

22 医学界   能够有新疗法，   某些研究取得了突破性进展。

23 这出京剧有很多角色，   一看。

24 我 用了三个晚上就把稿件批改完了。

25 走到半路，下起了冰雹，也不见停，   又返回来了。

26 人的行为、语言和感情   在团体生活中得到锻炼。

27 每个人都有不足之处，   有人多一些，有人少一些。

28   我们都守口如瓶，这个秘密 不会泄露。

29   经历过苦难的人， 会珍惜今天幸福的生活。

30 要对全部直升飞机的发运机进行检修，   也得需要十天。

31 我知道中国茶叶的品种很多，   具体有多少种，我还真不清楚。

32 由于路滑，自行车比赛 发生了一些伤害事故。

33 他端详了半天，   把这对双胞胎辨别出来了。

34 不了解情况的，看到他们夏天穿皮袄， 会认为他们是神经有了问题。

35 电话中他流露了发 内心的喜悦。

36 每次我看见她，她 是一闪身就跑开了。

37 人在心情不好时得到他人的安慰，心里   很感激的。

38 学习语言，要注重听、说、读、写，   要下苦功夫才能学好。

39 他的脾气不太好，你   别和他接触太频繁。

40 上午九点钟   ，这家饭店几乎没有什么客人。

1 老张是_______老师。

A. 一个对工作认真负责的好
B. 对工作认真负责的好一个
C. 对工作认真负责的一个好
D. 对工作一个认真负责的好

2 她很激动，_______。

A. 完整的一句话也说不出来了
B. 一句完整的话也说不出来了
C. 一完整的句话也说不出来了
D. 完整一句的话也说不出来了

3 妈妈的手里拿着_______。

A. 大大的一个红苹果
B. 大大的红一个苹果
C. 一个大大的红苹果
D. 一个红大大的苹果

4 这是_______的书。

A. 从朋友那儿借来的有关一本中国历史
B. 一本从朋友那儿借来的有关中国历史
C. 一本有关从朋友那儿借来的中国历史
D. 从朋友那儿借来的一本有关中国历史

5 他在学校干了二十年，已经成了_______。

A. 很有经验的一个汉语教师
B. 很有经验的汉语一个教师
C. 很有一个经验的汉语教师
D. 一个很有经验的汉语教师

6 我们回来再商量吧，我得赶着去开_______。

A. 一个会很重要的
B. 很重要的一个会
C. 一个很重要的会
D. 很重要一个的会

7 孩子爱吃糖是_______事，因为吃糖既伤害牙龄，又影响儿童的食欲。

A. 让很多家长头疼的一件
B. 一件让很多家长头疼的
C. 让很多家长一件头疼的
D. 一件头疼的让很多家长

8 人际社会需不需要亲情，亲情会不会被金钱取代，或许这是_______。

A 一个需要整个社会思考的问题
B. 需要整个社会思考的一个问题
C. 需要一个整个社会思考的问题
D. 需要整个一个社会思考的问题

1 今天太累了，在家里_______。

A. 睡了半天觉
B. 睡觉了半天
C. 半天睡了觉
D. 睡了觉半天

2 无论工作有多累，他＿＿＿＿＿＿。

A. 每天总要打球一小时
B. 每天一小时总要打球
C. 每天总一小时要打球
D. 每天总要打一小时球

3 金明德计划明年九月＿＿＿＿＿＿。

A. 到南京大学进修汉语一年
B. 到南京大学一年进修汉语
C. 到南京大学进修一年汉语
D. 进修一年汉语到南京大学

4 ＿＿＿＿＿＿,她的体形变苗条了。

A. 吃了一个月的减肥药
B. 一个月吃了减肥药的
C. 吃了减肥药一个月的
D. 一个月的减肥药吃了

5 我工作很投入，＿＿＿＿＿＿。

A. 一天经常工作十几个小时
B. 经常工作一天十几个小时
C. 一天十几个小时经常工作
D. 经常一天工作十几个小时

6 我今天晚一点儿去训练，你＿＿＿＿＿＿。

A. 替我跟教练打招呼一下
B. 替我跟教练打一下招呼
C. 替我打一下招呼跟教练
D. 替我一下跟教练打招呼

7 小王小周在一个宿舍里处了＿＿＿＿＿＿。

A. 五年没有红过一次脸
B. 没有红过一次脸五年
C. 五年没有红过脸一次
D. 没有五年红过一次脸

8 ＿＿＿＿＿＿, 他有一定的进步，但水平还不高。

A. 一年学习了汉语以后
B. 学习了一年汉语以后
C. 学习了汉语一年以后
D. 一年学习汉语了以后

9 尽管＿＿＿＿＿＿, 可他还不把这件事放在心上。

A. 我已经告诉了两次他
B. 我已经两次告诉了他
C. 我两次已经告诉了他
D. 我已经告诉了他两次

10 ＿＿＿＿＿＿, 他乘火车到新疆去旅游了。

A. 学校给他了两个星期的假
B. 学校给他两个星期的假了
C. 学校给了他两个星期的假
D. 学校两个星期的假他给了

▌정답

1. A   2. B   3. C   4. D   5. D   6. C
7. B   8. A

1. A   2. D   3. C   4. A   5. D   6. B
7. A   8. B   9. D   10. C

1 但愿 …………………………… (　　)

A 这个世界 B 的 C 故事 D 是真实的。

2 要不要 …………………………… (　　)

A 到更远的地方 B 深造，他 C 正犹豫 D 。

3 来 …………………………… (　　)

她 A 不愿意强迫 B 别人 C 实现自己的理想 D 。

4 人家 …………………………… (　　)

A 小王下海后发财 B 啦！看不起 C 我们这帮 D 穷哥们儿了！

5 并不是 …………………………… (　　)

A 白血病 B 绝对 C 不可治愈的 D 。

6 对 …………………………… (　　)

她 A 自己目光所触及到的 B 人和 C 物都充满了 D 同情和关怀。

7 给 …………………………… (　　)

人，一高兴 A 往往把好多 B 不该 C 忘的事也 D 忘了。

8 随着 …………………………… (　　)

A 科学的发展和 B 新成就的开发利用，C 医学将 D 进入第三次技术革命。

9 终于 …………………………… (　　)

他 A 多次 B 想说，C 但 D 没有说出口。

10 几乎 …………………………… (　　)

A 他们 B 被所有的人 C 都认作 D 一群正在走好运的人。

11 来人显然不相信我，不住______摇头。
....（　　）

    A. 地　　　　　　　　B. 的

    C. 得　　　　　　　　D. 的

12 小金总是回来______太晚了，经常到家时
已是夜里12点多，开电梯的工人也休息了，
她就只好自己爬楼梯。.........（　　）

    A. 的　　　　　　　　B. 地

    C. 得　　　　　　　　D. 着

13 人的一辈子就像一______火车，经过365天
的旅行，年关就到了一大站。......（　　）

    A. 条　　　　　　　　B. 串

    C. 列　　　　　　　　D. 排

14 这部小说里的那______油灯的描写，我印象
很深。.........................（　　）

    A. 台　　　　　　　　B. 亮

    C. 盏　　　　　　　　D. 条

15 我们养了一______鸽子。.........（　　）

    A. 头　　　　　　　　B. 匹

    C. 条　　　　　　　　D. 只

16 波兰好几家公司______参加长江三峡工程
感兴趣。.....................（　　）

    A. 为　　　　　　　　B. 向

    C. 对　　　　　　　　D. 在

17 后来，阿涂______米琦谈起她的事业。
.................................（　　）

    A. 于　　　　　　　　B. 把

    C. 向　　　　　　　　D. 以

18 曾有人设想，______进化的原则，我们人
类可以适应被我们自己大量污染的环境。
.................................（　　）

    A. 按照　　　　　　　B. 根据

    C. 依　　　　　　　　D. 靠

19 灯一亮，床上的人______惊醒了。（　　）

    A. 把　　　　　　　　B. 被

    C. 让　　　　　　　　D. 使

20 这______防备下雨，他带了一把伞。
.................................（　　）

    A. 由于　　　　　　　B. 为了

    C. 鉴于　　　　　　　D. 以便

21 他加整整一个晚上的班，_______ 把这个数字算出来了。 …………（　　）

A. 才　　　　　　　B. 并
C. 就　　　　　　　D. 竟

22 他以为走这条路近一点儿，没想到______更远了。 …………（　　）

A. 为而　　　　　　B. 可是
C. 反而　　　　　　D. 而且

23 连北方都这么热，_______南方呢？（　　）

A. 或者　　　　　　B. 仍然
C. 何况　　　　　　D. 而且

24 这次旅行留下了__________________。 …………（　　）

A. 这样那样大大小小的遗憾
B. 大大小小的那样这样遗憾
C. 大大小小的这样那样遗憾
D. 这样那样的遗憾大大小小

25 你走吧，__________________，我不想再见你了。 …………（　　）

A. 愿意去哪儿就去哪儿
B. 哪儿哪儿愿意去就去
C. 就去哪儿愿意去哪儿
D. 哪儿去愿意就去哪儿

26 __________________不是必不可少的。 …………（　　）

A. 吃早饭无所谓不吃
B. 早饭吃不吃无所谓
C. 早饭吃无所谓不吃
D. 吃无所谓不吃早饭

27 你怎么能够这样__________________呢？ …………（　　）

A. 算话不说话
B. 不算话说话
C. 说不算话话
D. 说话不算话

28 由于网络的广泛应用，现在许多企业开始采用网上招聘这种形式，__________________求职者的各种信号。 …………（　　）

A. 查阅网络来通过
B. 来通过查阅网络
C. 通过网络来查阅
D. 网络来查阅通过

29 人们__________________，也开始关注新光的国际会议产业。 …………（　　）

A. 在关心会议的同时
B. 在同事的关心会议
C. 在同时关心会议的
D. 关心的会议在同时

30 直接 ⋯⋯⋯⋯⋯⋯⋯⋯⋯⋯⋯ (　　)

> 我A 在大门口等着，B 叫他C 把车D 开到大门口去。

31 正在 ⋯⋯⋯⋯⋯⋯⋯⋯⋯⋯⋯ (　　)

> A 修车的爷爷B 听了声音后，C 擦着手D 走了出来。

32 如此 ⋯⋯⋯⋯⋯⋯⋯⋯⋯⋯⋯ (　　)

> A 听到这个好消息B，他C 走得D 轻松和平稳。

정답

1. a	2. a	3. c	4. a	5. b	6. a
7. d	8. a	9. d	10. b	11. a	12. c
13. c	14. c	15. d	16. c	17. c	18. a
19. b	20. b	21. a	22. c	23. c	24. a
25. a	26. b	27. d	28. c	29. a	30. c
31. a	32. d				

제1회 확인학습

1. 按　2. 巴不得　3. 把　4. 白　5. 被　6. 比　7. 比较　8. 毕竟　9. 边, 边　10. 遍　11. 并　12. 并不, 而是　13. 并且　14. 不　15. 不但　16. 不但, 而且　17. 不但, 反而　18. 不得不　19. 不得已　20. 不等, 就　21. 不妨　22. 不管, 都　23. 不过　24. 不仅　25. 不仅, 而且　26. 不禁　27. 不论　28. 不如　29. 不是, 而是　30. 不是, 就是　31. 不由得　32. 不至于　33. 才　34. 差不多　35. 差(一)点儿　36. 场　37. 趁　38. 除非, 才　39. 从　40. 从来

제2회 확인학습

1. 达到　2. 打　3. 大　4. 大概　5. 大概　6. 大致　7. 但(是)　8. 当时　9. 倒　10. 倒　11. 到　12. 到处　13. 到底　14. 到底　15. 得　16. 得　17. 得　18. 得　19. 的　20. 的　21. 的　22. 地　23. 等　24. 的确　25. 都　26. 都　27. 都　28. 都　29. 都　30. 段　31. 对　32. 对　33. 对于　34. 多　35. 多　36. 多么　37. 多少　38. 而　39. 而且　40. 而已

제3회 확인학습

1. 凡是　2. 反而　3. 反正　4. 非　5. 否则　6. 该　7. 赶紧　8. 赶快　9. 敢　10. 刚　11. 刚才　12. 刚刚　13. 个　14. 给　15. 根据　16. 跟　17. 更　18. 更加　19. 够　20. 怪不得　21. 关于　22. 过　23. 还　24. 还是　25. 好一会儿　26. 好在　27. 何必　28. 何况　29. 和　30. 很　31. 恨不得　32. 会　33. 既, 又　34. 将　35. 尽管　36. 尽量　37. 经过　38. 竟　39. 究竟　40. 就

제4회 확인학습

1. 看起来　2. 看上去　3. 靠　4. 可　5. 可能　6. 可以　7. 恐怕　8. 口　9. 亏　10. 来　11. 来得及　12. 来自　13. 老　14. 了　15. 离　16. 连　17. 连, 都　18. 了不得　19. 临　20. 临时　21. 另　22. 马上　23. 吗　24. 嘛　25. 没(有)　26. 没有　27. 没想到　28. 每　29. 免不了　30. 免得　31. 明明　32. 哪儿　33. 哪怕　34. 那么　35. 难道　36. 难免　37. 呢　38. 能　39. 宁可　40. 宁愿, 也不

제5회 확인학습

1. 偶尔　2. 怕　3. 偏　4. 偏偏　5. 凭　6. 其实　7. 起　8. 起来　9. 千万　10. 前后　11. 轻易　12. 去　13. 全　14. 却　15. 然而　16. 然后　17. 让　18. 仍然　19. 如果, 就　20. 上　21. 稍微　22. 舍不得　23. 谁　24. 什么　25. 甚至　26. 时不时(地)　27. 实在　28. 使　29. 始终　30. 顺便　31. 说不定　32. 似乎　33. 虽然, 但(是)　34. 随便　35. 随着　36. 所　37. 所以　38. 所有　39. 太　40. 趟

제6회 확인학습

1. 万一　2. 往　3. 为　4. 为了　5. 无论, 都　6. 下　7. 下来　8. 下去　9. 先, 然后　10. 向　11. 向来　12. 幸亏　13. 要　14. 要是, 就　15. 也　16. 也许　17. 一　18. 一, 就　19. 一边, 一边　20. 一会儿　21. 一连　22. 一起　23. 一下(儿)　24. 一下子　25. 一些　26. 一样　27. 一直　28. 已经　29. 以　30. 以便　31. 以致　32. 因此　33. 因而　34. 因为　35. 由　36. 又, 又　37. 于　38. 与其, 不如　39. 越, 越　40. 越来越

제7회 확인학습

1. 再　2. 再, 也　3. 再三　4. 再说　5. 再也　6. 在　7. 在于　8. 早点儿　9. 怎么　10. 怎么, 怎么　11. 这儿　12. 这么　13. 这样　14. 着　15. 整整　16. 正　17. 正当　18. 正在　19. 之间　20. 之内　21. 之中　22. 之所以, 是因为　23. 值得　24. 只　25. 只好　26. 只能　27. 只是　28. 只要, 就　29. 只有, 才　30. 至少　31. 至于　32. 中　33. 终于　34. 准　35. 自　36. 总　37. 总是　38. 总之　39. 最好　40. 左右

■ 参考书籍

1. 惯用语一千条, 孙治平、叶敏华编著, 上海文艺出版社, 1986.

2. HSK汉语水平考试大纲(初、中等), 国家汉语水平考试委员会办公室编制现代出版社, 1989.

3. 汉语水平考试模拟试题集, 刘颂浩、刘元满、林观、方晔编著, 华语教育出版社, 1995.

4. 汉语水平考试模拟题集(初、中等), 李增吉编著, 南开大学出版社, 1996.

5. HSK汉语水平考试指南, 汉语水平考试仿真试题集、李宝贵主编, 大连理工大学出版社, 1996.

6. 汉语水平等级标准与语法等级大纲, 国家对外汉语教学领导小组办公室汉语水平考试部, 高等教育出版社, 1996.

7. HSK听力自测(1-6)朱子仪啦郑蕊编, 北京语言文化大学出版社, 1997.

8. HSK汉语水平考试应试指南(初, 中等), 倪明亮主编, 北京语言文化大学出版社, 1998.(빨간 표지)

9. HSK考前强化训练, 郭玉玲, 张若莹主编, 新世界出版社, 1999.

10. HSK汉语水平考试(初, 中等)分项模拟题库听力理解, 李增吉主编, 南开大学出版社, 1999.

11. HSK汉语水平考试(初, 中等)分项模拟题库语法结构, 李增吉主编, 南开大学出版社, 1999.

12. HSK汉语水平考试(初, 中等)分项模拟题库阅读理解, 李增吉主编, 南开大学出版社, 1999.

13. HSK汉语水平考试(初, 中等)分项模拟题库综合填空, 李增吉主编, 南开大学出版社, 1999.

14. HSK汉语水平考试模拟习题集(初，中等)，袁冰，赵延风编著，北京大学出版社，2000.

15. HSK中国汉语水平考试模拟试题集(初，中等)，陈田顺主编，北京语言文化大学出版社，2000.

16. 汉语流行口语，李杰明，李杰群编著，华语教学出版社，2001.

17. HSK汉语水平考试模拟题集(初，中等)，红尘主编，华语教育出版社，2001.

18. HSK中国汉语水平考试模拟试题集(初，中等)，陈田顺主编，北京语言文化大学出版社，2001.

19. HSK精解活页题选(第2辑)(初，中等)，缪小放，张和平编著，北京语言文化大学出版社，2001.

20. HSK精解活页题选(第1辑)(初，中等)，缪小放，张和平编著，北京语言文化大学出版社，2001.

21. 汉语熟语学习手册，胡鸿编著，北京大学出版社，2002.

22. HSK听力关键词，王小宁，侯子玮编著，新世界出版社，2002.

23. HSK听力惯用语，王小宁，侯子玮编著，新世界出版社，2002.

24. HSK 8级精解(听力)，赵菁主编，北京语言文化大学出版，2002.

25. HSK精解活页题选(第2辑)(初，中等)，卢福波著，北京语言文化大学出版社，2002.

26. 汉语水平考试听力题型分析与训练(初，中学)，王小宁，侯子玮编著，清华大学出版社，2002.

■ 工具书

1. 8822中韩辞典，韩国中国语文学会编，松山出版社，1999.

2. 通过HSK—HSK词汇精解，HSK对策研究组著，华夏出版社，1997.

3. HSK汉语水平考试词典，邵敬敏主编，华东师范大学出版社，2000.

기출문제 어휘로
HSK 8급을 잡아라 (어법편)

인쇄일	2003년 10월 30일
발행일	2003년 11월 5일

발행인	윤우상
편 저	백형술 · 최남규 · 윤영미
번 역	김성민
편 집	김영조
디자인	Design Didot(이주연 · 강보경 · 박미연 · 김상은 · 박혜원)
등록일	1976. 2.2. 제 9-40호
펴낸곳	송산출판사 120-094
	서울시 서대문구 홍제 4동 104-6
영업부	735-6189
편집부/FAX	737-2260

값 13,000원
*잘못된 책은 바꾸어 드립니다.

ISBN 89-7780-068-4 (18720)
　　　89-7780-066-8 세트